Böttcher/Carl/Schmidt/Seibert
Die Aktienrechtsnovelle

Die Aktienrechtsnovelle

von

Dr. Leif Böttcher LL. M.
Notar in Brühl

Peter Steffen Carl
Rechtsanwalt in München

Dr. Detlef Schmidt
Rechtsanwalt in Berlin

Prof. Dr. Ulrich Seibert
Ministerialrat in Berlin

2016

Zitierweise:
Böttcher/Carl/Schmidt/Seibert, Die Aktienrechtsnovelle, § ... Rn. ...

www.beck.de

ISBN 978 3 406 64184 8

© 2016 Verlag C. H. Beck oHG
Wilhelmstr. 9, 80801 München
Druck und Bindung: Nomos Verlagsgesellschaft mgH & Co.KG
In den Lissen 12, 76547 Sinzheim

Satz und Umschlaggestaltung:
Druckerei C. H. Beck, Nördlingen

Gedruckt auf säurefreiem, alterungsbeständigem Papier
(hergestellt aus chlorfrei gebleichtem Zellstoff)

Vorwort

Die Aktienrechtsnovelle 2016 ist nun – nach einer sechsjährigen Entstehungsgeschichte über zwei Legislaturperioden, mit jeweils zwei Referenten- und zwei Regierungsentwürfen – endlich Gesetz geworden. Es mag auf den ersten Blick überraschen, dass ein doch überwiegend eher technisches Gesetzesvorhaben einen derartig langen Zeitraum benötigt, um zu einem erfolgreichen Abschluss zu kommen. Die Gründe dafür sind überaus vielfältig und größtenteils politischer Natur (vgl. dazu ausführlich den Beitrag von *Seibert* in diesem Buch).

Natürlich war der politische Druck nicht so hoch, wie vergleichsweise etwa beim Asylpaket II, und ein Abgeordneter konnte wohl zurecht sagen: „Ich werde auch ohne die Aktienrechtsnovelle wiedergewählt". Aber möglicherweise boten die Gesetzesentwürfe zumindest in quantitativer Hinsicht im Nachhinein auch deshalb so viel Angriffsfläche, weil die Änderungsvorhaben die unterschiedlichsten Bereiche des Aktienrechts betrafen: Die Vorschläge gingen von der Neuregelung der Inhaberaktie über die Pflicht zur Führung eines Aktienregisters unabhängig von einer Verbriefung bei der Namensaktie, der Schaffung einer sicheren gesetzlichen Grundlage für umgekehrte Wandelschuldverschreibungen, der Transparenz der Aufsichtsarbeit kommunaler Unternehmen sowie der Berichtspflicht entsandter Aufsichtsräte und der Vorzugsaktie ohne zwingende Nachzahlung bis zur Einführung eines einheitlichen Nachweisstichtags für alle börsennotierten Aktiengesellschaften und – last but not least – der Einführung einer relativen Befristung von nachgeschobenen Nichtigkeitsklagen. Daran, dass gerade der letzte Punkt schließlich nicht Gesetz geworden ist, ist so viel bemerkenswert: Sobald ein Gesetzesentwurf zur Reform des Aktienrechts vorgelegt wird, kommt es bei interessierten Kreisen offenbar reflexartig zu dem Versuch, ihre rechtspolitischen Vorstellungen zu einer angeblich „längst überfälligen Totalreform des Beschlussmängelrechts" in das Gesetzesvorhaben einfließen zu lassen, was dann schon fast regelmäßig zu dessen längerem Stillstand führt. Es ist erstaunlich, dass genau diejenigen Akteure, die ihre Forderung nach der „großen Reform" des Beschlussmängelrechts wie eine Monstranz vor sich hertragen, letztlich selbst dafür sorgen, dass die wenigen verbleibenden Lücken im System von UMAG und ARUG nicht geschlossen werden.

Auch zur Einführung eines einheitlichen Nachweisstichtags hat man sich schließlich nicht durchringen können, weil man sich unsicher war, welche Frist die richtige wäre, und zunächst auf eine europäische Lösung verwiesen. Das ist – wenn die Europäische Lösung denn kommt – sicher nicht falsch.

In vielen Punkten gehen die Neuregelungen aber auch über bloße technische Feinheiten hinaus und haben zu bedeutsamen Änderungen des materiellen Aktienrechts geführt. Das betrifft allen voran die Schaffung einer gesetzlichen Grundlage für umgekehrte Wandelschuldverschreibungen, bei denen der Gesellschaft als Schuldnerin ein Wandlungsrecht eingeräumt wird. Hier wird es spannend sein zu sehen, ob diese Instrumente in Zukunft am Markt an Bedeutung gewinnen werden. Ebenfalls wird es interessant zu beobachten sein, ob und zu welchem Preis die neu eingeführten Vorzugsaktie ohne nachzuzahlenden Vorzug, vom Markt angenommen werden wird.

Eine Sonderstellung nimmt die Neuregelung der Inhaberaktie ein. Diese geht weitestgehend auf internationale Kritik, vor allem der *Financial Action Task Force* (FATF) und der G7/G8, zurück. Die nun eingeführte Dematerialisierung der Inhaberaktie hat keinen zivilrechtlichen, sondern ausschließlich einen öffentlich-rechtlichen Ursprung: es

Vorwort

geht um Geldwäsche- und Terrorismusbekämpfung. Wir werden uns zukünftig daran gewöhnen müssen, dass sich unser deutsches Rechtsdenken, das ja traditionell strikt zwischen Privatrecht auf der einen und Öffentlichem Recht auf der anderen Seite trennt, in einer auch rechtlich immer mehr globalisierten Welt international einen schweren Stand hat und uns wohl oder übel auf weitere Änderungen unseres materiellen Zivil- und Gesellschaftsrechts einstellen müssen, mit denen oft rein gesellschaftspolitische oder fiskalische Ziele verfolgt werden, die wir üblicherweise mit dem Aufsichts- oder gar Strafrecht zu erreichen suchen würden.

Unser Dank gilt dem Verlag C.H.BECK, München, und dort vorrangig Herrn Dr. Schröder, für die gute Betreuung.

Berlin, Brühl und München, Februar 2016

Leif Böttcher	Steffen Carl	Detlef Schmidt	Ulrich Seibert

Inhaltsübersicht

	Seite
Vorwort	V
Inhaltsverzeichnis	IX
Abkürzungs- und Literaturverzeichnis	XV
§ 1 Einleitung	1
§ 2 Hintergründe der Aktienrechtsnovelle	27
§ 3 Ziele der Aktienrechtsnovelle	29
§ 4 Umsetzung der Aktienrechtsnovelle – Darstellung ausgewählter Regelungen im Einzelnen	33
§ 5 Auswirkungen auf die Gestaltungspraxis	53
§ 6 Auswirkungen auf die Hauptversammlungspraxis	101
Anhang	135
Sachverzeichnis	217

Inhaltsverzeichnis

	Seite
Vorwort	V
Inhaltsübersicht	VII
Abkürzungs- und Literaturverzeichnis	XV

§ 1 Einleitung
I. Einleitung	1
II. Die Aktienrechtsnovelle in der 17. Wahlperiode (2009–2013)	1
1. Namensaktie bei nichtbörsennotierten Aktiengesellschaften	2
2. Missbräuchliche nachgeschobene Nichtigkeitsklage	2
3. Vorzugsaktie ohne Nachzahlung und umgekehrte Wandelschuldverschreibung	3
4. Aufsichtsratsarbeit kommunaler Unternehmen	3
5. Die Stellungnahmen zum Referentenentwurf	3
6. Der Regierungsentwurf	4
7. Stellungnahme des Bundesrates und Gegenäußerung	5
8. Die Novelle irrt im Niemandsland	5
9. Den Gegnern ein leichtes Spiel	7
10. Der „Kulissenschieber"	7
11. Viel Porzellan zerschlagen	8
12. Die schweizerische Abzocker-Debatte und der deutsche Wahlkampf	9
13. Populismus meiden, Systemgerechtigkeit und Praktikabilität beachten	9
14. Die Abgeordneten Krings und Wolf übernehmen die Verhandlung	10
15. Totgesagte leben länger (aber irgendwann sterben auch sie)	10
16. Und noch eine Anhörung	11
17. Das abschließende Berichterstattergespräch und die Ausschussberatung – zu spät	11
18. Die Verabschiedung im Deutschen Bundestag in der letzten Sitzungswoche der Wahlperiode	12
19. Das Aus auf der Zielgeraden – Anrufung des Vermittlungsausschusses 2 Tage vor der Bundestagswahl	12
III. Die 18. Wahlperiode – Erneuter Anlauf	13
1. Mit oder ohne Say-on-Pay?	13
2. Neue Inhalte in der Aktienrechtsnovelle in der 18. Wahlperiode	14
3. Der Regierungsentwurf	14
a) Größere Beteiligungstransparenz bei nichtbörsennotierten Aktiengesellschaften	15
b) Zeitlich versetzte Fälligkeit von Dividendenzahlungen	15
c) „Record Date" für Namensaktien börsennotierter Gesellschaften	15
d) Anmeldung der Ausgabe von Bezugsaktien	16
e) Befristung nachgeschobener Nichtigkeitsklagen	16
f) Transparenz kommunaler Gesellschaften	16
g) Streichungen	16
h) Cooling-off-Periode	16
4. Der Beginn des Gesetzgebungsverfahrens – Bundesrat erster Durchgang	17
5. Der Fortgang des Gesetzgebungsverfahrens	17
6. „Going Dark" (Delisting)	18
7. Anhörung zum Entwurf	18
a) Ergebnisse der Anhörung und angeregte Änderungen des Entwurfs	18
b) Ergänzende Vorschläge	19
8. Delisting wird wieder „delisted"	21
9. Novelle 2016: Der Abschluss des Gesetzgebungsverfahrens – Berichterstattergespräch	21
a) § 95 AktG-E – Zahl der Aufsichtsratsmitglieder	21
b) § 123 Abs. 6 AktG-E – Record Date	22
c) § 130 AktG-E – Dividendenfälligkeit	22
d) §§ 192, 221 AktG-E – Wandelschuldverschreibung	22

Inhaltsverzeichnis

	Seite
e) § 249 Abs. 2 AktG-E – Nachgeschobene Nichtigkeitsklage	23
f) § 394 Satz 3 AktG-E – Berichtspflicht von Aufsichtsräten	23
g) § 272 HGB – Gezeichnetes Kapital	23
h) Pensionsrückstellungen im HGB	24
10. Abschließende Beratung im Rechtsausschuss	24
11. Der Abschluss des Gesetzgebungsverfahrens	25

§ 2 Hintergründe der Aktienrechtsnovelle
- I. „Aktienrechtsreform in Permanenz" ... 27
- II. Aktienrechtsnovelle 2016 ... 28

§ 3 Ziele der Aktienrechtsnovelle
- I. Regierungsentwurf für eine Aktienrechtsnovelle 2014 ... 29
  1. Flexibilisierung der Finanzierung der Aktiengesellschaften ... 29
  2. Transparenz der Beteiligungsverhältnisse ... 30
  3. Fortentwicklung des Beschlussmängelrechts ... 30
  4. Berichtspflicht von Aufsichtsräten ... 30
  5. Klarstellung von Zweifelsfragen und Behebung von Redaktionsversehen ... 31
- II. Abschließende Beratung im Rechtsausschuss ... 31
  1. Keine Regelung zur relative Befristung der nachgeschobenen Nichtigkeitsklage ... 31
  2. Kein gesetzlicher Stichtag für Namensaktien ... 31

§ 4 Umsetzung der Aktienrechtsnovelle – Darstellung ausgewählter Regelungen im Einzelnen
- I. Flexibilisierung der Finanzierung der AG ... 33
  1. Vorzugsaktie ohne Nachzahlung (§§ 139, 140 AktG nF) ... 33
     a) Problem ... 33
     b) Lösung und Gesetzgebungsverfahren ... 33
  2. Umgekehrte Wandelschuldverschreibung ... 36
     a) Problem ... 36
     b) Lösung und Gesetzgebungsverfahren ... 37
- II. Transparenz der Beteiligungsverhältnisse ... 40
  1. Bisherige Rechtslage ... 40
  2. Problem ... 41
  3. Lösung und Gesetzgebungsverfahren ... 42
     a) Referentenentwurf 2011 ... 42
     b) Kritik am Referentenentwurf ... 42
     c) Regierungsentwurf 2014 und Gesetz ... 42
     d) Übergangsregelung ... 44
     e) Würdigung ... 44
- III. Berichtspflicht von Aufsichtsräten ... 45
  1. Bisherige Rechtslage ... 45
  2. Problem ... 45
  3. Lösung und Gesetzgebungsverfahren ... 46
     a) Referentenentwurf für eine Aktienrechtsnovelle 2014 ... 46
     b) Regierungsentwurf und Gesetz ... 46
  4. Exkurs: Transparenz bei der Aufsichtsratsarbeit kommunaler Unternehmen ... 46
- IV. Zahl der Aufsichtsratsmitglieder ... 47
  1. Bisherige Rechtslage ... 47
  2. Regierungsentwurf und Gesetz ... 47
- V. Klarstellung von Zweifelsfragen und Behebung von Redaktionsversehen ... 47
  1. Elektronischer Bundesanzeiger ... 47
     a) Maßgeblichkeit der Veröffentlichung im elektronischen Bundesanzeiger ... 47
     b) Übergangsvorschrift ... 48
  2. Neuregelung der Dividendenzahlungen ... 48
  3. Aufhebung von § 121 Abs. 4 S. 3 AktG aF ... 49

Inhaltsverzeichnis

	Seite
4. Klarstellende Änderung des § 121 Abs. 4a AktG	49
5. Änderung von § 122 AktG	50
a) Klarstellungen durch § 122 AktG nF	50
b) Übergangsregelung	50
6. Änderung von § 123 Abs. 2 S. 5 AktG	51
7. Änderung von § 123 Abs. 3 bis 5 AktG	51
8. Änderung von § 124 Abs. 2 S. 1 AktG	51
9. Änderung von § 130 Abs. 2 Nr. 2 AktG	51
10. Anmeldung der Ausgabe von Bezugsaktien (§ 201 AktG nF)	52

§ 5 Auswirkungen auf die Gestaltungspraxis

	Seite
I. Neuregelung der Inhaberaktie	53
1. Bisherige Regelung	54
2. Änderung des § 10 AktG	55
a) Zielsetzung	55
b) Diskussion im Gesetzgebungsverfahren	56
c) Inhaberaktie für börsennotierte Gesellschaften	57
3. Ausgabe von Aktienurkunden	58
4. Bestandsschutz	60
II. Pflicht zur Führung eines Aktienregisters bei Namensaktien	61
1. Änderung des § 67 AktG	61
2. Die Auswirkungen	62
III. Zahl der Aufsichtsratsmitglieder	62
1. Änderung von § 95 Satz 3 AktG	62
2. Abschied vom Grundsatz der Dreiteilbarkeit	62
3. Gestaltungsspielraum für mitbestimmungsfreie Gesellschaften	63
a) Gestaltung durch Satzungsänderung	63
b) Auswirkungen auf die Festlegung von Zielgrößen im Aufsichtsrat	64
4. Folgen für die SE	65
a) Mitbestimmungsfreie SE	65
b) Mitbestimmte SE	66
IV. Fälligkeit des Dividendenanspruchs	68
1. Einheitliche Fälligkeit der Dividendenzahlung	68
2. Hintergrund der Neuregelung	68
3. Entstehung und Fälligkeit des Dividendenanspruchs	69
a) Alte Rechtslage	69
b) Neue Rechtslage	70
c) Gestaltungsmöglichkeiten	72
d) Rechtsfolgen bei Verstoß	73
V. Vorzugsaktien ohne Nachzahlung	74
1. Änderungen von §§ 139, 140 AktG	74
a) Ziel der Neuregelung	75
b) Entwicklung im Gesetzgebungsverfahren	75
2. Wegfall der zwingenden Nachzahlungspflicht	77
3. Mehrdividende als alternatives Vorzugsrecht	78
4. Aufleben des Stimmrechts	78
a) Stimmrecht bei Vorzugsaktien mit nachzahlbarem Vorzug	79
b) Stimmrecht bei Vorzugsaktien ohne nachzahlbarem Vorzug	81
c) Stimmrecht bei Vorzugsaktien mit teilweise nachzahlbarem Vorzug	81
5. Gestaltungsmöglichkeiten	81
a) Vorab- und Mehrdividende	81
b) Ausgestaltung der Nachzahlungspflicht	83
c) Aufhebung einer Nachzahlungsverpflichtung	83
d) Nachträgliche Schaffung einer Nachzahlungspflicht	84
e) Modifizierung der Rechtsfolgen bei Ausfall des Gewinnvorzugs?	85
6. Erfüllung der Kriterien für regulatorisches Kernkapital nach CRR	85
7. Keine Übergangsvorschriften	87

Inhaltsverzeichnis

	Seite
8. Resümee	87
VI. Umgekehrte Wandelschuldverschreibung	87
1. Änderung der §§ 192, 194 221 AktG	87
2. Ziel der Neuregelung	89
3. Legitimierung bisheriger Praxis von Pflichtwandelanleihen	89
4. Wandelanleihen mit Umtauschrecht der Gesellschaft	90
5. Flexibilisierung der Obergrenzen für bedingtes Kapital	91
a) Aufhebung der 50 %-Grenze für Krisensituationen	91
b) Verwässerungsschutz und sachliche Rechtfertigung	91
c) Schaffung des bedingten Kapitals für den Krisenfall	92
d) Anrechnungsregeln	93
e) Keine Überschneidung mit insolvenzrechtlichen Maßnahmen	93
6. Praktische Bedeutung	94
a) Festlegungen im Hauptversammlungsbeschluss zum bedingten Kapital	94
b) Sondertatbestände für die Überschreitung der 50 %-Grenze	94
c) Detaillierungsgrad im Ermächtigungsbeschluss	96
d) Entscheidung über die Ausübung des Wandlungsrechts	98
7. Keine Sacheinlage bei Wandlung	98
§ 6 Auswirkungen auf die Hauptversammlungspraxis	
I. Einleitung	101
II. Bekanntmachungen der Gesellschaft (§ 25 AktG)	101
1. Die alte Fassung	102
2. Die ersatzlose Streichung des § 25 S. 2 AktG	103
3. Übergangsvorschrift	104
III. Verwendung des Jahresüberschusses (§ 58 AktG)	105
IV. Einberufung der Hauptversammlung (§§ 121 bis 123 AktG)	107
1. Änderungen von § 121 AktG	107
a) Textliche Anpassungen in § 121 AktG	107
b) Pflicht zur europaweiten Verbreitung der Einberufung (§ 121 Abs. 4a AktG)	108
2. Änderungen von § 122 AktG	112
a) Die Änderungen	112
b) Die Rechte der Aktionärsminderheiten	112
c) Die alte Fassung	113
d) Die novellierte Fassung	115
e) Übergangsvorschrift	117
3. Änderungen des § 123 AktG	117
a) Änderung des Absatzes 2	117
b) Änderung des Absatzes 3	119
c) Keine Einführung eines einheitlichen Nachweisstichtags für Namensaktien	121
V. Bekanntmachung von Ergänzungsverlangen, Mitteilungen für die Aktionäre und an Aufsichtsratsmitglieder und Wahlvorschläge von Aktionären (§§ 124, 125, 127 AktG)	123
1. Änderung des § 124 Abs. 2 S. 1 AktG	123
2. Keine Anpassung der Mitteilungspflichten nach § 125 Abs. 2 S. 1 AktG aufgrund der Nichtumsetzung eines einheitlichen Nachweisstichtags	124
3. Änderung des § 127 S. 3 AktG	124
VI. Niederschrift (§ 130 AktG)	124
1. Unklarheit nach der alten Rechtslage	125
2. Änderung des § 130 Abs. 2 S. 2 Nr. 2 AktG	125
VII. Auskunftsrecht des Aktionärs (§ 131 AktG)	127
VIII. Einberufung (§ 175 AktG)	127
IX. Anfechtungsklage (§ 246 AktG)	128
X. Keine relative Befristung der Nichtigkeitsklage (§ 249 AktG)	129
1. Problem der „missbräuchlich nachgeschobenen Nichtigkeitsklagen"	129
2. Inhalt der ursprünglich beabsichtigten Änderung	131
a) Monatsfrist	131

Inhaltsverzeichnis

	Seite
b) Relative Befristung	132
c) Personenkreis	134
3. Ausblick	134

Anhang
1. Synopse zum AktG 135
2. Regierungsentwurf v. 18.3.2015 mit Anlagen (BT-Drs. 18/4349) 161
3. Beschlussempfehlung des Rechtsausschusses v. 11.11.2015 (BT-Drs. 18/6681) 203

Sachverzeichnis 217

Abkürzungs- und Literaturverzeichnis

aA	anderer Ansicht/Auffassung
aaO	am angegebenen Ort
abgedr.	abgedruckt
abl.	ablehnend
ABlEG	Amtsblatt der Europäischen Gemeinschaften
Abs.	Absatz (Absätze)
abw.	abweichend
AcP	Archiv für die civilistische Praxis
Adler/Düring/Schmaltz	Rechnungslegung und Prüfung der Unternehmen, (Loseblatt)
aE	am Ende
aF	alte Fassung
AG	Aktiengesellschaft; Die Aktiengesellschaft (Zeitschrift); Amtsgericht, Arbeitgeber
AktG	Aktiengesetz
allg.	allgemein
allgM	allgemeine Meinung
Alt.	Alternative
amtl.	amtlich
AN	Arbeitnehmer
Anh.	Anhang
Anm.	Anmerkung(en)
AR	Aufsichtsrat
AR-Hdb	Semler, Arbeitshandbuch für Aufsichtsratmitglieder, 4. Aufl. 2013
Arg.	argumentum
Art.	Artikel
AT	Allgemeiner Teil
Aufl.	Auflage
AuR	Arbeit und Recht
ausdr.	ausdrücklich
BaFin	Bundesanstalt für Finanzdienstleistungsaufsicht
BAnz	Bundesanzeiger
Baumbach/Hopt	Handelsgesetzbuch (ohne Seerecht), 36. Aufl. 2014
Baumbach/Hueck	Aktiengesetz, 13. Aufl. 1968
BAWe	Bundesaufsichtsamt für den Wertpapierhandel
BayObLG	Bayerisches Oberstes Landesgericht
BB	Betriebs-Berater
Bd(e).	Band (Bände)
BeckAG-HB	Beck'sches Handbuch der AG – Gesellschaftsrecht, Steuerrecht, Börsengang, 2. Aufl. 2004
BeBiKo	Beck'scher Bilanzkommentar, Jahresabschluss nach Handels- und Steuerrecht, 9. Aufl. 2014
BeckFormB AktienR	Beck´sches Formularbuch Aktienrecht (Hrsg. *Lorz/Pfisterer/Gerber*), 2005
BeckFormB GmbHR	Beck´sches Formularbuch Aktienrecht (Hrsg. *Lorz/Pfisterer/Gerber*), 2009
Begr.	Begründung
Beil.	Beilage
Bek.	Bekanntmachung
bes.	besondere(r), besonders
betr.	betreffen(d), betrifft
BeurkG	Beurkundungsgesetz
BFH	Bundesfinanzhof
BGB	Bürgerliches Gesetzbuch

Abkürzungs- und Literaturverzeichnis

BGBl	Bundesgesetzblatt
BGH	Bundesgerichtshof
BGHZ	Entscheidungen des Bundesgerichtshofs in Zivilsachen
BiRiLiG	Bilanzrichtliniengesetz
BKR	Zeitschrift für Bank- und Kapitalmarktsrecht
BMF	Bundesministerium der Finanzen
BMJV	Bundesministerium der Justiz und für Verbraucherschutz
BNotO	Bundesnotarordnung
BörsenZulV(O)	Börsenzulassungsverordnung
BörsG	Börsengesetz
BR	Bundesrat
BR-Drs.	Bundesrats-Drucksache
Bsp.	Beispiel(e)
BStBl	Bundessteuerblatt
BT-Drs.	Bundestags-Drucksache
BuB	Bankrecht und Bankpraxis
Buchst.	Buchstabe
BVerfG	Bundesverfassungsgericht
BVerfGE	Entscheidungen des Bundesverfassungsgerichts
bzgl.	bezüglich
BZRG	Bundeszentralregistergesetz
bzw.	beziehungsweise
cic	culpa in contrahendo
DAV	Deutscher Anwaltverein
DB	Der Betrieb
Dehmer	Umwandlungsgesetz – Umwandlungssteuergesetz, 3. Aufl. 2001
DepG	Depotgesetz
dgl.	dergleichen
ders.	derselbe
d h	das heißt
dies.	dieselbe(n)
Diss.	Dissertation
DJT	Deutscher Juristentag
DJZ	Deutsche Juristenzeitung
DNotZ	Deutsche Notarzeitung
DRiZ	Deutsche Richterzeitung
DStBl	Deutsches Steuerblatt
DStR	Deutsches Steuerrecht
DStZ	Deutsche Steuer-Zeitung
DZWir	Deutsche Zeitschrift für Wirtschaftsrecht
EBJS	Ebenroth/Boujong/Joost/Strohn (Hrsg.), Handelsgesetzbuch, 3. Aufl. 2014
EDV	elektronische Datenverarbeitung
EFG	Entscheidungen der Finanzgerichte
EG	Europäische Gemeinschaften
EGAktG	Einführungsgesetz zum Aktiengesetz
EGBGB	Einführungsgesetz zum Bürgerlichen Gesetzbuch
EGHGB	Einführungsgesetz zum Handelsgesetzbuch
EigenbetriebsVO	Eigenbetriebsverordnung
Einf.	Einführung
Einl.	Einleitung
einstw.	einstweilig(e)
Emmerich/Habersack	Konzernrecht, 10. Aufl. 2013
Emmerich/Habersack KonzernR	Aktien- und GmbH-Konzernrecht. Kommentar zu den §§ 15–22, 291–328 AktG, 7. Aufl. 2013

Abkürzungs- und Literaturverzeichnis

entspr.	entsprechen(d), entspricht
E	Entwurf
Erl.	Erläuterung(en); Erlass
EU	Europäische Union
EuGH	Europäischer Gerichtshof
EuroEG	Euro-Einführungsgesetz
evtl.	eventuell
EWiR	Entscheidungen zum Wirtschaftsrecht
f., ff.	folgende
FG	Fachgutachten; Finanzgericht
f. G.	freiwillige Gerichtsbarkeit
FGG	Gesetz über die Angelegenheiten der freiwilligen Gerichtsbarkeit
FGPrax	Praxis der Freiwilligen Gerichtsbarkeit. Vereinigt mit OLGZ
FinMin/FM	Finanzministerium
Fn.	Fußnote
Form	Formular
FormblattVO	Formblattverordnung
FR	Finanz-Rundschau
Fraktionsbegr.	Fraktionsbegründung
FS	Festschrift
GBO	Grundbuchordnung
GbR	Gesellschaft bürgerlichen Rechts
Geibel/Süßmann	Wertpapiererwerbs- und Übernahmegesetz (WpÜG), 2. Aufl. 2008
gem.	gemäß
gerichtl.	gerichtlich
G	Gesetz(e)
ges.	gesetzlich
GesRZ	Der Gesellschafter. Zeitschrift für Gesellschaftsrecht (Österreich)
ggf.	gegebenenfalls
GmbH	Gesellschaft mit beschränkter Haftung
GmbHG	Gesetz betreffend die Gesellschaften mit beschränkter Haftung
GmbHR	GmbH-Rundschau
GO	Gemeindeordnung
grds.	grundsätzlich
GroßkommAktG	Großkommentar zum AktG, 4. Aufl. 1992 ff., 5. Aufl. 2013 ff.
GroßkommHGB	Großkommentar zum HGB, 4. Aufl. 1982 ff.
GRUR	Gewerblicher Rechtsschutz und Urheberrecht (Zeitschrift)
GS	Großer Senat
GUG	Gesamtvollstreckungs-Unterbrechungsgesetz
GuV	Gewinn- und Verlustrechnung
GVG	Gerichtsverfassungsgesetz
Haarmann/Schüppen	Öffentliche Übernahmeangebote – Kommentar zum WpÜG, 3. Aufl. 2008
Hachenburg	Gesetz betreffend die Gesellschaften mit beschränkter Haftung, 8. Aufl. 1989 ff.
Happ	Aktienrecht, Handbuch-Mustertexte-Kommentar, 4. Aufl. 2015
Hdb.	Handbuch
Heidel	Aktienrecht, Kommentar, 4. Aufl. 2014
HeidelbergKomm	*Bürgers/Körber* (Hrsg.), Heidelberger Kommentar zum Aktiengesetz, 3. Aufl. 2014
Henn	Handbuch des Aktienrechts, 8. Aufl. 2009
Hettler/Stratz/Hörtnagl	Beck'sches Mandatshandbuch Unternehmenskauf, 2. Aufl. 2013
Heymann	Handelsgesetzbuch (ohne Seerecht), 2. Aufl. 1995
HGB	Handelsgesetzbuch
hL	herrschende Lehre
hM	herrschende Meinung

XVII

Abkürzungs- und Literaturverzeichnis

Hölters	AktG – Aktiengesetz, Kommentar, 2. Aufl. 2014
HR	Handelsregister
Hrsg.	Herausgeber
Hs.	Halbsatz
Hüffer	Aktiengesetz, 11. Aufl. 2014
HV	Hauptversammlung
HV-Hdb	*Semler* (Hrsg.), Arbeitshandbuch für die Hauptversammlung, 3. Aufl. 2011
idF	in der Fassung
idR	in der Regel
IDW	Institut der Wirtschaftsprüfer
iErg	im Ergebnis
iE	im Einzelnen
ieS	im engeren Sinne
insges.	insgesamt
InsO	Insolvenzordnung
int.	international
iR	im Rahmen
iRd	im Rahmen des (der)
iSd	im Sinne des (der)
iSv	im Sinne von
iÜ	im Übrigen
iVm	in Verbindung mit
iwS	im weiteren Sinne
iZ	im Zweifel
JMBl	Justizministerialblatt
JR	Juristische Rundschau
jur.	juristisch
JurBüro	Das juristische Büro
JuS	Juristische Schulung
Justiz	Die Justiz (Zeitschrift)
JW	Juristische Wochenschrift
JZ	Juristenzeitung
KG	Kammergericht; Kommanditgesellschaft
KGaA	Kommanditgesellschaft auf Aktien
KGJ	Jahrbuch für Entscheidungen des Kammergerichts in Sachen der freiwilligen Gerichtsbarkeit in Kosten-, Stempel- und Strafsachen
KHzA	*Leinemann* (Hrsg.), Kasseler Handbuch zum Arbeitsrecht, 2. Aufl. 2000
KölnKommAktG	*Zöllner/Noack* (Hrsg.), Kölner Kommentar zum Aktiengesetz, 2. Aufl. 1986 ff.
KölnKommWpÜG	*Hirte/von Bülow* (Hrsg.), Kölner Kommentar zum WpÜG, 2. Aufl. 2010
KonTraG	Gesetz zur Kontrolle und Transparenz im Unternehmensbereich
krit.	kritisch
Kübler	Gesellschaftsrecht, 5. Aufl. 1999
LG	Landgericht
LHO	Landeshaushaltsordnung
li. Sp.	linke Spalte
Lit.	Literatur
lit.	litera
LM	Nachschlagewerk des Bundesgerichtshofs, hrsg. von Lindenmaier, Möhring u. a.
LS	Leitsatz
Lücke/Schaub	Beck'sches Mandatshandbuch Vorstand der AG, 2. Aufl. 2010
Lutter	Umwandlungsgesetz, 5. Aufl. 2014
Lutter/Hommelhoff	GmbH-Gesetz, 18. Aufl. 2012

Abkürzungs- und Literaturverzeichnis

MAH AktienR	*Schüppen/Schaub* (Hrsg.). Münchener Anwaltshandbuch Aktienrecht 2. Aufl. 2010
MAH GmbHR	*Römermann* (Hrsg.), Münchener Anwaltshandbuch GmbH-Recht. 3. Aufl. 2014
MAH PersGesR	*Gummert* (Hrsg.), Münchener Anwaltshandbuch Personengesellschaftsrecht, 2. Aufl. 2015
Marsch-Barner/Schäfer	Handbuch börsennotierte AG, 3. Aufl. 2014
maW	mit anderen Worten
MDR	Monatsschrift für deutsches Recht
MinBlFin	Ministerialblatt des Bundesministers der Finanzen
Mio.	Million(en)
MittBayNotK	Mitteilungen der Bayerischen Notarkammer
MittRhNotK	Mitteilungen der Rheinischen Notarkammer
Mot.	Motive
Mrd.	Milliarde(n)
MHdB GesR (I–IV)	Münchener Handbuch des Gesellschaftsrechts, Band 1, 4. Aufl. 2014; Band 2, 4. Aufl. 2014; Band 3, 4. Aufl. 2012; Band 4, 4. Aufl. 2015
MüKoAktG	Münchener Kommentar zum Aktiengesetz, 4. Aufl. 2014 ff.
MüKoBGB	Münchener Kommentar zum Bürgerlichen Gesetzbuch, 7. Aufl. 2015 ff.
MüKoHGB	Münchener Kommentar zum Handelsgesetzbuch, 3. Aufl. 2013 ff.
MüKoZPO	Münchener Kommentar zur Zivilprozessordnung, Band I–III, 4. Aufl. 2013 ff.
MVHdB	Münchener Vertragshandbuch, 7. Aufl. 2011 ff.
mw N	mit weiteren Nachweisen
Nachtr.	Nachtrag
Nachw.	Nachweis(e)
NaStraG	Namensaktiengesetz
nF	neue Fassung
NJW	Neue Juristische Wochenschrift
NJW-RR	NJW-Rechtsprechungs-Report Zivilrecht
Nr.	Nummer
NW	Nordrhein-Westfalen
NWVBl	Nordrhein-Westfälische Verwaltungsblätter
NZG	Neue Zeitschrift für Gesellschaftsrecht
obj.	objektiv
öffentl.	öffentlich
örtl.	örtlich
OFD	Oberfinanzdirektion
OLG	Oberlandesgericht
Palandt	Bürgerliches Gesetzbuch, 75. Aufl. 2016
PersBefG	Personenbeförderungsgesetz
PublG	Publizitätsgesetz
pVV	positive Vertragsverletzung
RAusschuss	Rechtsausschuss
RegBegr	Regierungsbegründung
RegE	Regierungsentwurf
RG	Reichsgericht
RGeschäft	Rechtsgeschäft
RIW	Recht der internationalen Wirtschaft
Rn.	Randnummer(n)
Röhrich/ v.Westphalen/Haas	Handelsgesetzbuch, 4. Aufl. 2014
Roth/Altmeppen	Gesetz betreffend die Gesellschaft mit beschränkter Haftung: GmbHG, 8. Aufl. 2015

Abkürzungs- und Literaturverzeichnis

Rowedder/ Schmidt-Leithoff	Gesetz betreffend die Gesellschaft mit beschränkter Haftung, 5. Aufl. 2013
Rspr.	Rechtsprechung
S.	Satz; Seite
s.	siehe
sa	siehe auch
K. Schmidt GesR	Gesellschaftsrecht 4. Aufl. 2002
K. Schmidt HandelsR	Handelsrecht, 6. Aufl. 2014
Schmidt/Lutter	Aktiengesetz: AktG, Kommentar, 3. Aufl. 2015
Schmitt/Hörtnagl/ Stratz	Umwandlungsgesetz – Umwandlungssteuergesetz, 6. Aufl. 2013
Scholz	GmbH-Gesetz, Band 1, 11 Aufl. 2012 ff.
Schüppen Kleine AG	Satzung der kleinen AG, 2001
Seibert/Kiem/ Schüppen	Handbuch der Kleinen AG, 5. Aufl. 2008
Semler/Peltzer/Kubis	Arbeitshandbuch für die Vorstandmitglieder, 2. Aufl. 2015
Semler/v. Schenck	Arbeitshandbuch für Aufsichtsratsmitglieder, 4. Aufl. 2013
Semler/Volhard/ Reichert	Arbeitshandbuch für die Hauptversammlung, 3. Aufl. 2011
s. o.	siehe oben
Soergel	Kommentar zum Bürgerlichen Gesetzbuch, 13. Aufl. 2000 ff.
Spindler/Stilz	Kommentar zum Aktiengesetz, 3. Aufl. 2015
Staudinger	Kommentar zum Bürgerlichen Gesetzbuch, 15. Aufl. 1994 ff.
str.	streitig
StReformG	Steuerreformgesetz
stRspr	ständige Rechtsprechung
StückAG	Stückaktiengesetz
StuW	Steuer und Wirtschaft
s. u.	siehe unten
subj.	subjektiv
Teichmann/Koehler	Aktiengesetz Kommentar, 3. Aufl. 1950
teilw.	teilweise
TOP	Tagesordnungspunkt
TrG	Treuhandgesetz
u.	unten
ua	und andere; unter anderem
uÄ	und Ähnliche(s)
u. H.	unerlaubte Handlung
umfangr.	umfangreich
uneinheitl.	uneinheitlich
unstr.	unstreitig
unzutr.	unzutreffend
UStG	Umsatzsteuergesetz
usw.	und so weiter
uU	unter Umständen
UWG	Gesetz gegen den unlauteren Wettbewerb
Var.	Variante
Verf.	Verfasser
vgl.	vergleiche
VO	Verordnung
Vorb.	Vorbemerkung(en)
Wachter	AktG, Kommentar zum Aktiengesetz, 2. Aufl. 2014
WG	Wechselgesetz

Abkürzungs- und Literaturverzeichnis

WM	Wertpapier-Mitteilungen
wN	weitere Nachweise
WPg	Die Wirtschaftsprüfung
WP-Hdb	Handbuch der Wirtschaftsprüfung (Loseblatt)
WpHG	Wertpapierhandelsgesetz
WPO	Wirtschaftsprüferordnung
WpÜG	Wertpapiererwerbs- und Übernahmegesetz
WRP	Wettbewerb in Recht und Praxis
WuB	Entscheidungssammlung zum Wirtschafts- und Bankrecht
zB	zum Beispiel
ZBB	Zeitschrift für Bankrecht und Bankwirtschaft
ZGR	Zeitschrift für Unternehmens- und Gesellschaftsrecht
ZHR	Zeitschrift für das gesamte Handels- und Wirtschaftsrecht
Ziff.	Ziffer(n)
ZIP	Zeitschrift für Wirtschaftsrecht
ZKW	Zeitschrift für das gesamte Kreditwesen
Zöller	Zivilprozessordnung, 31. Aufl. 2016
ZPO	Zivilprozessordnung
zT	zum Teil
zust.	zustimmend
zutr.	zutreffend
zzt.	zurzeit

§ 1 Einleitung

Von der Aktienrechtsnovelle 2011 über das VorstKoG in der 17. Wahlperiode bis zur Gesetz gewordenen Aktienrechtsnovelle 2016 in der 18. Wahlperiode – The Long and Winding Road

I. Einleitung

Die Aktienrechtsnovelle hat eine ungewöhnlich lange und wechselhafte Geschichte hinter sich. Zu Beginn der 17. Wahlperiode (2009–2013) war der Entwurf erarbeitet und am 16.11.2010 als Referentenentwurf einer Aktienrechtsnovelle 2011 der Öffentlichkeit vorgestellt worden. Der bescheidene Titel „Novelle" deutete damals schon auf den rechtpolitisch eher zurückhaltenden Anspruch des Vorhabens hin.[1] Nachdem die Praxis in der 16. Wahlperiode von ungewöhnlich vielen Reformen und Änderungen des Aktienrechts (ARUG, VorstAG, aber auch MoMiG und BilMoG) heimgesucht worden war, sollte nun etwas Ruhe einkehren. Das Aktienrecht schien auf einem guten Stand angelangt und umfassender Reformbedarf nicht mehr zu bestehen. Bei dieser „kleinen" Novelle handelte es sich um eine Zusammenstellung eher technischer Spezialitäten, ferner um Reparaturen von Redaktionsversehen aus dem BilMoG und dem ARUG. Anders als erwartet, lief das Gesetzgebungsverfahren aber keineswegs komplikationslos ab: 1

„*Alle glücklich verlaufenen Gesetzgebungsvorhaben sind einander ähnlich; jede verunglückte Reform jedoch ist auf ihre besondere Weise unglücklich.*" könnte man nach *Tolstois* berühmtem Eingangssatz zu Anna Karenina sagen. Im Folgenden soll die bewegte Gesetzgebungsgeschichte der Aktienrechtsnovelle 2011/2013 bis zum VorstKoG mit all ihren Höhen und Tiefen und ihrem tragischen Ende skizziert werden,[2] ehe auf die Aktienrechtsnovelle 2014 bis 2016 in der 18. Wahlperiode eingegangen wird. 2

II. Die Aktienrechtsnovelle in der 17. Wahlperiode (2009–2013)

Nach der Bundestagswahl am 27. September 2009 begann die 17. Wahlperiode mit einer Koalitionsvereinbarung unter dem Titel „Wachstum. Bildung. Zusammenhalt". Für das Aktienrecht enthielt die Koalitionsvereinbarung wenig und zum Teil sogar Widersprüchliches bzw. Punkte, die just am Ende der 16. Wahlperiode mit dem Vorstandsvergütungsangemessenheitsgesetz bereits erledigt worden waren. So wurde zum zB gefordert, eine Mindestwartefrist von 2 Jahren für ehemalige Vorstandsvorsitzende beim Wechsel zum Aufsichtsratsvorsitzenden desselben börsennotierten Unternehmens einzuführen (Cooling-off-Periode). War dies nun eine Einschränkung des gerade erst mit dem VorstAG geregelten § 100 Abs. 2 S. 1 Nr. 4 AktG mit dem Verbot 3

---

[1] S. *Seibert*, Aktienrechtsnovelle 2011, Der Betrieb, 46/2010, Gastkommentar M1.
[2] S. ausführlich: *Seibert*, Von der Aktienrechtsnovelle 2011 zum VorstKoG in der 17. Wahlperiode – Zu den Aufs und Abs eines Gesetzgebungsverfahrens, in FS Bruno Kübler (Bork/Kayser/Kebekus Hrsg.), 2015, S. 665 ff.

des Aufrückens in den Aufsichtsrat insgesamt – oder eine unbeabsichtigte Wiederholung?

4 Unter der Rn. 744 fand sich weiter die Erklärung: „Wir werden das Mitspracherecht der Hauptversammlung bei der Festlegung der Eckpunkte von Vorstandsvergütungen stärken." Auch hier konnte man mit gutem Grund vermuten, dies sei durch die unverbindliche „Say-on-Pay" Regelung im Vorstandsvergütungsangemessenheitsgesetz bereits erledigt. Zum Ende der 17. Wahlperiode wurde die Formulierung aber neuinterpretiert und ist das Thema doch noch aufgegriffen worden im Sinne einer Verschärfung des bestehenden „Say-on-Pay". Die Koalitionsvereinbarung sprach ferner von der Einführung eines Stufenplans insbesondere zur Erhöhung des Anteils von Frauen in Vorständen und Aufsichtsräten. Dieses Thema hat die gesamte 17. Wahlperiode über zu einer sehr kontroversen politischen Debatte ohne Ergebnis geführt.[3] Ein Quotengesetz ist dann aber in der 18. Wahlperiode mit veränderten Mehrheiten eingeführt worden.[4] Des Weiteren wurde im Koalitionsvertrag von der Transparenz kommunaler Gesellschaften gesprochen.

Der im November 2010 vorgelegte Referentenentwurf enthielt im Wesentlichen die folgenden Regelungsvorschläge:

1. Namensaktie bei nichtbörsennotierten Aktiengesellschaften

5 Die FATF (Financial Action Task Force – eine von den G-7 eingesetzte und bei der OECD allokierte Organisation) hatte Deutschland schwere Vorwürfe gemacht, die deutsche Inhaberaktie führe zur Intransparenz der Eigentümerverhältnisse und ermögliche damit Geldwäsche und Terrorfinanzierung. Hinsichtlich der Transparenzempfehlung für die Inhaberschaft an Gesellschaften wurde Deutschland als „non-compliant" eingestuft und es drohte, verstärkt durch weitere kritisierte Punkte im wirtschaftsstrafrechtlichen Bereich, eine schlechte Benotung durch die internationale Organisation.[5] Die Forderung nach mehr Transparenz von Gesellschaftsbeteiligungen zur Bekämpfung der Geldwäsche haben später auch die G8 und G20 aufgegriffen. Der Referentenentwurf schlug daher einfach, aber recht holzschnittartig vor, dass nicht-börsennotierte Aktiengesellschaften künftig nur noch Namensaktien sollten haben dürfen (§ 10 AktG). Hinsichtlich der börsennotierten Gesellschaften ist es uns in zahlreichen Verhandlungen und mit vielen Interventionen gelungen, der FATF deutlich zu machen, dass eine Publikumsgesellschaft mit Inhaberaktien, etwa eine BASF, nur schwerlich als Vehikel zur Geldwäsche verwendet werden kann. Insbesondere bestehen dort ja die europarechtlich vorgesehenen Meldevorschriften für Beteiligungsbesitz. Von den praktischen Auswirkungen her schien die geplante Regelung wenig Anlass zu Kritik zu bieten, da von den ca. 17.000 existierenden nicht-börsennotierten Aktiengesellschaften in Deutschland grob geschätzt nur ca. 5.600 Inhaberaktien ausgegeben haben.[6] Und ganz generell schien die Verwendung der Namensaktie für die nichtbörsennotierte Gesellschaft aus praktischen Gründen vorzugswürdig.

2. Missbräuchliche nachgeschobene Nichtigkeitsklage

6 Mit dem ARUG war eine erhebliche Beschleunigung des Freigabeverfahrens im Falle von Anfechtungsklagen erreicht worden. IRd Gesetzgebungsverfahrens zum ARUG in

---

[3] *Seibert*, Frauen in Aufsichtsräten und Vorständen – freiwillig oder unter Zwang?, in Die wichtigsten Aufsichtsräte in Deutschland, 2013, S. 144, 145.
[4] Gesetz vom 24. April 2015, BGBl. I 642; zum Gesetzgebungsverfahren *Seibert* NZG 2016, 16.
[5] Third Mutual Evaluation Report of Germany, S. 248 ff.
[6] Schätzung von *Bayer* in Aktienrecht in Zahlen II, Die AG Sonderheft Oktober 2015, S. 31.

der 16. Wahlperiode (2005–2009) hatte der Bundesrat allerdings – wie in der Vergangenheit schon mehrfach – gewünscht, dass auch für die einer Anfechtungsklage nachgeschobene Nichtigkeitsklage eine Befristung vorgesehen werden solle. Die Bundesregierung hatte damals in ihrer Gegenäußerung auf die Bundesratsstellungnahme angedeutet, dass man diesem Wunsch bei nächster Gelegenheit nachkommen wolle.[7] Das wollte man mit der Aktienrechtsnovelle nun tun.

3. Vorzugsaktie ohne Nachzahlung und umgekehrte Wandelschuldverschreibung

Diese beiden eher technischen – aber keineswegs unbedeutenden – Gesetzesänderungen zur Vorzugsaktie und zur Wandelschuldverschreibung waren von der Kreditwirtschaft an das Bundesjustizministerium und die Bundesregierung herangetragen worden. Bei der Vorzugsaktie (§§ 139, 140 AktG) ging es insbesondere darum, dass das Vorzugskapital, von dem man behaupten kann, es sei hinsichtlich des gewährten Vorzugs mit einem hypothetischen gesetzlichen Nachzahlungsanspruch belastet, nach den künftigen, strengen bankenaufsichtsrechtlichen Eigenkapitalvorschriften nicht zum Kernkapital gezählt werden könnte. Die Lösung sollte also sein, Vorzugsaktien auch ohne einen Nachzahlungsanspruch zu ermöglichen und es dem Markt zu überlassen, wie er Vorzugsaktien mit dieser Ausgestaltung bewertet. Auch bei der Wandelschuldverschreibung ging es um die Kreditwirtschaft, die noch unter den Folgen der Finanzkrise 2008/2009 litt und leidet: Mit einem umgekehrten Wandelrecht (§§ 192, 194, 221 AktG), also einem Recht des Schuldners einer Wandlungsanleihe Aktien statt Geld zurückzuzahlen, und flankiert von der Möglichkeit entsprechender Kapitalbeschaffungsmaßnahmen im Aktienrecht (§§ 192, 221 AktG) wäre eine sehr unkomplizierte Form des Debt-Equity-Swaps gewonnen, was insbesondere Finanzinstituten in der Krise eine erhebliche Bilanzerleichterung verschaffen könnte. Hätten unsere Kreditinstitute doch schon in der Finanzkrise ein solches Instrument zur Verfügung gehabt!

4. Aufsichtsratsarbeit kommunaler Unternehmen

Wie bereits oben erwähnt, hatte der Koalitionsvertrag für die 17. Wahlperiode eine Förderung der Transparenz von Entscheidungen kommunaler Gesellschaften vorgesehen. Dies war ein besonderes Anliegen der Liberalen und dabei ein ganz besonderes Herzensanliegen des Parlamentarischen Staatssekretärs im Bundesjustizministerium Dr. *Max Stadler*, der allerdings vor Verabschiedung der Aktienrechtsnovelle am 12. Mai 2013 überraschend verstorben ist, womit dieser Punkt auch seinen engagiertesten Fürsprecher in der Bundesregierung verloren hatte.[8]

5. Die Stellungnahmen zum Referentenentwurf

Bei einer so bescheidenen technischen Novelle war mit größeren Einwänden der Praxis und Wissenschaft nicht gerechnet worden. Überraschenderweise formierte sich aber doch erheblicher Widerstand vor allem gegen die Beschränkung der Inhaberaktie bei nicht-börsennotierten Aktiengesellschaften. Die Hintergründe waren einmal ganz

---

[7] Anlage 5 zur BT-Drs. 16/11642, 59.
[8] Erstaunlicherweise haben sich dann aber die GRÜNEN des Themas angenommen und die weitgehenden Regelungen des Referentenentwurfs zur Aktienrechtsnovelle (der Regierungsentwurf war wesentlich abgeschwächt) im Rahmen eines Änderungsantrags aufgegriffen, BT-Drs. 17/14237 vom 26.6.2013.

grundsätzlicher Natur: Man monierte eine Einschränkung der unternehmerischen Handlungsfreiheit, wobei man den politischen Druck seitens einer Institution wie der FATF, die in weiten Kreisen des Landes ganz unbekannt ist, und deren Macht und Einfluss nicht recht ernst nehmen wollte. Zum zweiten aber wurden auch Kostenargumente vorgebracht. Gesellschaften im Freiverkehr hätten nach der im Entwurf vorgesehenen Übergangsfrist auf Namensaktien umstellen müssen, was gerade bei kleineren Unternehmen einen unerwünschten Aufwand bedeutet hätte.[9]

10 Dem Änderungsentwurf des § 394 AktG stellten sich die kommunalen Unternehmen und damit auch die Bundesländer mit Vehemenz entgegen. Der Entwurf wollte es der Satzungsfreiheit bei der AG, vor allem aber bei der GmbH überlassen, ob die Aufsichtsratssitzungen ganz oder teilweise unter Teilnahme der Öffentlichkeit würden stattfinden können. Man könnte den Tenor der Bedenken so zusammenfassen: Es sei zwar richtig, dass der Gesetzentwurf eine Öffnung von Aufsichtsratssitzungen bei kommunalen Aktiengesellschaften (und zugleich auch und vor allem bei GmbH´s, für welche § 394 AktG entsprechend angewendet wird) nur der Satzungsautonomie überantworte und damit den Beteiligten völlige Freiheit gebe, davon Gebrauch zu machen oder nicht. Es sei aber leider so, dass man schon jetzt vorhersehen könne, dass man unter dem Druck der Öffentlichkeit und der Medien stets und in unvernünftig weitem Umfang von einer solchen Transparenzmöglichkeit auch da Gebrauch machen werde, wo sie unsinnig und schädlich sei. Man wünschte also durch das Gesetz vor der eigenen politischen Schwäche geschützt zu werden; eine interessante Einsicht in politische Entscheidungsbildung.

11 Darüber hinaus enthielt der Referentenentwurf noch eine ganze Reihe von Korrekturen und kleinen Klarstellungen im Aktienrecht. In den Stellungnahmen wurden insbesondere vom BDI und Handelsrechtsausschuss des DAV noch weitere sinnvolle redaktionelle Änderungen und Kleinkorrekturen am Aktienrecht vorgeschlagen, von denen sehr viele aufgegriffen worden sind und die, soweit sie Gesetz wurden, im weiteren Verlauf dieses Bandes erläutert werden.

6. Der Regierungsentwurf

12 Am 20. Dezember 2011, also mehr als ein Jahr nach der Vorstellung des Referentenentwurfs, hat das Bundeskabinett die Aktienrechtsnovelle – nunmehr „Aktienrechtsnovelle 2012" – als Regierungsentwurf verabschiedet. Der Entwurf war sorgfältig überarbeitet worden und reagierte in vielen Punkten auf die Stellungnahmen. Unter anderem war die Beschränkung der Inhaberaktie bei nicht-börsennotierten Aktiengesellschaften deutlich abgeschwächt worden, so dass auch und vor allem Aktiengesellschaften im Freiverkehr weiter die Inhaberaktie wählen konnten. Ferner ist eine Bestandsschutzklausel aufgenommen worden, wonach Altgesellschaften generell und ohne zeitliche Begrenzung Inhaberaktien beibehalten durften.

Bei der nachgeschobenen Nichtigkeitsklage hatte sich aufgrund der Stellungnahmen kein Änderungsbedarf ergeben, bei der umgekehrten Wandelanleihe und den Vorzugsaktien waren technische Verbesserungen vorgenommen worden und bei der Transparenz kommunaler Unternehmen ruderte der Regierungsentwurf gegenüber dem Referentenentwurf ganz erheblich zurück. Die nunmehr zur Berichtspflicht der Aufsichtsräte noch verbleibende Regelung diente im Wesentlichen nur noch einer Klarstellung.

---

[9] Zu allem *Seibert*, Aktienrechtsnovelle 2011, Der Betrieb 46/2010, Gastkommentar M1; *Drygala* ZIP 2011, 798.

Schüppen/Tretter[10] haben die originelle Frage gestellt, ob es sich bei der Novelle um ein „Aschenputtel" oder eine „graue Maus" handele, wohl darauf anspielend, dass Aschenbrödel am Ende den Prinzen heiratet, während die graue Maus, eine Metapher, die freilich nicht aus dem selben Märchen stammt, vermutlich dauerhaft grau bleibt. Sie kommen zu dem Ergebnis, dass die punktuellen Änderungen facetten- und detailreich, jedenfalls aber praktisch bedeutsam sind.

7. Stellungnahme des Bundesrates und Gegenäußerung

Nach dem Kabinettsbeschluss folgte der erste Durchgang durch den Bundesrat mit einer Stellungnahme des Bundesrats zu dem Regierungsentwurf. Die Plenarsitzung des Bundesrates fand am 10. Februar 2012 statt. Die Stellungnahme des Bundesrates beschränkte sich im Wesentlichen auf technische Details und stellte den Entwurf in seinen wichtigen und zentralen Punkten nicht in Frage. Am 14. März 2012 erwiderte das Bundeskabinett auf die Stellungnahme des Bundesrats[11] mit einer sog. Gegenäußerung. Bis auf eine kleine technische Änderung ist die Bundesregierung dem Bundesrat nicht gefolgt. Danach wurde der Gesetzentwurf dem Bundestag überwiesen.[12]

8. Die Novelle irrt im Niemandsland

Anschließend folgen normalerweise die erste Lesung im Deutschen Bundestag und die Überweisung an die Ausschüsse. Im Falle der Aktienrechtsnovelle folgte allerdings nichts. Der Gesetzentwurf wurde von den Fraktionsgeschäftsführungen nicht zur ersten Lesung aufgesetzt. Der Hintergrund war, wie man in Erfahrung bringen konnte, dass die Berichterstatter der Koalitionsfraktionen, die Abgeordneten Dr. *Harbarth* (CDU) und *Buschmann* (FDP) ihrerseits Änderungswünsche hatten, die mit der Aktienrechtsnovelle und den dort behandelten Themen zwar nichts zu tun hatten, die aber nun in einer Art „Junktim" mit der weiteren Behandlung des Gesetzentwurfs verbunden wurden. Dieses harte Junktim mag, wie man später hörte, auch daran gelegen haben, dass die Berichterstatter dieselben Punkte schon iRd Verhandlungen zum Dritten Gesetz zur Änderung des Umwandlungsgesetzes vom 11. Juli 2011[13] vorgebracht hatten, dann aber möglicherweise vom Ministerium auf später vertröstet worden waren. Das Bundesjustizministerium stand diesen Änderungswünschen jedenfalls distanziert gegenüber. Es handelte sich dabei zunächst um drei Petita:

1. Im Übernahmerecht sollte das Spruchverfahren nicht nur für die Aktionäre des Zielunternehmens, sondern auch für die des aufnehmenden Unternehmens gelten.
2. Ferner sollte es ermöglicht werden, dass im Spruchverfahren statt eines Barausgleichs vom aufnehmenden Unternehmen Aktien ausgegeben werden.
3. Schließlich sollte eine Mini-Ausgliederung möglichst unbürokratisch, also ohne Befassung der Hauptversammlung, ermöglicht werden.

Da das Bundesministerium der Justiz darauf nicht einging, blieb die Aktienrechtsnovelle vor Beginn des eigentlichen parlamentarischen Verfahrens im Deutschen Bundestag im Niemandsland zwischen Bundesrat und Bundestag hängen. Erst im September 2012 konnte mit einem der Berichterstatter Einvernehmen über das weitere Procedere

---

[10] *Schüppen/Tretter*, Aktienrechtsnovelle 2012 – Aschenputtel oder graue Maus?, Die Wirtschaftsprüfung 2012, 338.
[11] BR-Drs. 852/11 vom 30.12.2011.
[12] BT-Drs. 17/8989 vom 14.3.2012.
[13] BGBl. I 1338.

erzielt werden.¹⁴ Danach sollten die Vorschläge der Abgeordneten und die Aktienrechtsnovelle nicht technisch in einen einzigen Entwurf zusammengeführt werden, aber gewissermaßen parallel laufen, damit die Beratung der Aktienrechtsnovelle zumindest beginnen konnte. Zu den Vorschlägen der Abgeordneten, die auf älteren Vorschlägen des Handelsrechtsausschusses des Deutschen Anwaltvereins (DAV) beruhten, sollte das Ministerium eine Anhörung durchführen. Von der Aufnahme der Überlegungen durch die Experten und Verbände sollte dann deren weiteres Schicksal abhängig gemacht werden.

17   In Umsetzung dieses sinnvollen Kompromisses beraumte das BMJ ein Expertengespräch im Ministerium für den 25. Oktober 2012 an und lud dazu als Experten die Herren Rechtsanwalt Prof. *Dr. Michael Hoffmann-Becking* (Hengeler Mueller), Rechtsanwalt *Florian Brügel* (White & Case LLP), Prof. *Dr. Heribert Hirte* und Prof. *Dr. Theodor Baums*. Der erste Punkt (Erstreckung des Spruchverfahrens auf die Aktionäre des aufnehmenden Unternehmens) wurde allerdings kurz vor der Sitzung von den Abgeordneten ohne Begründung zurückgezogen. Dabei ist eine Gleichbehandlung aus rechtssystematischen Erwägungen durchaus diskutabel, die wirtschaftlichen Auswirkungen aber sind für die Unternehmen nicht unbedingt positiv: Nach dem Inkrafttreten des ARUG ist die Beschlussanfechtung für die Unternehmen vermutlich deutlich attraktiver als das Spruchverfahren. Die Streitfrage ist dank des Freigabeverfahrens rasch geklärt. Das Risiko, dass die Freigabe versagt wird, ist eher gering. Anders verhält es sich beim Spruchverfahren: Es dauert Jahre, ist aufwändig, endet häufig mit einem Nachschlag für den oder die Kläger und wirkt inter omnes, das heißt: der Nachschlag muss allen ausbezahlt werden. Es lässt sich also leicht nachvollziehen, dass die frühere Flucht der Unternehmen aus der ehemals gefährlichen Anfechtungsklage ins Spruchverfahren nach dem ARUG nicht mehr verlockend ist und man nun lieber bei der Anfechtung bleibt.

18   Bei den übrigen Punkten nahm die Abfindung in Aktien den größten Raum ein. Der Barausgleich im Spruchverfahren sei im Grunde eine Anomalie, die Abfindung in Aktien konsequent, so *Baums*. Dazu muss man sagen: Der diskutierte Vorschlag würde diese Anomalie nur unvollständig beheben: Der Aktionär der übertragenden Gesellschaft hätte eigentlich zum damaligen Zeitpunkt mehr Aktien bekommen müssen, nach vielen Jahren wird ihm im Spruchverfahren ein Barausgleich auf Basis des Substanzwertes der Aktien von damals zuzüglich Zinsen zugesprochen – und dieser Geldanspruch wird nun ersetzt durch eine Lieferung von Aktien auf der Basis des heutigen Börsenwertes. Von der Aktie durch das Geld wieder zurück in die Aktie, kann bei schwankenden Börsenkursen ganz etwas anderes sein, als gleich die Aktie bekommen zu haben. Sehr kontrovers wurde diskutiert, wie denn die zum Ausgleich in Aktien benötigten Anteile zu beschaffen wären: Verwendung eigener Aktien, Kapitalerhöhung aus Gesellschaftsmitteln, Kapitalerhöhung durch Sacheinlage des vom Gericht festgesetzten Ausgleichanspruchs oder durch Rekurs auf den damaligen Zeitpunkt der Verschmelzung und die damalige (unterbewertete) Einbringung des übertragenden Rechtsträgers? Das alles ließ ahnen: Ganz so einfach würde die Umsetzung rechtstechnisch nicht werden. Man verblieb danach so, dass noch vor dem Jahreswechsel 2012/13 ein ausformulierter Vorschlag vorliegen solle, den der Handelsrechtsausschuss des DAV den Berichterstattern zur Verfügung stellen wollte.¹⁵

19   Diesen Entwurf, so war die Absprache, würde das BMJ anschließend mit kurzer Frist an Verbände und Länder versenden. Im Gegenzug sollte die erste Lesung der Aktienrechtsnovelle bald erfolgen, damit diese rechtzeitig in die Ausschüsse komme. Eine An-

---

[14] Ausführlicher beschrieben *Seibert* in FS Kübler, S. 669.
[15] S. DAV-Handelsrechtsausschuss NZG 2013, S. 694.

hörung zur Aktienrechtsnovelle und den ergänzenden Vorschlägen sollte dann zusammen abgehalten werden.

9. Den Gegnern ein leichtes Spiel

Tatsächlich fand am 29. November 2012 endlich die erste Lesung der Aktienrechtsnovelle im Deutschen Bundestag statt. Die parallel dazu überarbeiteten Vorschläge des Rechtsausschusses zu den umwandlungsrechtlichen Desiderata waren dem BMJ Anfang November 2012 zugeleitet worden. Überraschenderweise enthielten sie eine gravierende Änderung, die nicht Gegenstand des Expertengesprächs gewesen war: Das Spruchverfahren sollte auf eine Instanz beim OLG beschränkt werden. Am 30. November 2012 wurden diese Entwürfe unverändert vom BMJ an Verbände, Bundesländer und den Bundesgerichtshof versandt.

Bis Anfang Februar 2013 sind 40 teilweise sehr umfangreiche Stellungnahmen eingegangen.

Die Stellungnahmen äußerten sich in der Mehrzahl kritisch[16] und zeigten mit den Vorschlägen verbundene Probleme auf. Die positiven Stellungnahmen stammten von Wirtschaftsseite (BDI, Deutsches Aktieninstitut etc.). Von den Kritikern wurde das Thema der Beschränkung des Spruchverfahrens auf eine Instanz besonders negativ gesehen; es wurde aber auch ganz allgemein geargwöhnt, dass die Regelungen zu Lasten der Aktionäre gehen würden: „Die nunmehr vorgeschlagenen Gesetzesänderungen zielen einseitig auf eine weitere Verkürzung von Minderheitsrechten. Behauptete Effizienzgewinne sollen auf Kosten des Rechtsschutzes und der Organkontrolle erreicht werden" schreiben zB *Dreier/Riedel*.[17] Ob diese Einschätzung zutreffend war, mag dahinstehen, eines aber wurde deutlich: Das Vorhaben hatte Gegner. Und wenn man Gegner hat, sollte man darauf achten, dass man keine Achillesferse bietet. Das gilt vor allem in der Politik. Dass der Krieg die Fortsetzung der Politik mit anderen Mitteln sein soll, lässt ahnen, dass es vorher auch schon nicht zimperlich zugeht. Das Vorhaben der Berichterstatter hatte aber leider eine Achillesferse: Der Entwurf war eben nicht im BMJ entstanden, gegen dessen Unparteilichkeit man schwer etwas erinnern kann, selbst wenn einem das Ergebnis missfällt, sondern war vom Handelsrechtsausschuss des DAV unter seinem Vorsitzenden *Hoffmann-Becking* verfasst worden. Wer die bisherigen Diskussionen um Zuarbeit von Großkanzleien bei Gesetzentwürfen verfolgt hatte,[18] musste wissen: In diese Blöße würden die Gegner stoßen, diese Schwachstelle mussten sie ausnutzen. Das hatte nichts damit zu tun, wer hier im Recht oder Unrecht war; es sind schlicht die Spielregeln des politischen Geschäfts – und hier hatte man es den Gegnern sehr einfach gemacht.

10. Der „Kulissenschieber"[19]

Am 8. Februar 2013 erschien im Handelsblatt auf der ersten Seite ein großformatiger Artikel: „Der Kulissenschieber" – damit war RA *Hoffmann-Becking* gemeint, der

---

[16] Sehr kritisch *Dreier/Riedel* BB 2013, 326, die Sicht der Kleinaktionäre und ihrer Vertreter wiedergebend; ebenso Effekten-Spiegel vom 31.1.2013, S. 2.
[17] *Dreier/Riedel* BB 2013, 328.
[18] Umfassend: Dissertation von *Julia Leven*, „Gesetzgebungsoutsourcing" – Verfassungsrechtliche Probleme der Inanspruchnahme Privater zur Erstellung von Gesetzentwürfen, Frankfurt 2013; zur Beteiligung von Anwälten bei der Vorbereitung des Finanzmarktstabilisierungsgesetzes siehe *Seibert*, Deutschland im Herbst, in FS Hopt, 2010, S. 2525, 2533.
[19] Ähnlich und ebenfalls mit einer Metapher aus der Theaterwelt hatte die Zeit (22.1.2009) ihn schon früher charakterisiert: „Der Souffleur der Mächtigen".

just an diesem Tage seinen 70. Geburtstag vollendete. Ein recht ambivalenter Geburtstagsgruß. Kaum zur „Freude" beigetragen haben dürfte ferner ein sehr unvorteilhaftes Foto. Im Artikel war wenig schön zu lesen: „... *Den Gesetzentwurf haben zwei Bundestagsabgeordnete auf den Weg gebracht, die als Juristen in Großkanzleien Karriere gemacht haben und mit ihnen auch weiter eng verbunden sind: Marco Buschmann (FDP) und Stephan Harbarth (CDU). Sie beschleunigten das Verfahren über einen Anwaltskollegen, der ebenfalls vor allem Großaktionäre vertritt: Michael Hoffmann-Becking, Partner der Großkanzlei Hengeler Müller. Ihn kürte eine Zeitschrift zum ‚Schattenmann der Deutschland AG'. Der Düsseldorfer Jurist verfasste Reformvorschläge für das Aktienrecht, die – wenn sie Gesetz werden – Kleinaktionäre gegenüber Großaktionären benachteiligen. ..."* und es folgte noch mehr von dieser Art.

23 Trotz dieser medialen Irritationen fand am 18. Februar ein erweitertes Berichterstattergespräch zur Aktienrechtsnovelle und den umwandlungsrechtlichen Vorschlägen statt. Dabei handelt es sich nicht um eine förmliche Anhörung im Rechtsausschuss, sondern eine flexiblere Form der Expertenanhörung, die von den Abgeordneten (den Berichterstattern der Fraktionen zu dem in Rede stehenden Gesetzentwurf) durchgeführt wird. Die Auswahl der Experten liegt bei den Fraktionen. Teilnehmer an dem Gespräch waren die Abgeordneten *Buschmann*, Dr. *Harbarth*, Frau *Voßhoff* (zeitweise),[20] *Egloff*, *Pitterle* sowie Frau *Hönlinger*. Geleitet wurde das Gespräch vom damaligen Vorsitzenden des Rechtsausschusses MdB *Siegfried Kauder*.[21] Als Sachverständige äußerten sich RA Dr. *Dreier* (Düsseldorf), Prof. *Habersack* (Universität München), Prof. *Hoffmann-Becking* (Kanzlei Hengeler Mueller, Düsseldorf), Prof. *Koch* (Universität Konstanz, seit 2013 Bonn), Beigeordneter *Steitz* (Dortmund) und RA *Tüngler* (DSW, Düsseldorf). Die Aktienrechtsnovelle selbst wurde kaum erwähnt (lediglich der von B90/GRÜNE benannte Beigeordnete *Steitz* konzentrierte sich auf das Thema der Öffentlichkeit von Aufsichtsratssitzungen kommunaler Unternehmen). *Tüngler* (DSW) erklärte sogar, die Novelle werde von allen erwartet. Den Schwerpunkt des Gesprächs bildeten daher die zusätzlich auf Wunsch der Koalitionsrechtspolitiker einbezogenen Überlegungen zu Änderungen im Umwandlungs- und im Spruchverfahrensgesetz.

24 Man kann zusammenfassend sagen, dass die Professoren *Habersack*, *Koch* und *Hoffmann-Becking* die Zusatzvorschriften für durchaus sinnvoll hielten, wenn man noch einige Änderungen vornehmen würde, die sie ausgewogener gestalten sollten. Für das Spruchverfahren wurde von diesen das OLG grundsätzlich als richtige Eingangsinstanz angesehen, nun aber erwogen, die Rechtsbeschwerde zum BGH zuzulassen. Ferner sollte bei der Sachkapitalerhöhung zur Schaffung neuer Aktien für die Abfindung eine Werthaltigkeitsprüfung vorgeschrieben werden. Bei der Konzernausgliederung wurde mehrheitlich als problematisch erachtet, dass der vorgesehene Schwellenwert von 5 % sich allein auf den Buchwert bezog. Hier wurde als Korrektiv ein deutlich höherer Anteil am Ertragswert ins Gespräch gebracht (20–25 %). Konkrete Beschlüsse waren nicht Gegenstand der Sitzung.

11. Viel Porzellan zerschlagen

25 Nach dieser sehr ungünstigen Medienschelte war das Schicksal der umwandlungs- und spruchverfahrensrechtlichen Zusatzvorschläge der Berichterstatter der Koalition aber offensichtlich besiegelt. Am 5. April 2013 verkündete das Handelsblatt, dass diese Vorschläge nun fallengelassen würden. Bei dieser Sachlage, bei der einige Beteiligte

---

[20] Rechtspolitische Sprecherin der CDU/CSU, im 18. Dt. Bundestag nicht mehr vertreten.
[21] CDU/CSU, ebenfalls im 18. Dt. Bundestag nicht mehr vertreten.

Schaden genommen hatten, schien auch die Aktienrechtsnovelle 2012 (bzw. nunmehr schon 2013) ohne Aussichten. Alles sah klar nach einem Scheitern des Gesetzes aus.

Aber es sollte zunächst ganz anders kommen.

12. Die schweizerische Abzocker-Debatte und der deutsche Wahlkampf

Am 3. März 2013 war in der Schweiz eine Volksinitiative „gegen die Abzockerei" angenommen worden, mit der auf übersetzte Saläre einiger Verwaltungsräte und Geschäftsleitungen reagiert wurde. Die Sache wäre vielleicht anders ausgegangen, wenn nicht vor der Abstimmung bekannt geworden wäre, dass der bei Novartis scheidende Verwaltungsratspräsident *Daniel Vasella* 72 Millionen Franken Abgangsentschädigung erhalten sollte, wenn er die ersten sechs Jahre nach seinem Ausscheiden nicht für die Konkurrenz tätig werden, sondern Novartis beraten würde. Nach öffentlicher Empörung annullierte der Konzern den Vertrag. In solchermaßen angeheizter Stimmung kam es zu einer deutlichen Mehrheit von 67,9 % für die Abzocker-Initiative.[22] Dabei muss man sagen, dass das Schweizerische Recht in Sachen Organvergütung auch sehr blauäugig war. Nach dem damals geltenden Recht verfügte der Verwaltungsrat einer schweizerischen AG im Hinblick auf die Salärgestaltung über einen außerordentlich großen Spielraum: Er bestimmte in eigener Regie nicht nur die Entschädigung der Mitglieder der Geschäftsleitung (in Deutschland ähnlich: Aufsichtsrat für den Vorstand), sondern auch seine eigene.[23] Konkrete Vorgaben wie im deutschen Aktienrecht nach dem VorstAG gab es nicht. Die Initiative brachte Vieles, darunter dies: In Zukunft sollte die Generalversammlung (HV) alljährlich „die Gesamtsumme aller Vergütungen (Geld und Wert der Sachleistungen) des Verwaltungsrates bestimmen". Also etwas, was im deutschen Recht für den Aufsichtsrat schon lange gilt, freilich nicht jährlich.

Wenn man auch sagen muss, dass Schweiz und Deutschland im Vergütungsrecht nicht vergleichbar waren und Deutschland insbesondere mit den Bestimmungen des VorstOG und des VorstAG schon recht engmaschige Regelungen etabliert hatte, so schwappte doch unverkennbar die Aufgeregtheit herüber zu uns. Der Fall *Winterkorn*, der als Vorstandsvorsitzender von VW für das Jahr 2012 14,5 Mio. EUR erhalten hat, ist zwar überhaupt nicht vergleichbar mit *Vasella* und auch sonst sind Vorstandsvergütungen in Deutschland über 10 Mio. EUR seltene Ausnahme.[24] Aber dennoch entwickelte sich hier eine bedrohliche mediale Welle. Man darf annehmen, dass die Kanzlerin entschlossen war, sich im bevorstehenden Wahlkampf nicht von der Opposition mit dem Vergütungsthema treiben zu lassen, sondern das Heft des Handelns selbst in die Hand zu nehmen. Um den 13. März 2013 herum kursierte das Machtwort der Kanzlerin, *„Maßlosigkeit darf in einer freien und sozialen Gesellschaft nicht sein"* – man werde noch in der laufenden Wahlperiode eine Regelung vornehmen.

13. Populismus meiden, Systemgerechtigkeit und Praktikabilität beachten

Sofort begannen im Bundesministerium der Justiz die Überlegungen, was man der Kanzlerin als Lösung anbieten könnte. Wir steuerten alsbald auf eine Fortentwicklung

---

[22] *Forstmoser*, Die Schweiz auf dem Weg zum striktesten Aktienrecht der Welt?, BOARD 02/2013, S. 51 ff.

[23] *Forstmoser*, BOARD 02/2013, S. 52; *Böckli*, Zum Neuen Schweizer Vergütungsrecht, in FS Hopt, 2010, Bd. II, S. 3003, 3005, führt dazu aus: „der bisherige Zustand des Schweizer „Vergütungsrechts" zeichnet sich durch einen beinahe völligen „benign neglect" aus."

[24] Kurz *Kramarsch*, Vorstandsvergütung in Deutschland: Irrtümer und neue Qualität der Transparenz, BB Erste Seite 29/2015.

des Say-on-Pay hin, zumal Vorschläge in diese Richtung mit der kommenden Änderung der Aktionärsrechterichtlinie (SHRD) auch aus Europa zu erwarten standen. Dies erschien als eine systemimmanente Lösung, die keine direkten Eingriffe des Gesetzgebers in die Eigentümerkompetenzen dargestellt,[25] sondern innerhalb des Machtgefüges nur eine leichte Verschiebung zugunsten der Eigentümer bedeutet hätte,[26] ohne damit den Aufsichtsrat zu entmachten. Sie konnte zugleich dazu dienen, die Diskussion auf Brüsseler Ebene in unsere Richtung zu kanalisieren.

29 Es wurde aber auch ein Vorschlag von *Prof. Theodor Baums*[27] diskutiert, der eine gesetzliche Verpflichtung der Unternehmen zur Festsetzung einer betragsmäßigen Obergrenze mit Durchbrechungsmöglichkeit durch Hauptversammlungsbeschluss im Einzelfall vorsah; ebenso ein Gedanke von *Prof. Marcus Lutter*,[28] der die Möglichkeit zur Festlegung von Obergrenzen für die Vorstandsvergütung durch die Hauptversammlung in der Satzung eingeführt sehen wollte.

14. Die Abgeordneten Krings und Wolf übernehmen die Verhandlung

30 Am 20. März 2013 fand eine Sitzung von Abgeordneten der Koalition in Anwesenheit von Justizministerin *Leutheusser-Schnarrenberger* statt. Auffallend war, dass die bisherigen Berichterstatter der Aktienrechtsnovelle die Vergütungsfrage nicht federführend verhandelten, sondern für die CDU/CSU der Abgeordnete *Krings* und für die FDP der Abgeordnete *Wolf*. Das war möglicherweise so vorgesehen worden, um die Sache zu beschleunigen. In der Tat zeigten sich die beiden Abgeordneten als sehr entscheidungsfreudig und zu raschem Abschluss entschlossen. Am 21. März 2013 wurden Eckpunkte der CDU/CSU- und FDP-Bundestagsfraktionen vorgelegt, die ein starkes Initiativrecht der Hauptversammlung vorsahen. Noch am selben Tage traf sich der Koalitionsausschuss, das höchste Gremium der Koalitionsfraktionen, und beschloss: *„Die Koalition ist der Auffassung, dass das Aktienrecht auf der Basis der Eckpunkte der Koalitionsfraktionen geändert wird, um die Rechte der Eigentümer zu stärken. Hierfür soll den Hauptversammlungen börsennotierter Aktengesellschaften die obligatorische Aufgabe übertragen werden, über das System zur Vergütung der Vorstandsmitglieder eine für den Aufsichtsrat verbindliche Entscheidung zu treffen. Der Koalitionsausschuss bittet die Koalitionsfraktionen in Abstimmung mit der Bundesjustizministerin eine entsprechende Änderung des Aktiengesetzes in die laufende Aktienrechtsnovelle einzubringen."*

15. Totgesagte leben länger (aber irgendwann sterben auch sie)

31 Damit war die schon komatös erscheinende Aktienrechtsnovelle 2012 plötzlich wiederbelebt, sie sollte nun Trägergesetz für die Vergütungsregelung werden. Nach etlichen internen Retuschen an und Varianten zu einem Entwurf, der FDP und CDU/CSU-Seite zufriedenstellen sollte, trafen sich *Volker Kauder* und *Rainer Brüderle*, die Fraktionsspitzen. Als Kompromiss wurde vereinbart, dass unser Entwurf eines zwingenden Say-on-Pay ohne Initiativrecht der Hauptversammlung implementiert werden könne, aber zusätzlich die Arbeitnehmervertreter im Aufsichtsrat einen Sach-

---

[25] Zur Zunahme gesellschaftspolitischer Einflussnahmen des Gesetzgebers auf das Aktienrecht, s. auch *Richter*, Gute Policey im Aktienrecht, ZHR 177 (2013), 577 ff.
[26] Zutreffend zu dieser politischen Ausrichtung des Entwurfs *Frank/Lange/Lenk*, Say on Pay - bindendes Votum: eine kritische Betrachtung, BOARD 09/2013, S. 128.
[27] Schreiben vom 24.3.2012 an Justizministerin *Leutheusser-Schnarrenberger*.
[28] Schreiben vom 6.3.2013 an die Bundesjustizministerin *Leutheusser-Schnarrenberger*.

kundenachweis erbringen sollten, wie es auch die Anteilseignervertreter zu tun hätten. Daraufhin bedurfte es jedoch des Hinweises, dass Anteilseignervertreter keinen Sachkundenachweis erbringen müssen, so dass dieser Plan nicht weiterverfolgt wurde.

Letztendlich konnte man sich am 26. April 2013 in einem Gespräch mit den Abgeordneten *Krings* und *Wolf* nun doch auf den Entwurf eines zwingenden Say-on-Pay ohne Initiativrecht der Hauptversammlung verständigen und darauf einigen, dass alle anderen Zusatzüberlegungen, die im Laufe der Diskussion aufgekommen waren oder noch aufkommen würden, in einen Entschließungsantrag aufgenommen werden sollten, der parallel verabschiedet werden würde. Diesen sollte das BMJ vorbereiten.[29] Am 8. Mai beschloss das Bundeskabinett die Formulierungshilfe des BMJ zur Vergütungsregelung in der folgenden Fassung:

§ 120 Abs. 4 wird wie folgt gefasst:

„(4) Die Hauptversammlung der börsennotierten Gesellschaft beschließt jährlich über die Billigung des vom Aufsichtsrat vorgelegten Systems zur Vergütung der Vorstandsmitglieder. Die Darstellung des Systems hat auch Angaben zu den höchstens erreichbaren Vergütungen, aufgeschlüsselt nach Vorstandsvorsitz, dessen Stellvertretung und einfachem Mitglied des Vorstands, zu enthalten. Der Beschluss berührt nicht die Wirksamkeit der Vergütungsverträge mit dem Vorstand; er ist nicht nach § 243 anfechtbar."

16. Und noch eine Anhörung

Am 15. Mai 2013 fasste der Rechtsausschuss des Bundestages den Beschluss über eine weitere Anhörung zur Aktienrechtsnovelle (einschließlich der neuen Vergütungsregelung), die am 5. Juni 2013 tatsächlich stattfand. Die Abgeordneten *Dr. Harbarth, Erloff, Buschmann, Pitterle, Hönlinger* waren zugegen, und als Sachverständige die Professoren *Habersack, Hoffmann-Becking, Koch* und *Simon (Flick Gocke Schaumburg)*, sowie *Dr. Hemeling (Allianz SE), Dietmar Hexel (DGB)* ua. Die Anhörung bewegte sich erneut auf hohem Niveau, wobei fast ausschließlich die Vergütungsregelung behandelt wurde. Die Begeisterung über diese Regelung war zugegeben gering, aber es wurde auch eingeräumt: Wenn man das machen will, dann geht es so wie vorgesehen.[30] Freilich sah *Hoffmann-Becking* einen schweren Systembruch zur herkömmlichen Entscheidungshierarchie unseres Aktienrechts, den *Koch* und *Habersack* jedoch so nicht zu erkennen vermochten.[31] *Koch* wies darauf hin, dass die Aufsichtsräte anderer Leute Geld verteilten und somit auch gut zu begründen sei, die Kontrollmöglichkeiten der Eigentümer zu erhöhen.

17. Das abschließende Berichterstattergespräch und die Ausschussberatung – zu spät

Am 13. Juni 2013 (und man muss sagen: es wurde angesichts der parlamentarischen Sommerpause jetzt schon mehr als knapp für eine Verabschiedung vor der Bundestagswahl am 22. September 2013) kam es zum abschließenden Berichterstattergespräch

---

[29] Später Entschließungsantrag der Fraktionen der CDU/CSU und FDP vom 26.6.2013, BT-Drs. 17/14239.
[30] Größere praktische Umsetzungsprobleme werden auch nicht gesehen von *Löbbe/Fischbach*, Das Vergütungsvotum der Hauptversammlung, WM 2013, 1625 ff.
[31] Siehe auch *Verse*, Regulierung der Vorstandsvergütung, NZG 2013, 921 [925] mit zahlr. Nachw.

35 mit der anschließenden Verabschiedung im Rechtsausschuss des Deutschen Bundestages am 26. Juni 2013.[32]

Neben einigen Kleinigkeiten wurde beschlossen, die Regelung zur Befristung der nachgeschobenen Nichtigkeitsklage aus der Aktienrechtsnovelle zu streichen, obwohl darauf hinzuweisen war, dass diese ein besonderer Wunsch des Bundesrates gewesen war, der über die erneute Zurückstellung nicht erfreut sein konnte. Grund für diese Herausnahme war wohl, dass der Berichterstatter der CDU/CSU fürchtete, das vorhandene Anfechtungsregime mit der Freigabelösung würde durch die neuerliche Regelung perfektioniert und verfestigt und eine große Beschlussmängelrechtsreform,[33] die er für wünschenswert hielt, dadurch erschwert. Bei der Beschlussfassung zum Say-on-Pay wurde der Jahresturnus – nach Schweizer Vorbild - bedauerlicherweise beibehalten. Das Gesetz wurde umbenannt in „Gesetz zur Verbesserung der Kontrolle der Vorstandsvergütung und zur Änderung weiterer aktienrechtlicher Vorschriften (VorstKoG)".[34] Die Absicht war natürlich, die Regelung zur Vergütung damit zu „highlighten".[35]

18. Die Verabschiedung im Deutschen Bundestag in der letzten Sitzungswoche der Wahlperiode

36 Am 26. Juni 2013, und damit tatsächlich in der letzten Sitzungswoche vor der Wahl, fanden im Rahmen einer Mammutsitzung, in der die meisten Reden zu Protokoll gegeben werden mussten, endlich die 2. und 3. Lesung statt. Die diversen Gesetzesvorschläge und Änderungsanträge[36] der Opposition zu dem Entwurf wurden abgelehnt (Exorbitante Managergehälter begrenzen; Keine Mitfinanzierung exorbitanter Gehälter durch die Allgemeinheit; Steuerliche Abzugsfähigkeit eingrenzen; Entwurf eines Gesetzes über Kapitalgesellschaften mit kommunaler Beteiligung).[37] Damit lief alles wie gewünscht und das Kalkül der Kanzlerin war aufgegangen: Das Vergütungsthema war nicht zum Wahlkampfthema geworden; sie hatte das Thema erfolgreich an sich gezogen und damit vermieden, dass die Opposition die Bundesregierung und die Regierungsparteien wegen Untätigkeit vor sich her treiben konnte.

19. Das Aus auf der Zielgeraden – Anrufung des Vermittlungsausschusses 2 Tage vor der Bundestagswahl[38]

37 Durch die immer wieder verschobene Verabschiedung der Aktienrechtsnovelle (VorstKoG) ergab es sich nun aber, dass als Termin für den zweiten Durchgang durch

---

[32] Beschlussempfehlung und Bericht des Rechtsausschusses, BT-Drs. 17/14214.

[33] *Seibert/Hartmann*, Reformentwurf des Arbeitskreises Beschlussmängelrecht und geltendes Recht im Vergleich, in FS Stilz, 2014, S. 585 ff.

[34] BR-Drs. 637/13 – in Anlehnung an seinen Vorläufer, das VorstAG, dazu umfassend *Ihrig/Wandt/Wittgens*, Die angemessene Vorstandsvergütung drei Jahre nach Inkrafttreten des VorstAG, ZIP-Beilage zu 40/2012.

[35] Siehe auch *Seibert*, Die Kontrolle der Vorstandsvergütung, BOARD 4/2013, 139: „rechtspolitisches Marketing".

[36] Änderungsanträge Bündnis 90/DIE GRÜNEN, BT-Drs. 17/13239, und der SPD-Fraktion, BT-Drs. 17/13472, wurden vom Rechtsausschuss am 26.6.2013 abgelehnt. Siehe ferner die Anträge vom 26.6.2013 in BT-Drs. 17/14238. (steuerliche Nichtabsetzbarkeit aller Gehälter über 500.000 EUR – bezüglich aller Gehälter, nicht nur hinsichtlich Vorstandbezüge) und BT-Drs. 17/14237 (Transparenz in kommunalen Unternehmen).

[37] Plenarprotokoll 17/250, Deutscher Bundestag, Stenografischer Bericht, 250. Sitzung, Berlin, Donnerstag, den 27.6.2013, Anlage 19.

[38] Siehe auch *Jahn*, Aktienrechtsnovelle kurz vor dem Ziel gescheitert, AG Report Die AG 19/2013/ R291.

den Bundesrat nur noch der 20. September 2013 blieb; zwei Tage vor der Bundestagswahl bei einem Bundesrat mit einer Mehrheit der SPD-geführten Länder! Eine Steilvorlage für die Opposition gewissermaßen, kurz vor der Wahl das Gesetz zu kippen, mit den wohlfeilen Argumenten, mit dem zwingenden Say-on-Pay werde der Bock zum Gärtner gemacht und die Aktionäre, also internationale institutionelle Anleger, gierige Hedgefonds, sog. Heuschrecken, und andere vaterlandslose Gesellen[39] seien ungeeignet für eine solche Entscheidung und gänzlich uninteressiert an einer gesellschaftspolitisch motivierten Mäßigung der Vorstandsgehälter (ein Gedanke, der nicht völlig unberechtigt ist). Überdies würden die Kompetenzen des Aufsichtsrats eingeschränkt und damit zugleich die Mitbestimmung beschnitten. Und dem Gesetz mochte ja auch keiner zu Hilfe kommen, denn die Vergütungsregelung hätte die Aktionäre gestärkt; diese hatten und haben als Eigentümer in Deutschland aber keine starke Lobby. Die Regelung hätte zu einer stärkeren Kontrolle über die Unternehmensorgane durch die Eigentümer geführt und hatte damit eine breite Allianz gegen sich: neben den Gewerkschaften auch die Industrieverbände. Wie zu erwarten, beschloss der Bundesrat am 20. September 2013 die Anrufung des Vermittlungsausschusses gemäß Art. 77 Abs. 2 des Grundgesetzes.[40] Da keine Zeit mehr blieb für die Durchführung des Vermittlungsverfahrens und einen abschließenden Beschluss des Dt. Bundestages über das Ergebnis des Vermittlungsausschusses, war das Gesetz damit faktisch gescheitert.

Die Kanzlerin hatte erreicht, was sie wollte: Der Opposition das Vergütungsthema als Wahlkampfthema nicht zu überlassen. Und auch für die Berichterstatter war das sicher ein gut verschmerzbares Ergebnis. Die umwandlungsrechtlichen Vorschläge der Abgeordneten waren fallen gelassen worden, aber auch der als Unterpfand verwendete Aktienrechtsentwurf war gescheitert. Immerhin hatte der deutsche Gesetzgebungsprozeß zur Vorstandsvergütung die Diskussion zur Aktionärsrechterichtlinie (SHRD) in Brüssel inhaltlich beeinflusst. Der Entschließungsantrag[41] mit den weiteren Wünschen der Regierungsfraktionen für die nächste Wahlperiode hatte Bestand (denn dieser musste ja nicht durch den Bundesrat). Freilich hat er durch die geänderte Koalition an Bedeutung eingebüßt. Der Bundesrat hatte also, wenn man das so machiavellistisch formulieren möchte, „votiert wie bestellt".

III. Die 18. Wahlperiode – Erneuter Anlauf[42]

1. Mit oder ohne Say-on-Pay?

In der Koalitionsvereinbarung zur 18. Wahlperiode („Deutschlands Zukunft gestalten" Koalitionsvertrag zwischen CDU, CSU und SPD vom 27.11.2013) stand von der kleinen Aktienrechtsnovelle naturgemäß nichts.

Aber interessanterweise findet sich dort der Auftrag:

„Transparenz bei Managergehältern – Um Transparenz bei der Feststellung von Managergehältern herzustellen, wird über die Vorstandsvergütung künftig die Hauptversammlung auf Vorschlag des Aufsichtsrats entscheiden."[43] Das überraschte. Hatte doch gerade erst der Bundesrat mit den SPD-geführten Ländern die Aktienrechtsnovelle eben

---

[39] Siehe zB *Seibert*, Gute Aktionäre – Schlechte Aktionäre – Aktive Finanzinvestoren und Stimmrecht, in FS Westermann, 2008, S. 1505 ff.
[40] BR-Drs. 637/13 (Beschl.) und BT-Drs. 17/14790 vom 24.9.2013.
[41] Entschließungsantrag der Fraktionen der CDU/CSU und FDP vom 26.6.2013, BT-Drs. 17/14239.
[42] *Brouwer*, Unternehmensrechtliche Herausforderungen der 18. Wahlperiode aus der Sicht der Realwirtschaft, NZG 2014, 201 ff.; *Müller-Eising* GWR 2014, 229 ff.
[43] S. 17.

wegen des zwingenden Say-on-Pay scheitern lassen. Hier bleibt manches im Dunkeln und es ist nicht mehr aufklärbar, wie dieser Auftrag in den Koalitionsverhandlungen zustande gekommen ist oder ob es sich gar um ein Redaktionsversehen gehandelt hat. Es lässt sich nicht einmal mit Sicherheit sagen, ob die Formulierung bedeutet, dass die Hauptversammlung über die konkreten Vorstandsverträge entscheiden solle, oder nur über das abstrakte Vergütungssystem. Aber selbst wenn man davon ausgeht, dass nur die Vergütungspolitik gemeint sein kann, erschien es dem BMJV nicht sinnvoll, die unschuldige kleine Aktienrechtsnovelle erneut mit einem so politischen Punkt zu belasten. Es wurde deshalb gleich zu Beginn der Wahlperiode darauf verwiesen, dass die Frage der Einbeziehung der Hauptversammlung in die Entscheidung über die Vorstandsvergütung ohnehin bei der Änderung der Aktionärsrechterichtlinie (SHRD) eine bedeutende Rolle spiele,[44] weshalb es ratsam sei, erst einmal das Ergebnis des Brüsseler Verhandlungsprozesses abzuwarten und das Thema dann im Rahmen der Richtlinienumsetzung anzufassen. Im Falle einer zwingenden Richtlinienvorgabe ist der nationale Umsetzungsprozess auch weniger streitträchtig. Allerdings entwickelte sich der Richtlinientext unter italienischer Präsidentschaft Ende 2014 so, dass es zwar grundsätzlich ein verbindliches Say-on-Pay der Hauptversammlung geben sollte, ein nur beratendes Hauptversammlungsvotum als Mitgliedsstaatenoption aber ebenso möglich wäre.[45] Die Frage, ob es in Deutschland beim beratenden Votum bleibt oder ein zwingendes Say-on-Pay eingeführt wird, war im Jahr 2015 und zum Abschluss des Gesetzgebungsverfahrens zur Aktienrechtsnovelle also offen. Dies wird aber Gegenstand der Umsetzung der SHRD sein, wenn sie kommt.

2. Neue Inhalte in der Aktienrechtsnovelle in der 18. Wahlperiode[46] Überlegungen im Vorfeld

40 Das Urteil des OLG Köln vom 6. Juni 2012[47] zur Stimmrechtszurechnung und den Mitteilungspflichten des Legitimationsaktionärs (Depotbanken) hatte viel Unruhe bei den Emittenten hervorgerufen und zu einem Absinken der HV-Präsenzen geführt. Es war daher zunächst eine Reaktion in der Aktienrechtsnovelle geplant und auch schon formuliert worden. Man hat diese Frage dann aber dem BMF zur Regelung dort belassen, wo sie besser verortet ist: im WpHG. Im Kleinanlegerschutzgesetz findet sich nun in Art. 3 Nr. 5 eine Änderung des § 21 Abs. 1 S. 1 WpHG, wonach die Meldepflicht des im Aktienregister Eingetragenen (meist also eine Bank) nur entsteht, wenn die Meldeschwellen überschritten sind und die Aktien dem Eingetragenen auch tatsächlich gehören. Die bloße Stellung einer Depotbank als Legitimationsaktionär kann daher auch in Zusammenrechnung mit anderen Aktien nicht zur Meldepflicht führen, womit das Thema zufriedenstellend geklärt sein dürfte.[48]

3. Der Regierungsentwurf

41 Am 7. Januar 2015 verabschiedete das Bundeskabinett die Aktienrechtsnovelle 2014 als Regierungsentwurf.[49]

---

[44] *Velte* EuZW 2013, 893 ff.
[45] EU-Parlament stimmt über Aktionärsrechterichtlinie ab, AG-Report, 15/2015, R 208.
[46] S. auch *Schmidt-Bendun*, Aktienrechtsnovelle 2014 – Überblick über die Reform des Aktienrechts, DB 2015, 419.
[47] ZIP 2012, 1458.
[48] *Harnos/Piroth*, Gesetzgeberische Maßnahmen zur Steigerung der Hauptversammlungspräsenzen in Namensaktiengesellschaften, ZIP 2015, 456 [458].
[49] BT-Drs. 18/4349 vom 18.3.2015.

Der Regierungsentwurf (RegE) enthielt die folgenden wesentlichen Änderungen gegenüber dem Referentenentwurf des BMJV vom 11. April 2014 (RefE):

a) Größere Beteiligungstransparenz bei nichtbörsennotierten Aktiengesellschaften

Die Regelung zur Inhaberaktie bei der nichtbörsennotierten Gesellschaft aus dem Regierungsentwurf der letzten Wahlperiode (→ § 1 Rn. 5) wurde weiterverfolgt. Gegenüber der Regelung im RefE ist im RegE in § 10 Abs. 1 Nr. 2 lit. b AktG-E zusätzlich zur Möglichkeit der Hinterlegung der Sammelurkunde bei einer Wertpapiersammelbank iSd § 1 Abs. 3 S. 1 Depotgesetz die Möglichkeit der Hinterlegung bei einem zugelassenen Zentralverwahrer oder einem anerkannten Drittland-Zentralverwahrer gemäß der Verordnung (EU) Nr. 909/2014 vom 23. Juli 2014 zur Verbesserung der Wertpapierlieferungen und -abrechnungen in der Europäischen Union und über Zentralverwahrer sowie zur Änderung der Richtlinien 98/26/EG und 2014/65/EU und der Verordnung (EU) Nr. 236/2012 (ABl. L 257 vom 28.8.2014, S. 1) vorgesehen, um den europarechtlichen Vorgaben nachzukommen.

Außerdem soll nun gelten, dass Alt-Gesellschaften, deren Satzung bis zum Tag des Inkrafttretens der Aktienrechtsnovelle beurkundet worden ist, Bestandsschutz haben; für sie gilt die derzeitige Rechtslage dauerhaft fort. Im Referentenentwurf war noch der Tag des Kabinettbeschlusses maßgeblicher Zeitpunkt, wie das auch im Gesetz der vorangegangenen Wahlperiode so vorgesehen war. Da die Aktienrechtsnovelle nun aber schon sehr lange diskutiert worden und dann aus politischen Gründen gescheitert war, erschien ein vorgezogenes und besonders rasches Inkrafttreten dieser Regelung nun nicht mehr überzeugend begründbar.

b) Zeitlich versetzte Fälligkeit von Dividendenzahlungen

Auf Wunsch der deutschen Kreditwirtschaft ist in den Regierungsentwurf eine Regelung zur zeitlich versetzten Fälligkeit von Dividendenzahlungen aufgenommen worden – gemäß § 58 Abs. 4 S. 2 AktG-E wird die Fälligkeit abweichend von dem in § 271 Abs. 1 BGB verankerten Leitbild der sofortigen Fälligkeit nach Anspruchsentstehung auf den in Europa üblichen dritten Geschäftstag nach dem Tag des Hauptversammlungsbeschlusses festgesetzt, wobei gemäß § 58 Abs. 4 S. 3 AktG-E sogar eine noch spätere Fälligkeit durch Hauptversammlungsbeschluss oder Satzungsbestimmung bestimmt werden kann. Damit wird den an der Abwicklung von Kapitalmaßnahmen Beteiligten (Emittenten, Kreditinstitute, Clearingstellen, Börsen) die Abwicklung einschließlich der Feststellung des Dividendenberechtigten erleichtert und erfolgt insbesondere bei grenzüberschreitenden Ausschüttungen eine Angleichung an europäische Standards.

c) „Record Date" für Namensaktien börsennotierter Gesellschaften

Die bereits im Referentenentwurf enthaltene Regelung zum einheitlichen Bestandsstichtag sowohl für Inhaber- als auch für Namensaktien ist neu gefasst worden – dies zum einen im Interesse größerer sprachlicher und struktureller Klarheit und zum anderen, um auch den nicht börsennotierten (Namens-) Aktiengesellschaften die Festlegung eines Bestandsstichtags durch Satzungsbestimmung zu ermöglichen.

Mit der Verortung im neuen § 123 Abs. 3 AktG-E ist für beide Aktienarten der bisher nur für Inhaberaktien geltende, in § 123 Abs. 3 S. 1 AktG enthaltene Grundsatz der Satzungsfreiheit „vor die Klammer" gezogen worden, während der RegE die weiteren

Regelungen für börsennotierte Gesellschaften zum Nachweis der Aktionärsstellung (bei Inhaberaktien) bzw. zur Ableitung der Aktionärsstellung aus dem Aktienregister (bei Namensaktien) sowie zum für beide Aktienarten einheitlich auf den 21. Tag vor der Hauptversammlung festgesetzten Bestandsstichtag nun auf die neuen Absätze 4 bis 6 AktG-E verteilen wollte. An dem einheitlichen Stichtag ist festgehalten worden, obwohl aus den Reihen der Namensaktiengesellschaften massiver Widerstand gekommen war – demgegenüber hatte die Deutsche Kreditwirtschaft unisono erklärt, ein einheitlicher Stichtag sei richtig und anderes auch gar nicht praktikabel.

d) Anmeldung der Ausgabe von Bezugsaktien

47 § 201 Absatz 1 AktG sieht in seiner geltenden Fassung die Anmeldung der Ausgabe von Bezugsaktien nur einmal jährlich für das abgelaufene Geschäftsjahr vor. Im Interesse der Aktualität des aus dem Handelsregister ersichtlichen eingetragenen Grundkapitals wird mit der Neufassung des § 201 Absatz 1 AktG-E klargestellt, dass die entsprechenden Anmeldungen auch unterjährig zulässig sind, mindestens aber einmal jährlich eine Anmeldung erfolgen muss.

e) Befristung nachgeschobener Nichtigkeitsklagen

48 Der Regierungsentwurf enthielt – wie auch der in der letzten Wahlperiode vorgelegte Entwurf – mit der Regelung zur Befristung nachgeschobener Nichtigkeitsklagen in § 249 Abs. 2 AktG-E eine punktuelle Fortschreibung des Beschlussmängelrechts der Aktiengesellschaft nach den bereits mit ARUG und UMAG vorgenommenen weitgehenden Änderungen. Dieser Punkt war in der letzten Wahlperiode in den Berichterstattergesprächen gestrichen worden. Aus der Länder- und Verbändeanhörung hatte sich jedoch ergeben, dass die Wiederaufnahme dieser Regelung einem dringenden Bedürfnis der Praxis entspricht, sie war insbesondere auch vom Handelsrechtsausschuss des DAV gefordert worden.

f) Transparenz kommunaler Gesellschaften

49 Der Regierungsentwurf stellte zu der bislang umstrittenen Frage, wie die Berichtspflicht von solchen Aufsichtsratsmitgliedern, die von Gebietskörperschaften entsandt werden, rechtlich zu fundieren ist (Anfügung eines § 394 S. 3 AktG-E) klar, dass eine solche Berichtspflicht auch auf Rechtsgeschäft beruhen kann. Anders als der Referentenentwurf vom 11. April 2014 beschränkte er sich aber auf diese Klarstellung und verzichtete auf die Festschreibung zusätzlicher Anforderungen (Textformerfordernis, Mitteilung an den Aufsichtsrat).

g) Streichungen

50 Die noch im Referentenentwurf vorgesehenen Änderungen des Handelsgesetzbuchs, der Konzernabschluss-Befreiungsverordnung und des Publizitätsgesetzes enthielt der Regierungsentwurf nicht mehr, da diese iRd Bilanzrichtlinien-Umsetzungsgesetzes aufgegriffen werden.

h) Cooling-off-Periode

51 Nicht aufgenommen wurde eine Beschränkung der Cooling-off-Periode (das Ende der 16. Wahlperiode mit dem VorstAG eingeführte Verbot des Wechsels eines Vorstandsmitglieds in den Aufsichtsrat seiner Gesellschaft für zwei Jahre) auf den Wechsel

vom Vorstandsvorsitz in den Aufsichtsratsvorsitz oder Vorsitz des Prüfungsausschusses. Das komplette Aufrückverbot geht nach Ansicht Vieler zu weit.[50] Für eine Einschränkung spricht einiges. IRd Verbändeanhörung wurde dieser Punkt aber nur von BDI und VCI aufgegriffen, so dass für einen solchen rechtspolitisch nicht unerheblichen Eingriff und für eine nur mit sehr gewichtigen politischen Argumenten vertretbare Volte nach so kurzer Zeit eine ausreichende Unterstützung der interessierten Kreise nicht behauptet werden konnte.

4. Der Beginn des Gesetzgebungsverfahrens – Bundesrat erster Durchgang

Am 6. März 2015 reagierte der Bundesrat im ersten Durchgang mit einer Stellungnahme auf den RegE.[51]

Zu der record date Regelung in § 123 Abs. 6 AktG-E äußerte der Bundesrat die Prüfbitte, ob für die Namensaktie ein gesonderter, nahe an der Hauptversammlung gelegener Bestandsstichtag (10–12 Tage) festgelegt werden könne.

Zu § 139 Abs. 1 S. 1 und § 140 Abs. 2 S. 2 AktG-E schlug der Bundesrat die Schaffung von dauerhaft stimmrechtslosen Vorzugsaktien ohne Recht auf Nachzahlung – insbesondere für Kreditinstitute im Sinne des § 1 KWG – vor. Es sollte also beim Ausfall der Dividende ein Aufleben des Stimmrechts nicht zwingend geben müssen.

Den § 394 S. 4 -neu- AktG-E wollte der Bundesrat wie folgt formulieren:

„Die Berichtspflicht <…wie Vorlage>. Dies gilt auch für Aufsichtsratsmitglieder, die auf Veranlassung einer der Rechtsaufsicht einer Gebietskörperschaft unterstehenden rechtsfähigen Körperschaft, Anstalt oder Stiftung des öffentlichen Rechts in den Aufsichtsrat gewählt oder entsandt worden sind."

Danach sollte das Informationsprivileg der öffentlichen Hand also auch über eine Zwischenstufe gelten und erweitert werden.

Des Weiteren macht der Bundesrat noch einen – nicht im Zusammenhang mit der Novelle stehenden – Vorschlag zur Änderung des § 94 GVG und bat zuletzt um Prüfung, ob man nicht eine Regelung zum Schutz der Aktionäre beim Delisting einführen könne.

5. Der Fortgang des Gesetzgebungsverfahrens

In großer Eile beschloss das Kabinett schon am 18. März 2015 eine Gegenäußerung der Bundesregierung auf die Stellungnahme des Bundesrates. Dabei wurden alle Änderungswünsche des Bundesrates abgelehnt, bis auf einen: Die Bundesregierung versprach, eine Regelung zum Delisting zu prüfen.

Schon vor der ersten Lesung wurde am 25. März 2015 im Ausschuss für Recht und Verbraucherschutz eine Anhörung zum Entwurf beschlossen – mit 7 Experten.

Am 26.3.15 war die Erste Lesung zur Aktienrechtsnovelle im Deutschen Bundestag, diesmal also ohne irgendwelche Verzögerung. Die Reden waren durchweg wohlwollend, das Delisting wurde verschiedentlich angesprochen, auch der Parlamentarische Staatssekretär Dr. *Lange* vom BMJV versprach hierzu eine unvoreingenommene Prüfung. MdB Dr. *Harbarth* kritisierte allerdings erneut, dass die nachgeschobene Nichtigkeitsklage wieder Gegenstand des Entwurfs sei. Der zügige Beginn des Gesetzgebungsverfahrens ließ hoffen, dass aus der sprichwörtlichen „Aktienrechtsreform in

---

[50] Kritisch zB *Gaul* Die AG 2015, 742 ff.; *Roth* ZHR 178 (2014) 638.
[51] BR-Drs. 22/15 (Beschl.) vom 6.3.2015.

Permanenz" nicht ein „Aktienrechtsreformversuch in Permanenz" werden würde, wie *Götze/Nartowska*[52] es scherzhaft formuliert haben.

6. „Going Dark" (Delisting)

56 Auf den 24. April 2015 luden die Koalitionsfraktionen zu einem Expertengespräch zum Delisting in das Paul-Löbe-Haus ein. Die Initiative war von MdB Dr. *Johannes Fechner*, rechtspolitischer Sprecher der SPD-Fraktion, ausgegangen. Zugegen waren mehrere Abgeordnete ua *Dr. Stephan Harbarth* und Prof. *Heribert Hirte*, beide CDU/CSU-Fraktion. Als Experten traten ua Prof. *Bayer*[53] (Universität Jena), RA Dr. *Michael Brellochs*[54] (Nörr LLP), und zwei Vertreter des Deutschen Aktieninstituts auf. Als Ergebnis zeichnete sich eine überwiegende Stimmung der Rechtspolitiker beider Fraktionen ab, gesetzgeberisch etwas zu tun. Unklar blieb zunächst aber, ob eine Regelung im Börsengesetz (§ 39 BörsG) oder im Aktiengesetz anzustreben sei, ob nur ein Abfindungsangebot nach WpÜG oder ein HV-Beschluss mit einem etwaigen Spruchverfahren vorgesehen werden müsse und ob eine Regelung nur beim Totaldelisting oder auch beim Downlisting (vom geregelten Markt in den qualifizierten Freiverkehr) anzusetzen habe. Das mag zunächst zu dem Gefühl beigetragen haben, dass ein Andocken an die Aktienrechtsnovelle nicht wünschenswert sei, weil dies zu erheblichen Verzögerungen der Novelle führen könnte.

7. Anhörung zum Entwurf

57 Am 6. Mai 2015 veranstaltete der Ausschuss für Recht und Verbraucherschutz des Deutschen Bundestages eine Anhörung mit sechs Sachverständigen zu der Novelle – einschließlich des Delisting.

Der Gesetzentwurf wurde von den Sachverständigen einheitlich begrüßt. Die Presse meldete danach: „Viel Lob für die Aktienrechtsnovelle".[55] Es kam deutlich zum Ausdruck, dass die Aktienrechtsnovelle zahlreiche Aktualisierungen im Recht der Aktiengesellschaft bringt, die längst erwartet wurden. Es wurden nur einige wenige Korrekturen des Gesetzentwurfs angeregt. Deutlich mehr Zeit nahmen ergänzende Vorschläge für Novellierungen des Aktienrechts ein.

a) Ergebnisse der Anhörung und angeregte Änderungen des Entwurfs

58 • Inhaberaktie, § 10 AktG-E: *Noack* hielt die Einschränkung der Inhaberaktie nichtbörsennotierter Gesellschaften für unnötig kompliziert. Die FATF habe während der langen Dauer des Gesetzgebungsverfahrens ihre Anforderung abgeschwächt.[56] Danach wäre es jetzt wohl ausreichend, dass beteiligte Inhaberaktionäre ab einer Beteiligung von 25 % zur Offenlegung ihrer Identität verpflichtet werden. Dies ließe sich mit einer Änderung des § 20 AktG einfach regeln, indem nicht nur die Unternehmen, sondern auch natürliche Personen zur Mitteilung verpflichtet würden.

---

[52] Der Regierungsentwurf der Aktienrechtsnovelle 2014 – Anmerkungen der Praxis, NZG 2015, 298 [306].

[53] *Bayer*, Aktionärsschutz beim Delisting: Empfehlung an den Gesetzgeber, ZIP 2015, 853 ff.; *ders.*, Die Delisting-Entscheidungen „Macrotron" und „Frosta" des II. Zivilsenats des BGH, ZfPW, 2015, 163 ff.; interessante empirische Angaben ferner bei *Bayer* in Aktienrecht in Zahlen II, Die AG Sonderheft Oktober 2015, S. 19 ff.

[54] *Brellochs*, Delisting vor dem Neustart, Börsenzeitung 2015 vom 9.5.2015, S. 13.

[55] Siehe ua www.bundestag.de/presse/hib/2005_5/-/373710.

[56] In ähnliche Richtung *Götze/Nartowska*, Der RegE der Aktienrechtsnovelle 2014, NZG 2015, 298 [300].

- Record Date, § 123 Abs. 6 AktG-E: Teilweise wurde ein einheitlicher Stichtag für 59
Namens- und Inhaberaktien begrüßt, weil das insb. für ausländische Investoren verständlicher sei. *Noack* meinte, wenn man aus Sicht des Inlands entscheide und mit dem herkömmlichen Bild des Aktienregisters vor Augen, wonach alle Aktionäre eingetragen sein sollen, läge für die Namensaktie eine kürzere Frist nahe, wenn man aber aus Sicht der internationalen Kapitalmärkte urteile, dann sei eine einheitliche Frist richtig. In Wahrheit ist der Unterschied zwischen Inhaberaktie und Namensaktie nicht so bedeutend wie man oft behauptet: Es sind vielfach Nominees im Aktienregister eingetragen, die dann die Hauptversammlungsunterlagen und Abstimmungsweisungen in der Kette hinter sich weiterleiten, genauso wie bei der Inhaberaktie. *Wegmann* vom BDI sprach sich für eine gesetzliche Regelung der bisher von der Rechtsprechung entwickelten Grundsätze zum Umschreibungsstopp aus. Die Regelung des Stichtages bei Namensaktien mit 21 Tagen hielt *Bergmann* (DSGV, als Vertreter der Kreditwirtschaft) für zwingend, um die (meist noch postalische) Information der Aktionäre sicherzustellen. Demgegenüber haben sich die übrigen Experten für eine insgesamt kürzere Frist ausgesprochen. Die Lobby-Arbeit der Namensaktiengesellschaften vereint mit den Registrar-Gesellschaften, die an der Namensaktie und häufigen Umschreibungen natürlich verdienen, war massiv.
- Stimmrechtslose Vorzugsaktie, § 140 Abs. 2 AktG-E: Die Neuregelung, stimmrechts- 60
lose Vorzugsaktien künftig auch für die Bildung von Kernkapital verfügbar zu machen, wurde ausdrücklich begrüßt. Kritisiert wurde, dass das Stimmrecht zwingend wieder auflebt. Es müsse möglich sein, ganz auf das Stimmrecht zu verzichten. *Noack* meinte allerdings, dass die weiteren Folgen einer so gravierenden Entscheidung sorgfältig bedacht werden müssten und diese wohl nicht rasch in der Aktienrechtsnovelle gefällt werden könne.
- Umgekehrte Wandelschuldverschreibung, §§ 192, 221 AktG-E: Zu der Möglichkeit 61
für Gesellschaften, Wandelschuldverschreibungen in Aktien zu wandeln, regte *Habersack* mehr Klarheit an (eine ausdrückliche Erweiterung des Katalogs zulässiger Gestaltungsformen, insbes. typischer CoCo-Bonds)[57] sowie die Erstreckung der Regelung auf Versicherungsunternehmen.
- Relative Befristung von Nichtigkeitsklagen, § 249 Abs. 2 AktG-E: *Habersack* wollte 62
es nicht einleuchten, dass ein Nichtigkeitsmangel nicht mehr geltend gemacht werden könne, bloß weil gegen den Beschluss auch eine Anfechtungsklage erhoben wurde. Mehrheitlich wurde aber bemerkt, dass jedenfalls dann, wenn man eine große Reform des Beschlussmängelrechts nicht in Angriff nehme (so aber gefordert von *Habersack*), diese Regelung konsequent sei.
- Verschwiegenheitspflicht der Aufsichtsratsmitglieder, § 394 AktG-E: Die Klarstellung, 63
welche Voraussetzungen an eine Berichtspflicht von Aufsichtsratsmitgliedern, die von einer Gebietskörperschaft entsandt wurden, zu stellen sind, wurde begrüßt. Mehrheitlich wurde beanstandet, dass rechtsgeschäftliche interne Absprachen zwischen dem Aufsichtsratsmitglied und der Gebietskörperschaft für die Gesellschaft nicht ohne weiteres erkennbar seien, weshalb eine entsprechende Mitteilung erforderlich wäre. Die Fassung des Referentenentwurfs („in Textform mitgeteilt") sei vorzugswürdig.

b) Ergänzende Vorschläge

- § 130 AktG – Wirksamkeit von HV-Beschlüssen: *Habersack* regte eine klarstellende 64
Regelung an, dass die Beurkundung durch den Notar auf den Zeitpunkt der Be-

---

[57] Früher schon *Meyer/Weber*, Corporate Finance, 2012, S. 249, 258 f.

schlussfassung zurückwirkt. Ansonsten könnte man auf die Idee kommen, dass die Neuregelung in § 58 Abs. 4 AktG-E die Fälligkeit des Dividendenanspruchs ohne wirksamen HV-Beschluss zur Folge hätte, wenn die Beurkundung noch später erfolge.

65 • Delisting:[58] Einheitlich sprach man sich für eine gesetzliche Regelung eines Erwerbsangebots bei einem Delisting aus. Eine kapitalmarktrechtliche Lösung wurde bevorzugt, um auch im Inland gelistete Auslandsgesellschaften zu erfassen. *Koch* verwies allerdings darauf, dass im Gegensatz zu den Regelungen in der vorliegenden Aktienrechtsnovelle die Meinungen zum Umgang mit einem Delisting in der Wissenschaft noch nicht eindeutig seien. Das sei noch nicht „kodifikationsfähig". *Habersack*[59] und *Noack* traten für eine am Börsenkurs orientierte Abfindung ein, so dass ein Spruchverfahren entbehrlich werde. *Koch* plädierte wegen des „Zwangsverkaufs" der Mitgliedschaft für den wahren Wert, für den der Börsenwert aber ein Indiz sein solle. Ein Hauptversammlungsbeschluß wurde allseits nicht gefordert.

66 • Einschränkung der Cooling Off-Periode des § 100 Abs. 2 S. 1 Nr. 4 AktG: *Habersack* und *Wegmann* regten an, die Cooling Off-Periode auf den Wechsel vom Vorstand in den Vorsitz des Aufsichtsrats und ggf. des Prüfungsausschusses zu beschränken.

67 • Delegationsverbot bzw. Plenumsvorbehalt des § 107 Abs. 3 S. 3 AktG: Die Regelung sollte nach *Habersack* auf börsennotierte Gesellschaften beschränkt werden. Mit dem VorstAG war die Zuständigkeit des Aufsichtsratsplenums für die Vorstandsvergütung vorgeschrieben worden. Dabei hatte man nicht bedacht, dass dies vor allem bei Konzerntöchtern eine übertriebene Übung ist.[60]

68 • Die 3-Jahres-Frist des § 93 Abs. 4 S. 3 AktG (Organhaftung):
Habersack empfahl die 3-Jahres-Frist zu streichen. Es geht dabei um die Frist, die abgelaufen sein muss, bevor die Hauptversammlung einem Vergleich zwischen AG und Organ zur Beilegung eines Haftungsanspruchs zustimmen darf. Die Streichung dieser Frist ist auch auf dem Deutschen Juristentag 2014 in Hannover von der Wirtschaftsrechtlichen Abteilung mit 58:19:9 befürwortet worden – die Politik hat freilich diesen, wie alle anderen Beschlüsse zum Organhaftungsrecht nicht aufgegriffen – möglicherweise erschienen Haftungserleichterungen für Spitzenmanager im Nachhall der Finanzkrise politisch nicht ganz oben auf der Agenda liegend und mit dem Diesel-Skandal bei VW hat sich das sicherlich nicht geändert.

69 • Mindestmitgliederzahl und Dreiteilbarkeitsregel gemäß § 95 S. 1 und 3 AktG:
Auf Nachfrage von Herrn MdB *Harbarth* sprachen sich alle befragten Experten für eine Aufhebung der Regelung aus, dass die Zahl der Mitglieder des Aufsichtsrats bei der nichtbörsennotierten AG durch drei teilbar sein müsse. Die derzeitige Regelung sei nur historisch zu verstehen. Das trifft zu: Die Dreiteilbarkeit beruht auf der Drittelmitbestimmung der AG, die zunächst für alle Aktiengesellschaften mit Ausnahme der Familiengesellschaften und Tendenzunternehmen galt. Als die Mitbestimmung für Aktiengesellschaften unter 500 Arbeitnehmer mit dem Gesetz für kleine Aktiengesellschaften gestrichen wurde, hat man für die kleinen AGen an der Dreiteilbarkeit festgehalten, weil man wohl dachte, die „kleine AG" sei bloße Durchlaufstation hin zur großen, börsennotierten AG und müsse dann später ohnehin auf Dreiteilung umstellen.[61] Das war sicherlich zu eng gedacht. Es gibt heute viele kleine AGen, die keinen

---

[58] Recht gute Zusammenfassung der Überlegungen *Buckel/Glindemann/Vogel*, Delisting nach „Frosta" – Eckpunkte für eine gesetzliche Regelung, Die AG 2015, 373 ff.
[59] Auch Entscheidungsbesprechung von *Habersack* JZ 2014, 147 f.
[60] Siehe zur Entstehung *Seibert*, Die Koalitionsarbeitsgruppe ‚Managervergütung', in FS Hüffer, S. 955, 963.
[61] Die ganze Frage hat im damaligen Gesetzgebungsverfahren zur kleinen AG aber keine sichtbare Rolle gespielt, siehe *Seibert*, Die kleine AG, 1994, Rn. 245 ff. zur Änderung von § 76 BetrVG 1952.

Börsengang im Blick haben. Warum soll es ihnen verwehrt sein, vier oder fünf Aufsichtsratsmitglieder zu haben, je nach dem konkreten Kontrollbedarf oder den zu vertretenden Aktionärsstämmen? Und auch die Mindestzahl von drei Mitgliedern ist fragwürdig. Hat eine nichtbörsennotierte AG nur einen Einzelvorstand, dann fragt man sich zu Recht, weshalb dem Aufsichtsrat mindestens drei Personen angehören sollen.

8. Delisting wird wieder „delisted"

In der Folgezeit wurde zwischen dem Ministerium sowie den Rechts- und Finanzpolitikern ein Konsens zum Delisting gesucht: Sollte eine Regelung überhaupt kommen (überwiegende Meinung: ja, aber eventuell erst nach Vorliegen weiterer empirischer Daten über die Kursauswirkung einer Delisting-Ankündigung)? Sollte eine Regelung kapitalmarktrechtlich oder aktienrechtlich sein, also im BörsG oder im AktG erfolgen, und sollte sie auf die Aktienrechtsnovelle aufgesattelt und in der Zuständigkeit des BMJV und des Rechtsausschusses verhandelt oder in einem finanzpolitischen Vorhaben verortet werden? Im Sommer 2015 neigte sich die Meinung zu letzterem: Regelung bald und im BörsG und unter Federführung der Finanzpolitiker.[62] Das war systematisch auch die richtige Lösung.[63] Insofern war die Kritik, die der BGH für seine Frosta-Entscheidung teilweise bezogen hatte, nicht berechtigt: Er hat mit der Abkehr von Macrotron den Weg frei gemacht für eine systematisch korrekte und faire Lösung durch den Gesetzgeber! Damit war die Aktienrechtsnovelle freilich um einen attraktiven politischen Treiber ärmer.

9. Novelle 2016: Der Abschluss des Gesetzgebungsverfahrens – Berichterstattergespräch

Am 15. Oktober 2015 fand ein koalitionsinternes Berichterstattergespräch statt, an dem für die CDU/CSU Herr MdB *Dr. Harbarth* und für die SPD Herr MdB *Fechner* teilnahmen. Man war sich einig, dass die Novelle nun schnell kommen sollte und möglichst keine weiteren Berichterstattergespräche stattfinden müssten (zumal diese immer schwer zu terminieren sind). Im Einzelnen wurde – neben der Umbenennung des Gesetzes in „Aktienrechtsnovelle 2016" – besprochen:

a) § 95 AktG-E – Zahl der Aufsichtsratsmitglieder:

Die Aufhebung der Regelung des § 95 S. 3 AktG, dass die Zahl der Mitglieder des Aufsichtsrats bei der nichtbörsennotierten Aktiengesellschaften durch drei teilbar sein muss, wurde allseits unterstützt. Dies ist eine Restante aus der Zeit vor dem Gesetz für kleine Aktiengesellschaften von 1994. Die Formulierung wurde geschickt gewählt, so dass Dreiteilbarkeit nicht an der 500-Arbeitnehmerzahl ansetzt, sondern nur an mitbestimmungsrechtlichen Erfordernissen. Damit sind auch Tendenzunternehmen freier. BMJV schlug ferner vor, dann auch gleich die Mindestzahl von drei Mitgliedern für die kleine AG zu streichen. Aus mitbestimmungsrechtlicher Sicht bestanden gegen beides keine Einwände. Am Ende wollte man aber die Mindestzahl von drei nicht auch aufgeben, was zudem eine Reihe von Folgeänderungen im Aktiengesetz ausgelöst hätte. Die

---

[62] Änderung erfolgte im Transparenzrichtlinie-Änderungsgesetz vom 20.11.2015, BGBl I, 2029.
[63] Zum Ergebnis siehe *Bayer*, Delisting: Korrektur der Frosta-Rechtsprechung durch den Gesetzgeber, NZG 2015, 1169.

Abgeordneten haben im weiteren Gesetzgebungsverfahren um Prüfung gebeten, ob nicht auch eine Änderung des § 17 Abs. 1 S. 3 SEAG zu erfolgen habe. Die praktische Relevanz der Frage erscheint gering, da nur etwa 30 Gesellschaften in Deutschland theoretisch in Betracht kommen, einen Aufsichtsrat abweichend von der Dreiteilbarkeit zu bilden (also zB zwischen drei und 6 Mitgliedern). Ob sie jemals von der Möglichkeit Gebrauch machen würden, weiß man nicht. Dennoch erschien aus systematischen Gründen und im Interesse der auch europarechtlich gebotenen Gleichbehandlung der Gesellschaftsformen eine Aufhebung der Dreiteilbarkeitsregel bei der SE empfehlenswert. Dies wurde umgehend umgesetzt. Der Regierungsentwurf zum Abschlussprüfungsreformgesetz (AReG) (Kabinett 16. Dezember 2015) enthält nun eine entsprechende Änderung des § 17 Abs. 1 S. 3 SEAG, wo ebenfalls die Wörter *„wenn dies für die Beteiligung der Arbeitnehmer nach dem SE-Beteiligungsgesetz erforderlich ist"* angefügt werden.

b) § 123 Abs. 6 AktG-E – Record Date:

73 Nach der Anhörung und ausf. Diskussion im Berichterstattergespräch blieb Unsicherheit in der Einschätzung, welche Lösung die richtige wäre, so dass am Ende beschlossen wurde, die Rechtslage so zu belassen wie sie ist. BMJV erklärte, dass die Praxis bislang auch ohne gesetzlichen Stichtag für Namensaktien funktioniert habe. Man einigte sich darauf, die Europäische Kommission aufzufordern, einen einheitlichen europäischen Stichtag vorzusehen. Im Grunde sei angesichts globalisierter Kapitalmärkte der auf Deutschland beschränkte territoriale Anwendungsbereich zu klein. Es wäre für den europäischen Kapitalmarkt deutlich vorzugswürdig, einen einheitlichen Stichtag festzulegen, der dann aber kürzer als 21 Tage sein sollte. In diesem Sinne wollten die Abgeordneten einen Entschließungsantrag im Bundestag einbringen. Die im RegE angelegte klarere Strukturierung des § 123 AktG (in Anmeldefrist und Record Date – bei Namens- und bei Inhaberaktien) sollte allerdings beibehalten werden. Ebenso blieb die Änderung des § 67 Abs. 1 S. 1 AktG mit der Klarstellung, dass die Pflicht zum Führen eines Aktienregisters auch bei fehlender Verbriefung der Anteile besteht.[64]

c) § 130 AktG-E – Dividendenfälligkeit:

74 Prof. *Habersack* hatte in der öffentlichen Anhörung angeregt, zu regeln, dass die Beurkundung der Hauptversammlung auf den Zeitpunkt der Beschlussfassung zurückwirkt. Da die Rückwirkung nicht nur auf den Tag, sondern die Sekunde des Beschlusses aber heute bereits ganz herrschende Meinung sei, von der Praxis wie selbstverständlich gelebt werde und keine Probleme bekannt seien, einigte man sich auf die Festschreibung der hM im Bericht des Rechtsausschusses.[65]

d) §§ 192, 221 AktG-E – Wandelschuldverschreibung:

75 Es wurden die Anregungen von Prof. *Habersack* aus der öffentlichen Anhörung aufgegriffen, klarzustellen, dass und welche der umgekehrten Wandelschuldverschreibung ähnlichen Praktiken zulässig bleiben sollen. Dies solle aber nicht im Gesetz, sondern im Bericht des Rechtsausschusses näher ausgeführt werden.[66] Zuletzt wurden noch zwei redaktionelle Änderungen aufgenommen: Zum einen geht es um die Berichtigung eines

---

[64] Dazu schon früh *Noack*, Globalurkunde und unverkörperte Mitgliedschaften, in FS Wiedemann, 2002, S. 1141, 1154.
[65] BT-Drs. 18/6681 vom 11.11.2015 zu Nr. 9, S. 14.
[66] BT-Drs. 18/6681 vom 11.11.2015 zu Art. 1, Nummer 20, S. 12.

e) § 249 Abs. 2 AktG-E – Nachgeschobene Nichtigkeitsklage

Die Unionsfraktion stellte als „harten" Punkt dar, dass auf die relative Befristung von Nichtigkeitsklagen zu verzichten sei, weil man keine weiteren punktuellen Reparaturen im ohnehin dogmatisch unschönen Beschlussmängelrecht wünsche, sondern eine geschlossene Reform oder zumindest eine Überprüfung des Beschlussmängelrechts anstrebe.[67] BMJV erläuterte, dass eine Streichung in der Sache bedauerlich sei, weil die Länder, DAV, BDI und viele andere diese Vorschrift sehr begrüßt hätten und eine Überarbeitung des Beschlussmängelrechts erheblichen zeitlichen Vorlauf benötige. Zudem könne auch keine Grundlagenreform nicht zugesagt werden; eine Überprüfung, insbesondere bei den Nichtigkeitsgründen, sei aber sinnvoll.[68] Im Ergebnis wurde auf die Regelung zur nachgeschobenen Nichtigkeitsklage erneut – wie schon in der letzten Wahlperiode – verzichtet.

f) § 394 Satz 3 AktG-E – Berichtspflicht von Aufsichtsräten

Die Formulierung aus dem Referentenentwurf („in Textform mitgeteilt") sollte wieder aufgenommen werden. BMJV erklärte, dass „in Textform mitgeteilt" gestrichen worden sei, weil die Formulierung in den Stellungnahmen Fragen aufgeworfen habe (Was soll mitgeteilt werden? Wen trifft Berichtspflicht?). Diese könnten durch Anfügung eines weiteren Satzes klargestellt werden. Um diesem Detailpunkt aber kein übermäßiges Gewicht im Gesetz beizumessen, hat man sich auf die Wiederaufnahme der Formulierung aus dem RefE und eine Klarstellung der weiteren Fragen in der Ausschussbegründung geeinigt.

g) § 272 HGB – Gezeichnetes Kapital

Von den Rechtspolitikern war, wohl aufgrund einer Bürgereingabe, der Wunsch nach einer Änderung der Definition des gezeichneten Kapitals in § 272 Abs. 1 S. 1 und 2 HGB vorgetragen worden. § 272 Abs. 1 S. 1 HGB lautete: *„Gezeichnetes Kapital ist das Kapital, auf das die Haftung der Gesellschafter für die Verbindlichkeiten der Kapitalgesellschaft gegenüber den Gläubigern beschränkt ist."* Die Formulierung war auch teilweise in der Lit. kritisiert worden.[69] BMJV hat dazu erklärt, dass die bisherige Formulierung missverstanden werden könne, so als sei von einer unmittelbaren Haftung der Gesellschafter gegenüber den Gesellschaftsgläubigern die Rede. Bei gutem Willen könne sie aber auch sinnvoll ausgelegt werden. Man könne den Satz auch so lesen, dass die Haftung der Gesellschafter auf das Gesellschaftskapital (und über dieses auf das Gesellschaftsvermögen) beschränkt ist, womit auch ihre mittelbare Haftung bezüglich der Verbindlichkeiten der Gesellschaft gegenüber ihren Gläubigern beschränkt ist. Die missglückte Formulierung des § 272 Abs. 1 S. 1 HGB ist durch das Bilanzrichtlinien-Gesetz vom 19. Dezember 1985 (BGBl. I 2355) eingefügt worden, wobei durch ein Versehen bei Änderungen des Entwurfs im Gesetzgebungsverfahren die Missverständlichkeit der Formulierung noch verschärft worden war. Hinter dieser Definition steht kein weitergehender Regelungszweck oder eine sonstige Intention. Da-

---

[67] BT-Drs. 18/6681 zur Streichung des § 249 Abs. 2 S. 3 AktG-E, S. 12.
[68] Siehe auch *Habersack*, Aktienrechtsnovelle 2016 – Nach der Reform ist vor der Reform, BB 49/2015, erste Seite.
[69] ZB GroßKommAktG/*Hüttemann/Meyer*, 5. Aufl., § 272 Rn. 6.

für spricht zuletzt auch, dass auf die Definition in den Gesetzesmaterialien an keiner Stelle gesondert eingegangen wird. In der Praxis hat die Formulierung keine Probleme hervorgerufen. Aus fachlicher Sicht stünden jedoch einer Änderung – nach 30 Jahren Geltung – keine Einwände entgegen, wenn man auf den Versuch einer Definition verzichte, zumal eine Definition an dieser Stelle ohnehin nicht zwingend sei. So wurde es beschlossen.

h) Pensionsrückstellungen im HGB

79 Es wurde kurz die seit den BilRUG-Beratungen anhängige Frage der Aufnahme einer Neuregelung von Pensionsrückstellungen in der Handelsbilanz erörtert. BMJV erklärte, dass eine Abstimmung innerhalb der Bundesregierung bislang nicht abgeschlossen sei. Der Aufnahme stehe nichts entgegen, wenn eine einheitliche Haltung der Bundesregierung noch innerhalb des Zeitplans erreicht werden könne. Diese konnte aber so rasch nicht erzielt werden.

10. Abschließende Beratung im Rechtsausschuss

80 Am 11. November 2015 ist die Novelle (Drucks. 18/4349) vom Rechtsausschuss und den mitberatenden Ausschüssen mit den oben skizzierten Änderungen aus dem Berichterstattergespräch beschlossen worden. Im letzten Moment kamen noch zwei Änderungsanträge der Fraktion von Bündnis 90/ Die Grünen. Nach dem ersten Antrag[70] sollte der Aufsichtsrat bei der Vergütungsfestsetzung für den Vorstand „das Verhältnis der Vorstandsvergütung zur Vergütung des oberen Führungskreises und der Belegschaft insgesamt auch in der zeitlichen Entwicklung" berücksichtigen (§ 87 Abs. 1 AktG) und sollte ferner durch eine neue Nummer 9a zu § 285 HGB Nummer 9 „das Verhältnis der Vorstandsvergütung zur Vergütung des oberen Führungskreises und der Belegschaft insgesamt" offengelegt werden. Da diese Themen Gegenstand der kommenden noch im Trilog befindlichen Aktionärsrechterichtlinie sind, bedurfte es keiner Diskussion, diesen Antrag abzulehnen.

81 In einem weiteren Änderungsantrag[71] wurde eine Änderung von § 4 Abs. 5 des Einkommensteuergesetzes, neue Nr. 14, verlangt, wonach „Abfindungszahlungen von mehr als einer Million Euro je Mitarbeiter einschließlich Übergangsgelder oder Aktienoptionen, sowie Gehaltszahlungen von mehr als 500.000 Euro jährlich je Mitarbeiter einschließlich aller fixen und variablen Gehaltsbestandteile" nicht mehr steuerlich abzugsfähig sein sollten. Ähnliche Überlegungen hatten bereits iRd Gesetzgebungsverfahrens zum VorstAG bestanden[72] – und waren damals wegen der Systemwidrigkeit einer solchen „Lenkungssteuer" und wegen ihres Strafcharakters als Doppelbesteuerung abgelehnt worden.[73]

In den mitberatenden Ausschüssen fand gar keine Aussprache zum Gesetzentwurf insgesamt statt, im Ausschuss für Recht und Verbraucherschutz äußerten sich die Berichterstatter MdB *Fechner* (SPD) und *Harbarth* (CDU/CSU) jeweils nur mit wenigen Sätzen wohlwollend, die Abgeordneten *Pitterle* (Linke) und *Katja Keul* (Grüne) kritisch, weil die Vorstandsvergütung nicht enthalten sei. Der Entschließungsantrag zum Record Date fand allgemeine Zustimmung.

---

[70] BT-Drs. 18/6681 vom 11.11.2015, S. 9.
[71] BT-Drs. 18/6681 vom 11.11.2015, S. 9 und 10.
[72] Antrag der Fraktion Bündnis90/Die Grünen in BT-Drs. 16/7530 vom 12.12.2007.
[73] Siehe *Seibert,* in FS Hüffer, 2010, S. 955, 968.

11. Der Abschluss des Gesetzgebungsverfahrens

Die 2./3. Lesung im Deutschen Bundestag fand am 12. November 2015 statt. Die Reden waren durchweg voll des Lobes. Der Abgeordnete der Die LINKE, *Richard Pitterle*, führte sogar aus: „Fachleute adelten diese – ich zitiere – "ungewöhnlich lange Reifezeit" daher auch unisono mit den Prädikaten "sachgerecht", „überzeugend" und „begrüßenswert". Gut Ding braucht eben Weile. Das gilt ganz besonders für das sträflich vernachlässigte Handwerk guter Rechtsetzung. Was bleibt aber zu sagen, wenn sich Fachleute einig sind, dass ein Gesetz gut ist?"[74] Solches Wohlwollen ist als Haltung der Fraktion Die LINKE ausgesprochen ungewöhnlich.

Der abschließende Durchgang durch den Bundesrat war am 18. Dezember 2015. Probleme gab es diesmal keine. Das Gesetz wurde am 30.12.2015 verkündet und trat folglich am 1.1.2016 in Kraft (Gesetz vom 22.12.2015, BGBl. I 2265).

---

[74] Plenarprotokoll vom 12.11.2015, S. 13323.

§ 2 Hintergründe der Aktienrechtsnovelle

I. „Aktienrechtsreform in Permanenz"[1]

Das Aktienrecht kann auf eine lange und wechselvolle Geschichte zurückblicken. Mit dem „Gesetz über Aktiengesellschaften und Kommanditgesellschaften auf Aktien (Aktiengesetz)" vom 30.1.1937[2] wurde erstmals ein Regelwerk geschaffen, das sich ausschließlich mit den Rechtsverhältnissen der AG befasst.[3] Dieses hat der Gesetzgeber mit dem „Aktiengesetz" vom 6.9.1965[4] abgelöst, das bis heute in Kraft ist und seither – einschließlich der Aktienrechtsnovelle 2016 – insgesamt nicht weniger als über 70 Änderungen erfahren hat. Diese Änderungen waren zum Teil bedeutsam und haben zu erheblichen Umgestaltungen des materiellen Aktienrechts geführt. Sie standen oftmals in einem Spannungsverhältnis: Während auf der einen Seite die Verbesserung der Rechte der Aktionäre bzw. deren leichtere Durchsatzbarkeit im Vordergrund standen, rückte auf der anderen Seite die Bekämpfung von missbräuchlichen Aktionärsklagen immer stärker in den Fokus des Gesetzgebers:

1

Durch das „Gesetz zur Unternehmensintegrität und Modernisierung des Anfechtungsrechts (UMAG)" vom 22.9.2005 wurde die Organisation und Durchführung der Hauptversammlung modernisiert, und die Geltendmachung von Ersatzansprüchen von Aktionären gegen die Gesellschaft erleichtert. Dabei wurden einerseits die sogenannte Business-Judgment-Rule in das Gesetz aufgenommen und andererseits ein gerichtliches Klagezulassungsverfahren eingeführt, um missbräuchliche Aktionärsklagen zu verhindern. Das Freigabeverfahren wurde durch das UMAG deutlich ausgedehnt, um so eine schnelle Eintragung von Beschlüssen in das Handelsregister zu ermöglichen.

2

Das „Gesetz zur Modernisierung des GmbH-Rechts und zur Bekämpfung von Missbräuchen (MoMiG)" vom 23.10.1998[5] hat nicht nur das Recht der GmbH in vielfacher Hinsicht reformiert,[6] sondern auch zu zahlreichen Änderungen des AktG geführt.[7] Auch durch das „Bilanzrechtsmodernisierungsgesetz (BilMoG)" vom 25.5.2009[8] sowie das „Gesetz zur Angemessenheit der Vorstandsvergütung (VorstAG)" vom 31.7.2009[9] ist das AktG in vielen Punkten geändert[10] worden.

3

Eine grundlegende Reform des materiellen Aktienrechts erfolgte durch das Gesetz zur Umsetzung der Aktionärsrechterichtlinie vom 30.7.2009 (ARUG).[11] Es hat einerseits die grenzüberschreitende Stimmrechtsausübung und die Kapitalaufbringung durch Sacheinlagen erleichtert.[12] Andererseits wurden sowohl die Vorbereitung als auch die

4

---

[1] Formulierung von *Zöllner* AG 1994, 336.
[2] RGBl. I 107 ff.
[3] Vgl. MüKoAktG/*Heider* § 1 Rn. 1.
[4] BGBl. I 1089.
[5] BGBl. 2026.
[6] Dazu ausführlich *Leistikow*, Das neue GmbH-Recht, 2009, S. 1 ff.
[7] Änderung von §§ 5, 36, 37, 39, 57, 71a, 76, 78, 80, 81, 92, 93, 105, 107, 112, 181, 216, 265, 291, 399, 401 AktG; Aufhebung von § 79 AktG.
[8] BGBl. I 1102.
[9] BGBl. I 2509.
[10] §§ 71, 71a, 100, 107, 120, 124, 143, 158, 161, 171, 175, 209, 256, 258, 261, 286, 293d, 301 AktG (BilMoG) und §§ §§ 87, 93, 100, 107, 116, 120, 193, 288 AktG (VorstAG).
[11] BGBl. I 2479.
[12] Vgl. § 183a AktG.

Durchführung der Hauptversammlung grundlegend modernisiert, indem Aktiengesellschaften seit Inkrafttreten des Gesetzes hierfür moderne Medien in weitaus größerem Umfang als zuvor nutzen können. Herzstück des ARUG war jedoch die Fortsetzung der mit dem UMAG begonnenen Bekämpfung missbräuchlicher Aktionärsklagen. Das Freigabeverfahren wurde in seiner Dauer verkürzt, die vorzunehmende Interessenabwägung präzisiert und die erst- und letztinstanzliche Zuständigkeit auf das OLG verlagert (§ 246a Abs. 1 S. 3, Abs. 3 S. 4 AktG).

5   Das Konzept von UMAG und ARUG hat eindrucksvoll gewirkt, wie ein Gutachten von *Bayer*[13] belegt: Die Zahl der Nichtigkeits- und Anfechtungsklagen, die Zahl der beklagten Gesellschaften und die der angegriffenen Hauptversammlungsbeschlüsse sind seit Inkrafttreten des ARUG deutlich zurückgegangen.[14] Das Aktienrecht hat insgesamt einen guten Stand erreicht und bedurfte daher lediglich einer punktuellen Weiterentwicklung.

II. Aktienrechtsnovelle 2016

6   Auch die Aktienrechtsnovelle 2016 selbst hat eine immerhin über sechsjährige Entstehungsgeschichte vorzuweisen:[15] Nachdem zu Beginn der vergangenen Legislaturperiode ein Referentenentwurf für eine Aktienrechtsnovelle 2011 vorgelegt worden war, wurde der Regierungsentwurf für eine Aktienrechtsnovelle 2012 – nach unerwartet heftiger Kritik – erst Ende 2011 verabschiedet und fiel dann der Diskontinuität zum Opfer. In der aktuellen Legislaturperiode wurde das Vorhaben jedoch unverzüglich wieder aufgegriffen und ein Regierungsentwurf für eine Aktienrechtsnovelle 2014 vorgelegt, bevor das Gesetz nach erfolgreichem Durchlaufen des Gesetzgebungsverfahrens – nunmehr als Aktienrechtsnovelle 2016 – endlich in Kraft treten konnte.

7   Das ist – zumindest auf den ersten Blick – umso erstaunlicher, als dass es in ihr weniger um revolutionäre Neuerungen, sondern im Wesentlichen nur um rechtstechnische Feinheiten und die Behebung von Redaktionsversehen vergangener Reformen geht.[16] Gleichwohl finden sich einige Regelungen mit nicht unerheblichen Auswirkungen auf das materielle Aktienrecht. Das betrifft zum einen die Regelungen zur Inhaberaktie, aber auch die Vorschriften zur nachgeschobenen Nichtigkeitsklage,[17] zur Wandelschuldverschreibung sowie zur Vorzugsaktie.

---

[13] Direktor des Instituts für Rechtstatsachenforschung zum Deutschen und Europäischen Unternehmensrecht der Friedrich-Schiller-Universität Jena.
[14] Studie „Auswirkungen der Zuweisung der erstinstanzlichen Zuständigkeit im Freigabeverfahren an die Oberlandesgerichte", S. 58; vgl. auch NJW-aktuell 46/2011, S. 10.
[15] Zu den Gründen ausführlich *Seibert* § 1.
[16] *Seibert* DB 46/2010, S. I; *ders./Böttcher* ZIP 2012, 12.
[17] Die vorgesehenen Regelungen wurden aus politischen Gründen im Rahmen des Gesetzgebungsverfahrens allerdings wieder fallengelassen.

§ 3 Ziele der Aktienrechtsnovelle

I. Regierungsentwurf für eine Aktienrechtsnovelle 2014

Der Regierungsentwurf[1] nennt unter dem Punkt „Problem und Ziel" fünf Anliegen der Aktienrechtsnovelle:

„Die **Finanzierung** der Aktiengesellschaft soll (…) **flexibilisiert** werden. Ferner sollen die **Beteiligungsverhältnisse** bei nichtbörsennotierten Aktiengesellschaften **transparenter** gemacht werden. (…) Zudem soll das **Beschlussmängelrecht** der Aktiengesellschaft in einem Punkt **fortentwickelt** werden. (…)
Außerdem soll geklärt werden, wie die **Berichtspflicht** von Aufsichtsräten, die von **Gebietskörperschaften** entsandt werden (§ 394 AktG), rechtlich begründet werden kann. Schließlich sollen einige in der Praxis aufgetretene **Zweifelsfragen** klargestellt und **Redaktionsversehen** früherer Gesetzgebungsverfahren **behoben** werden."[2]

Damit knüpft der Entwurf hinsichtlich seiner Zielsetzung nahtlos an den Regierungsentwurf für eine Aktienrechtsnovelle 2012 an, die am Ende der letzten Wahlperiode – als „Entwurf eines Gesetzes zur Verbesserung der Kontrolle der Vorstandsvergütung und zur Änderung weiterer aktienrechtlicher Vorschriften (VorstKoG)" – aus politischen Gründen faktisch der Diskontinuität anheimfiel.[3]

Die damalige Bundesjustizministerin *Leutheusser-Schnarrenberger* hatte zum Regierungsentwurf 2012 erklärt:

„Das grundsätzlich gut funktionierende Aktienrecht muss auch angesichts der Finanzkrise nicht erneut massiv umgebaut, aber punktuell verbessert und vereinfacht werden. (…) Künftig sollen Aktiengesellschaften, insbesondere in Not geratene Kreditinstitute deutlich einfacher ihr Fremdkapital in Eigenkapital umwandeln können. Den Unternehmen wird dafür die Möglichkeit zur Ausgabe von Wandelschuldverschreibungen gegeben, bei denen nicht in Geld, sondern auch in Aktien zurückgezahlt werden kann. Der Gesetzentwurf stärkt Aktienunternehmen, weil sogenannte räuberische Aktionäre Beschlüsse der Hauptversammlung nicht länger durch taktische Nichtigkeitsklagen verzögern können sollen. Des Weiteren können die Unternehmen in Zukunft auch Vorzugsaktien ohne zwingenden Nachzahlungsanspruch auf ausgefallene Dividenden ausgeben. Das vereinfacht Kreditinstituten die Erfüllung aufsichtsrechtlicher Eigenkapitalvorgaben."[4]

1. Flexibilisierung der Finanzierung der Aktiengesellschaften

Die Finanzierung der AG sollte durch zwei Aspekte flexibilisiert werden. Zum einen war nach bisheriger Rechtslage bei der Ausgabe stimmrechtsloser Vorzugsaktien der Vorzug stets zwingend nachzahlbar, wenn dieser in einem Jahr nicht gezahlt wurde. Durch die Aktienrechtsnovelle sollen die Gesellschaften die Möglichkeit erhalten, stimmrechtslose Vorzugsaktien ohne zwingend nachzahlbaren Vorzug auszugeben. Dadurch soll die Entstehung von Kernkapital erleichtert werden.

---

[1] BT-Drs. 18/4349.
[2] Hervorhebungen vom Verf.
[3] Hintergrund war eine umstrittene Regelung zur Vorstandsvergütung: Aus der bisherigen „Kann-Vorschrift" zum „Say on Pay" in § 120 Abs. 4 AktG sollte eine „Muss-Vorschrift" werden. Dies ging der damaligen Opposition kurz vor der Bundestagswahl nicht weit genug. Hierzu ausführlich *Seibert* → § 1.
[4] http://presseservice.pressrelations.de/standard/result_main.cfm?r=515943&aktion=jour_pm (Pressemitteilung vom 30.11.2012, abgerufen am 5.1.2016).

5   Zum anderen war bisher im Recht der Wandelschuldverschreibungen nur ein Umtauschrecht des Gläubigers vorgesehen. Die durch die Aktienrechtsnovelle geänderten Vorschriften sehen nun auch ein Umtauschrecht der Gesellschaft vor, durch welches diese die Anleihen gegen Gewährung von Anteilen in Grundkapital umwandeln kann.

2. Transparenz der Beteiligungsverhältnisse

6   Eines der Kernstücke der Aktienrechtsnovelle ist die Verbesserung der Transparenz der Beteiligungsverhältnisse. Die Änderungen wurden erforderlich, nachdem die *Financial Action Task Force (FATF)* im Rahmen ihres „Third Mutual Evaluation Report of Germany" vom 19.2.2010[5] die Einschätzung geäußert hatte, dass in Deutschland vor allem bei nichtbörsennotierten Gesellschaften, die Inhaberaktien ausgeben, keine hinreichende Transparenz der Beteiligungsverhältnisse bestehe. Die Aktienrechtsnovelle hat dies aufgegriffen, indem sie zwar nach wie vor auch für die nichtbörsennotierte AG die Möglichkeit zur Ausgabe von Inhaberaktien beibehält, jedoch nur unter der Voraussetzung, dass der Anspruch auf Einzelverbriefung ausgeschlossen ist und die Sammelurkunde bei einer Wertpapiersammelbank iSv § 1 Abs. 3 S. 1 DepotG oder bei einem vergleichbaren ausländischen Verwahrer hinterlegt wird.

3. Fortentwicklung des Beschlussmängelrechts

7   Nachdem die durch UMAG und ARUG eingeführten Änderungen gegriffen haben,[6] war es aus Sicht der Bundesregierung nicht erforderlich, das Aktienrecht in diesem Bereich erneut massiv umzubauen, sondern nur in einem Punkt zu ergänzen. Der Regierungsentwurf hatte dazu eine Forderung aus dem Gesetzgebungsverfahren zum ARUG nach Einführung einer Befristung der aktienrechtlichen Nichtigkeitsklage aufgegriffen.[7] Die „nachgeschobene" Nichtigkeitsklage sollte dazu mit einer relativen Befristung versehen werden: Wird ein Hauptversammlungsbeschluss mit einer Anfechtungs- oder Nichtigkeitsklage angegriffen und diese Klage gem. § 246 Abs. 4 S. 1 AktG bekannt gemacht, sollte dies nach den Vorstellungen der Bundesregierung eine Monatsfrist zur Erhebung einer Nichtigkeitsklage in Gang setzen. Letztlich ging es darum, eines der letzten den sogenannten Berufsklägern noch verbliebenen Schlupflöcher mit einem minimalinvasiven Eingriff in das System des Beschlussmängelrechts zu stopfen.

4. Berichtspflicht von Aufsichtsräten

8   Aufsichtsratsmitglieder, die auf Veranlassung einer Gebietskörperschaft in den Aufsichtsrat gewählt oder entsandt worden sind, unterliegen hinsichtlich der Berichte, die sie der Gebietskörperschaft zu erstatten haben, gem. § 394 S. 1 AktG keiner Verschwiegenheitspflicht. Umstritten war jedoch die Rechtsgrundlage der Berichtspflicht. Dem dient die Klarstellung in § 394 S. 3 AktG nF, wonach die Berichtspflicht auf Gesetz oder Rechtsgeschäft beruhen kann.

---

[5] Der Report ist abrufbar unter www.der-betrieb.de, DB0394936.
[6] Vgl. *Bayer*, Studie „Auswirkungen der Zuweisung der erstinstanzlichen Zuständigkeit im Freigabeverfahren an die Oberlandesgerichte", S. 58; *ders./Hoffmann/Sawada* ZIP 2012, 897 ff.; vgl. auch NJW-aktuell 46/2011, S. 10.
[7] Vgl. BT-Drs. 16/11642, 55.

5. Klarstellung von Zweifelsfragen und Behebung von Redaktionsversehen

Ferner wurden zahlreiche Zweifelsfragen klargestellt, die teilweise auf Erfahrungen der Praxis und teilweise auf Anregungen der Wissenschaft beruhen. Zudem sind einige Reaktionsversehen aus vorangegangener Gesetzgebung behoben worden.

II. Abschließende Beratung im Rechtsausschuss

Im Rechtsausschuss hat die Aktienrechtsnovelle einige Änderungen erfahren,[8] bevor sie am 12. November 2015 in zweiter und dritter Lesung mit diesen vom Bundestag angenommen wurde. Gestrichen wurden die Regelungen zur relativen Befristung der Nichtigkeitsklage und zum einheitlichen Record Date für Namens- und Inhaberaktien.

1. Keine Regelung zur relative Befristung der nachgeschobenen Nichtigkeitsklage

Der Regierungsentwurf sah eine Regelung zur relativen Befristung von sogenannten nachgeschobenen Nichtigkeitsklagen vor. Es überrascht, dass dieses Detail auch im zweiten Anlauf letztlich nicht den Weg ins Gesetz gefunden hat, obwohl es sich streng genommen nur um eine Restante aus der letzten Wahlperiode handelte, im Rahmen des ARUG nicht mehr ledig werden konnte.[9]

Inhaltlich sollte die Regelung bestimmte Nichtigkeitsklagen einer relativen Befristung unterstellen und damit vor allem Missbrauchsfälle bekämpfen, in denen der Aktionär die Erhebung einer Nichtigkeitsklage ohne sachlichen Grund absichtlich hinauszögert, um sich so einen ungerechtfertigten Vorteil zu verschaffen. Dieser Regelungsvorschlag wurde von der Praxis beinahe unisono begrüßt. Nur teilweise war – und zwar bereits am inhaltsgleichen Referentenentwurf für eine Aktienrechtsnovelle 2011 – dergestalt Kritik geäußert worden, dass – noch weitgehender – eine generelle Befristung der aktienrechtlichen Nichtigkeitsklage überhaupt gefordert wurde.[10] Gleichwohl wurde die Regelung aus politischen Gründen vom Rechtsausschuss – abermals – in letzter Minute fallen gelassen. Letztlich handelt es sich dabei um ein ein weiteres Mal apostrophiertes Ceterum censeo einzelner Abgeordneter, die versuchen, ihrer Forderung nach der „großen Reform" des Beschlussmängelrechts möglichst geräuschvoll Gehör zu verschaffen, so dass dieser inhaltlich sinnvolle Regelungsvorschlag, der letztlich nur eine Lücke des Konzepts von UMAG und ARUG schließen sollte, nicht Gesetz wurde.[11]

2. Kein gesetzlicher Stichtag für Namensaktien

Das Aktienrecht sieht für Inhaberaktien eine Stichtagsregelung für die Teilnahme an der Hauptversammlung bzw. Ausübung des Stimmrechts vor. Anders ist die Rechtslage bei Namensaktien, wo es bisher nur einen gesetzlich nicht abgesicherten Umschreibestopp in den Aktienregistern gab. Diese uneinheitliche Rechtslage wurde insbeson-

---

[8] BT-Drs. 18/4349.
[9] BT-Drs. 1611642, 55. Vgl. dazu schon *Seibert/Böttcher* ZIP 2012, 12 (14).
[10] *Bungert/Wettich* ZIP 2011, 160 (163); Handelsrechtsausschuss des DAV NZG 2011, 217 (220 f.).
[11] Zu den Hintergründen ausführlich *Seibert* → § 1.

re von Seiten der Finanzinstitute immer wieder kritisiert, weil ausländischen Anlegern diese schwer zu vermitteln sei.

14 Vor diesem Hintergrund hatte der Regierungsentwurf für eine Aktienrechtsnovelle 2014 die Einführung eines einheitlichen Stichtags für den Nachweis für börsennotierte Gesellschaften vorgesehen (Beginn des 21. Tages vor der Hauptversammlung). Letztlich wurde auch dieses Vorhaben aber im Rahmen des Gesetzgebungsprozesses wieder fallen gelassen: Der Rechtsausschuss konzedierte zwar, dass ein einheitlicher Nachweisstichtag für beide Aktienarten zugunsten einer einfacheren Handhabe zu begrüßen sei, war jedoch der Auffassung, dass die Frage, welche Frist für einen solchen einheitlichen Stichtag die richtige wäre, nicht sicher beantwortet werden könne. Zudem sei es Vorzug würdig, eine Reform des Stichtags nicht nur für Deutschland sondern auf europäischer Ebene anzustreben.[12]

---

[12] BT-Drs. 18/6681, 11 f.

§ 4 Umsetzung der Aktienrechtsnovelle – Darstellung ausgewählter Regelungen im Einzelnen

I. Flexibilisierung der Finanzierung der AG

1. Vorzugsaktie ohne Nachzahlung (§§ 139, 140 AktG nF)

a) Problem

Anders als das US-amerikanische Recht mit seinen „preferred shares" kannte das deutsche Aktienrecht bisher nur eine Vorzugsaktie, die sich durch Stimmrechtslosigkeit und einen zwingend nachzahlbaren Vorzug auszeichnete:[1] Nach § 139 Abs. 1 AktG aF konnte für Aktien, die mit einem *nachzuzahlenden* Vorzug bei der Verteilung des Gewinns ausgestattet sind, das Stimmrecht ausgeschlossen werden. Solche Vorzugsaktien ohne Stimmrecht gewähren nach § 140 Abs. 1 AktG den Aktionären außer dem Stimmrecht die jedem Aktionär aus der Aktie zustehenden Rechte. Dazu sah § 140 Abs. 2 AktG aF für den Fall, dass der Vorzugsbetrag in einem Jahr nicht oder nicht vollständig gezahlt und der Rückstand im nächsten Jahr nicht neben dem vollen Vorzug dieses Jahres nachgezahlt wir, vor, dass das Stimmrecht der Vorzugsaktionäre wieder auflebt, bis die Rückstände nachgezahlt sind. Problematisch war dies für allem für Kreditinstitute wegen der für sie geltenden regulatorischen Eigenkapitalanforderungen: Nach den Vorgaben der am 1. Januar 2014 in Kraft getretenen Verordnung (EU) Nr. 575/2013 des Europäischen Parlaments und des Rates vom 26. Juni 2013 über Aufsichtsanforderungen an Kreditinstitute und Wertpapierfirmen und zur Änderung der Verordnung (EU) Nr. 646/2012[2] können Vorzugsaktien mit den zuvor beschriebenen Ausstattungsmerkmalen nicht als regulatorisches Kernkapital anerkannt werden. Gemäß Art. 28 Abs. 1 lit. h Ziffer i der Verordnung (EU) Nr. 575/2013 steht eine Priorität bei der Verteilung des Bilanzgewinns der Einordnung als hartes Kernkapital entgegen. Auch eine Anerkennung als „zusätzliches" Kernkapital ist verwehrt, da dies voraussetzen würde, dass das Institut die Ausschüttungen jederzeit für unbefristete Zeit auf nicht kumulierter Basis ausfallen lassen kann,[3] was bei einer mit Nachzahlungspflicht ausgestatteten Vorzugsaktie bestritten wird.[4] Gesetzlich vorgesehen ist diese Möglichkeit nur bei bestimmten Unternehmen des Finanzsektors, denen Stabilisierungsmaßnahmen gewährt wurden.[5]

1

b) Lösung und Gesetzgebungsverfahren

aa) Referentenentwurf für eine Aktienrechtsnovelle 2011

Bereits der Referentenentwurf für eine Aktienrechtsnovelle 2011 sah die Abschaffung der Verbindung der Vorzugsaktie mit dem zwingenden Anspruch auf Nachzahlung der Dividende vor. Statt eines „nachzuzahlenden Vorzugs" sollte die Nachzahlung des Vorzugs lediglich vorgesehen werden können.[6]

2

---

[1] Dazu *Müller-Eising* GWR 2010, 591.
[2] ABl. L 176 vom 27.6.2013, S. 1.
[3] Vgl. Art. 52 Abs. 1 lit. l Ziffer iii der Verordnung (EU) Nr. 575/2013.
[4] Vgl. RegE, S. 25.
[5] § 5 Abs. 1 S. 3 FMStBG; *Götze/Nartowska* NZG 2015, 298 (303).
[6] RefE, S. 4.

bb) Kritik

3   Die Regelung wurde schon damals überwiegend begrüßt.[7] Kritisiert wurde hingegen die Folge, die eintreten sollte, wenn die Dividende nicht gezahlt würde. Da § 140 Abs. 2 AktG aF nach den Vorstellungen des Referentenentwurfs nicht geändert werden sollte, hätte die AG das Wiederaufleben des Stimmrechts nur vermeiden können, wenn sie den ausgefallenen Vorzug im Folgejahr nachgezahlt hätte, was wiederum dazu geführt hätte, dass aus faktischem Zwang alle in der Vergangenheit ausgefallenen Vorzüge aus einem Bilanzgewinn hätten nachgezahlt werden müssen.[8] Teilweise wurde auch angenommen, dass bei einem nicht nachzahlbaren Vorzug das Stimmrecht für immer aufleben würde, sofern nur der Vorzug einmal nicht – vollständig – gezahlt worden wäre.[9] Ganz allgemein wurde kritisiert, dass die Regelung des § 140 Abs. 2 AktG aF auf nichtkumulative Vorzugsaktien nicht passe, weil hier eine Nachzahlung gerade nicht vorgesehen sei.[10] Es sei unverständlich, warum bei nichtkumulativen Vorzugsaktien das Stimmrecht erst im Folgejahr und nicht bereits unmittelbar nach Ausfall des Vorzugs wiederaufleben solle.[11]

cc) Regierungsentwurf für eine Aktienrechtsnovelle 2014 und Gesetz

4   § 139 Abs. 1 AktG nF lautet:

„Für Aktien, die mit einem Vorzug bei der Verteilung des Gewinns ausgestattet sind, kann das Stimmrecht ausgeschlossen werden (Vorzugsaktien ohne Stimmrecht). Der Vorzug kann insbesondere in einem auf die Aktie vorweg entfallenden Gewinnanteil (Vorabdividende) oder einem erhöhten Gewinnanteil (Mehrdividende) bestehen. Wenn die Satzung nichts anderes bestimmt, ist eine Vorabdividende nachzuzahlen."

5   Zur Erleichterung der Erfüllung der strengen regulatorischen Vorgaben bzw. allgemein der Vorgaben für die Eigenkapitalausstattung wurde die Vorzugsaktie somit in zweifacher Weise flexibilisiert. Einerseits ist nunmehr das Recht auf Nachzahlung des Vorzugs nicht mehr zwingendes Merkmal. Andererseits bleibt es zwar bei der grundsätzlichen gesetzlichen Anordnung der Nachzahlung des in Form einer Vorabdividende gewährten Vorzugs. Allerdings lässt die Vorschrift ausdrücklich eine abweichende Satzungsbestimmung zu.

6   Das Gesetz erlaubt den Aktiengesellschaften nunmehr die freie Entscheidung darüber, welche Art von Vorzugsaktien – mit oder ohne Nachzahlungsrecht – ausgegeben werden. Auch können beide Arten von Vorzugsaktien nebeneinander ausgegeben werden. Der Regierungsentwurf weist zurecht darauf hin, dass es nicht dem Recht, sondern der Marktbewertung überlassen bleiben muss, ob und zu welchem Preis Vorzugsaktien, die keine Nachzahlung gewähren, angenommen werden. Aktionärsschutz kann hierfür jedenfalls nicht ins Feld geführt werden.

7   Neu gegenüber dem Regierungsentwurf für eine Aktienrechtsnovelle 2012 ist die gesetzliche Klarstellung, dass „Vorzug" nicht zwingend eine Vorabdividende, sondern auch eine Mehr- oder Zusatzdividende der Vorzugsaktionäre gegenüber den Stammaktionären beinhalten kann, wobei auch eine Kombination aus Vorab- und Mehrdividende oder eine andere Gestaltung möglich ist. Das eröffnet neue Gestaltungsoptionen:

---

[7] Vgl. nur *Drinhausen/Keinath* BB 2011, 11 (13).
[8] *Müller-Eising* GWR 2010, 591. Vgl. dazu auch die Würdigung des RegE von *Drinhausen/Keinath* BB 2012, 395 (396 f.).
[9] So *Diekmann/Nolting* NZG 2011, 6 (7).
[10] Handelsrechtsausschuss des DAV NZG 2011, 217 (219).
[11] Handelsrechtsausschuss des DAV NZG 2011, 217 (219).

Etwa kann bei Vorzugsaktien sowohl eine Vorab- als auch eine Mehrdividende gewährt werden, wobei nur die Vorabdividende nachzahlbar ist. Bedeutsam ist dies v.a. für Kreditinstitute, weil stimmrechtslose Vorzugsaktien, bei denen der Vorzug lediglich als Mehrdividende ausgestaltet ist, sogar als Instrumente des harten Kernkapitals anerkannt werden können.[12]

Im Hinblick auf das Wiederaufleben des Stimmrechts hat der Regierungsentwurf, der unverändert Gesetz geworden ist, – ähnlich wie schon der Regierungsentwurf für eine Aktienrechtsnovelle 2012 – die vorstehend beschriebene Kritik aufgenommen und die Folge der Nichtzahlung der Dividende angepasst. Es finden sich in § 140 Abs. 2 AktG nunmehr zwei unterschiedliche Regelungen, einmal für den Fall, dass der Vorzug nachzuzahlen ist und einmal für den Fall des nicht nachzuzahlenden Vorzugs:

„Ist der Vorzug nachzuzahlen und wird der Vorzugsbetrag in einem Jahr nicht oder nicht vollständig gezahlt und im nächsten Jahr nicht neben dem vollen Vorzug für dieses Jahr nachgezahlt, so haben die Aktionäre das Stimmrecht, bis die Rückstände gezahlt sind. Ist der Vorzug nicht nachzuzahlen und wird der Vorzugsbetrag in einem Jahr nicht oder nicht vollständig gezahlt, so haben die Vorzugsaktionäre das Stimmrecht, bis der Vorzug in einem Jahr vollständig gezahlt ist. Solange das Stimmrecht besteht, sind die Vorzugsaktien auch bei der Berechnung einer nach Gesetz oder Satzung erforderlichen Kapitalmehrheit zu berücksichtigen."

Demnach haben die Aktionäre das Stimmrecht im Fall eines nachzuzahlenden Vorzugs, wenn der Vorzugsbetrag in einem Jahr – wenn auch nur teilweise – nicht gezahlt wird und der Rückstand im Folgejahr nicht gezahlt wird,[13] oder wenn zwar der Rückstand gezahlt wird, der Vorzugsbetrag in dem betreffenden Jahr aber abermals nicht – vollständig – gezahlt wird. Ist der Vorzug nicht nachzahlbar, setzt das Stimmrecht früher ein, nämlich bereits dann, wenn der Vorzugsbetrag in nur einem Jahr auch nur teilweise nicht gezahlt wird.

Schwierigkeiten können sich für Altgesellschaften ergeben, die vor Inkrafttreten der Aktienrechtsnovelle gegründet worden sind. Deren Satzung wird oftmals schlicht die Ausgabe beziehungsweise die Ermächtigung zur Ausgabe von „stimmrechtslosen Vorzugsaktien" vorsehen ohne zu präzisieren, ob ein Anspruch auf Nachzahlung des Vorzugs besteht oder nicht.[14] Dieses Problem sollte nach dem Regierungsentwurf zur Aktienrechtsnovelle 2012 durch eine zwingende Auslegungsvorschrift (damals § 26f Abs. 5 AktG-E) gelöst werden. Die Vorschrift sah vor, dass wenn die Satzung der AG vor dem Inkrafttreten der Aktienrechtsnovelle durch notarielle Beurkundung festgestellt wurde, es sich bei den Vorzugsaktien um solche mit zwingend nachzahlbarem Vorzug handelt, unabhängig davon, ob die Satzung dies ausdrücklich vorsieht oder nicht. Diese Problematik ist nunmehr durch § 139 Abs. 1 S. 3 AktG entschärft worden, weil es von Gesetzes wegen in Ermangelung einer besonderen Bestimmung in der Satzung bei der Anordnung der Nachzahlung des in Form einer Vorabdividende gewährten Vorzugs bleibt. Das gilt damit auch Altgesellschaften, so dass es einer besonderen Übergangsvorschrift nicht bedarf.

Insgesamt nähert sich die deutsche Vorzugaktie durch die Regelungen der Aktienrechtsnovelle den „preferred shares" US-amerikanischer Prägung an, die auch nicht-kumulativ sein können.[15] In wieweit dieser Aktientyp hier marktgängig sein wird bleibt abzuwarten.

---

[12] RegE, S. 26.
[13] Unklar ist, weshalb der RegE, S. 26, insoweit von „Rückzahlung" spricht.
[14] Auf diese Problematik hatte *Müller-Eising* GWR 2010, 591 aufmerksam gemacht.
[15] So zu Recht *Müller-Eising* GWR 2012, 77.

dd) Hinweis für die Gestaltungspraxis

12 Zwar sind bei stimmrechtslosen Vorzugsaktien mit zwingend nachzahlbarem Vorzug auch nach der Aktienrechtsnovelle keine rechtlichen Gestaltungen möglich, durch die diese auch dann stimmrechtslos bleiben, wenn der Vorzug nicht gezahlt wird. Eine entsprechende Prüfbitte des Bundesrats in seiner Stellungnahme vom 6. März 2015[16] wurde durch die Gegenäußerung der Bundesregierung abgelehnt.

13 Allerdings kann in wirtschaftlicher Hinsicht ein ganz ähnliches Ergebnis erreicht werden. Denn mangels gesetzlicher Vorgaben genügt nach weit überwiegender Auffassung auch ein ganz geringfügiger Vorzug.[17] Zwar wird in der Praxis den Vorzugsaktionären neben dem Gewinnvorzug oftmals auch ein höherer Gewinnanteil zugewiesen. Dies ist für den Ausschluss des Stimmrechts nach § 139 AktG jedoch nicht notwendig.[18] Zur Vermeidung des Risikos des Wiederauflebens des Stimmrechts wäre daher an einen ganz geringfügigen Gewinnvorzug in Kombination mit einer nicht prioritären, jedoch großzügig bemessenen Mehrdividende, zu denken.[19]

2. Umgekehrte Wandelschuldverschreibung

a) Problem

14 Gemäß § 221 Abs. 1 AktG aF durften Schuldverschreibungen, bei denen den *Gläubigern* ein Umtausch- oder Bezugsrecht auf Aktien eingeräumt wird (Wandelschuldverschreibungen), und Schuldverschreibungen, bei denen die Rechte der Gläubiger mit Gewinnanteilen von Aktionären in Verbindung gebracht werden (Gewinnschuldverschreibungen), nur auf Grund eines Beschlusses der Hauptversammlung ausgegeben werden. Wandelschuldverschreibungen stellen einen Weg der Finanzierung der Gesellschaft mittels Fremdkapital dar. Durch sie werden zunächst nur Gläubiger-, keine Mitgliedschaftsrechte gewährt.[20] Wandelschuldverschreibungen beinhalten ein abstraktes, auf einen bestimmten Geldbetrag lautendes, regelmäßig festverzinsliches Schuldversprechen iSv § 780 Abs. 1 BGB, das in Urkunden verbrieft ist.[21] Im Gegensatz zu gewöhnlichen Schuldverschreibungen ist jedoch zusätzlich ein Umtauschrecht oder – bei den Optionsanleihen – ein Bezugsrecht auf Aktien zu einem im Voraus festgelegten Kurs beigegeben.[22]

15 Nach dem eindeutigen Wortlaut des § 221 Abs. 1 AktG aF war es Merkmal der Wandelschuldverschreibung, dass nur den Gläubigern ein Umtausch- oder Bezugsrecht eingeräumt wurde. Gleichwohl war in der Praxis anerkannt, dass auch solche Anleihen zulässig sind, die außer der Wandlungspflicht auch ein Wandlungsrecht des Gläubigers vorsehen:[23] Bei Pflichtanleihen (*mandatory convertible bonds*) kann der Rückzahlungsanspruch des Gläubigers im Zeitpunkt der Endfälligkeit in der Weise gewandelt werden, dass zwingend Aktien an den Anleihegläubiger ausgegeben wer-

---

[16] BR-Drs. 22/15 (Beschluss) vom 6.3.2015.
[17] Vgl. nur Spindler/Stilz/*Bormann* AktG § 139 Rn. 11; K. Schmidt/Lutter/*Spindler* AktG § 139 Rn. 13; DNotI-Report 2012, 157. AA *Wälzholz* DStR 2004, 819 (821).
[18] Hüffer/*Koch* AktG § 139 Rn. 8; DNotI-Report 2012, 157 (158).
[19] DNotI-Report 2012, 157 (158).
[20] GroßKommAktG/*Hirte* § 221 Rn. 10.
[21] GroßKommAktG/*Hirte* § 221 Rn. 75.
[22] GroßKommAktG/*Hirte* § 221 Rn. 76.
[23] Vgl. nur MüKoAktG/*Habersack* § 221 Rn. 52; Spindler/Stilz/*Seiler* AktG § 221 Rn. 151; Schlitt/Seiler/Singhof AG 2003, 254 (266 f.).

den.[24] Bei *soft mandatory convertibles* hingegen besteht eine Ersetzungsbefugnis der Gesellschaft, die im Fall der Verpflichtung zur Rückzahlung des Anleihebetrags entscheiden kann, statt der Rückzahlung Aktien aus dem bedingten Kapital auszugeben.[25]

Allerdings waren diese Gestaltungen bisher mit Rechtsunsicherheiten verbunden:[26] So war streitig, ob die Nutzung von bedingtem Kapital zur Ausgabe der anstelle zur Rückzahlung durch die Gesellschaft gewährten Aktien zulässig war.[27] Während Pflichtwandelanleihen als Wandelschuldverschreibung qualifiziert und daher herrschend für zulässig gehalten wurden,[28] sollten reine Pflichtwandelanleihen, die dem Gläubiger kein Umtauschrecht einräumen, keine Wandelschuldverschreibungen darstellen, so dass die Nutzung von bedingtem Kapital zur Gewährung der Bezugsaktien bei Wandlung unzulässig wäre.[29] Die Gläubiger hätten wegen des Verbots des § 187 Abs. 2 AktG regelmäßig keinen wirksamen Anspruch gegen die Gesellschaft auf die Lieferung neuer Aktien.[30]

b) Lösung und Gesetzgebungsverfahren

aa) Referentenentwurf zur Aktienrechtsnovelle 2011

Ziel des Referentenentwurfs 2011 war es zunächst, diese rechtlichen Unsicherheiten zu beseitigen. Kern der Regelung war dabei primär die ausdrückliche Regelung des Wandlungsrechts der Gesellschaft als Schuldnerin in § 192 Abs. 1 AktG-E. Dadurch sollten die Wandelschuldverschreibungen auch „nach beiden Seiten"[31] ein Wandlungsrecht vorsehen können. Auch eine Änderung von § 192 Abs. 2 AktG-E war vorgesehen, um rechtliche Zweifelsfragen zu klären. Durch die Streichung der Bezugnahme auf „Gläubiger" wurde regelt, dass eine bedingte Kapitalerhöhung auch zu dem Zweck beschlossen werden kann, Umtauschrechte an die Gesellschaft als Schuldnerin zu gewähren.[32]

Der Referentenentwurf enthielt zudem zwei Vorschriften, die sich vor allem in Sanierungsfällen auswirken sollten. Nach § 192 Abs. 3 S. 1 AktG darf der Nennbetrag des bedingten Kapitals die Hälfte und der Nennbetrag des nach Abs. 2 Nr. 3 beschlossenen Kapitals den zehnten Teil des Grundkapitals, das zur Zeit der Beschlussfassung über die bedingte Kapitalerhöhung vorhanden ist, nicht übersteigen. Durch § 192 Abs. 3

---

[24] *Müller-Eising* GWR 2012, 77 unter Hinweis auf die Ausgabe entsprechender Anleihen bei *Daimler-Benz* im Jahr 1996 und bei *Bayer* im Jahr 2006.
[25] *Müller-Eising* GWR 2012, 77, der auch darauf hinweist, dass wegen der zukünftigen Anforderungen nach Basel III solche Kreditinstitute, die in der Form einer AG organisiert sind, hohes Interesse daran haben, bedingt wandelbare Anleihen (*contingent convertible bonds*) zu schaffen, da diese auch zukünftig als „zusätzliches" Kernkapital anerkannt werden können.
[26] Dazu ausführlich *Drinhausen/Keinath* BB 2011, 11 (12).
[27] Dagegen zB Hopt/Wiedemann/Grundmann/*Frey* AktG § 192 Rn. 83. Dafür zB MüKoAktG/*Habersack* § 221 Rn. 52; MHdB GesR IV/*Krieger*, 3. Aufl. 2007, § 63 Rn. 25.
[28] MüKoAktG/*Habersack* § 221 Rn. 52; Spindler/Stilz/*Seiler* AktG § 221 Rn. 151; Schlitt/Seiler/Singhof AG 2003, 254 (266 f.).
[29] *Maier-Reimer* in GS Bosch, 2006, S. 85 Fn. 2; Hölters/*v. Dryander/Niggemann* AktG § 192 Rn. 24; Hopt/Wiedemann/Grundmann/*Frey* AktG § 192 Rn. 84. Vgl. auch die Nachweise bei *Drinhausen/Keinath* BB 2011, 11 (12 FN 10).
[30] Vgl. die Nachweise bei *Drinhausen/Keinath* BB 2011, 11 (12 FN 12), die darauf hinweisen, dass lediglich Ansprüche auf Lieferung bestehender Aktien begründet werden könnten, soweit dies in den Emissionsbedingungen vorgesehen ist. BB 2011, 11 (12).
[31] RefE, S. 18.
[32] RefE, S. 18.

S. 3 AktG-E sollte diese 50 %-Grenze nicht für umgekehrte Wandelschuldverschreibungen gelten, da sie bei Umtauschrechten, die auf extreme Fälle (bspw. Zahlungsunfähigkeit) beschränkt sind, als sanierungsfeindlich angesehen wurden.[33] Eine weitere Änderung sollte § 194 AktG betreffen, der besondere Bestimmungen für bedingte Kapitalerhöhungen mit Sacheinlagen vorsieht: Wird eine Sacheinlage gemacht, so müssen nach Abs. 1 S. 1 der Vorschrift ihr Gegenstand, die Person, von der die Gesellschaft den Gegenstand erwirbt, und der Nennbetrag, bei Stückaktien die Zahl der bei der Sacheinlage zu gewährenden Aktien im Beschluss über die bedingte Kapitalerhöhung festgesetzt werden. § 194 Abs. 1 S. 2 AktG aF legte fest, dass die Hingabe von Schuldverschreibungen im Umtausch gegen Bezugsaktien nicht als Sacheinlage gilt. Der Referentenentwurf hat diesen Satz neu formuliert: „Als Sacheinlage gilt nicht der Umtausch von Schuldverschreibungen gegen Bezugsaktien." Dadurch sollte klargestellt werden, dass die Vorschriften über Sacheinlagen auch in dem Fall nicht zur Anwendung kommen, wenn bei einer umgekehrten Wandelschuldverschreibung die Gesellschaft von ihrer Ersetzungsbefugnis Gebrauch macht.[34] Vielmehr sind auch in diesem Fall die Vorschriften über Bareinlagen anwendbar.

19 Zugleich war angedacht, die Legaldefinition der Wandelschuldverschreibung in § 221 Abs. 1 S. 1 AktG („Schuldverschreibungen, bei denen den *Gläubigern* ein Umtausch- oder Bezugsrecht auf Aktien eingeräumt wird") zu ändern, so dass statt von „Gläubigern" von „Vertragspartnern" gesprochen werden sollte.

bb) Kritik am Referentenentwurf

20 Der Referentenentwurf wurde im Hinblick auf die Regelungen zur Wandelschuldverschreibung überwiegend gelobt.[35] Kritisiert wurden im Wesentlichen drei Aspekte: Im Hinblick auf die geplante Neuformulierung der Legaldefinition der Wandelschuldverschreibung wurde die Verwendung des Begriffs „Vertragspartner" im Zuge der Anhörung der beteiligten Kreise als unpassend bemängelt. In der Sache wurde die Beseitigung der Höchstgrenze von 50 % des Nennbetrags des Grundkapitals für den Fall der Wandlung durch die Gesellschaft kritisiert.[36] Schließlich stieß auf Kritik, dass die Wandlung nach § 194 Abs. 1 S. 2 AktG als Barkapitalerhöhung erfolgen soll, ohne dass es auf eine Bewertung der Forderungen der Anleihegläubiger ankommt.[37]

cc) Bewertung der Kritik; Regierungsentwurf 2012

21 *(1) Zur Verwendung des Begriffs „Vertragspartner".* Die Kritik an der Verwendung des Begriffs „Vertragspartner" in § 221 AktG-E wirft letztlich die Frage nach der Beschaffenheit des Tatbestands, der das urkundlich verbriefte Recht und mit ihm die korrespondierende Verpflichtung des Schuldners erzeugt, auf.[38] Nach der Kreationstheorie bildet die Ausstellung der Urkunde, der sogenannte Skripturakt, den rechtsbegründenden Tatbestand.[39] Nach einer Abwandlung dieser Lehre besteht der rechtsbegründende Tatbestand in einer Kombination aus Skripturakt und Begebungsvertrag als mehrglied-

---

[33] Vgl. RefE, S. 18.
[34] RefE, S. 18.
[35] Vgl. nur *Drinhausen/Keinath* BB 2011, 11; *Müller-Eising* GWR 2010, 591; *Bungert/Wettich* ZIP 2011, 160 (162).
[36] *Drygala* WM 2011, 1637 (1639 f.).
[37] *Drygala* WM 2011, 1637 (1639 ff.).
[38] Dazu ausführlich MüKoBGB/*Habersack* Vorb. zu § 793 Rn. 22.
[39] *Kuntze*, Die Lehre von den Inhaberpapieren, 1857, S. 334–362, S. 374–384. Diese Lehre wird heute – soweit ersichtlich – nicht mehr vertreten.

rigem Rechtsgeschäft.[40] Die heute ganz hM sieht hingegen lediglich den Begebungsvertrag als rechtsbegründenden Tatbestand.[41] Von dieser Sichtweise ausgehend sind „Vertragspartner" nur der Erstinhaber und die Gesellschaft, nicht aber nachfolgende Inhaber.[42] Der Regierungsentwurf hat diese Kritik zum Anlass genommen, die bestehende Definition so zu erweitern, dass das Wandlungsrecht der „Gesellschaft" zustehen kann. Dies ist so Gesetz geworden.

(2) Zum Wegfall der 50%-Grenze nach § 192 Abs. 3 S. 3 AktG nF. Es ist zuzugeben, dass der generelle Wegfall der 50%-Grenze zu einer übermäßigen Verwässerung der Beteiligung der Altaktionäre führen könnte. Der Regierungsentwurf 2012 begegnete dem dadurch, dass die 50%-Grenze nur in eng begrenzten Ausnahmefällen nicht gelten soll: dann, wenn die bedingte Kapitalerhöhung nur zu dem Zweck beschlossen wird, der Gesellschaft einen Umtausch zu ermöglichen, zu dem sie für den Fall ihrer drohenden Zahlungsunfähigkeit oder zum Zweck der Abwendung einer Überschuldung berechtigt ist. Ist die Gesellschaft ein Institut iSd § 1 Abs. 1b KWG, gilt die 50%-Grenze ferner nicht für eine bedingte Kapitalerhöhung, die zu dem Zweck beschlossen wird, der Gesellschaft einen Umtausch zur Erfüllung bankaufsichtsrechtlicher oder zum Zwecke der Restrukturierung oder Abwicklung erlassener Anforderungen zu ermöglichen. Es handelt sich also letztlich um enge Fälle des Kriseneinsatzes. Deshalb haben Regierungsentwurf und Gesetz auch hieran festgehalten.

Die Finalität der Formulierung („zur Abwendung einer Überschuldung") zeigt, dass es letztlich um eine drohende Überschuldung geht. Dieser Begriff ist der InsO unbekannt. Es dürfte hierbei auf die individuellen wirtschaftlichen Verhältnisse der Gesellschaft und die notwendige Umsetzungszeit sowie das Sanierungskonzept insgesamt ankommen.[43]

(3) Zur Möglichkeit der Einbringung zum Nennwert. In der Lit. besteht Streit darüber, ob in den sonstigen Fällen eines Debt-Equity-Swap eine Einbringung zum Nennwert[44] oder nur bewertet[45] möglich ist. Regierungsentwurf und Gesetz haben trotz der Kritik an der vom Referentenentwurf vorgeschlagenen Lösung festgehalten: Es kann daher in Zukunft zu einem Debt-Equity-Swap zum Nennwert kommen. Der Unterschied besteht bei der umgekehrten Wandelschuldverschreibung zum gewöhnlichen Debt-Equity-Swap aber darin, dass der Beschluss schon in der Zeit vor der Krise beschlossen wurde, so dass die Verwässerungsgefahr im Zins eingepreist werden kann.[46]

dd) Regierungsentwurf 2014 und Gesetz

Regierungsentwurf 2014 und Gesetz haben in diesem Punkt den Wortlaut des Regierungsentwurfs 2012 exakt übernommen. Umso überraschender ist, dass der Streit darüber, ob zur Bedienung von umgekehrten oder Pflichtwandelanleihen auch bedingtes Kapital geschaffen werden kann, durch die Formulierungen der Begründung des Regie-

---

[40] *E. Ulmer,* Das Recht der Wertpapiere, 1938, S. 36 ff., 41; *ders.,* Der Einwendungsausschluß im Einheitlichen Wechselgesetz, FS L. Raiser, 1974, S. 225, 236.
[41] Baumbach/Hefermehl/*Casper* WPR Rn. 31 ff.; *Hueck/Canaris,* Recht der Wertpapiere § 3; vgl. auch MüKoBGB/*Habersack* Vorbem. zu § 793 Rn. 24.
[42] Vgl. auch *Seibert/Böttcher* ZIP 2012, 12 (15).
[43] So *Götze/Nartowska* NZG 2015, 298 (304 f.).
[44] So *Cahn/Simon/Theiselmann* DB 2010, 1629.
[45] So *Priester* DB 2010, 1445 mwN.
[46] *Seibert/Böttcher* ZIP 2012, 12 (15).

rungsentwurfs 2014 partiell wieder aufleben könnte. Denn dort gibt es nun erhebliche Abweichungen zur früheren Fassung: Anders als die Begründung zum Regierungsentwurf 2012, die ausdrücklich hervorhob, dass die Zulässigkeit der Schaffung von bedingtem Kapital auch für Pflichtwandelanleihen klargestellt werden soll, will der Gesetzgeber dies nun nur noch für die Wandelanleihe mit Wahlrecht der Gesellschaft klarstellen.[47] Hiermit soll nun ausdrücklich gerade keine Aussage über die Zulässigkeit anderer Gestaltungsformen getroffen werden.[48] Man kann nur mutmaßen, was damit bezweckt werden soll. Möglicherweise geht es um eine Klarstellung, dass zwar nicht andere Gestaltungen der Wandelanleihe an sich, wohl aber die Schaffung bedingten Kapitals hierfür ausgeschlossen werden soll.[49] Hier wäre eine eindeutige Positionierung des Gesetzgebers aus Gründen der Rechtssicherheit wünschenswert.

II. Transparenz der Beteiligungsverhältnisse

1. Bisherige Rechtslage

26 Bisher konnten gemäß § 10 Abs. 1 AktG die Aktien auf den Inhaber oder auf Namen lauten. Somit bestand für die Aktiengesellschaften grundsätzlich[50] Wahlfreiheit, ob sie Inhaber- oder Namensaktien ausgeben wollten.[51] Die Wahl der Aktienform kann nur satzungsmäßig erfolgen (vgl. § 23 Abs. 3 Nr. 5 AktG).[52]

27 Die Aktie ist der Inbegriff sämtlicher Rechte und Pflichten, die einem Aktionär auf Grund seiner durch die Aktie vermittelten Beteiligung an der Gesellschaft zustehen.[53] Die Mitgliedschaft in der Aktiengesellschaft, die durch die Aktie vermittelt wird, kommt unabhängig davon, ob es sich um Inhaber- oder Namensaktien handelt, zustande, ohne dass es einer wertpapiermäßigen Verbriefung der Beteiligung durch eine Aktienurkunde bedarf.[54]

28 Der Ausgabetatbestand vollzieht sich regelmäßig in drei Schritten: die Übernahmeerklärung des Aktionärs als schuldrechtlicher Entstehungsgrund der Mitgliedschaft, die Eintragung der Gesellschaft oder der Kapitalerhöhung im Handelsregister und – fakultativ – die Verbriefung der Mitgliedschaft.[55] Erfolgt eine Verbriefung, so üblicherweise in der Form einer Globalaktienurkunde, die bei der Clearstream Banking AG hinterlegt wird.[56] Nach § 10 Abs. 5 AktG kann der Anspruch des Aktionärs auf Verbriefung seines Anteils satzungsmäßig ausgeschlossen oder eingeschränkt werden.

29 Die Inhaberaktie stellt ein Inhaberpapier dar, dass analog §§ 793 ff. BGB behandelt wird, wohingegen die Namensaktie entgegen dem Wortsinn ein Orderpapier darstellt.[57] Während die Inhaberaktie in der deutschen Rechtspraxis traditionell dominierte, geben immer mehr Gesellschaften Namensaktien aus. Diese hat gegenüber der

---

[47] RegE, S. 30 f.; vgl. auch *Götze/Nartowska* NZG 2015, 298 (304).
[48] RegE, S. 30; vgl. *Götze/Nartowska* NZG 2015, 298 (304).
[49] So *Götze/Nartowska* NZG 2015, 298 (304).
[50] Einschränkungen ergeben sich lediglich aus dem Grundsatz der realen Kapitalaufbringung, vgl. § 10 Abs. 2 AktG.
[51] Hüffer/*Koch* AktG § 1 Rn. 1.
[52] Hüffer/*Koch* AktG § 10 Rn. 5.
[53] MüKoAktG/*Heider* § 10 Rn. 4.
[54] Vgl. MüKoAktG/*Heider* § 10 Rn. 4.
[55] Vgl. MüKoAktG/*Heider* § 10 Rn. 5.
[56] Vgl. auch MüKoAktG/*Heider* § 10 Rn. 5.
[57] Hüffer/*Koch* AktG § 10 Rn. 4.

Inhaberaktie gewisse Vorteile, etwa die Möglichkeit einer Vinkulierung nach § 68 Abs. 2 S. 1 AktG oder die Verbindung mit einem Entsenderecht (§ 101 Abs. 2 S. 2 AktG). Im US-amerikanischen Recht verbieten hingegen inzwischen beinahe alle Staaten die Ausgabe von *bearer shares*.

Nach der bisher nur auf Namensaktien anwendbaren Vorschrift des § 67 Abs. 1 S. 1 AktG sind diese unter Angabe des Namens, Geburtsdatums und der Adresse des Inhabers sowie der Stückzahl oder der Aktiennummer und bei Nennbetragsaktien des Betrags in das Aktienregister der Gesellschaft einzutragen. Die Regelung bezweckt Rechtsklarheit für die Aktiengesellschaft über die Personen, die ihr gegenüber berechtigt und verpflichtet sind (vgl. § 67 Abs. 2 AktG).[58] Umstritten war bisher allerdings, ob die Pflicht zur Führung des Aktienregisters unabhängig von einer Verbriefung besteht. Nach einer Auffassung war lediglich der erste Inhaber des verbrieften Rechts in das Aktienregister einzutragen, so die Eintragungspflicht erst mit der Ausgabe der Urkunde bzw. der Errichtung der Globalurkunde entstand.[59]

2. Problem

Deutschland ist in den letzten Jahren international für seine Regelung zur Inhaberaktie heftig kritisiert worden. Maßgeblich ging diese Kritik von der *Financial Action Task Force* (*FATF*) aus, die 1989 in Paris durch den G7-Gipfel gegründet wurde. Bei ihr handelt es sich um eine unabhängige, intergouvernementale Organisation die zum Ziel hat, Geldwäsche und Terrorismusfinanzierung weltweit zu bekämpfen. Dazu hat die FATF 40 Empfehlungen herausgegeben (International Standards on Combating Money Laundering and the Financing of Terrorism & Proliferation), zu denen es auch Best-practice-Empfehlungen, sogenannte *Interpretative Notes* gibt. *Recommendations* 33 und 34 („Transparency and beneficial ownership of legal persons") lauten:

"(33) Countries should take measures to prevent the unlawful use of legal persons by money launderers. Countries should ensure that there is adequate, accurate and timely information on the beneficial ownership and control of legal persons that can be obtained or accessed in a timely fashion by competent authorities. In particular, countries that have legal persons that are able to issue **bearer shares** *should take appropriate measures to ensure that they are not misused for money laundering and be able to demonstrate the adequacy of those measures. Countries could consider measures to facilitate access to beneficial ownership and control information to financial institutions undertaking the requirements set out in Recommendation 5.*

(34) Countries should take measures to prevent the unlawful use of legal arrangements by money launderers. (…)."[60]

In der sich hierauf beziehenden Interpretative Note heißt es insbesondere zu Inhaberaktien:

"Countries should take measures to prevent the misuse of bearer shares and bearer share warrants, for example by applying one or more of the following mechanisms: (a) prohibiting them; (b) converting them into registered shares or share warrants (for example through dematerialisation); (c) immobilising them by requiring them to be held with a regulated financial institution or professional intermediary; or (d) requiring shareholders with a controlling interest to notify the company, and the company to record their identity."[61]

---

[58] Hüffer/*Koch* AktG § 10 Rn. 1.
[59] *Hüffer*, 10. Aufl. 2012, § 10 Rn. 6. *Wieneke*, Die Namensaktie, 2000, S. 229, 252 ff.
[60] Hervorhebungen vom Verf. Die 40 Recommendations der FATF sind abrufbar unter http://www.fatf-gafi.org/media/fatf/documents/recommendations/pdfs/FATF_Recommendations.pdf.
[61] Die Interpretative Notes der FATF sind ebenfalls unter der vorgenannten Adresse abrufbar.

33 In ihrem *Third Mutual Evaluation Report of Germany* vom 19.2.2010[62] hatte die FATF die mangelnde Transparenz der Beteiligungsverhältnisse bei den Aktiengesellschaften, die Inhaberaktien ausgeben, kritisiert und die Behebung des Missstandes angemahnt. Angedroht wurde, dass Deutschland ansonsten im Extremfall auf einer Liste von sog. „Non-Cooperative Countries and Territories" – zusammen mit dem Iran und Pakistan – erfasst wird.

3. Lösung und Gesetzgebungsverfahren

a) Referentenentwurf 2011

34 Der Referentenentwurf hatte vor dem Hintergrund dieser Kritik eine Abschaffung der Inhaberaktie für nicht börsennotierte Gesellschaften vorgesehen. Diese sollten auf Namensaktien festgelegt werden. Die nichtbörsennotierten Gesellschaften, die Inhaberaktien ausgegeben haben, hätten diese in Namensaktien umwandeln sollen.

b) Kritik am Referentenentwurf

35 Obwohl bereits über die Hälfte der etwa 16.000 nichtbörsennotierten Gesellschaften bereits gegenwärtig Namensaktien ausgegeben hat,[63] war die geplante Festlegung auf die Namensaktie auf beinahe einhellige Ablehnung gestoßen.[64] Einerseits wurde kritisiert, das Bundesministerium der Justiz schieße „mit Kanonen auf Spatzen"[65] und habe einen Kniefall vor der „wenig bekannten"[66] und „ganz überwiegend aus Experten aus dem angelsächsischen Rechtsraum"[67] zusammengesetzten FATF vollzogen. Andererseits wurde bemängelt, der Praxis würde ohne Not Gestaltungsfreiheit genommen.[68]

c) Regierungsentwurf 2014 und Gesetz

36 Die Neuregelung hält an der grundsätzlichen Wahlmöglichkeit zwischen Inhaber- und Namensaktie fest, knüpft jedoch – nach dem Vorbild Österreichs, Frankreichs und der Niederlande – die Wahl der Ausgabe von Namensaktien an besondere Bedingungen. Nach § 10 Abs. 1 S. 2 AktG nF darf eine Gesellschaft nun Inhaberaktien ausstellen, wenn sie entweder börsennotiert ist (Nr. 1) oder wenn der Anspruch des Aktionärs auf Einzelverbriefung ausgeschlossen ist und die Sammelurkunde bei einer Wertpapiersammelbank iSd § 1 Abs. 3 S. 1 DepotG, einem zugelassenen Zentralverwahrer oder einem anerkannten Drittland-Zentralverwahrer gemäß der Verordnung (EU) Nr. 909/2014[69] oder einem sonstigen ausländischen Verwahrer, der die Voraussetzungen des § 5 Absatz 4 S. 1 des Depotgesetzes erfüllt, oder einem vergleichbaren ausländischen Verwahrer hinterlegt werden (Nr. 2). Dadurch wird den Forderungen der Praxis nach weitestgehender Gestaltungsfreiheit, zugleich aber auch jenen der FATF nach größerer

---

[62] Abrufbar unter www.der-betrieb.de, DB0394936.
[63] Vgl. *Seibert* DB 46/210, S. 1; *Seibert/Böttcher* ZIP 2012, 12.
[64] Handelsrechtsausschuss des DAV NZG 2011, 217; *Noack* DB 2010, 2657; *Diekmann/Nolting* NZG 2011, 6; *Bungert/Wittich* ZIP 2011, 160 (161); *Habersack* BB 1/2011, S. 1.
[65] So *Bungert/Wittich* ZIP 2011, 160 (161).
[66] So *Noack* DB 2010, 2657.
[67] So *Bungert/Wittich* ZIP 2011, 160 (161).
[68] Vgl. dazu *Seibert/Böttcher* ZIP 2012, 12 (13).
[69] Verordnung (EU) Nr. 909/2014 des Europäischen Parlaments und des Rates vom 23. Juli 2014 zur Verbesserung der Wertpapierlieferungen und -abrechnungen in der Europäischen Union und über Zentralverwahrer sowie zur Änderung der Richtlinien 98/26/EG und 2014/65/EU und der Verordnung (EU) Nr. 236/2012 (ABl. L 257 vom 28.8.2014, S. 1).

II. Transparenz der Beteiligungsverhältnisse

Transparenz hinreichend Rechnung getragen. Die FATF verlangt nämlich – anders als dies gelegentlich kolportiert wird – keine vollständige Transparenz der Beteiligungsverhältnisse. Sie fordert lediglich, dass im Falle eines Verdachts auf Geldwäsche oder Terrorismusfinanzierung die Ermittlungsbehörden über eine brauchbare Ermittlungsspur verfügen.[70] Nach der gewählten Konstruktion ist dies der Fall, da die Verwahrung bei einer entsprechenden Institution erforderlich ist. Zwar kann der Aktionär nach §§ 7, 8 DepotG die Auslieferung einzelner Wertpapierurkunden verlangen. Allerdings verlangt § 10 Abs. 1 S. 2 AktG nF zusätzlich, dass der Einzelverbriefungsanspruch satzungsmäßig ausgeschlossen sein muss. In diesem Fall kann wegen § 9a Abs. 3 S. 2 DepotG auch von der Wertpapiersammelbank nicht die Auslieferung einzelner Wertpapierurkunden verlangt werden.[71]

Die Ermittlungsspur besteht somit in Zukunft, sobald die Sammelurkunde bei der Wertpapiersammelbank oder einem anderen zugelassenen Verwahrer hinterlegt ist. Ob diese Hinterlegung stets zeitnah stattfinden wird, ist fraglich, so dass eine Lücke bestehen würde für den Zeitraum zwischen der Errichtung der Gesellschaft und der Hinterlegung der Sammelurkunde. Um auch für diesen Zeitraum für die Ermittlungsbehörden das Bestehen einer Ermittlungsspur zu gewährleisten, bestimmt § 10 Abs. 1 S. 2 Nr. 2 S. 3 AktG nF die entsprechende Anwendung von § 67 AktG, der ebenfalls neu gefasst wurde: § 67 AktG Abs. 1 S. 1 nF macht den Gesellschaften, die Namensaktien ausgegeben haben, nun die Führung eines Aktienregisters „unabhängig von einer Verbriefung der Aktien" zur Pflicht. Die Begründung zum Regierungsentwurf hat dazu klargestellt, dass der Begriff „Aktien*register*" die Existenz physischer Aktienurkunden nicht voraussetzt.[72] Deshalb spricht das Gesetz nunmehr auch vom „Aktionär" nicht mehr vom „Inhaber". Dies führt auch bei der Namensaktie zu höherer Transparenz. Der bisherige Streit,[73] ob die Pflicht zur Führung eines Registers nur bei Verbriefung der Aktien besteht, ist damit obsolet. In Zukunft können damit bei der Namensaktie die Aktionärsrechte nach § 67 Abs. 2 AktG nur von demjenigen ausgeübt werden, der im Aktienregister eingetragen ist. Durch die entsprechende Anwendung der Vorschrift auf die Inhaberaktie wird ein Leerlaufen der Transparenzregelung des § 10 Abs. 1 S. 2 AktG nF für den Interimszeitraum zwischen Eintragung der Gesellschaft und Hinterlegung der Sammelurkunde vermieden. Wann oder ob es zu einer Hinterlegung kommt, ist durch das Gesetz nicht vorgeschrieben worden. Das ist jedoch auch nicht erforderlich. Denn selbst wenn es im Extremfall – entgegen den Satzungsregelungen – niemals zu einer Hinterlegung der Sammelurkunde kommen sollte, wird durch die Verweisung § 10 Abs. 1 S. 2 Nr. 2 S. 3 AktG nF auf die Vorschrift des § 67 AktG sichergestellt, dass Klarheit über die Beteiligungsverhältnisse besteht und die zuständigen Behörden im Bedarfsfall über die notwendige Ermittlungsspur verfügen. Das liegt letztlich auch im Interesse der Gesellschaft, weil so Gewissheit darüber besteht, welche Personen der Gesellschaft gegenüber als Mitglied berechtigt und verpflichtet sind.

Zur Form des Aktienregisters macht das Gesetz – wie auch bisher – keine Vorgaben, so dass für die Praxis grundsätzlich Gestaltungsfreiheit besteht. Das Aktienregister ist kein Handelsbuch iSv § 238 HGB, zählt jedoch zu den „sonst erforderlichen Aufzeichnungen" des § 239 HGB.[74] Damit gilt insbesondere § 239 Abs. 2 HGB, wonach die

---

[70] Vgl. *Seibert/Böttcher* ZIP 2012, 12 (13).
[71] *Seibert/Böttcher* ZIP 2012, 12 (13).
[72] S. 24.
[73] → Rn. 26 ff.
[74] MüKoAktG/*Bayer* § 67 Rn. 13 mwN; Hüffer/*Koch* AktG § 67 Rn. 4.

Eintragungen vollständig, richtig, zeitgerecht und geordnet vorgenommen werden müssen. Es gilt aber auch Abs. 4 dieser Vorschrift, so dass sowohl eine Führung des Aktienregister mittels Kladde, Karteikarten als auch eine elektronische Führung mittels Datenträger in Betracht kommt, soweit auch auf diese Weise die Grundsätze ordnungsgemäßer Buchführung eingehalten werden (§ 239 Abs. 4 S. 1 HGB) und die Daten jederzeit innerhalb angemessener Frist lesbar gemacht werden können (§ 239 Abs. 4 S. 2 HGB).[75] Zuständig zur Führung des Aktienregisters ist der gesamte Vorstand.[76] Dieser kann die technische Durchführung auf Dritte delegieren; ausreichend und zugleich erforderlich ist, dass dem Vorstand die jederzeitige Zugriffsmöglichkeit und die Zugriffsmöglichkeit verbleiben.[77]

39 Gleichsam als flankierende Maßnahme wurde § 24 AktG aufgehoben. Die Vorschrift sah vor, dass die Satzung einer Gesellschaft bestimmen kann, dass auf Verlangen eines Aktionärs eine Namensaktie in eine Inhaberaktie bzw. seine Inhaberaktie in eine Namensaktie umzuwandeln ist.

d) Übergangsregelung

40 Durch die Übergangsvorschrift des § 26h Abs. 1 EGAktG sind Gesellschaften, deren Satzung bereits vor dem 31. Dezember 2015 notariell festgestellt worden waren, von der Neuregelung des § 10 Abs. 1 AktG nicht betroffen.[78] Diese müssen die ausgegebenen Inhaberaktien nicht umwandeln, wie dies noch im Referentenentwurf zur Aktienrechtsnovelle 2011 vorgesehen war. Nach Sinn und Zweck der Vorschrift gilt dies freilich nur für solche Gesellschaften, deren Satzung von vornherein oder jedenfalls am Tag des Inkrafttretens des Gesetzes die Ausgabe von Inhaberaktien vorsah. Auf die Eintragung der Satzungsänderung kommt es insoweit entgegen § 181 Abs. 3 AktG nicht an. § 26h Abs. 2 EGAktG bestimmt ergänzend, dass wenn die Satzung einer Gesellschaft einen Umwandlungsanspruch gemäß § 24 AktG aF vorsieht, diese Satzungsbestimmung wirksam bleibt. Altgesellschaften genießen somit dauerhaft Bestandsschutz.

e) Würdigung

41 Dem Gesetzgeber ist es mit der Neuregelung zur Inhaberaktie gelungen, den „gordischen Knoten" zu zerschlagen: Einerseits behält die Praxis den Gestaltungsspielraum, so dass auch in Zukunft Aktiengesellschaften gegründet werden können, die Inhaberaktien ausgeben. Auf der anderen Seite wurden die Forderungen nach stärkerer Transparenz der FATF befriedigt.

42 Die Regelung entspricht zudem auch den Vorgaben der G8: Im Verlauf des Gesetzgebungsverfahrens in der letzten Legislaturperiode wurde auch von Seiten der G8 eine stärkere Transparenz der Beteiligungsverhältnisse gefordert. Im Anschluss an den G8-Gipfel von Lough Erne 2013, bei dem das Thema Geldwäschebekämpfung einen zentralen Platz eingenommen hat, hat die Bundesregierung einen „Deutschen Nationalen Aktionsplan zur Bekämpfung von Geldwäsche" veröffentlicht. In diesem heißt es ua:

„Unternehmen sollten wissen, wer ihr Eigentümer ist und wer sie kontrolliert, und die Informationen über ihre wirtschaftlich Berechtigten sowie die grundlegenden In-

---

[75] Vgl. MüKoAktG/*Bayer* § 67 Rn. 13.
[76] OLG München ZIP 2005, 1070; *Bayer/Lieder* EWiR 2005, 525.
[77] OLG München NZG 2005, 756 (757); MüKoAktG/*Bayer* § 67 Rn. 14; Hüffer/*Koch* AktG § 67 Rn. 5.
[78] Unpräzise *Müller-Elsing* GWR 2012, 77.

formationen sollten ausreichend, genau und aktuell sein. Daher sollten Anteilseigner, die einen gewissen beherrschenden Einfluss ausüben, verpflichtet werden, ihr Unternehmen davon in Kenntnis zu setzen, ob sie ihre jeweiligen Anteile für sich selbst halten oder für jemand anderen. Die Unternehmen müssen verpflichtet werden, diese Informationen vorzuhalten. Auf diese Weise werden sie in der Lage sein, auf Verlangen ausreichende, genaue und aktuelle Informationen über ihre wirtschaftlich Berechtigten zu übermitteln."

Es ist damit zu rechnen, dass sowohl von Seiten der FATF als auch der G7/G8 und der Weltbank in Zukunft weitere Forderungen nach einer verbesserten Transparenz der Beteiligungsverhältnisse („*beneficial ownership*") erhoben werden. Denn es ist übereinstimmende Auffassung dieser Organisationen, dass effektive Geldwäschebekämpfung nicht nur durch aufsichtsrechtliche Maßnahmen, sondern vor allem auch durch Umgestaltung des materiellen Zivil- und Gesellschaftsrechts – oder gar durch die vollständige Abschaffung von Bargeld – erfolgen kann. Diese Forderungen stehen teilweise in augenfälligem Kontrast zu den Vorstellungen, die dieselben Institutionen zu demselben Problemkreis in anderem Kontext artikulieren. So tritt insbesondere die Weltbank seit für Jahren eine völlig unkontrollierte Onlinegründung von Unternehmen ohne Identitätskontrolle durch Notar oder Registergericht ein. Eine Erklärung dafür, wie dies mit der gleichzeitig geforderten Transparenz der Beteiligungsverhältnisse zusammenpassen soll, ist die Weltbank bisher schuldig geblieben.

III. Berichtspflicht von Aufsichtsräten

1. Bisherige Rechtslage

§ 394 AktG bestimmte schon bisher, dass Aufsichtsratsmitglieder, die auf Veranlassung einer Gebietskörperschaft in den Aufsichtsrat gewählt oder entsandt worden sind, hinsichtlich der Berichte, die sie der Gebietskörperschaft zu erstatten haben, keiner Verschwiegenheitspflicht unterliegen. Diese Norm postuliert eine Ausnahme zur grundsätzlich für Aufsichtsratsmitglieder bestehenden umfassenden Verschwiegenheitspflicht, die nach §§ 116 S. 1 iVm §§ 93 Abs. 1 S. 3 und 116 S. 2 AktG gerade auch gegenüber den Aktionären besteht.[79] Die Norm begründet somit nicht selbst eine Berichtspflicht; sie setzt eine solche vielmehr voraus.[80]

2. Problem

Umstritten war, welche Rechtsgrundlage die Berichtspflicht der Aufsichtsratsmitglieder haben muss. Die hM verlangte eine gesetzliche Grundlage,[81] wobei teilweise noch spezielle Anforderungen an diese gesetzliche Grundlage gestellt wurden.[82] demgegenüber wurde jedoch teilweise auch ein vertragliches Auftragsverhältnis mit einer Berichtspflicht im Fall einer Weisung (vgl. § 666 BGB) für ausreichend erachtet.[83]

---

[79] Vgl. MüKoAktG/*Schürnbrand* § 394 Rn. 1.
[80] So zu Recht MüKoAktG/*Schürnbrand* § 394 Rn. 1.
[81] Kölner Kommentar zum Aktiengesetz/*Zöllner* §§ 394, 395 Rn. 4; *ders.* AG 1984, 147 (148); *Bäcker*, in FS Schwark 2009, S. 101, 107; *Lutter/Grunewald* WM 1984, 385 (397); *Martens* AG 1984, 29 (33); *Schwintowski* NJW 1990, 1009 (1114).
[82] Vgl. *Zöllner* AG 1984, 147 (148); aA *Schmidt-Aßmann/Ulmer* BB 1988, Sonderbeilage 13, S. 8.
[83] Vgl. *Land/Hallermayer* AG 2011, 114 (118) mwN.

3. Lösung und Gesetzgebungsverfahren

a) Referentenentwurf für eine Aktienrechtsnovelle 2014

46 Der Referentenentwurf hatte zur Entschärfung der Problematik vorgesehen, dass in § 394 AktG klargestellt wird, dass die Berichtspflicht auf Gesetz, Satzung oder Rechtsgeschäft beruhen kann. § 394 S. 3 AktG-E lautete:

„Die Berichtspflicht nach Satz 1 kann auf Gesetz, auf Satzung oder auf dem Aufsichtsrat in Textform mitgeteiltem Rechtsgeschäft beruhen."

b) Regierungsentwurf und Gesetz

47 Der Regierungsentwurf verzichtete gegenüber dem Referentenentwurf auf das Erfordernis einer entsprechenden Mitteilung („in Textform mitgeteilt"). Dagegen wurde jedoch vom Rechtsausschuss eingewandt, dass rechtsgeschäftliche Absprachen zwischen dem Aufsichtsratsmitglied und der Gebietskörperschaft für die Gesellschaft nicht erkennbar seien. Das Gesetz hat sich deshalb für die Fassung des Referentenentwurfs entschieden. Dem Aufsichtsrat ist daher im Fall einer rechtsgeschäftlichen Vereinbarung einer Berichtspflicht zwischen der Gebietskörperschaft und dem Aufsichtsrat vom Aufsichtsratsmitglied in Textform mitzuteilen, dass eine auf Rechtsgeschäft beruhende Berichtspflicht besteht.

4. Exkurs: Transparenz bei der Aufsichtsratsarbeit kommunaler Unternehmen

48 Bei wichtigen, die Bürger besonders interessierenden Fragen kam es in der Vergangenheit immer wieder vor, dass der Ruf nach einer öffentlichen Abhaltung von Aufsichtsratssitzungen laut wurde.[84] Anders als bei der GmbH, bei der schon nach geltendem Recht ein solches Vorgehen teilweise zulässig ist, sind Aufsichtsratssitzungen bei der AG nicht öffentlich abzuhalten (§ 109 AktG). Aufgrund der aktienrechtlichen Satzungsstränge (§ 23 Abs. 5 AktG) sind auch abweichende Satzungsgestaltung nicht möglich.

49 Der Referentenentwurf zur Aktienrechtsnovelle 2011 hatte zur Lösung des Problems folgende Formulierung vorgeschlagen: *„Die Berichtspflicht folgt aus dem Innenverhältnis der Aufsichtsratsmitglieder zu der Gebietskörperschaft. Ist eine Gebietskörperschaft einer nichtbörsennotierten Gesellschaft beteiligt, kann die Satzung die Verschwiegenheitspflicht der Aufsichtsratsmitglieder und die Öffentlichkeit der Sitzungen regeln."*

50 An diesem Formulierungsvorschlag des Referentenentwurfs wurde unterschiedlichste und zum Teil heftige Kritik geübt. Während einerseits eine zu große Transparenz („*vollständig öffentliche Aufsichtsratssitzungen*", „*vollständige Beseitigung Verschwiegenheitspflicht aller Aufsichtsratsmitglieder*")[85] befürchtet wurde, sorgte sich gerade die Kommunalpolitik darum, dass in Zukunft aufgrund des öffentlichen Drucks Aufsichtsratssitzungen generell nur öffentlich abgehalten werden dürften, was den Unternehmen und ihrer Wettbewerbsfähigkeit erheblich schaden würde.[86] Schließlich wurde – im Interesse einer besseren Geheimhaltung – vorgeschlagen, den Anwendungsbereich

---

[84] *Seibert/Böttcher* ZIP 2012, 12 (16).
[85] *Bungert/Wettich* ZIP 2011, 160 (164).
[86] Vgl. dazu *Seibert/Böttcher* ZIP 2012, 12 (17).

der Vorschrift auf solche Gesellschaften zu beschränken, die im vollständigen Besitz von Gebietskörperschaften stehen.[87]

Aufgrund der erheblichen Kritik wurde das Vorhaben bereits im Regierungsentwurf 2012 fallen gelassen. In der neuen Legislaturperiode wurde es dann gar nicht mehr aufgegriffen. 51

IV. Zahl der Aufsichtsratsmitglieder

1. Bisherige Rechtslage

§ 95 S. 3 AktG aF sah vor, dass die Zahl der Aufsichtsratsmitglieder, die durch die Satzung bestimmt wird, stets durch drei teilbar sein muss. Hintergrund dieser allgemeinen Vorschrift war das Betriebsverfassungsgesetz in der Fassung vom 11. Oktober 1952,[88] durch welches für den Aufsichtsrat jeder Aktiengesellschaft eine drittelparitätische Mitbestimmung der Arbeitnehmer angeordnet wurde. In der Zwischenzeit wurden jedoch die kleinen Aktiengesellschaften von dieser Mitbestimmung wieder ausgenommen.[89] 52

2. Regierungsentwurf und Gesetz

Folgerichtig wurde durch die Aktienrechtsnovelle der Anwendungsbereich des Grundsatzes der Dreiteilbarkeit der Aufsichtsratsmitglieder auf solche Aktiengesellschaften beschränkt, welche diese Dreiteilbarkeit aufgrund mitbestimmungsrechtlicher Vorgaben auch zu beachten haben. Das sind die in § 1 DrittelbG genannten Unternehmen. 53

V. Klarstellung von Zweifelsfragen und Behebung von Redaktionsversehen

Es finden sich zahlreiche Klarstellungen von Zweifelsfragen, die auf Anregungen aus Praxis und Wissenschaft beruhen. Zudem sind Reaktionsversehen aus vorangegangener Gesetzgebung behoben worden. 54

1. Elektronischer Bundesanzeiger

a) Maßgeblichkeit der Veröffentlichung im elektronischen Bundesanzeiger

§ 25 S. 2 AktG sah vor, dass die Satzung neben dem Bundesanzeiger auch andere Blätter oder elektronische Informationsmedien als Gesellschaftsblätter bezeichnen konnte. Dies kann jedoch zu Problemen führen, wenn eine Gesellschaft von dieser Regelungsmöglichkeit Gebrauch macht und die Veröffentlichung nicht in allen Blättern am selben Tage erfolgt. Insbesondere dann, wenn durch die Bekanntmachung eine Frist in Lauf gesetzt wird, kann fraglich sein, ob und wann die Frist beginnt, wenn nicht das AktG ausnahmsweise eine ausdrückliche Regelung enthält (zB §§ 97 Abs. 1 S. 3, Abs. 2 S. 1; 125 Abs. 1; 126 Abs. 1 AktG). Teilweise wurde vertreten, den Gedanken des § 10 55

---

[87] *Bungert/Wettich* ZIP 2011, 160 (164).
[88] BGBl. 1952 I 681.
[89] Durch das Gesetz für kleine Aktiengesellschaften und zur Deregulierung des Aktienrechts vom 2. August 1994 (BGBl. I 1961) und das DrittelbG.

Abs. 2 HGB aF entsprechend anzuwenden, so dass die Frist anläuft.[90] Dafür wurde auch angeführt, dass die Satzungsklausel sonst ohne hinreichenden Sinn bliebe.[91] Dies führte in der Vergangenheit für die Unternehmenspraxis zu erheblicher Rechtsunsicherheit. Die Folgen einer fehlerhaften Bekanntgabe sind durchaus dramatisch: die Frist wird nicht in Lauf gesetzt, und soweit die Bekanntgabe Wirksamkeitsvoraussetzung ist, treten die entsprechenden Rechtsfolgen bei fehlerhafter Bekanntgabe nicht ein.

56 § 25 S. 2 AktG wurde ersatzlos gestrichen. Die Streichung ist im Sinne der Rechtssicherheit und Rechtsklarheit zu begrüßen. Nachteile entstehen den Gesellschaften durch diese Rechtsänderung nicht. Auch bleibt es ihnen unter der Neuregelung möglich, Information zu den Bekanntmachungen neben dem Bundesanzeiger auch in weiteren Publikationsorgan zu veröffentlichen.[92]

b) Übergangsvorschrift

57 Zu beachten ist allerdings die Übergangsvorschrift des § 26h Abs. 3 EGAktG. Sie bestimmt, dass wenn die Satzung gemäß § 25 S. 2 AktG aF neben dem Bundesanzeiger andere Informationsmedien als Gesellschaftsblätter bezeichnet, diese Satzungsbestimmung wirksam bleibt. Eine Anpassung der Satzung ist daher nicht erforderlich. Für einen Fristbeginn oder das sonstige Eintreten von Rechtsfolgen ist indes auch in diesem Fall ab dem 1. Februar 2016 ausschließlich die Bekanntmachung im Bundesanzeiger maßgeblich. Das bedeutet, dass ab diesem Tag an die Veröffentlichung in anderen Medien keine Rechtsfolgen mehr geknüpft werden.[93]

2. Neuregelung der Dividendenzahlungen

58 § 58 Abs. 4 AktG regelt die Ausschüttung des Bilanzgewinns. Danach haben die Aktionäre Anspruch auf den Bilanzgewinn, soweit er nicht nach Gesetz oder Satzung, durch Hauptversammlungsbeschluß oder als zusätzlicher Aufwand auf Grund des Gewinnverwendungsbeschlusses von der Verteilung unter die Aktionäre ausgeschlossen ist. Eine Regelung zur Fälligkeit der Dividendenzahlung sah das Gesetz bisher nicht vor. In der Folge galt die allgemeine Regel des § 271 Abs. 1 BGB, wonach der Anspruch im Zweifel sofort, also am Tag nach der Hauptversammlung, fällig war. Diese Regelung entspricht jedoch nicht den „Market Standards for Corporate Actions Processing" der Arbeitsgruppe „Corporate Actions Joint Working Group" aus dem Jahr 2012.[94] Ziel dieser Marktstandards ist es, eine Harmonisierung der Wertpapierabwicklung in Europa zu ermöglichen. Als ein Hemmnis für die Harmonisierung wurden die unterschiedlichen gesetzlichen Regelungen für die Abwicklung von Kapitalmaßnahmen benannt, die dazu führten, dass jeweils unterschiedliche Prozesse unter Beachtung jeweils unterschiedlicher Fristen eingesetzt werden müssten. Die Aktienrechtsnovelle beseitigt diese Problematik, indem § 58 Abs. 4 AktG die folgenden Sätze angefügt wurden: *„Der Anspruch ist am dritten auf den Hauptversammlungsbeschluss folgenden Geschäftstag*

---

[90] Vgl. dazu Hüffer/*Koch* AktG § 25 Rn. 5a der zugleich darauf hinweist, dass nit Neufassung der Norm durch EHUG vom 10.11.2006 (BGBl. I 2553) die Analogiebasis entfallen ist.
[91] Hüffer/*Koch* AktG § 25 Rn. 5a; Heidel/*Braunfels* § 25 Rn. 5; Spindler/Stilz/*Limmer* AktG § 25 Rn. 8; K. Schmidt/Lutter/*Seibt* AktG § 25 Rn. 8; MüKoAktG/*Pentz* § 25 Rn. 13; aA KK-AktG/*Noack*/*Zetzsche* § 121 Rn. 113.
[92] Vgl. dazu RegE, S. 19.
[93] Vgl. auch RegE, S. 33.
[94] Vgl. dazu RegE, S. 19.

fällig. In dem Hauptversammlungsbeschluss oder in der Satzung kann eine spätere Fälligkeit festgelegt werden."

Damit ist eine einheitliche Praxis für alle deutschen Publikumsgesellschaften gewährleistet. Der Begriff „Geschäftstag" ist nach den Vorstellung des Regierungsentwurfs – ebenso wie in §§ 675n, 675s und 675t BGB – als Bankarbeitstag auszulegen.[95] Die Wahl des Begriffs „Geschäftstags", den das Aktiengesetz bisher nicht kannte, überrascht in zweierlei Hinsicht: Zum einen wird er im BGB anders als hier üblicherweise verwendet, wenn es um den Beginn einer Frist geht. Zum anderen ist fraglich, ob hiermit wirklich die gewünschte Vereinheitlichung erreicht werden kann. Denn der Begriff des „Geschäftstags", der auf Art. 4 Nr. 27 der Zahlungsdiensterichtlinie[96] zurückgeht, hat gerade den Begriff Bankarbeitstag in § 676a Abs. 2 S. 2 Nr. 1 BGB aF ersetzt. Während der Begriff „Bankarbeitstag" eine einheitliche, institutsübergreifende und objektive Anknüpfung für den Beginn der Ausführungsfristen ermöglichte, wird der Geschäftstag individuell, also abhängig vom tatsächlich unterhaltenen Geschäftsbetrieb einzelner Filialen des Zahlungsdienstleisters bestimmt.[97] So können die Geschäftstage einzelner Institute erheblich divergieren. Bei Zahlungsaufträgen ist die Problematik in der Praxis allerdings dadurch entschärft, dass nach Art. 248 § 4 Nr. 2d EGBGB der Zeitpunkt, ab welchem der Zahlungsauftrag nach § 675n BGB als zugegangen gilt, im Wege der vorvertraglichen Information mitzuteilen ist.[98] Vorzugswürdig wäre daher die Einführung eines eigenen Begriffs im AktG gewesen, etwa im Wege einer Legaldefinition, der darauf abstellt, dass es um einen Tag geht, an dem Banken üblicherweise geöffnet haben.

3. Aufhebung von § 121 Abs. 4 S. 3 AktG aF

§ 121 Abs. 4 Satz 3 AktG aF schrieb für die Bekanntmachung der Einberufung der Hauptversammlung die sinngemäße Anwendung der §§ 125 bis 127 AktG vor. Die Vorschrift wurde aufgehoben. Der Regierungsentwurf macht zurecht drauf aufmerksam, dass die Verweisung überflüssig ist, da die in Bezug genommenen Vorschriften im Rahmen ihres Anwendungsbereichs ohnehin unmittelbar gelten. Hinzu kommt, dass es aufgrund der Neuregelung der Fristen durch das ARUG bei der Fristenberechnung nicht mehr auf die Bekanntmachung der Einberufung ankommt, sondern auf den Tag der Hauptversammlung, von dem aus die Fristen zurückzurechnen sind.[99] Somit hatte die Regelung bereits mit Inkrafttreten des ARUG ihre Daseinsberechtigung verloren und hätte schon seinerzeit aufgehoben werden können, was nun nachgeholt wurde.

4. Klarstellende Änderung des § 121 Abs. 4a AktG

§ 121 Abs. 4a AktG, der ebenfalls die Bekanntmachung der Einberufung der Hauptversammlung regelt, lautete bisher:

„Bei börsennotierten Gesellschaften, die nicht ausschließlich Namensaktien ausgegeben haben *und* die Einberufung den Aktionären nicht unmittelbar nach Absatz 4 Satz 2 und 3 übersenden, ist die Einberufung spätestens zum Zeitpunkt der Bekanntmachung solchen Medien zur Veröffentlichung zuzuleiten, bei denen davon ausgegangen werden kann, dass sie die Information in der gesamten Europäischen Union verbreiten."[100]

---

[95] S. 20.
[96] RL 2007/64/EG.
[97] MüKoBGB/*Casper* § 675n Rn. 13.
[98] Vgl. MüKoBGB/*Casper* § 675n Rn. 14.
[99] Vgl. RegE S. 21.
[100] Hervorhebung vom Verf.

62 Die Formulierung führte in der Vergangenheit zu Zweifelsfragen wegen der „und"-Verknüpfung der beiden Alternativen. Insbesondere konnte sie zu dem Missverständnis führen, dass die Zuleitungsverpflichtung nur in dem Fall entfällt, dass beide Merkmale kumulativ erfüllt sind. Der Gesetzgeber hat nun klargestellt, dass dies nicht Ziel der Regelung ist, indem er das „und" durch ein „oder" ersetzt hat.

5. Änderung von § 122 AktG

a) Klarstellungen durch § 122 AktG nF

63 In der Vergangenheit kam es ebenfalls zu Unklarheiten im Hinblick auf die Berechnung der Vorbesitzzeit und Haltefrist sowohl im Falle der Einberufung einer Hauptversammlung auf Verlangen einer Minderheit (§ 122 Abs. 1 AktG) als auch bei der Ergänzung der Tagesordnung auf Verlangen einer Minderheit (§ 122 Abs. 2 AktG). Ursprung dieser Unklarheiten war die Regelung in § 122 Abs. 1 S. 3 AktG, der die entsprechende Anwendung von § 142 Abs. 2 S. 2 AktG[101] anordnete. Nach § 122 Abs. 2 S. 1 AktG („in gleicher Weise") gilt diese Anwendung auch für Ergänzungsverlangen. Aufgrund der Formulierung bezieht sich dies sowohl auf die Dauer der Vorbesitzzeit als auch auf die Haltefrist. Daran ist jedoch problematisch, dass bei der Ermittlung der Vorbesitzzeit die Frist nicht vom Tag der Hauptversammlung an rückwärts gerechnet werden kann, da der Antrag der Minderheit ja gerade erst auf die Einberufung der Hauptversammlung abzielt. Schon nach bisher hM war daher auf den Zeitpunkt des Zugangs des Einberufungsverlangens bei der Gesellschaft abzustellen.[102] Die Richtigkeit dieser Ansicht hat der Gesetzgeber nun klargestellt. Zugleich wurde die Vorbesitzzeit von drei Monaten auf 90 Tage geändert.

64 Auch im Hinblick auf die Haltefrist gab es Rechtsunsicherheit. Lehnt der Vorstand den Antrag ab und kommt es zur Einleitung eines gerichtlichen Verfahrens durch die Minderheit,[103] so ist es nach hM erforderlich, dass die für das Quorum erforderlichen Aktien bis zur endgültigen Entscheidung gehalten werden.[104] Der Streit, ob dies auch für den Fall gilt, in dem der Vorstand dem Antrag stattgibt, ist nunmehr ebenfalls entschieden: Es ist erforderlich, dass das Quorum bis zur Entscheidung des Vorstands und den Antrag gehalten werden muss.[105]

65 Gemäß § 122 Abs. 2 AktG kann eine Aktionärsminderheit „in gleicher Weise" verlangen, dass Gegenstände auf die Tagesordnung gesetzt und bekanntgemacht werden. Damit wird klargestellt, dass die Regelung zur Vorbesitzzeit auch für diesen Fall vom Tag des Zugangs des Verlangens bei der Gesellschaft zu berechnen ist und dass das Quorum bis zur Entscheidung des Vorstands gehalten werden muss.

b) Übergangsregelung

66 Eine Übergangsregelung findet sich in § 26h Abs. 4 EG AktG. Danach ist § 122 AktG nF erstmals auf Einberufungs- und Ergänzungsverlangen anzuwenden, die der

---

[101] „Die Antragsteller haben nachzuweisen, dass sie seit mindestens drei Monaten vor dem Tag der Hauptversammlung Inhaber der Aktien sind und dass sie die Aktien bis zur Entscheidung über den Antrag halten."
[102] MüKoAktG/*Kubis* § 122 Rn. 7.
[103] Vgl. § 122 Abs. 3 AktG.
[104] OLG Düsseldorf AG 2004, 211f.; OLG Zweibrücken AG 1997, 140; KölnKomm/*Zöllner*, 1. Aufl. 1970, § 122 Rn 16.
MüKoAktG/*Kubis* § 122 Rn. 7 mwN.
[105] Zum Streit Griogoleit/*Herrler* AktG § 122 Rn. 4 mwN.

Gesellschaft am 1. Juni 2016 zugehen. Auf Ergänzungsverlangen, die der Gesellschaft vor diesem Zeitpunkt zugehen, ist § 122 AktG aF weiter anzuwenden.

6. Änderung von § 123 Abs. 2 S. 5 AktG

Gegenstand einer Klarstellung wurde ebenfalls § 123 Abs. 2 S. 5 AktG. Die Vorschrift lautete bisher: *„Die Mindestfrist des Abs. 1 verlängert sich um die Tage der Anmeldefrist des Satzes 2."* Der Verweis auf S. 2 der Vorschrift ist durch die Aktienrechtsnovelle gestrichen worden, so dass nunmehr klargestellt ist, dass sich die Einberufungsfrist jeweils um die konkrete Anmeldefrist verlängert, je nachdem ob die Satzung gemäß § 123 Abs. 2 S. 3 AktG eine kürzere Frist vorsieht oder nicht.

7. Änderung von § 123 Abs. 3 bis 5 AktG

Die neue Regelung in § 123 Abs. 3 AktG war ursprünglich dadurch veranlasst, dass der Regierungsentwurf durch § 120 Abs. 6 AktG-E einen einheitlichen Nachweisstichtag sowohl für Inhaber- als offen Namensaktien börsennotierte Gesellschaften einführen wollte. Von diesem Vorhaben ist der Gesetzgeber jedoch im Verlauf des Gesetzgebungsverfahrens wieder abgerückt. Im Wesentlichen konnte man sich nicht darauf einigen, welche Frist für einen einheitlichen Stichtag die richtige wäre und wollte diese Frage lieber auf europäischer Ebene entscheiden lassen. Gleichwohl wird durch die Neufassung der Norm klargestellt, dass auch für nicht börsennotierte Gesellschaften, die Namensaktien ausgeben, durch Satzungsregelung ein Nachweisstichtag festgelegt werden kann. § 123 Abs. 5 AktG stellt klar, dass § 67 Abs. 2 AktG bei börsennotierten Gesellschaften, die Namensaktien ausgegeben haben, auch für den Nachweis zur Berechtigung zur Hauptversammlung Teilnahme und die Stimmrechtsausübung gilt. Es kommt darauf an, wer im Aktienregister als Aktionär eingetragen ist.

8. Änderung von § 124 Abs. 2 S. 1 AktG

Durch die Neufassung von § 124 Abs. 2 S. 1 AktG werden die Einberufungspflichten der Gesellschaften vereinfacht. War bisher bei der Bekanntmachung der Einberufung der Hauptversammlung anzugeben, ob die Hauptversammlung an Wahlvorschläge gebunden ist, ist nunmehr lediglich ein Hinweis auf die Bindung an Wahlvorschläge in der Einberufung in den Fällen erforderlich, in dem die Hauptversammlung tatsächlich an Wahlvorschläge gebunden ist. Dies erleichtert die Praxis der Hauptversammlungsvorbereitung.

9. Änderung von § 130 Abs. 2 Nr. 2 AktG

§ 130 Abs. 2 AktG regelt Einzelheiten der Niederschrift über den Beschluss der Hauptversammlung. Bei börsennotierten Gesellschaften wurde durch das ARUG festgelegt, dass die in der Niederschrift anzugebende Feststellung des Vorsitzenden über die Beschlussfassung für jeden Beschluss auch *„den Anteil des durch die gültigen Stimmen vertretenen Grundkapitals"* enthalten muss. Dabei blieb unklar, ob sich der Anteil des durch die gültigen Stimmen vertretenen Grundkapitals auf das gesamte eingetragene Grundkapital bezieht oder auf das in der Hauptversammlung vertretene bzw. stimmberechtigte Grundkapital. Durch die Neufassung der Vorschrift (*„den Anteil des durch die gültigen Stimmen vertretenen Grundkapitals am eingetragenen Grundkapital"*) ist nunmehr klargestellt, dass sich der Anteil des durch die gültigen Stimmen vertretenen Grundkapitals auf das gesamte Grundkapital bezieht.[106]

---

[106] Vgl. dazu ausführlich RegE, S. 24.

10. Anmeldung der Ausgabe von Bezugsaktien (§ 201 AktG nF)

71 Nach der bisherigen Regelung hatte der Vorstand innerhalb eines Monats nach Ablauf des Geschäftsjahres zur Eintragung in das Handelsregister anzumelden, in welchem Umfang im abgelaufenen Geschäftsjahr Bezugsaktien ausgegeben worden sind. Diese Regelung, wonach die Anmeldung der Ausgabe von Bezugsaktien nur einmal jährlich für das abgelaufene Geschäftsjahr erfolgen musste, war aus Sicht der Praxis sicher begrüßenswert, musste aber aus Gründen der Rechtssicherheit und Rechtsklarheit korrigiert werden: denn im Falle des bedingten Kapitals wie auch bei den nunmehr gesetzlich geregelten umgekehrten Wandelschuldverschreibungen kann das aus dem Handelsregister ersichtliche eingetragene Grundkapital von der wahren Rechtslage für eine relativ lange Zeit abweichen. Sowohl § 124 Abs. 1 Nr. 4 AktG als auch § 130 Abs. 2 S. 2 AktG legen jedoch eine Übereinstimmung der Handelsregisterlager mit der wahren Rechtslage zu Grunde. Durch die Neufassung von § 201 Abs. 1 AktG wird nun klargestellt, dass der Vorstand ausgegebene Bezugsaktien *„mindestens einmal jährlich"* anmelden muss, sodass auch unterjährige Meldungen zulässig sind. Zugleich wird klargestellt, dass sämtliche ausgegebene Bezugsaktien anzumelden sind.[107]

---

[107] Vgl. RegE, S. 29. Noch klarer wäre diese Verpflichtung jedoch beschrieben gewesen, wenn hier tatsächlich die Formulierung *„die ausgegebenen Bezugsaktien"* (Hervorhebung vom Verf.) verwendet worden wäre, wovon seltsamerweise die Begründung zum Regierungsentwurf auch ausgeht. Die tatsächliche Formulierung lautet jedoch nur *„ausgegebene Bezugsaktien"*, womit nach wie vor ein Restzweifel bleibt, ob wirklich alle ausgegebenen Bezugsaktien anzumelden sind.

§ 5 Auswirkungen auf die Gestaltungspraxis

I. Neuregelung der Inhaberaktie

Durch die Aktienrechtsnovelle 2016 wurde § 10 Abs. 1 AktG, der bislang ein grundsätzlich uneingeschränktes Wahlrecht zwischen Inhaber- und Namensaktie vorsah, neugefasst. Jedenfalls nach dem Wortlaut der Neuregelung soll die Ausgabe von **Namensaktien künftig den Regelfall** darstellen. Inhaberaktien dürfen nur noch ausgegeben werden, wenn die Gesellschaft börsennotiert ist oder wenn der Anspruch auf Einzelverbriefung ausgeschlossen ist und die die Aktien verbriefende Sammelurkunde(n) bei einer anerkannten Verwahrstelle hinterlegt wird bzw. werden. 1

In Folge der Neufassung von § 10 Abs. 1 AktG wurde auch § 10 Abs. 2 AktG sprachlich angepasst. Eine inhaltliche Änderung ist damit nicht verbunden.[1] Im Übrigen blieb § 10 AktG unverändert. 2

§ 10 AktG aF	§ 10 AktG nF
*(1) Die Aktien können **auf den Inhaber oder auf Namen** lauten.*	*(1) Die Aktien **lauten auf Namen**. Sie können auf den Inhaber lauten, wenn* *1. die Gesellschaft börsennotiert ist oder* *2. der Anspruch auf Einzelverbriefung ausgeschlossen ist und die Sammelurkunde bei einer der folgenden Stellen hinterlegt wird:* *a) einer Wertpapiersammelbank im Sinne des § 1 Absatz 3 Satz 1 des Depotgesetzes,* *b) einem zugelassenen Zentralverwahrer oder einem anerkannten Drittland-Zentralverwahrer gemäß der Verordnung (EU) Nr. 909/2012 des Europäischen Parlaments und des Rates vom 23. Juli 2014 zur Verbesserung der Wertpapierlieferungen und -abrechnungen in der Europäischen Union und über Zentralverwahrer sowie zur Änderung der Richtlinien 98/26/EG und 2014/65/EU und der Verordnung (EU) Nr. 236/2012 (ABl. L 257 vom 28.8.2014, S. 1) oder* *c) einem sonstigen ausländischen Verwahrer, der die Voraussetzungen des § 5 Absatz 4 Satz 1 des Depotgesetzes erfüllt.* *Solange im Fall des Satzes 2 Nummer 2 die Sammelurkunde nicht hinterlegt ist, ist § 67 entsprechend anzuwenden.*
*(2) **Sie** müssen auf Namen lauten, wenn sie vor der vollen Leistung des Ausgabebetrags ausgegeben werden. Der Betrag der Teilleistungen ist in der Aktie anzugeben.*	*(2) **Die Aktien** müssen auf Namen lauten, wenn sie vor der vollen Leistung des Ausgabebetrags ausgegeben werden. Der Betrag der Teilleistungen ist in der Aktie anzugeben.*

(3) Zwischenscheine müssen auf Namen lauten.

(4) Zwischenscheine auf den Inhaber sind nichtig. Für den Schaden aus der Ausgabe sind die Ausgeber den Inhabern als Gesamtschuldner verantwortlich.

(5) In der Satzung kann der Anspruch des Aktionärs auf Verbriefung seines Anteils ausgeschlossen oder eingeschränkt werden.

---

[1] BT-Drs. 18/4349, 18.

3 Gestrichen wurde § 24 AktG. Danach waren bislang Satzungsregelungen zulässig, wonach auf Verlangen eines Aktionärs seine Inhaberaktien in Namensaktien bzw. seine Namensaktien in Inhaberaktien umzuwandeln waren.

§ 24 AktG aF	(Aufgehoben)
Die Satzung kann bestimmen, dass auf Verlangen eines Aktionärs seine Inhaberaktie in eine Namensaktie oder seine Namensaktie in eine Inhaberaktie umzuwandeln ist.	

§ 26h Abs. 1 EGAktG gewährt Gesellschaften mit Inhaberaktien, deren Satzung vor dem 31.12.2015 – dem Tag des Inkrafttretens der Aktienrechtsnovelle 2016 – notariell festgestellt wurde, **umfassenden Bestandsschutz. Für diese Gesellschaften gilt § 10 Abs. 1 AktG in seiner bisherigen Fassung zeitlich unbegrenzt fort.** Gemäß § 26h Abs. 2 EGAktG bleiben bestehende Satzungsregelungen, die einen Umwandlungsanspruch im Sinne des bisherigen § 24 AktG vorsehen, weiterhin wirksam.

§ 26h EGAktG
Übergangsvorschrift zur Aktienrechtsnovelle 2016

(1) § 10 Absatz 1 des Aktiengesetzes in der seit dem 31. Dezember 2015 geltenden Fassung ist nicht auf Gesellschaften anzuwenden, deren Satzung vor dem 31. Dezember 2015 durch notarielle Beurkundung festgestellt wurde und deren Aktien auf Inhaber lauten. Für diese Gesellschaften ist § 10 Absatz 1 des Aktiengesetzes in der am 30. Dezember 2015 geltenden Fassung weiter anzuwenden.

(2) Sieht die Satzung einer Gesellschaft einen Umwandlungsanspruch gemäß § 24 des Aktiengesetzes in der bis zum 30. Dezember 2015 geltenden Fassung vor, so bleibt diese Satzungsbestimmung wirksam.

(...)

1. Bisherige Regelung

4 § 10 Abs. 1 AktG bestimmte bislang, dass Aktien auf den Inhaber oder auf Namen lauten können. Die gewählte Aktienart wird in der Satzung festgelegt (§ 23 Abs. 3 Nr. 5 AktG). Diese Festlegung ist auch dann erforderlich, wenn tatsächlich keine Aktienurkunden ausgegeben werden.[2] Die Mitgliedschaft in einer Aktiengesellschaft entsteht unabhängig von der Verbriefung der Mitgliedschaft in Aktien oder Zwischenscheinen durch die Ausgabe der Aktie,[3] also durch Übernahmeerklärung des Aktienzeichners und Eintragung der Gründung bzw. der durchgeführten Kapitalerhöhung im Handelsregister. In der Praxis werden die ausgegebenen Aktien – jedenfalls bei börsennotierten Gesellschaften – regelmäßig verbrieft, zumeist in einer Globalurkunde, die bei der Clearstream Banking AG als Zentralverwahrstelle hinterlegt wird.

5 Nach ganz herrschender Meinung hat der einzelne Aktionär zwar einen Anspruch auf Verbriefung.[4] Soweit dieser Anspruch aber nicht geltend gemacht wird oder durch die Satzung gemäß § 10 Abs. 5 AktG ausgeschlossen ist, steht der Gesellschaft die Ausgabe von Aktienurkunden frei.[5]

---

[2] Vgl. MüKoAktG/*Pentz* § 23 Rn. 134.
[3] Das AktG bezeichnet sowohl die (verbriefte oder unverbriefte) Mitgliedschaft als auch die Aktienurkunde als „Aktie", vgl. Hüffer/*Koch* § 1 Rn. 13.
[4] Hüffer/*Koch* AktG § 10 Rn. 3; MüKoAktG/*Heider* § 10 Rn. 13. Dieser Anspruch wird auch in § 10 Abs. 5 AktG vom Gesetzgeber ausdrücklich vorausgesetzt.
[5] Hiervon zu trennen ist die gemäß § 23 Abs. 2 Nr. 5 AktG erforderliche Festlegung in der Satzung, ob die Aktien auf den Inhaber oder auf den Namen ausgestellt werden.

I. Neuregelung der Inhaberaktie

6 § 10 Abs. 1 AktG sah bislang ein grundsätzlich uneingeschränktes Wahlrecht zwischen Inhaber- und Namensaktie vor. Diese Wahlfreiheit wurde schon bislang insbesondere dadurch eingeschränkt, dass nach § 10 Abs. 2 bis 4 AktG vor der vollen Leistung des Ausgabebetrags lediglich Namensaktien oder auf den Namen lautende Zwischenscheine ausgegeben werden dürfen. Ein faktischer Zwang zur Namensaktie besteht daneben insbesondere, wenn Aktionären Entsendungsrechte eingeräumt oder Aktien vinkuliert werden sollen.[6]

7 § 24 AktG erlaubte (in der Praxis wohl eher selten vorkommende)[7] Satzungsregelungen, wonach auf Verlangen eines Aktionärs seine Inhaberaktie in eine Namensaktie oder seine Namensaktie in eine Inhaberaktie umzuwandeln war.

2. Änderung des § 10 AktG

8 Zumindest nach dem Wortlaut der gesetzlichen Neuregelung soll die Namensaktie künftig den Regelfall darstellen. § 10 Abs. 1 AktG beginnt mit dem apodiktisch anmutenden Satz „Die Aktien lauten auf den Namen". Bei Lektüre des (erheblich längeren) Satz 2 wird aber schnell deutlich, dass von einem Ausnahmecharakter der Inhaberaktie auch künftig nicht die Rede sein kann. Für **börsennotierte Gesellschaften ist die Inhaberaktie danach weiterhin uneingeschränkt zulässig**. Für nichtbörsennotierte Gesellschaften ist die Wahl dieser Aktienart künftig mit der Einschränkung verbunden, dass der Anspruch auf Einzelverbriefung[8] ausgeschlossen und die dementsprechend ausgegebene(n) Sammelurkunde(n) bei einer Wertpapiersammelbank oder einem qualifizierten ausländischen Verwahrer hinterlegt werden. Solange nicht hinterlegt wurde, ist § 67 AktG entsprechend anzuwenden, so dass auch **für Inhaberaktien wie für Namensaktien ein Aktienregister** zu führen ist (§ 10 Abs. 1 S. 3 AktG).

a) Zielsetzung

9 Der am 2.11.2010 veröffentlichte **Referentenentwurf einer Aktienrechtsnovelle 2011**[9] hatte noch vorgesehen, nur noch börsennotierten Gesellschaften die Wahl zwischen Inhaber- und Namensaktie zu eröffnen und nichtbörsennotierte Gesellschaften auf Namensaktien festzulegen.[10] **Ziel der vorgeschlagenen Neuregelung** war es, die Beteiligungsstrukturen bei nichtbörsennotierten Gesellschaften transparenter zu machen und damit einer **Beanstandung der Financial Action Task Force (FATF)** abzuhelfen.

10 Die FATF, eine zwischenstaatliche Organisation, deren Ziel die wirksame Bekämpfung von Geldwäsche und Terrorismusfinanzierung und deren Mitglied die Bundesrepublik Deutschland ist, hatte in einem Bericht[11] im Jahr 2010 gerügt, dass bei deutschen nichtbörsennotierten Gesellschaften, die Inhaberaktien ausgeben, keine hin-

---

[6] § 101 Abs. 2 S. 2 AktG; § 68 Abs. 2 AktG; zu weiteren Ausnahmen MünchKommAktG/*Heider* § 10 Rn. 19 ff.

[7] So auch BT-Drs. 18/4349 S. 33.

[8] Genauer wäre wohl die Wiederholung der Wortwahl des § 10 Abs. 5 AktG, also „Verbriefung seines Anteils". Zwischen beidem besteht ein Unterschied.

[9] Referentenentwurf des Bundesministeriums der Justiz für ein Gesetz zur Änderung des Aktiengesetzes (Aktienrechtsnovelle 2011) vom 2.11.2010, abrufbar unter http://gesetzgebung.bedk.de/node/1009625 (zuletzt abgerufen am 16.1.2016).

[10] § 10 Abs. 1 AktG in der Fassung des RefE-Aktienrechtsnovelle 2011 lautete: „*Die Aktien lauten auf den Namen; bei börsennotierten Gesellschaften können sie auch auf den Inhaber lauten.*". Flankierend schlug der RefE-Aktienrechtsnovelle 2011 eine Neufassung von § 24 AktG vor.

[11] FATF, Third Mutual Evaluation Report of Germany v. 19.2.2010, abrufbar unter http://www.fatf-gafi.org (zuletzt abgerufen am 16.1.2016).

reichende Transparenz des Gesellschafterkreises gewährleistet sei, da bei nichtbörsennotierten Gesellschaften Mitteilungspflichten nur bei Begründung bzw. Wegfall einer Beteiligung von mehr als einem Viertel der Aktien oder einer Mehrheitsbeteiligung bestehen (§ 20 AktG). Demgegenüber sehe etwa § 21 WpHG für börsennotierte Gesellschaften Mitteilungspflichten bei deutlich niedrigeren und feiner gegliederten Schwellenwerten (3, 5, 10, 15, 20, 25, 30, 50 und 75 %) vor.[12]

b) Diskussion im Gesetzgebungsverfahren

11 Um eine **erhöhte Transparenz des Aktionärskreises nichtbörsennotierter Aktiengesellschaften** zu schaffen, sah der ursprüngliche Referentenentwurf einer Aktienrechtsnovelle 2011 vor, nichtbörsennotierte Aktiengesellschaften auf die Ausgabe von Namensaktien festzulegen. Zur Begründung führte der Referentenentwurf an, dass bei dieser Aktienart Gesellschafterrechte gemäß § 67 Abs. 2 S. 1 AktG nur von demjenigen Aktionär ausgeübt werden könnten, der als solcher im Aktienregister eingetragen sei und der Gesellschaft somit diejenigen Personen bekannt würden, die Gesellschafterrechte ausüben wollen. Werde die Satzung entsprechend gestaltet (§ 67 Abs. 4 S. 2, 3 AktG), erfahre die Gesellschaft auch bei bloßer Legitimationseintragung die Identität des „wahren" Aktionärs.[13]

12 Da nichtbörsennotierte Gesellschaften auch solche sind, deren Aktien lediglich im Freiverkehr notieren,[14] hätte die im Referentenentwurf einer Aktienrechtsnovelle 2011 vorgeschlagene Abschaffung der Inhaberaktie für nicht börsennotierte Gesellschaften für rund 5000 Aktiengesellschaften die Pflicht zur Umstellung auf Namensaktien bedeutet.[15]

13 An diesem Zwang zur Namensaktie für nichtbörsennotierte Gesellschaften entzündete sich heftige **Kritik**.[16] Gerügt wurde insbesondere, dass der beabsichtigte Eingriff in die Satzungsautonomie nichtbörsennotierter Gesellschaften sowie die mit der Umstellung auf Namensaktien verbundenen Kosten außer Verhältnis zum Nutzen der vorgeschlagenen Neuregelung stünden. Nach Schätzungen hätten sich die Umstellungskosten für jede betroffene Aktiengesellschaft auf Kosten von mehrere zehntausend Euro belaufen.[17]

14 Dieser Kritik trug der am 20.12.2011 veröffentlichte **Regierungsentwurf einer Aktienrechtsnovelle 2012**[18] mit einer „entschärften" Variante des § 10 Abs. 1 AktG Rechnung. Anders als im Referentenentwurf einer Aktienrechtsnovelle 2011 vorgesehen behielt er das herkömmliche Wahlrecht zwischen Inhaberaktien und Namensaktien auch für nichtbörsennotierte Gesellschaften bei, machte aber für die Ausgabe von Inhaberaktien bei nichtbörsennotierten Gesellschaften den Ausschluss des Verbriefungsan-

---

[12] RefE-Aktienrechtsnovelle 2011 S. 10.
[13] RefE-Aktienrechtsnovelle 2011 S. 10.
[14] § 3 Abs. 2 AktG.
[15] Deutsches Aktieninstitut, Stellungnahme zum Referentenentwurf des BMJ zum Gesetz zur Änderung des Aktiengesetzes (Aktienrechtsnovelle) (Januar 2011), abrufbar unter http://www.dai.de/internet/dai/dai-2-0.nsf/WebMaskenformeln/0AF5C47A7A50B7A4C125782C0049AD5E?openDocument. (zuletzt abgerufen am 16.1.2016).
[16] Vgl. nur die kritischen Beiträge und Stellungnahmen von *Noack* DB 2010, 2657; *Diekmann/Nolting* NZG 2011, 6 ; *Drinhausen/Keinath* BB 2011, 11; *Bungert/Wettich* ZIP 2011, 160; *Drygala* ZIP 2011, 798; Handelsrechtsausschuss des Deutschen Anwaltvereins, Stellungnahme zum Referentenentwurf eines Gesetzes zur Änderung des Aktiengesetzes (Aktienrechtsnovelle 2011), NZG 2011, 217; Deutsches Aktieninstitut, Stellungnahme zum Referentenentwurf des BMJ zum Gesetz zur Änderung des Aktiengesetzes (Aktienrechtsnovelle) (Januar 2011), abrufbar unter http://www.dai.de/internet/dai/dai-2-0.nsf/WebMaskenformeln/0AF5C47A7A50B7A4C125782C0049AD5E?openDocument.
[17] *Bayer* AG 2012, 141 (144).
[18] BT-Drs. 17/8787.

spruchs und die Hinterlegung der Sammelurkunde bei einer Wertpapiersammelbank oder einem vergleichbaren ausländischen Verwahrer zur Pflicht. Dieser Regelungsvorschlag wurde vom **Regierungsentwurf für eine Aktienrechtsnovelle 2014** mit geringfügigen formellen Änderungen, inhaltlich aber unverändert übernommen und ist in dieser Form nun Gesetz geworden.

Neben der Forderung der FATF nach einer erhöhten Transparenz des Aktionärskreises nichtbörsennotierter Aktiengesellschaften verweist die Gesetzesbegründung auf eine entsprechende Positionierung der G8-Staaten auf ihrem Gipfel in Lough Erne im Jahr 2013 und einen im Anschluss an den Gipfel verabschiedeten nationalen Aktionsplan der Bundesrepublik, der zur Bekämpfung des Missbrauchs rechtlicher Gestaltungsmöglichkeiten zu Geldwäschezwecken unter anderem die vorgeschlagene Regelung zur Inhaberaktie als Lösung in Aussicht gestellt habe. Weiter führt die Gesetzesbegründung Erkenntnisse des Bundeskriminalamts an, wonach nichtbörsennotierte Aktiengesellschaften mit Inhaberaktien für kriminelle Handlungen im Bereich der Geldwäsche besonders anfällig sind. Die Ermittlungstätigkeit werde deutlich schwieriger, wenn der Vorstand sage, er wisse nicht, wer die Aktionäre der Gesellschaften sind, und müsse es auch rechtlich nicht wissen.[19]

Dadurch, dass für nichtbörsennotierte Gesellschaften die Wahl von Inhaberaktien zukünftig mit der Einschränkung verbunden ist, dass der Anspruch auf Einzelverbriefung ausgeschlossen und die dementsprechend ausgegebenen Sammelurkunden hinterlegt werden müssen bzw. bis zur Hinterlegung für Inhaberaktien wie bei Namensaktien ein Aktienregister zu führen ist, wird nach der Gesetzesbegründung gewährleistet, dass stets **eine hinreichende Ermittlungsspur zur Verfügung steht, um einem Verdacht auf kriminelles Handeln** nachzugehen.[20]

Ob durch die nun Gesetz gewordene Neuregelung die angestrebte Beteiligungstransparenz wirklich erreicht werden kann, ist angesichts weiterhin bestehender Umgehungsmöglichkeiten (Legitimations-, Treuhandeintragungen etc.) zweifelhaft.[21] Auch die Anpassungen in § 67 Abs. 1 S. 1 AktG, die die Pflicht zum Führen eines Aktienregisters auch bei fehlender Anteilsverbriefung klarstellen sollen, führen nicht zur umfassenden Beteiligungstransparenz bei Namensaktien.[22]

c) Inhaberaktie für börsennotierte Gesellschaften

Weiterhin uneingeschränkt zulässig sind Inhaberaktien für **börsennotierte Gesellschaften** im Sinne des § 3 Abs. 2 AktG[23] (§ 10 Abs. 1 S. 2 Nr. 1 AktG). Diese Gesellschaften unterliegen der kapitalmarktrechtlichen Beteiligungspublizität der §§ 21 ff. WpHG. Aber auch unterhalb der niedrigsten Meldeschwelle von 3 % sollen sich die Ermittlungsbehörden nach der Gesetzesbegründung rechtzeitig hinreichende und aktuelle Informationen über die Identität der Aktionäre verschaffen können, wenn die börsengehandelten Inhaberaktien – wie in aller Regel – einer Wertpapiersammelbank im Sinne des § 1 Abs. 3 S. 1 des Depotgesetzes oder einem vergleichbaren ausländischen Verwahrer zur Sammelverwahrung anvertraut sind.[24]

---

[19] BT-Drs. 18/4349, 16.
[20] BT-Drs. 18/4349, 16.
[21] Siehe nur (noch zum RefE-Aktienrechtsnovelle 2011) Handelsrechtsausschuss des Deutschen Anwaltvereins, NZG 2011, 217 (218); *Diekmann/Nolting* NZG 2011, 6; *Nikoleyczik* GWR 2010, 594 (596 f.); *Götze/Arnold/Carl* NZG 2012, 321 (322).
[22] *Bungert/Wettich* ZIP 2012, 297 (298 f.); *Götze/Arnold/Carl* NZG 2012, 321 (322).
[23] BT-Drs. 18/4349, 16.
[24] BT-Drs. 18/4349, 16.

Börsennotiert im Sinne des § 3 Abs. 2 AktG sind auch Gesellschaften, die Aktien unterschiedlicher Gattung ausgeben, von denen nur eine Gattung (zB stimmrechtlose Vorzugsaktien) an der Börse gehandelt wird. Auch solche Gesellschaften sollen daher gemäß § 10 Abs. 1 S. 2 Nr. 1 AktG uneingeschränkt nicht in Globalurkunden verbriefte Inhaberaktien ausgeben dürfen.[25]

19 Nicht börsennotiert im Sinne des Gesetzes sind Gesellschaften, deren Aktien im **Freiverkehr** notieren. Für diese Gesellschaften kommt jedoch die Ausgabe von Inhaberaktien gemäß § 10 Abs. 1 S. 2 Nr. 2 AktG in Betracht.[26] Zu Problemen kann es im Fall des **Delisting einer börsennotierten Gesellschaft mit Inhaberaktien** kommen. Schließt die Satzung den Einzelverbriefungsanspruch der Aktionäre nicht aus, muss die Gesellschaft im Wege der Satzungsänderung auf Namensaktien umstellen. Ausgestellte Inhaberaktien werden unrichtig. Sie müssen ausgetauscht bzw. gemäß § 73 AktG für kraftlos erklärt werden.[27] Vorsorglich sollte daher auch bei börsennotierten Gesellschaften mit Inhaberaktien der Anspruch auf Einzelverbriefung ausgeschlossen werden, um im Falle eines Delisting keine unangenehmen Überraschungen zu erleben.[28]

20 Umfassenden Bestandsschutz genießen jedoch gemäß § 26h Abs. 1 EGAktG börsennotierte Gesellschaften mit Inhaberaktien, deren Satzung vor dem 31.12.2015 durch notarielle Beurkundung festgestellt wurde, die ihre Börsenzulassung später durch ein Delisting oder ein Downlisting in den Freiverkehr verlieren.[29] Die Gegenansicht[30] verweist auf die Formulierung der Gesetzesbegründung („*Verliert eine börsennotierte Gesellschaft, die Inhaberaktien ausgestellt hat, ihre Börsenzulassung („Delisting") und liegen die Voraussetzungen des § 10 Abs. 1 S. 2 Nr. 2 AktG-E nicht vor, muss die Gesellschaft gemäß § 10 Abs. 1 S. 1 AktG-E Namensaktien ausstellen*" (BT-Drs. 18/4349, 17). Dieser Satz betrifft jedoch nur Neugesellschaften und nicht den Bestandsschutz von Altgesellschaften.

3. Ausgabe von Aktienurkunden

21 Die Ausgabe von Inhaberaktien bei nichtbörsennotierten Gesellschaften setzt gemäß § 10 Abs. 1 S. 2 Nr. 2 AktG voraus, dass der **Anspruch auf Einzelverbriefung ausgeschlossen** ist. Erforderlich ist eine Satzungsregelung im Sinne des § 10 Abs. 5 AktG, die den Einzelverbriefungsanspruch nicht nur beschränkt, sondern ausschließt.

22 Bestimmt die Satzung einer nichtbörsennotierten Gesellschaft die Ausstellung von Inhaberaktien (§ 23 Abs. 3 Nr. 5 AktG), ohne dass in der Satzung der Einzelverbriefungsanspruch ausgeschlossen ist, fehlt es an einer zwingenden Voraussetzung für die Ausstellung von Inhaberaktien. In diesem Fall ist die Satzungsbestimmung über die Ausstellung von Inhaberaktien nichtig. Das Registergericht wird die Eintragung der Gesellschaft ablehnen, § 38 Abs. 4 Nr. 1 AktG. Wird gleichwohl eingetragen, droht ein Zwangsauflösungsverfahren gemäß § 399 FamFG. Beschließt die Hauptversammlung einer nichtbörsennotierten Gesellschaft, durch Satzungsänderung die bislang ausgestellten Namensaktien in Inhaberaktien umzuwandeln oder das Grundkapital durch Ausgabe junger Inhaberaktien zu erhöhen, ohne dass jeweils in der Satzung der Einzelverbriefungsanspruch ausgeschlossen ist, ist der Beschluss gemäß § 241 Nr. 3 3. Fall AktG („*durch seinen Inhalt Vorschriften verletzt, die ausschließlich oder überwiegend ... im*

---

[25] Schmidt/Lutter/*Ziemons* § 10 Rn. 49.
[26] BT-Drs. 18/4349, 15 f.
[27] BegrRegE BT-Drs. 18/4349, 17.
[28] *Götze/Arnold/Carl* NZG 2012, 321 (322 f.).
[29] So auch *Bayer* AG 2012, 141 (145); Schmidt/Lutter/*Ziemons* § 10 Rn. 51.
[30] Grigoleit/*Vedder* § 10 Rn. 15.

öffentlichen Interesse gegeben sind") nichtig. Denn der Ausschluss des Einzelverbriefungsanspruchs ist eine zwingende Voraussetzung dafür, dass die Ermittlungsbehörden bei Geldwäscheverdachtsfällen eine dauerhafte Ermittlungsspur haben. Nichtige Satzungsänderungsbeschlüsse werden nicht in das Handelsregister eingetragen. Im Übrigen kann die Nichtigkeit im Wege der Klage festgestellt oder auf andere Weise als durch Erhebung der Klage geltend gemacht werden, § 249 AktG.[31]

Auch wenn der Anspruch auf Einzelverbriefung ausgeschlossen ist, darf eine nichtbörsennotierte Gesellschaft Inhaberaktien nur dann ausgeben, wenn die Sammelurkunde (eigentlich Dauerglobalurkunde)[32] bei einer Wertpapiersammelbank im Sinne des § 1 Abs. 3 S. 1 DepotG – in der Praxis also der Clearstream Banking AG – oder einem vergleichbaren ausländischen Verwahrer **hinterlegt** wird. Als vergleichbare ausländische Verwahrer kommen zugelassene Zentralverwahrer und anerkannte Drittlandverwahrer oder sonstige ausländischer Verwahrer, die die Voraussetzungen des § 5 Abs. 3 S. 1 DepotG erfüllen. Zentralverwahrer bzw. Drittlandzentralverwahrer sind juristische Personen, die ein Wertpapierliefer- und -abrechnungssystem betreiben und entweder die erstmalige Verbuchung von Wertpapieren im Effektengiro vornehmen oder Depotkonten auf oberster Ebene bereitstellen und führen.[33] Die Hinterlegung bei einem ausländischen Verwahrer dürfte in der Praxis die Ausnahme darstellen.

Nach Ansicht des Gesetzgebers können die Ermittlungsbehörden bei der Girosammelverwahrung einer solchen „Dauersammelurkunde" rechtzeitig hinreichende und aktuelle Informationen über die Identität der Aktionäre einer Gesellschaft erhalten. Mit der Wertpapiersammelbank oder dem vergleichbaren ausländischen Verwahrer ist nach der Gesetzesbegründung stets eine Ermittlungsspur gegeben. Über die Verwahrkette können die Ermittlungsbehörden dann die Identität des Aktionärs feststellen. Die Ermittlungsspur „Wertpapiersammelbank" kann nicht dadurch verloren gehen, dass der Aktionär aufgrund der §§ 7 und 8 DepotG die Auslieferung einzelner Wertpapierurkunden verlangt und diese dann physisch bei sich verwahrt. Ist der Einzelverbriefungsanspruch ausgeschlossen, kann auch von der Wertpapiersammelbank die Auslieferung von einzelnen Wertpapieren nicht verlangt werden, § 9a Abs. 3 S. 2 DepotG.[34]

Seinem Wortlaut nach spricht § 10 Abs. 1 S. 2 Nr. 2 AktG von der „Sammelurkunde". Auch die Gesetzesbegründung spricht durchgängig von einer „Sammelurkunde". Es dürfte sich hier aber um einen generischen Gebrauch des Begriffs handeln und daher **unschädlich sein, wenn die Aktien der Gesellschaft in mehreren Sammelurkunden verbrieft** sind, sofern die Sammelurkunden zusammen sämtliche Aktien der Gesellschaft verbriefen und ordnungsgemäß hinterlegt werden.[35] Hierfür sprechen Sinn und Zweck der Regelung. Eine Ermittlungsspur über die Verwahrkette ist in gleicher Weise bei mehreren Dauerglobalurkunden gewährleistet.

Bis zur tatsächlichen Hinterlegung der Sammelurkunde ordnet § 10 Abs. 1 S. 3 AktG die **entsprechende Anwendung von § 67 AktG** an. Die Inhaber von Inhaberaktien sind daher mit den gesetzlich geforderten Angaben – wie Name, Geburtsdatum, Adresse,

---

[31] BegrRegE BT-Drs. 18/4349 S. 18.
[32] Vgl. auch Schmidt/Lutter/*Ziemons* AktG § 10 Rn. 45.
[33] Vgl. Art. 2 Abs. 1 Nr. 1 und 2 iVm Abschnitt A des Anhangs der Verordnung (EU) Nr. 909/2012 des Europäischen Parlaments und des Rates vom 23. Juli 2014 zur Verbesserung der Wertpapierlieferungen und -abrechnungen in der Europäischen Union und über Zentralverwahrer sowie zur Änderung der Richtlinien 98/26/EG und 2014/65/EU und der Verordnung (EU) Nr. 236/2012 (ABl. L 257 v. 28.8.2014 S. 1).
[34] BegrRegE BT-Drs. 18/4349, 16.
[35] So auch *Götze/Nartowska* NZG 2015, 298 (299) und Fn. 17; *Ihrig/Wandt* BB 2016, 6 (7); anders Schmidt/Lutter/*Ziemons* § 10 Rn. 45.

Stückzahl oder Aktiennummer und ggf. Betrag – in ein Aktienregister einzutragen, § 67 Abs. 1 S. 1 AktG. Im Verhältnis zur Gesellschaft legitimiert und zur Ausübung von Aktionärsrechten, wie Teilnahme- und Stimmrecht in der Hauptversammlung, und Dividendenansprüchen befugt ist nur, wer als Aktionär im Aktienregister eingetragen ist, § 67 Abs. 2 S. 1 AktG. Gemäß § 67 Abs. 3 AktG ist der Gesellschaft die Übertragung von Aktien nachzuweisen, etwa durch Vorlage des Abtretungsvertrags. Damit wird die Inhaberaktie faktisch wie eine Namensaktie behandelt. Dadurch sollen die Transparenz im Zeitraum zwischen Gründung und Hinterlegung gewahrt vor allem aber Verzögerungen bei der Hinterlegung verhindert werden.[36] Aus dem Gesetz ergibt sich keine Befristung, so dass die Pflicht zur Eintragung in das Aktienregister zeitlich nicht begrenzt ist, sondern bis zur Hinterlegung fortbesteht.[37] Sie soll auch für die nachträgliche Aufhebung einer Sammelverwahrung eintreten.[38]

27 Die Regelung des § 10 Abs. 1 S. 3 AktG ist nicht unproblematisch. Bei der Gründung dürfen Aktien erst nach Eintragung der Gesellschaft in das Handelsregister ausgegeben werden. Das Hinterlegungsverfahren kann daher vorher nicht durchgeführt werden.[39] Zwischen Ausgabe der Aktien und Verwahrung bei der Clearstream Banking AG oder einem vergleichbaren ausländischen Verwahrer kann – insbesondere in letzterem Fall – ein nicht unerheblicher Zeitraum liegen. In diesem Zeitraum muss ein Aktienregister geführt werden mit allen notwendigen Angaben durch die Aktionäre.

4. Bestandsschutz

28 Umfassender Bestandsschutz gilt gemäß § 26h Abs. 1 EGAktG für Gesellschaften, deren Satzung vor dem 31.12.2015 durch notarielle Beurkundung festgestellt wurde und deren Aktien auf Inhaber lauten. Für diese Gesellschaften gilt § 10 Abs. 1 AktG in seiner bisherigen Fassung zeitlich unbegrenzt fort. Solche Gesellschaften können daher nach der Gesetzesbegründung Inhaberaktien auch dann ausgeben bzw. bereits ausgestellte Inhaberaktien auch dann behalten, wenn sie weder börsennotiert sind noch die Voraussetzungen des § 10 Abs. 1 S. 2 Nr. 2 AktG vorliegen.[40]

29 § 26h Abs. 1 EGAktG stellt nach seinem Wortlaut auf die Feststellung der Satzung durch notarielle Beurkundung ab. Auch die Gesetzesbegründung spricht davon, dass **Gesellschaften, die Inhaberaktien ausgeben und deren Gründung vor dem 31.12.2015 vereinbart wurde, von der Neuregelung nicht betroffen** seien. Maßgeblich sei die Feststellung der Satzung durch notarielle Beurkundung (§ 23 Abs. S. 1 AktG). Sie diese vor dem 31.12.2015 erfolgt, gelte für die Gesellschaft die bisherige gesetzliche Regelung weiter.[41] Gleichwohl wird man § 26h Abs. 1 EGAktG dahin verstehen müssen, dass es für den Bestandsschutz nicht ausreicht, dass die Gesellschaft vor dem 31.12.2015 gegründet wurde, sondern dass entscheidend ist, dass die Satzungsbestimmung über die Ausgabe von Inhaberaktien (§ 23 Abs. 3 Nr. 5 AktG) vor dem Stichtag notariell festgestellt wurde. Andernfalls wäre § 26h Abs. 1 AktG nicht als Bestandsschutzregelung für Altgesellschaften mit Inhaberaktien, sondern als Ausnahmeregelung für sämtliche Altgesellschaften zu verstehen.

30 Für den Bestandsschutz nicht entscheidend ist der Zeitpunkt der Eintragung im Handelsregister oder der Zeitpunkt der Ausgabe der wertpapiermäßig verbrieften In-

---

[36] BegrRegE BT-Drs. 18/4349, 17f.
[37] BegrRegE BT-Drs. 18/4349, 18.
[38] BegrRegE BT-Drs. 18/4349, 18.
[39] § 41 Abs. 4 S. 1 AktG; vgl. auch BegrRegE BT-Drs. 18/4349, 17.
[40] BegrRegE BT-Drs. 18/4349, 33.
[41] BegrRegE BT-Drs. 18/4349, 33.

haberaktien. Der Bestandsschutz gilt **auch für börsennotierte Altgesellschaften mit Inhaberaktien, die ihre Börsennotierung später durch ein Delisting oder ein Downlisting in den Freiverkehr verlieren.**[42] Der Bestandsschutz gilt auch für Kapitalerhöhungen von Altgesellschaften mit Inhaberaktien, eines Ausschlusses des Einzelverbriefungsanspruchs in der Satzung bedarf es daher auch in diesem Fall nicht.[43] In einem anderen Sinne könnte die Gesetzesbegründung verstanden werden. Danach ist der Hauptversammlungsbeschluss einer nichtbörsennotierten Gesellschaft, mit dem das Grundkapital durch Ausgabe junger Inhaberaktien erhöht werden soll, nichtig, wenn in der Satzung der Einzelverbriefungsanspruch nicht ausgeschlossen ist.[44] Dieser Satz erläutert jedoch lediglich die Neuregelung in § 10 Abs. 1 S. 2 Nr. 2 AktG, nicht die Bestandsschutzregelung in § 26h Abs. 1 EGAktG. Zu Recht wird von Bayer[45] daher darauf hingewiesen, dass eine solche Konstellation kaum denkbar ist, da bestandsgeschützte Gesellschaften mit Inhaberaktien von der Neuregelung nicht erfasst sind und ihre Satzung daher keinen Ausschluss des Verbriefungsanspruchs vorsehen muss, neugegründete Gesellschaften ohne satzungsmäßigen Ausschluss des Einzelverbriefungsanspruchs aber gar nicht mehr eingetragen werden dürfen.

Gemäß § 26h Abs. 2 AktG bleiben zudem am Stichtag bestehende – in der Praxis aber wohl eher selten vorkommende – satzungsmäßige Umwandlungsansprüche gemäß § 24 AktG in seiner bisherigen Fassung zeitlich unbegrenzt wirksam. Eine Satzungsanpassung ist nicht erforderlich. 31

II. Pflicht zur Führung eines Aktienregisters bei Namensaktien

1. Änderung des § 67 AktG

Flankiert wird die Neuregelung der Zulässigkeit von Inhaberaktien ferner von einer Ergänzung in § 67 Abs. 1 S. 1 AktG. Gemäß § 10 Abs. 1 S. 3 AktG sind nichtbörsennotierte Gesellschaften, die in ihrer Satzung den Einzelverbriefungsanspruch ausgeschlossen und Inhaberaktien ausgegeben haben, verpflichtet, bis zur Hinterlegung der Sammelurkunde bei einem qualifizierten Verwahrer ein Aktienregister entsprechend § 67 AktG zu führen. § 67 Abs. 1 S. 1 AktG stellt nunmehr ausdrücklich klar, dass die Pflicht zur Führung eines Aktienregisters unabhängig von einer Verbriefung der Aktien besteht. 32

§ 67 AktG aF	§ 67 AktG nF
(1) Namensaktien sind unter Angabe des Namens, Geburtsdatums und der Adresse des Inhabers sowie der Stückzahl oder der Aktiennummer und bei Nennbetragsaktien des Betrags in das Aktienregister der Gesellschaft einzutragen. ...	(1) Namensaktien sind **unabhängig von einer Verbriefung** unter Angabe des Namens, Geburtsdatums und der Adresse des Aktionärs sowie der Stückzahl oder der Aktiennummer und bei Nennbetragsaktien des Betrags in das Aktienregister der Gesellschaft einzutragen. ...

Danach sind Namensaktien „unabhängig von einer Verbriefung" unter Angabe der gesetzlich geforderten Informationen in das Aktienregister der Gesellschaft einzutragen. 33

---

[42] So auch Schmidt/Lutter/*Ziemons* § 10 Rn. 51; Wachter/*Franz* § 10 Rn. 28; *Götze/Arnold/Carl* NZG 2012, 321 (323); *Königshausen* WM 2013, 909 (911); aA Grigoleit/*Vedder* § 10 Rn. 15; *Müller-Eising* GWR 2014, 229 (230); *Bayer* AG 2012, 141 (145); Schmidt/Lutter/*Ziemons* § 10 Rn. 51.
[43] Schmidt/Lutter/*Ziemons* § 10 Rn. 51; Wachter/*Franz* AktG § 10 Rn. 30; *Götze/Arnold/Carl* NZG 2012, 321 (323); *Bayer* AG 2012, 141 (145).
[44] BegrRegE BT-Drs. 18/4349 S. 18.
[45] *Bayer* AG 2012, 141 (145).

34 Nach einer Auffassung galt § 67 AktG bislang nur für verbriefte Namensaktien.[46] Die im Vordringen befindliche Gegenauffassung ging davon aus, dass § 67 AktG auch dann anwendbar ist, wenn die Mitgliedschaften nicht verbrieft sind. Ausreichend sei, wenn die Satzung bestimme, dass die Aktien auf den Namen lauten.[47] Dieser Meinungsstreit wurde nun vom Gesetzgeber im Sinne der letztgenannten Auffassung klargestellt. Diese Klarstellung war aus Sicht des Gesetzgebers erforderlich, weil nach der erstgenannten Ansicht die Transparenzregelung des § 67 AktG ins Leere gegangen wäre, wenn bei nichtbörsennotierten Gesellschaften auf die Verbriefung der (Namens- oder Inhaber-)Aktien verzichtet wird.[48]

2. Die Auswirkungen

35 Die praktischen Auswirkungen der Neuregelung sind überschaubar. Die Klarstellung der soeben dargestellten Streitfrage fördert die Rechtssicherheit. Insbesondere greift die Legitimationswirkung des § 67 Abs. 2 AktG nun zweifelsfrei auch bei unverkörperten Mitgliedschaften, also in den Fällen, in denen gerade ein (erhöhtes) Interesse an der Erfassung der zirkulierenden Mitgliedschaften besteht.[49] Für Gesellschaften, die bislang kein Aktienregister führten, entsteht administrativer Aufwand. Die Einrichtung eines Aktienregisters gemäß § 67 AktG obliegt dem Vorstand der Aktiengesellschaft als Leitungsorgan. Der Vorstand kann zur Pflege und Aktualisierung Hilfspersonen einsetzen, bleibt aber zur Überwachung verpflichtet. Bei Aktiengesellschaften mit einem überschaubaren Aktionärskreis bedarf es keines professionellen Registerführers.

III. Zahl der Aufsichtsratsmitglieder

1. Änderung von § 95 Satz 3 AktG

36 Die Aktienrechtsnovelle bricht mit dem strikten Grundsatz, dass die Anzahl der Aufsichtsratsmitglieder außerhalb des Anwendungsbereichs des Mitbestimmungsgesetzes stets durch drei teilbar sein.

§ 95 Satz 1–3 AktG aF	§ 95 Satz 3 AktG nF
Der Aufsichtsrat besteht aus drei Mitgliedern. Die Satzung kann eine bestimmte höhere Zahl festsetzen. Die Zahl muß durch drei teilbar sein.	Der Aufsichtsrat besteht aus drei Mitgliedern. Die Satzung kann eine bestimmte höhere Zahl festsetzen. Die Zahl muß durch drei teilbar sein, **wenn dies zur Erfüllung mitbestimmungsrechtlicher Vorgaben erforderlich ist.**

2. Abschied vom Grundsatz der Dreiteilbarkeit

37 Für alle Aktiengesellschaften und KGaA, die nicht unter das MitbestG oder des MontanMitbestG fallen, musste bislang die Zahl der Aufsichtsratsmitglieder durch drei

---

[46] OLG München Urt. v. 4.5.2005 – 23 U 5121/04, NZG 2005, 756, 757 (allerdings ohne nähere Begründung); MüKoAktG/*Bayer* § 67 Rn. 18; KölnKommAktG/*Lutter/Drygala* § 67 Rn. 7; Großkomm-AktG/*Merkt*, § 67 Rn. 41.

[47] Schmidt/Lutter/*T.Bezzenberger* AktG § 67 Rn. 4 f.; Spindler/Stilz/*Cahn* AktG § 67 Rn. 10; *Mülbert*, in FS Nobbe, 2009, S. 691, 693; Bayer/Habersack/*Noack*, Aktienrecht im Wandel, 2007, Kap. 11 Rn. 53 f.; *Noack* in FS Wiedemann, 2002, S. 1141, 1151 f.; *Happ* in FS G. Bezzenberger, 2000, S. 111, 119; Grigoleit/*Grigoleit/Rachlitz*, § 67 Rn. 3; von Rosen/Seifert/*Wieneke*, Die Namensaktie, 2000, S. 229, 252 ff.; in diesem Sinn offenbar auch OLG Brandenburg Urt. v. 6.6.2001 – 7 U 145/00, NZG 2002, 477, 478 und zumindest implizit BGH Urt. v. 20.9.2004 – II ZR 288/02, BGHZ 160, 253 ff. = NZG 2004, 1109, 1111.

[48] Vgl. BegrRegE BT-Drs. 18/4349, 20.

[49] Diesen Aspekt stellten die bereits in Fn. 47 genannten Autoren zu Recht in den Vordergrund.

teilbar sein, unabhängig davon, ob Arbeitnehmervertreter dem Aufsichtsrat angehörten oder nicht (§ 95 Satz 3 AktG aF). Abweichungen vom Grundsatz der Dreiteilbarkeit durch Satzungsbestimmung waren wegen des zwingenden Charakters der Vorschrift nicht zulässig.

Der Grundsatz der Dreiteilbarkeit hatte seinen Ursprung im Betriebsverfassungsgesetz in der Fassung vom 11. Oktober 1952 (BGBl. I S. 681), das für den Aufsichtsrat jeder Aktiengesellschaft eine drittelparitätische Mitbestimmung der Arbeitnehmer anordnete und deshalb eine gesetzliche Regelung zur dementsprechenden Teilbarkeit erforderte. Da der Gesetzgeber jedoch mit dem Gesetz für kleine Aktiengesellschaften und zur Deregulierung des Aktienrechts vom 2. August 1994 (BGBl. I S. 1961) sowie mit dem DrittelbG die sogenannten kleinen Aktiengesellschaften von dieser Mitbestimmung wieder ausgenommen hat, war es nach Ansicht des Ausschusses für Recht und Verbraucherschutz folgerichtig, diese auch vom Anwendungsbereich des Grundsatzes der Dreiteilbarkeit nach § 95 Satz 3 AktG in der alten Fassung auszunehmen. Das Leitbild einer börsennotierten bzw. mitbestimmten Aktiengesellschaft treffe gerade nicht auf jede kleine Aktiengesellschaft zu. Aus Sicht des Ausschusses für Recht und Verbraucherschutz gab es daher keinen notwendigen Grund, für diese Gesellschaften die gleichen gesetzlichen Anforderungen vorzusehen, die an börsennotierte und mitbestimmte Gesellschaften gestellt werden.[50]

3. Gestaltungsspielraum für mitbestimmungsfreie Gesellschaften

§ 95 Satz 3 AktG nF erlaubt es nun, die Zahl der Aufsichtsratsmitglieder oberhalb der Mindestzahl von drei Mitgliedern frei durch die Satzung festzulegen, sofern nicht aufgrund mitbestimmungsrechtlicher Vorschriften eine bestimmte Zahl vorgeschrieben ist oder zur Erfüllung mitbestimmungsrechtlicher Vorgaben eine Dreiteilbarkeit einzuhalten ist. Möglich sind künftig also beispielsweise Aufsichtsräte mit 4, 7 oder 11 Mitgliedern. Die **Notwendigkeit der Dreiteilbarkeit gilt folglich nur noch für Aufsichtsräte in AG, KGaA und GmbH, die dem Anwendungsbereich des DrittelbG unterfallen** (§ 4 Absatz 1 DrittelbG).[51]

a) Gestaltung durch Satzungsänderung

Die Zahl der Aufsichtsratsmitglieder muss in der Satzung bestimmt werden. Sofern aufgrund der neuen Flexibilität Gesellschaften eine Vergrößerung oder Verkleinerung des Aufsichtsrats anstreben, ist daher das Verfahren zur Satzungsänderung einzuhalten.

Die **Erweiterung des Aufsichtsrats** ist grundsätzlich unproblematisch, da zugleich mit der Beschlussfassung über die Satzungsänderung die erforderliche Zahl von neuen Aufsichtsratsmitgliedern hinzugewählt werden kann. Da die Satzungsänderung nach § 181 Abs. 3 AktG erst mit Eintragung im Handelsregister wirksam wird, beginnt auch die Amtszeit der neu gewählten Aufsichtsratsmitglieder erst mit Eintragung der Satzungsänderung. Hierauf ist bei der Gestaltung des Wahlbeschlusses zu achten.

Praktisch schwieriger kann sich die **Verkleinerung des mitbestimmungsfreien Aufsichtsrats** während der laufenden Amtsperiode der Aufsichtsratsmitglieder gestalten, denn der Beschluss zur Herabsetzung der Zahl der Aufsichtsratsmitglieder führt nicht zur Beendigung des Amts der überzähligen Mitglieder. Das Amt eines Aufsichtsratsmitglieds erlischt erst mit Ablauf seiner Amtszeit, da die Bestellung unabhängig von der

---

[50] Beschlussempfehlung des Ausschusses für Recht und Verbraucherschutz, BT-Drs. 18/6881, 11.
[51] Beschlussempfehlung des Ausschusses für Recht und Verbraucherschutz, BT-Drs. 18/6881, 11; *Ihrig/Wandt* BB 2016, 6 (12).

Satzungsänderung ist. Falls es nicht gelingt, die erforderliche Anzahl von Aufsichtsratsmitgliedern zu einer Amtsniederlegung zu bewegen, muss der organschaftliche Bestellungsakt durch Abberufung rückgängig gemacht werden, da das Gesetz keine Beendigung des Mandats bei Veränderungen der Zusammensetzung des Aufsichtsrats vorgesehen hat.[52] Die Abberufung von Aufsichtsratsmitgliedern erfordert nach § 103 Abs. 1 AktG eine Mehrheit von drei Vierteln der abgegebenen Stimmen, sofern die Satzung kein abweichendes Mehrheitserfordernis vorsieht. Für die Abberufung eines Aufsichtsratsmitglieds durch die Hauptversammlung anlässlich der Verkleinerung des Aufsichtsrats ist kein wichtiger Grund erforderlich.[53]

43 Bei der Festlegung der Zahl der Aufsichtsratsmitglieder sollte auch bedacht werden, wie der Gefahr einer Stimmengleichheit im Aufsichtsrat begegnet werden kann, die naturgemäß bei Aufsichtsräten mit einer „geraden" Anzahl von Aufsichtsratsmitgliedern höher ist. Ein in der Praxis bewährtes Mittel besteht darin, dem Aufsichtsratsvorsitzenden ein Doppelstimmrecht in Pattsituationen einzuräumen. Notwendig ist hierfür allerdings eine Satzungsregelung, der Aufsichtsrat kann dies nicht in einer Geschäftsordnung festlegen.[54]

b) Auswirkungen auf die Festlegung von Zielgrößen im Aufsichtsrat

44 Die Aktienrechtsnovelle 2016 ändert an den durch das Gesetz für die gleichberechtigte Teilhabe von Frauen und Männern an Führungspositionen in der Privatwirtschaft und im öffentlichen Dienst vom 24. April 2015 (BGBl. I S. 642) neu eingeführten Regelungen zur Stärkung des Frauenanteils in Aufsichtsräten nichts. Durch die Änderung des § 95 Satz 3 AktG ergeben sich auch keine Gestaltungsspielräume für Gesellschaften mit mitbestimmten Aufsichtsräten. Für börsennotierte mitbestimmungsfreie Gesellschaften kann die Flexibilisierung bei der Zahl der Aufsichtsratsmitglieder jedoch nutzbar gemacht werden, um eine **selbstgesetzte Frauenquote schneller zu erreichen**.

45 Nach § 111 Abs. 5 Satz 1 AktG muss der Aufsichtsrat von börsennotierten Aktiengesellschaften für den Frauenanteil im Aufsichtsrat Zielgrößen festlegen. Diese Zielgrößen können entweder als absolute Zahl von Mitgliedern oder aus Sicht der Gesetzgebers „üblicherweise" als Prozentsatz festgesetzt werden.[55] Da eine als Prozentsatz festgelegte Zielgröße häufig nicht zu einer „glatten" Personenzahl führt, ist die Anzahl der für die Erreichung der Zielgröße zu bestellenden Frauen bzw. Männer entsprechend § 96 Abs. 2 S. 3 AktG durch mathematische Auf- bzw. Abrundung zu bestimmen.

46 Durch Erweiterung des Aufsichtsrats können nun einzelne Frauen hinzugewählt werden, ohne dass bei gleichbleibender Zahl von Aufsichtsratsmitgliedern auf bewährte Aufsichtsratsmitglieder verzichtet werden müsste oder nach alter Rechtslage den Aufsichtsrat gleich um zusätzliche drei Mitglieder vergrößern zu müssen. Durch eine Erweiterung des Aufsichtsrats um ein oder zwei Personen kann es Gesellschaften damit erleichtert werden, eine Zielgröße von beispielsweise 20 % oder 30 % Frauenanteil im Aufsichtsrat zu erreichen. Die Gestaltungsmöglichkeiten werden in nachfolgender Tabelle exemplarisch dargestellt:

---

[52] OLG Hamburg Beschl. v. 28.8.1988 – 11 W 53/88, AG 1989, 64 (65); Spindler/Stilz/*Spindler* AktG § 95 Rn. 19; MüKoAktG/*Habersack* § 95 Rn. 19.
[53] Spindler/Stilz/*Spindler* AktG § 95 Rn. 19; KölnKommAktG/*Mertens/Cahn* § 95 Rn. 27.
[54] Vgl. nur Hüffer/*Koch* AktG § 108 Rn. 8.
[55] BegrRegE Gesetz für die gleichberechtigte Teilhabe von Frauen und Männern an Führungspositionen in der Privatwirtschaft und im öffentlichen Dienst, BT-Drs. 18/3784, 42.

III. Zahl der Aufsichtsratsmitglieder

Zahl der Aufsichtsratsmitglieder	20 % Frauenanteil (rechnerisch und gerundet)		25 % Frauenanteil (rechnerisch und gerundet)		30 % Frauenanteil (rechnerisch und gerundet)	
3	(0,6)	1	(0,75)	1	(0,9)	1
4	(0,8)	1	(1)	1	(1,2)	1
5	(1)	1	(1,25)	1	(1,5)	2
6	(1,2)	1	(1,5)	2	(1,8)	2
7	(1,4)	1	(1,75)	2	(2,1)	2
8	(1,6)	2	(2)	2	(2,4)	2
9	(1,8)	2	(2,25)	2	(2,7)	3
10	(2)	2	(2,5)	3	(3)	3

Festzuhalten bleibt jedoch, dass der Aufsichtsrat nicht verpflichtet ist, zur Erreichung der Zielgröße für den Frauenanteil auf eine Satzungsänderung mit Erweiterung des Aufsichtsrats hinzuwirken.

4. Folgen für die SE

a) Mitbestimmungsfreie SE

Nach Art. 40 Abs. 3 Satz 1 SE-VO wird die Zahl der Mitglieder des Aufsichtsorgans in der dualistischen SE durch die Satzung bestimmt. Deutschland hat von der Ermächtigungsgrundlage in Art. 40 Abs. 3 Satz 2 SE-VO Gebrauch gemacht und mit § 17 Abs. 1 und 2 SEAG eine dem § 95 AktG inhaltlich entsprechende Regelung geschaffen. Die Aktienrechtsnovelle 2016 enthält keine Regelungen zur Flexibilisierung der Aufsichtsratsgröße in der dualistischen SE. In den Materialien zur Aktienrechtsnovelle 2016 finden sich auch keine Anhaltspunkte dafür, dass der Grundsatz der Dreiteilbarkeit der Mitglieder des Aufsichtsorgans in der dualistischen SE gemäß § 17 Abs. 1 Satz 3 SEAG zukünftig abweichend von der Rechtslage bei der Aktiengesellschaft fortgelten soll.

Da die Änderung des § 95 Satz 3 AktG erst „in letzter Minute" mit der Beschlussempfehlung des Ausschusses für Recht und Verbraucherschutz in die Aktienrechtsnovelle 2016 aufgenommen wurde, ist hier ein **Redaktionsversehen** anzunehmen: **Bislang war § 17 Abs. 1 Satz 3 SEAG nahezu wortgleich zu § 95 Abs. 3 AktG.** Der Gleichlauf der beiden Regelungen war bei Einführung des SEAG ausdrücklich beabsichtigt.[56] Bei der Aktienrechtsnovelle 2016 wurde die korrespondierende Änderung der mit § 95 Satz 3 AktG gleichlautenden Regelung in § 17 Abs. 1 Satz 3 SEAG offenbar schlicht übersehen. Daher sollte – bis zu einer Korrektur des Redaktionsversehens – § 17 Abs. 1 Satz 3 SEAG aus systematischen Erwägungen wie § 95 Satz 3 AktG verstanden und der **Grundsatz der Dreiteilbarkeit der Zahl der Aufsichtsratsmitglieder zumindest für die mitbestimmungsfreie SE entfallen.**[57] Insbesondere teleologische Argumente streiten für diese angepasste Gesetzesauslegung: Die gesetzgeberischen Erwägungen, die bei der Aktienrechtsnovelle 2016 zu einer Abkehr vom Grundsatz der Dreiteilbarkeit in der mitbestimmungsfreien AG oder KGaA führten, gelten in gleicher Weise für die mitbestimmungsfreie SE: Es gibt keinen notwendigen Grund, für diese Gesellschaften die gleichen gesetzlichen Anforderungen vorzusehen, die an börsennotierte und mitbe-

---

[56] BegrRegE SEAG BT-Drs. 15/3405, 36.
[57] Ebenso *Ihrig/Wandt* BB 2016, 6 (12); *Bayer/Scholz* ZIP 2016, 193 (198); nach altem Recht bereits Spindler/Stilz/*Casper* Art. 12 SE-VO Rn. 21.

stimmte Gesellschaften gestellt werden.[58] Auch europarechtliche Vorschriften zwingen nicht zum Festhalten am Grundsatz der Dreiteilbarkeit. Art. 40 Abs. 3 SE-VO erlaubt dem Gesetzgeber für die in Deutschland eingetragenen SE die Zahl der Mitglieder des Aufsichtsorgans sowie deren Höchst- oder Mindestzahl frei festzusetzen.

b) Mitbestimmte SE

50 Bei SE, die der Mitbestimmung im Aufsichtsrat aufgrund Beteiligungsvereinbarung oder gesetzlicher Auffanglösung nach § 35 SEBG unterliegen, ist seit langem streitig, ob ein Aufsichtsrat mit einer nicht durch drei teilbaren Anzahl von Mitgliedern gebildet werden kann.[59] § 17 Abs. 1 Satz 3 SEAG verlangt zwar die Dreiteilbarkeit. Die Registerpraxis lässt jedoch in Einzelfällen eine Abweichung vom Grundsatz der Dreiteilbarkeit zu.[60] Zur Begründung wird darauf verwiesen, dass in § 95 Satz 5 AktG der Vorrang der Mitbestimmungsgesetze – an deren Stelle bei der SE die Beteiligungsvereinbarung tritt – vor den Vorgaben ua des § 95 Satz 3 AktG, also der Parallelregelung zu § 17 Absatz 1 Satz 3 SEAG, festgeschrieben sei. Dies zeige, dass die Regelung des § 17 Absatz 1 SEAG nach dem Willen des Gesetzgebers keine Einschränkung der Freiheit zur Ausgestaltung der Mitbestimmung in der SE enthalten soll.[61]

51 Die Neufassung des § 95 Satz 3 AktG und die **infolge eines offensichtlichen Redaktionsversehens unterbliebene Anpassung des § 17 Abs. 1 Satz 3 SEAG** bieten Anlass, das Thema erneut zu beleuchten. Liest man in § 17 Abs. 1 Satz 3 SEAG zum Grundsatz der Dreiteilbarkeit entsprechend der Neufassung des § 95 Satz 3 AktG den Vorbehalt hinein, *"wenn dies zur Erfüllung mitbestimmungsrechtlicher Vorgaben erforderlich ist"* stellt sich die Frage, ob und inwieweit die Größe des Aufsichtsrats in der SE durch Satzung oder Beteiligungsvereinbarung nunmehr flexibel und abweichend vom Grundsatz der Dreiteilbarkeit geregelt werden kann.

aa) Regelung durch Beteiligungsvereinbarung

52 Nach § 17 Abs. 2 SEAG bleibt die Beteiligung der Arbeitnehmer auf Grund einer Vereinbarung nach § 21 SEBG oder nach der gesetzlichen Mitbestimmung, die in den §§ 35 bis 38 SEBG geregelt ist, unberührt. Nach einer stark vertretenen Auffassung kann die Größe des Aufsichtsrats (und damit auch die Dreiteilbarkeit) nicht Gegenstand einer Beteiligungsvereinbarung sein.[62] Gegen die mitbestimmungsrechtliche Vertragsautonomie bei Gestaltung der Größe des Aufsichtsrats spreche vor allem Art. 40 Abs. 3 Satz 1 SE-VO. Dieser regele klar und deutlich: *"Die Zahl der Mitglieder des Aufsichtsorgans oder die Regeln für ihre Festlegung werden durch die Satzung bestimmt"*. Einen Vorbehalt zugunsten der Mitbestimmung – wie ihn etwa Art. 40 Abs. 2 Satz 3 hinsichtlich der Bestellung der Mitglieder des ersten Aufsichtsorgans enthält – sehe Art. 40 Abs. 3 nicht vor. Entscheidend sei die Definition des Begriffs der Mitbestimmung in § 2 Abs. 12 SEBG und Art. 2 Buchstabe l der SE-Mitbestimmungs-

---

[58] Vgl. BT-Drs. 18/6881, 11 zu den tragenden Erwägungen in der Beschlussempfehlung des Ausschusses für Recht und Verbraucherschutz.
[59] Zum Streitstand etwa MüKoAktG/*Reichert/Brandes* Art. 40 SE-VO Rn. 68; Habersack/Drinhausen/*Seibt* SE-Recht, Art. 40 SE-VO, Rn. 66 ff.; MHdB GesR IV/*Austmann* § 85 Rn. 41.
[60] Aufsichtsrat mit 10 Mitgliedern bei GfK SE und 16 Mitgliedern bei MAN SE
[61] LG Nürnberg-Fürth Beschl. vom 8.2.2010 – 1 HKO 8471/09, NZG 2010, 547.
[62] MüKoAktG/*Reichert/Brandes* Art. 40 SE-VO Rn. 68; KölnKommAktG/*Paefgen* Art. 40 SE-VO Rn 102; *Habersack* AG 2006, 345 ff.; ders. ZHR 171 (2007), 613 (626 ff.); *Kallmeyer* AG 2003, 197 (199); MüKoAktG/*Feuerborn* § 21 SEBG Rn. 52; *Kiem* ZHR 173 (2009), 156 (175 ff.); *Rieble* NJW 2006, 2214 (2216 f.).

III. Zahl der Aufsichtsratsmitglieder

richtlinie. Die unternehmerische Mitbestimmung umfasse nur die Partizipation der Arbeitnehmer hinsichtlich der Besetzung von Sitzen im Aufsichtsrat, nicht die Frage der Größe des Aufsichtsorgans. Folglich könne die Größe des Aufsichtsrats kein zulässiger Gegenstand einer Mitbestimmungsvereinbarung sein.

Die Gegenauffassung[63] betont insbesondere, dass die Möglichkeit der Festlegung der Größe des Aufsichtsrats in der Mitbestimmungsvereinbarung dem Willen des Europäischen Gesetzgebers Rechnung trage, der die Vereinbarung maßgeschneiderter Mitbestimmungsmodelle ermöglichen wollte. Damit sei der Verhandlungsautonomie Vorrang vor der Satzungsautonomie zu gewähren.

Da die SE-VO keine weiteren Vorgaben zur Anzahl der Mitglieder enthält, bestehe auf gemeinschaftsrechtlicher Ebene freie Regelbarkeit durch die Satzung. Allerdings werde diese gemeinschaftsrechtliche Satzungsautonomie insofern verdrängt, als der deutsche Gesetzgeber von der Regelungsermächtigung in Art. Artikel 40 Abs. 3 Satz 2 SE-VO durch Erlass des § 17 SEAG Gebrauch gemacht hat. Ferner habe der deutsche Gesetzgeber eine Höchstzahl der Aufsichtsratsmitglieder – gestaffelt nach dem Grundkapital der Gesellschaft – vorgeschrieben. Für die SE mit Sitz in Deutschland bestehe daher nur innerhalb dieser Regelungsgrenzen auch Satzungsautonomie. Die nationalen Vorgaben an die Größe des Aufsichtsrats einer SE gelten aber nicht uneingeschränkt. Vielmehr blieben gemäß § 17 Abs. 2 SEAG die Regelungen auf Grund der Beteiligung der Arbeitnehmer nach dem SE-Beteiligungsgesetz hiervon unberührt. Demnach habe der nationale Gesetzgeber die auf Grund der Regelungsermächtigung in Art. 40 Abs. 3 Satz 2 SE-VO erlassene Größenvorgabe seinerseits unter den Vorbehalt gestellt, dass die Beteiligungsvereinbarung keine – zulässige – abweichende Regelung enthält. Auch wenn der Satzungsgeber selbst keine gegenüber § 17 Abs. 1 SEAG abweichende Regelung zur Größe des Aufsichtsrats treffen dürfe und ihm insoweit keine echte „Satzungsautonomie" im Sinne eigener freier Gestaltbarkeit zukomme, liege mit Blick auf § 17 Abs. 2 SEAG keine „Satzungssperre" vor, wenn das Verhandlungsgremium zu einer abweichenden Regelung befugt ist. Denn die Satzung sei dann gemäß Art. 12 Abs. 4 SE-VO an den Inhalt der Beteiligungsvereinbarung anzupassen. Auf einen zwingenden Gleichlauf der Verhandlungsautonomie mit der (nationalen) Satzungsautonomie im Sinne freier Gestaltbarkeit durch den Satzungsgeber komme es folglich nicht an.[64]

Unter Berufung auf den Wortlaut des § 21 Abs. 3 Nr. 1 SEBG, die Gesetzessystematik sowie Sinn und Zweck der Normen sei grundsätzlich für eine Beteiligungsvereinbarung die Möglichkeit einer teleologischen Reduzierung des § 17 Abs. 1 Satz 3 SEAG und die Abkehr vom Grundsatz der Dreiteilbarkeit eröffnet. Die komplexen Argumentationslinien sind hier nicht in ihren Einzelheiten wiederzugeben,[65] da sich durch die Aktienrechtsnovelle weder die europarechtlichen Vorgaben geändert haben noch der Gesetzgeber die Frage entschieden hat, ob die Mitbestimmungsvereinbarung die Größe des Aufsichtsrats vorrangig vor dem Satzungsgeber regeln kann. Maßgebliche Frage ist hier lediglich, ob die **Aktienrechtsnovelle eine Neubewertung rechtfertigt**, soweit der nationale Grundsatz der Dreiteilbarkeit der Anzahl der Aufsichtsratsmitglieder an Bedeutung verloren hat. Sieht man richtigerweise in der unterbliebenen Anpassung des

---

[63] Habersack/Drinhausen/*Seibt* SE-Recht, Art. 40 SE-VO, Rn. 66 ff.; MHdB GesR IV/*Austmann* § 85 Rn. 41; Lutter/Hommelhoff/*Drygala* § 40 SE-VO Rn. 19; *Oetker* ZIP 2006, 1113 (1114 ff.); *Teichmann* Der Konzern 2007, 89 (94 ff.); *ders.* AG 2008, 797 (800 ff.); *Seibt* ZIP 2010, 1057 (1060 f.); *Kiefner/Friebel* NZG 2010, 537 (539).

[64] *Kiefner/Friebel* NZG 2010, 537 (539).

[65] Vgl. dazu insbesondere MüKoAktG/*Reichert/Brandes* Art. 40 SE-VO Rn. 68; KölnKomm/*Paefgen* Art. 40 SE-VO Rn 102; sowie andererseits *Seibt* ZIP 2010, 1057 (1058 ff.); *Kiefner/Friebel* NZG 2010, 537 (539).

§ 17 Abs. 1 Satz 3 SEAG ein Redaktionsversehen, lässt sich ableiten, dass mit der Aktienrechtsnovelle 2016 und der damit intendierten Flexibilisierung der Aufsichtsratsgröße zumindest der Grundsatz der Dreiteilbarkeit einer Bestimmung der Aufsichtsratsgröße in der Beteiligungsvereinbarung nicht mehr im Wege steht.

bb) Regelung durch Satzung

56 Sofern in der grundsätzlich mitbestimmungspflichten SE keine Mitbestimmungsvereinbarung zustande kommt, stellt sich die Frage nach dem Vorrang der Vereinbarung bei der Festlegung der Aufsichtsratsgröße nicht. Der Satzungsgeber ist grundsätzlich frei. Allerdings gelten die Auffangregelungen der §§ 34 ff. SEBG. Falls schlussendlich nach der gesetzlichen Auffanglösung des § 35 SEBG das Regime des DrittelbG zur Anwendung kommt, ist an der Dreiteilbarkeit festzuhalten. Dies entspricht dem Regelungsgehalt des 95 S. 3 AktG nF, da über die subsidiäre Anwendbarkeit des DrittelbG dann die Dreiteilbarkeit „zur Erfüllung mitbestimmungsrechtlicher Vorgaben erforderlich ist."[66]

IV. Fälligkeit des Dividendenanspruchs

1. Einheitliche Fälligkeit der Dividendenzahlung

57 Ab dem 1. Januar 2017 wird die Dividende am dritten auf den Hauptversammlungsbeschluss folgenden Geschäftstag fällig, sofern die Satzung oder der Gewinnverwendungsbeschluss keine spätere Fälligkeit festlegen (§ 58 Abs. 4 Satz 2 und 3 AktG nF). Diese Änderung wirkt sich nach Art. 10 Abs. 1 der Aktienrechtsnovelle jedoch erst auf **Gewinnverwendungsbeschlüsse ab 2017** aus.

2. Hintergrund der Neuregelung

58 Mit dieser Neuregelung soll nach der Intention des Gesetzgebers den bei der Abwicklung von Kapitalmaßnahmen beteiligten Marktteilnehmern – Emittenten, Kreditinstitute, Clearingstellen, Börsen – ermöglicht werden, die auf europäischer Ebene von der aus Vertretern dieser Marktteilnehmer (Wertpapieremittenten, Kreditinstitute, Clearingstellen und Börsen) gebildeten Arbeitsgruppe „Corporate Actions Joint Working Group" abgestimmten *„Market Standards for Corporate Actions Processing"* aus dem Jahr 2012 umzusetzen. Diese Marktstandards tragen zu einer Harmonisierung der Wertpapierabwicklung in Europa bei und wurden entwickelt, um Hindernisse im Bereich Kapitalmaßnahmen zu beseitigen.[67] Als die Harmonisierung der Wertpapierabwicklung hindernde Barriere wurden die in den Mitgliedstaaten der Europäischen Union bestehenden unterschiedlichen (gesetzlichen) Regelungen für die Abwicklung von Kapitalmaßnahmen identifiziert, die dazu führen, dass jeweils unterschiedliche operative Prozesse unter Beachtung jeweils abweichender Fristen eingesetzt werden müssen, was bei den Marktteilnehmern differenzierte Kenntnis der jeweiligen nationalen Rahmenbedingungen erfordert. Diese Unterschiede stehen einer grenzüberschreitenden Harmonisierung der Abwicklung mit den Zielen von Rechtssicherheit sowie Zeit- und Kostenreduktion entgegen.

59 Zur Umsetzung dieser Marktstandards durch die an der Abwicklung von Kapitalmaßnahmen beteiligten Parteien ergab sich für Deutschland die Notwendigkeit, die Fälligkeit von Barausschüttungen anzupassen. Denn die einheitlichen Marktstandards

---

[66] Ebenso *Ihrig/Wandt* BB 2016, 6 (12).
[67] The Giovannini Group, Second Report on EU Clearing and Settlement Arrangements, Brussels, April 2003; abrufbar unter (zuletzt abgerufen am 16.1.2016).

IV. Fälligkeit des Dividendenanspruchs

für die Abwicklung von Kapitalmaßnahmen sehen nach dem Abwicklungsgrundsatz „t+2" der zukünftig in der gesamten EU gelten soll,[68] folgende Ereignisabfolge vor:
– Tag der Hauptversammlung;
– „Ex-Tag" (erster Tag, an dem das Wertpapier ohne das Recht auf Teilnahme an der Kapitalmaßnahme bzw. Dividendenbezug gehandelt wird; ein Geschäftstag vor dem „Record Date");
– „Record Date" (**technischer Abwicklungstag**, an dem alle geschlossenen Positionen eines Wertpapiers in den Büchern des Zentralverwahrers – in Deutschland Clearstream Banking AG Frankfurt – als Basis für die Abwicklung der Maßnahme ermittelt werden);
– „Payment Date" (Fälligkeitstag der Dividendenzahlung, frühestens ein Geschäftstag nach dem „Record Date").[69]

Um eine einheitliche Praxis für alle deutschen Publikumsgesellschaften zu gewährleisten, soll mit der Neuregelung die Fälligkeit des Zahlungsanspruchs auf den dritten Geschäftstag nach der Hauptversammlung festlegt werden. Damit könne die **Ausschüttung entsprechend des von den Marktstandards vorgegebenen Intervalls am Zahlbarkeitstag („Payment Date")** stattfinden. Zugleich werden die notwendigen Voraussetzungen zur Teilnahme an der europäischen Abwicklungsplattform TARGET2-Securities (T2S) des Eurosystems geschaffen.[70] Die Clearstream Banking AG plant die Migration in TARGET2-Securities (T2S) für den September 2016.

Aus Sicht des Regierungsentwurfs bringt die europaweite Umsetzung der Marktstandards durch die Marktteilnehmer mit einem einheitlichen Stichtag und Zahlbarkeitstag den Aktionären insbesondere folgende Vorteile: Die Ermittlung der dividendenberechtigten Aktionäre kann **bei einem einheitlich auf den zweiten Geschäftstag nach der Hauptversammlung festgelegten Abwicklungsstichtag auf einer zuverlässigen Grundlage erfolgen und Fehlbuchungen und Korrekturen können reduziert** werden. Gleichzeitig soll die Rechtslage durch die Vereinheitlichung der gesamten Prozesse klarer und verlässlicher werden, was grenzüberschreitende Aktieninvestments attraktiver macht – deutsche Aktionäre ausländischer Aktiengesellschaften profitieren entsprechend von den gleichartigen Abläufen in anderen europäischen Mitgliedstaaten.[71]

3. Entstehung und Fälligkeit des Dividendenanspruchs

a) Alte Rechtslage

Der Dividendenanspruch entsteht mit dem Wirksamwerden des Gewinnverwendungsbeschlusses nach §§ 174 Abs. 2 Nr. 2, 58 Abs. 3 AktG.[72] Hieran hat sich durch die Aktienrechtsnovelle nichts geändert.

---

[68] Art. 5 Abs. 2 Verordnung (EU) Nr. 909/2014 des Europäischen Parlaments und des Rates vom 23. Juli 2014 zur Verbesserung der Wertpapierlieferungen und -abrechnungen in der Europäischen Union und über Zentralverwahrer

[69] Market Standards for Corporate Actions Processing, 2012 S. 12 (14), abrufbar unter https://www.ecb.europa.eu/paym/t2s/governance/ag/html/subcorpact/index.en.html (zuletzt abgerufen: 16.1.2016); vgl. dazu auch das gemeinsame Schreiben der Deutschen Kreditwirtschaft und des BVI an das Bundesministerium der Justiz und für Verbraucherschutz vom 16.5.2014 abrufbar unter http://www.die-deutsche-kreditwirtschaft.de/uploads/media/Anlage_2_zur_DK-Stellungnahme_Aktienrechtsnovelle_2014_-_DK-Schreiben_vom_16.5.2014.pdf (zuletzt abgerufen: 16.1.2016).

[70] Vgl. dazu die Leitlinie der Europäischen Zentralbank vom 18.7.2012 über TARGET2-Securities (Neufassung) (EZB/2012/13) (2012/473/EU).

[71] BegrRegE BT-Drs. 18/4349, 19 f.

[72] BGH, Urt. v. 28.10.1993 – IX ZR 21/93, BGHZ 124, 27, 32 = NJW 1994, 323 (325)

63 Bislang war der Dividendenanspruch nach allgemeiner Auffassung gemäß § 271 BGB sofort mit dem Gewinnverwendungsbeschluss fällig, sofern die Fälligkeit nicht im Gewinnverwendungsbeschluss selbst oder durch Satzungsregelung hinausgeschoben war.[73] Gleichwohl wurde bei Publikumsgesellschaften aufgrund der praktischen Zahlungsabwicklung die Dividende nicht am Tag der Hauptversammlung, sondern frühestens am darauffolgenden Bankarbeitstag über Clearstream und die Depotbanken ausbezahlt. Geschuldet war die Vornahme der Leistungshandlung wenn möglich noch am Tag des Gewinnverwendungsbeschlusses, sonst am darauffolgenden Tag.[74]

b) Neue Rechtslage

64 Durch die Neufassung des § 58 Abs. 4 Satz 2 AktG wird die Regelfälligkeit der Dividendenzahlung auf den dritten auf den Hauptversammlungsbeschluss folgenden Geschäftstag bestimmt. Die Gesellschaften werden zukünftig bei girosammelverwahren Aktien verpflichtet sein, nach dem Gewinnverwendungsbeschluss die notwendigen Gelder so rechtzeitig zur Abwicklung in den banktechnischen Systemen (Zahlstellendienstleister und Clearstream Banking AG) zur Verfügung zu stellen um die valutagerechte Weitergabe – dh **Gutschrift der Dividendenzahlung – beim dividendenberechtigten Aktionär am Fälligkeitstag zu** gewährleisten. Nach der Vorstellung des Gesetzgebers werden die Emittenten auch unter der Neuregelung wie bisher erst am Fälligkeitstag die Gelder zur Verfügung stellen, sodass durch die spätere Dividendenausschüttung den beteiligten Banken keine Zinsvorteile entstehen sollen.[75]

65 Die Neuregelung betrifft mittelbar auch den **Stichtag für die Dividendenberechtigung**. Derzeit ist grundsätzlich maßgeblich der Depotbestand am Abend des Tags der Hauptversammlung. Für alle Aktien, die erst am Tag vor der HV oder am HV-Tag selbst erworben wurden, bringt dies jedoch einen erhöhten Aufwand sowie ein Maß an Unsicherheit sowohl auf Seiten des Zentralverwahrers Clearstream Banking AG wie auch auf Seiten der depotführenden Institute mit sich, da der Depotbestand um Käufe bzw. Verkäufe am Tag vor der Hauptversammlung sowie am Tag der Hauptversammlung selbst bereinigt werden muss. Nach Auffassung des Gesetzgebers soll sich an den für die Anspruchsberechtigung und die Entstehung des Zahlungsanspruchs geltenden Grundsätzen im Zusammenhang mit Dividendenausschüttungen sich durch die **Neuregelung nichts ändern**.[76] Gleichzeitig spricht die Gesetzesbegründung davon, dass die Ermittlung der dividendenberechtigten Aktionäre auf den **zweiten Geschäftstag nach der Hauptversammlung als Abwicklungsstichtag** erfolge.[77] Bei konsequenter Anwendung der *Market Standards for Corporate Actions Processing*, an denen sich die Aktienrechtsnovelle bei der Neuregelung der Fälligkeit des Dividendenanspruchs orientierte, **wird man – zumindest formal – zum Ergebnis kommen müssen, dass sich der Stichtag für die Dividendenberechtigung ändert**:[78] Maßgeblich für die Dividendenberechtigung wird zukünftig nach dem Grundsatz „t+2" und den *Market Standards for Corporate Actions Processing* einheitlich ein auf den zweiten Geschäftstag nach der Hauptver-

---

[73] MüKoAktG/*Bayer* § 58 Rn. 106; K. Schmidt/Lutter/*Fleischer* AktG § 58 Rn. 47; Hüffer/*Koch* AktG § 58 Rn. 28.
[74] KölnKomm AktG/*Drygala* § 58 AktG Rn. 142; MHdB GesR IV/*Hoffmann-Becking* § 86 Rn. 29.
[75] BegrRegE BT-Drs. 18/4349, 20.
[76] BegrRegE BT-Drs. 18/4349, 20.
[77] BegrRegE BT-Drs. 18/4349, 20.
[78] Kritisch insoweit die Stellungnahme des DAI zur Aktienrechtsnovelle 2015 S. 5; abrufbar unter https://www.dai.de/files/dai_usercontent/dokumente/positionspapiere/2015-02-10 %20Stellungnahme %20Aktienrechtsnovelle%20DAI.pdf (zuletzt abgerufen: 16.1.2016).

IV. Fälligkeit des Dividendenanspruchs

sammlung festgelegter Abwicklungsstichtag („record date") sein.[79] (Beispiel: Hauptversammlung am 25.4.2017, record date mit Ermittlung der maßgeblichen Bestände in den Büchern des Zentralverwahrers Clearstream Banking AG nach t+2: 27.4.2017 und Zahlung am payment date 28.4.2017.) Materiellrechtlich dürften sich die Änderungen jedoch in Grenzen halten: Nach bisheriger Rechtslage sollte derjenige, der am Tag der Hauptversammlung noch Aktien erwarb, einen Dividendenanspruch haben. Wegen der wertpapiertechnischen Abwicklung musste es deshalb zu Ausgleichzahlungen kommen, soweit am Abend des Hauptversammlungstages der Depotbestand noch den „nicht mehr dividendenberechtigen" Aktionär auswies. Soweit nun auf den Depotbestand am zweiten Geschäftstag nach der Hauptversammlung abgestellt wird, müsste dies entsprechend „t+2" die rechtlichen Eigentumsverhältnisse am Tag der Hauptversammlung wiederspiegeln.

Fristauslösendes Ereignis für die Frist des § 58 Abs. 4 Satz 2 AktG nF ist die Feststellung des Gewinnverwendungsbeschlusses durch den Versammlungsleiter mit konstitutiver Wirkung.[80] Soweit in der börsennotierten Gesellschaft der Gewinnverwendungsbeschluss nach § 130 Abs. 1 AktG eine Beurkundung durch eine über die Verhandlung notariell aufgenommene Niederschrift erfordert, kommt es – wie bei § 246 Abs. 1 AktG – im Interesse der rechtssicheren Fristbestimmung nur auf die Tatsache an, dass der Beschluss festgestellt und die Beschlussfeststellung notariell protokolliert wurde, nicht aber auf die endgültige Fertigstellung des notariellen Protokolls durch eine autorisierte, unterzeichnete und in den Verkehr gebrachte Endfassung der Urkunde. Im Verhältnis der Aktionäre untereinander und im Verhältnis zwischen Gesellschaft und Aktionären entfaltet der Beschluss über die Ergebnisverwendung bereits mit seiner Feststellung und Verkündung und nicht erst mit der späteren Unterzeichnung der Niederschrift Bindungswirkung.

Fristende soll im gesetzlichen Regelfall der dritte auf den Hauptversammlungsbeschluss folgende Geschäftstag sein. § 58 Abs. 4 Satz 2 AktG nF führt den Begriff des „**Geschäftstages**" im Aktiengesetz ein. Für den Begriff des „Geschäftstags" ist nach der Gesetzesbegründung das den Regelungen in den §§ 675n, 675s und 675t BGB zugrunde liegende Verständnis maßgeblich und daher auf den Bankarbeitstag abzustellen.[81]

Unklar ist nach diesem Hinweis in der Gesetzesbegründung jedoch, ob auf einen **Bankarbeitstag am Sitz des Zentralverwahrers Clearstream Banking AG**, am Sitz des von der Gesellschaft beauftragten Zahlstellendienstleisters oder auf einen Geschäftstag am Sitz der Gesellschaft abzustellen ist, was aufgrund von regionalen Feiertagen auseinanderfallen kann. Der Verweis auf die §§ 675n, 675s und 675t BGB liefert keine eindeutige Antwort. Das Vorliegen eines Geschäftstages setzt dort voraus, dass der an der Ausführung eines Zahlungsauftrages beteiligte Zahlungsdienstleister den für die Ausführung von Zahlungsvorgängen erforderlichen Geschäftsbetrieb unterhält. Es kommt jeweils auf den Geschäftsbetrieb der für die Ausführung eines konkreten Zahlungsauftrages zuständigen Stelle des Zahlungsdienstleisters des Zahlers an.[82] Auch ein Rückgriff auf die maßgebliche EU-Richtlinie bietet allenfalls vage Orientierung. Die aktualisierte Zahlungsdienstleistungsrichtlinie definiert den Geschäftstag als *einen Tag, an dem der an der Ausführung eines Zahlungsvorgangs beteiligte Zahlungsdienstleister des Zahlers bzw. des Zahlungsempfängers den für die Ausführung von Zahlungsvor-*

---

[79] Ebenso *Müller-Eising* GWR 2015, 50 (51).
[80] Vgl. nur MüKoAktG/*Schröer* § 133 Rn. 65 mwN.
[81] BegrRegE BT-Drs. 18/4349, 20.
[82] MüKoBGB/*Casper* § 675n Rn. 15; BeckOK BGB/*Schmalenbach* § 675n Rn. 6.

gängen erforderlichen Geschäftsbetrieb unterhält.[83] Demnach müsste es für den Geschäftstag auf den Geschäftsbetrieb des von der Gesellschaft beauftragten Zahlstellendienstleisters als dem technischen Zahlungsdienstleisters des „Zahlers Aktiengesellschaft" ankommen. Der Vergleich mit den §§ 675n, 675s und 675t BGB passt allerdings systematisch nicht, da sich der Normbefehl dort jeweils konkret an den beauftragten Zahlungsdienstleister richtet, während § 58 Abs. 4 AktG nF die Gesellschaft zur Auszahlung der Dividende an einem bestimmten Tag verpflichtet. Die Lösung dürfte unter Rückgriff auf die *Market Standards for Corporate Actions Processing*, zu finden sein, die Ausgangspunkt für die Änderung des § 58 Abs. 4 AktG waren: In erster Linie wird für die technische Abwicklung nach zukünftiger Rechtslage im System TARGET2-Securities auf die Vorgänge beim Zentralverwahrer abgestellt, dessen Datenbestand maßgeblich für die Dividendenberechtigung ist und der am Zahltag in die Buchungen der Dividendenzahlung involviert ist. Folglich liegt es nahe, den Zentralverwahrer funktional als den relevanten Zahlungsdienstleister bei der Dividendenauszahlung anzusehen und deshalb für die „Geschäftstage" im Sinne des § 58 Abs. 4 Satz 2 AktG nF auf die Bankarbeitstage am Sitz der Clearstream Banking AG in Frankfurt am Main abzustellen. Auch praktische Erwägungen sprechen für diese Lösung: Abwicklungsschwierigkeiten bei Clearstream Banking AG werden vermieden und eine **rechtssichere bundeseinheitliche Handhabung der Fristenberechnung für die Dividendenzahlung** gewährleistet.

c) Gestaltungsmöglichkeiten

69   Eine Verkürzung der Zahlungsfrist durch Satzung oder Gewinnverwendungsbeschluss ist nach neuem Recht nicht zulässig. Dies folgt aus dem Umkehrschluss aus § 58 Abs. 4 Satz 3 AktG nF. Eine freiwillige Beibehaltung der bislang üblichen Zahlung am Tag nach dem Hauptversammlungsbeschluss ist dem Vorstand nicht zu empfehlen. Zum einen würde der Gesellschaft durch die Leistung an die Aktionäre vor gesetzlicher Fälligkeit die Verzinsung für zwei Geschäftstage entgehen, was unter dem Blickwinkel des § 57 Abs. 1 AktG rechtliche Bedenken und potentielle Haftungsrisiken des Vorstands aufwirft.[84] Zum anderen dürfte zukünftig die Zahlung am Tag nach der Hauptversammlung im System TARGET2-Securities auf technische Abwicklungsschwierigkeiten stoßen.

70   Sofern die Gesellschaft die Dividende im Einklang mit dem Regelfall des § 58 Abs. 4 Satz 2 AktG nF am dritten auf den Hauptversammlungsbeschluss folgenden Geschäftstag zahlen will, sind für den Gewinnverwendungsvorschlag des Vorstands und den Beschlussvorschlag für die Hauptversammlung verschiedene Formulierungen denkbar:

> **Formulierungsvorschlag:**
> Keine Angabe zur Fälligkeit;
> oder die Zusammenfassung von Ausschüttungsbetrag und Fälligkeit:
>   *„Ausschüttung einer Dividende von EUR […] je dividendenberechtigter Aktie mit Fälligkeit am xx.yy.zzzz";*
> oder eine gesonderte Regelung der Fälligkeit mit Wiedergabe des Gesetzestexts:
>   *„Die Dividende ist am dritten auf den Hauptversammlungsbeschluss folgenden Geschäftstag fällig:",*
> oder die Angabe des konkreten Datums des dritten Geschäftstags nach der Hauptversammlung:
>   *„Die Dividende wird am xx.yy.zzzz zur Zahlung fällig."*

---

[83] Art. 4 Nr. 37 der Richtlinie (EU) 2015/2366 des Europäischen Parlaments und des Rates vom 25. November 2015 über Zahlungsdienste im Binnenmarkt, zur Änderung der Richtlinien 2002/65/EG, 2009/110/EG und 2013/36/EU und der Verordnung (EU) Nr. 1093/2010 sowie zur Aufhebung der Richtlinie 2007/64/EG.

[84] *Ihrig/Wandt* 2016, 6 (14).

IV. Fälligkeit des Dividendenanspruchs

Vorzugswürdig ist die letzte Variante mit der konkreten Angabe des Zahlungstags insbesondere dann, wenn aufgrund regionaler Feiertage am Sitz der Gesellschaft der Fälligkeitstag nicht zweifelsfrei bundeseinheitlich bestimmt werden kann.

Soll die Dividende später als am dritten Geschäftstag nach dem Hauptversammlungsbeschluss gezahlt werden, wird zweckmäßigerweise der konkrete Zahlungstag im Gewinnverwendungsbeschluss angegeben. Für eine **verlängerte Zahlungsfrist** ist gemäß § 133 Abs. 1 AktG ein Beschluss der Hauptversammlung mit einfacher Mehrheit ausreichend. Einer ausdrücklichen Ermächtigung in der Satzung bedarf es nicht.[85]

Eine Abweichung von der neuen gesetzlichen Fälligkeitsregelung in § 58 Abs. 4 Nr. 3 AktG durch Hauptversammlungsbeschluss ist zwingend erforderlich, wenn die Dividende nach Wahl der Aktionäre in bar oder in Form von neu auszugebenden Aktien der Gesellschaft („*scrip dividend*") geleistet werden soll. In solchen Konstellationen muss ein Bezugsangebot an die Aktionäre mit einer Mindestfrist von zwei Wochen (§ 186 Abs. 1 Satz 2 AktG) veröffentlicht werden, die banktechnische Abwicklung des Bezugsangebots sichergestellt und daraufhin die Zahl der Empfänger der Bardividende ermittelt werden, so dass zwischen dem Tag der Hauptversammlung und der Zahlung der Dividende mehrere Wochen liegen.[86]

d) Rechtsfolgen bei Verstoß

Sofern die Hauptversammlung bei der Beschlussfassung über die Gewinnverwendung **eine kürzere Frist als die Mindestfrist des § 58 Abs. 4 Satz 3 AktG nF** bestimmt, stellt sich die Frage der Wirksamkeit des Gewinnverwendungsbeschlusses. Ein Gewinnverwendungsbeschluss, dessen Fälligkeitsregelung gegen § 58 Abs. 4 Satz 2 AktG nF verstößt, ist nicht nichtig, sondern nach § 243 Abs. 1 AktG wegen Gesetzesverletzung anfechtbar. Im Regelfall ist der Gewinnverwendungsbeschluss aufteilbar in die Gewinnausschüttung als solche und die Regelung zur Fälligkeit der Dividende. Verstößt der Beschluss aufgrund der Regelung zur Fälligkeit gegen § 58 Abs. 4 Satz 2, 3 AktG nF ohne weitere inhaltliche Mängel aufzuweisen, erfasst der die Anfechtbarkeit begründende Gesetzesverstoß nicht den Gesamtbeschluss, sondern lediglich die Fälligkeitsregelung. Dann kann nach § 139 BGB und den Grundsätzen zur Teilnichtigkeit[87] von Hauptversammlungsbeschlüssen der Ausschüttungsbeschluss bestehen bleiben. Für die Fälligkeit gilt dann die gesetzliche Regel.

Bei einer **übermäßig langen Frist für die Zahlung der Dividende** erleiden die Aktionäre einen Zinsnachteil der bei entsprechender Beteiligungshöhe durchaus erheblich sein kann.[88] Der Gewinnverwendungsbeschluss kann daher im Einzelfall in entsprechender Anwendung des § 254 AktG anfechtbar sein, soweit kein gewichtiges Gesellschaftsinteresse im Sinne des § 254 Abs. 1 AktG besteht.[89] Dabei werden zwei Fälle zu unterscheiden sein: Schließt sich die Hauptversammlung dem Gewinnverwendungsvorschlag der Verwaltung an, wird man vom Vorstand erwarten können, die notwendige Liquidität für die Auszahlung der Dividende bereit zu halten. Sofern jedoch aufgrund eines Gegenantrags abweichend vom Verwaltungsvorschlag eine (deutlich) höhere Di-

---

[85] MüKoAktG/*Bayer* § 58 Rn. 106; MHdB GesR IV/*Hoffmann-Becking* § 86 Rn. 29.
[86] Vgl. Hauptversammlungsbeschluss der Deutsche Telekom AG vom 21.5.2015 mit Wahlmöglichkeit sowie Fälligkeit der Bardividende am 17.6.2015.
[87] BGH, Urt. v. 25.1.1988 – II ZR 148/87 = NJW 1988, 1214; BGH, Urt. v. 15.11.1993 – II ZR 235/92 = BGHZ 124, 111 (122) = NJW 1994, 520 (523); BGH, Urt. v. 19.5.2015 – II ZR 176/14 = NZG 2015, 867 (870); MüKoAktG/*Hüffer/Schäfer* § 248 Rn. 37.
[88] Vgl. auch *Götze/Nartowska* NZG 2015, 298 (305).
[89] MüKoAktG/*Hennrichs/Pöschke* § 174 Rn. 45.

vidende beschlossen wird, kann es sachgerecht sein, der Verwaltung im Gewinnverwendungsbeschluss für die Beschaffung der zusätzlich benötigten Barmittel eine längere Zahlungsfrist einzuräumen.

V. Vorzugsaktien ohne Nachzahlung

1. Änderungen von §§ 139, 140 AktG

§ 139 AktG aF	§ 139 AktG nF
(1) Für Aktien, die mit einem **nachzuzahlen**den Vorzug bei der Verteilung des Gewinns ausgestattet sind, kann das Stimmrecht ausgeschlossen werden (Vorzugsaktien ohne Stimmrecht).	(1) Für Aktien, die mit einem Vorzug bei der Verteilung des Gewinns ausgestattet sind, kann das Stimmrecht ausgeschlossen werden (Vorzugsaktien ohne Stimmrecht). *Der Vorzug kann insbesondere in einem auf die Aktie vorweg entfallenden Gewinnanteil (Vorabdividende) oder einem erhöhten Gewinnanteil (Mehrdividende) bestehen. Wenn die Satzung nichts anderes bestimmt, ist eine Vorabdividende nachzuzahlen.*
(2) Vorzugsaktien ohne Stimmrecht dürfen nur bis zur Hälfte des Grundkapitals ausgegeben werden.	(2) Vorzugsaktien ohne Stimmrecht dürfen nur bis zur Hälfte des Grundkapitals ausgegeben werden.

§ 140 AktG aF	§ 140 AktG nF
(1) Die Vorzugsaktien ohne Stimmrecht gewähren mit Ausnahme des Stimmrechts die jedem Aktionär aus der Aktie zustehenden Rechte.	(1) Die Vorzugsaktien ohne Stimmrecht gewähren mit Ausnahme des Stimmrechts die jedem Aktionär aus der Aktie zustehenden Rechte.
(2) *Wird der Vorzugsbetrag in einem Jahr nicht oder nicht vollständig gezahlt und der Rückstand im nächsten Jahr nicht neben dem vollen Vorzug dieses Jahres nachgezahlt, so haben die Vorzugsaktionäre das Stimmrecht, bis die Rückstände nachgezahlt sind. In diesem Fall sind die Vorzugsaktien auch bei der Berechnung einer nach Gesetz oder Satzung erforderlichen Kapitalmehrheit zu berücksichtigen.*	(2) *Ist der Vorzug nachzuzahlen und wird der Vorzugsbetrag in einem Jahr nicht oder nicht vollständig gezahlt und im nächsten Jahr nicht neben dem vollen Vorzug für dieses Jahr nachgezahlt, so haben die Aktionäre das Stimmrecht, bis die Rückstände gezahlt sind. Ist der Vorzug nicht nachzuzahlen und wird der Vorzugsbetrag in einem Jahr nicht oder nicht vollständig gezahlt, so haben die Vorzugsaktionäre das Stimmrecht, bis der Vorzug in einem Jahr vollständig gezahlt ist. Solange das Stimmrecht besteht, sind die Vorzugsaktien auch bei der Berechnung einer nach Gesetz oder Satzung erforderlichen Kapitalmehrheit zu berücksichtigen.*
(3) Soweit die Satzung nichts anderes bestimmt, entsteht dadurch, daß der Vorzugsbetrag in einem Jahr nicht oder nicht vollständig gezahlt wird, noch kein durch spätere Beschlüsse über die Gewinnverteilung bedingter Anspruch auf den rückständigen Vorzugsbetrag.	(3) Soweit die Satzung nichts anderes bestimmt, entsteht dadurch, daß der **nachzuzahlende** Vorzugsbetrag in einem Jahr nicht oder nicht vollständig gezahlt wird, noch kein durch spätere Beschlüsse über die Gewinnverteilung bedingter Anspruch auf den rückständigen Vorzugsbetrag.

75 Stimmrechtslose Vorzugsaktien können nun erstmals ohne zwingend nachzuzahlenden Vorzug ausgeben werden. Zudem wurde mit der Aktienrechtsnovelle 2016 klargestellt, dass ein (nachzahlbarer oder nicht nachzahlbarer) Vorzug insbesondere in einem auf die Aktien vorweg entfallenden **Gewinnanteil** (**Vorabdividende**) **oder einem erhöhten Gewinnanteil** (**Mehrdividende**) bestehen kann (§ 139 Abs. 1 Satz 2 AktG nF).

76 Wird ein Vorzug nicht oder nicht vollständig gezahlt, ergeben sich für Vorzugsaktien mit Nachzahlungsanspruch im Vergleich zur bisherigen Rechtslage keine sachlichen

Änderungen. Bei Vorzugsaktien ohne Nachzahlungsanspruch lebt das Stimmrecht auf, wenn der Vorzug in einem Jahr nicht oder nicht vollständig gezahlt wird (§ 140 Abs. 2 AktG nF). Das Stimmrecht besteht dann solange, bis der Vorzug in einem Jahr vollständig gezahlt ist.

a) Ziel der Neuregelung

Die Aktienrechtsnovelle beabsichtigt die Regelungen zu Vorzugsaktien erheblich zu flexibilisieren. Bislang war die Ausgabe von Vorzugsaktien ohne Stimmrecht nur zulässig, wenn die Aktien mit einem nachzuzahlenden Vorzug bei der Verteilung des Gewinns ausgestattet wurden. Der Stimmrechtsausschluss wurde gerechtfertigt durch das Recht der Vorzugsaktionäre auf eine vorrangig zu zahlende Vorabdividende.[90] Dabei wurde der Begriff des „Vorzugs" als betragsmäßig objektiv bestimmbarer Vorrang der Vorzugsaktionäre gegenüber den Stammaktionären bei der Verteilung des ausschüttungsfähigen Bilanzgewinns verstanden. Diese „Vorabdividende" musste nachzahlbar sein, dh eine mangels hinreichenden Bilanzgewinns ganz oder teilweise ausgefallene Dividende vorab musste in späteren Geschäftsjahren nachgezahlt werden, sobald und soweit der Bilanzgewinn dafür ausreiche. Wurde der Vorzugsbetrag in einem Jahr nicht oder nicht vollständig gezahlt und der Rückstand im nächsten Jahr nicht neben dem vollen Vorzug dieses Jahres nachgezahlt, lebte nach § 140 Abs. 2 AktG aF das Stimmrecht wieder auf.

Nach Ansicht des Gesetzgebers bestehen jedoch weder zwingende dogmatische oder praktische Gründe für ein Festhalten am Nachzahlungsanspruch bei Vorzugsaktien noch sei dies aus Gründen des Aktionärsschutzes geboten.[91] Zudem solle auch eine reine „Mehrdividende" den Wegfall des Stimmrechts rechtfertigen können. Ausschlaggebend für die Neuregelung waren indes primär Überlegungen, den Kreditinstituten in der Rechtsform der AG auch außerhalb von § 5 Abs. 1 Satz 3 FMStBG die Aufnahme von regulatorischem Kernkapital durch Ausgabe von aufsichtsrechtlich „anerkannten" Vorzugsaktien zu erleichtern. Der zwingend nachzahlbare Vorzug war insbesondere für deutsche Kreditinstitute nachteilig und mit einem potentiellen Wettbewerbsnachteil innerhalb der EU verbunden, da die Vorzugsaktien mit zwingend nachzahlbarem Vorzug nach Art. 28 der Verordnung (EU) Nr. 575/2013 des Europäischen Parlaments und des Rates vom 26.6.2013 über Aufsichtsanforderungen an Kreditinstitute und Wertpapierfirmen und zur Änderung der Verordnung (EU) Nr. 646/2012[92] (Capital Requirements Regulation – im Folgenden „CRR") nicht als regulatorisches „hartes" Kernkapital anerkannt werden. Zudem wurde anderen in der Vergangenheit zur Eigenkapitalfinanzierung genutzten Instrumenten wie stillen Einlagen und Genussscheinen aufgrund der restriktiveren Eigenkapitalanforderungen durch Basel III und die CRR die volle Anerkennungsfähigkeit als „hartes" Kernkapital entzogen.

b) Entwicklung im Gesetzgebungsverfahren

Die Neuregelung der stimmrechtslosen Vorzugsaktie und der Nachzahlungspflicht hat im Laufe des Gesetzgebungsverfahrens von der „Aktienrechtsnovelle 2012" über das VorstKoG bis zur Endfassung zahlreiche Überarbeitungen erlebt.

---

[90] MHdB GesR IV/*Hoffmann-Becking* § 39 Rn. 18.
[91] BegrRegE BT-Drs. 18/4349, 25; *Seibert/Böttcher* ZIP 2012, 12 (17).
[92] ABl. 2013 L 1, 176.

80 Die Aktienrechtsnovelle 2012 und das VorstKoG hielten noch am klassischen Merkmal der Vorzugsaktie in Form des zeitlich vorrangigen Gewinnvorzugs fest. Im VorstKoG in der Fassung der Beschlussempfehlung des Rechtsausschusses wurde für § 139 Abs. 1 Satz 2 AktG-E vorgeschlagen:

„*Wenn die Satzung nichts anderes bestimmt, ist der Vorzug nachzuzahlen.*"[93]

81 § 139 Abs. 1 Satz 2 AktG in der Fassung der Aktienrechtsnovelle 2016 ermöglicht nun, dass der (nachzahlbare oder nicht nachzahlbare) Vorzug künftig in einem auf die Aktien vorweg entfallenden Gewinnanteil (Vorabdividende) oder neu (!) einem erhöhten Gewinnanteil (Mehrdividende) bestehen kann. Diese Regelung war im VorstKoG noch nicht enthalten.

82 Für § 140 AktG-E sah der Gesetzentwurf der Bundesregierung zur Aktienrechtsnovelle 2012 ursprünglich die folgende Fassung vor:

„*Ist die Nachzahlung des Vorzugs nicht vorgesehen und wird der Vorzugsbetrag in einem Jahr nicht oder nicht vollständig gezahlt, so haben die Vorzugsaktionäre das Stimmrecht, bis der Vorzug in einem Jahr vollständig gezahlt ist. Ist die Nachzahlung des Vorzugs vorgesehen und wird der Vorzugsbetrag in einem Jahr nicht oder nicht vollständig gezahlt und im nächsten Jahr nicht neben dem vollen Vorzug für dieses Jahr nachgezahlt, so haben die Aktionäre das Stimmrecht, bis die Rückstände nachgezahlt sind. Solange das Stimmrecht besteht, sind die Vorzugsaktien auch bei der Berechnung einer nach Gesetz oder Satzung erforderlichen Kapitalmehrheit zu berücksichtigen.*"[94]

83 In der Beschlussempfehlung des Rechtsausschusses vom 26.6.2013 lautete die Regelung:

„*Ist der Vorzug nicht nachzuzahlen und wird der Vorzugsbetrag in einem Jahr nicht oder nicht vollständig gezahlt, so haben die Vorzugsaktionäre das Stimmrecht, bis der Vorzug in einem Jahr vollständig gezahlt ist. Ist der Vorzug nachzuzahlen und wird der Vorzugsbetrag in einem Jahr nicht oder nicht vollständig gezahlt und im nächsten Jahr nicht neben dem vollen Vorzug für dieses Jahr nachgezahlt, so haben die Aktionäre das Stimmrecht, bis die Rückstände nachgezahlt sind. Solange das Stimmrecht besteht, sind die Vorzugsaktien auch bei der Berechnung einer nach Gesetz oder Satzung erforderlichen Kapitalmehrheit zu berücksichtigen.*"[95]

84 Die weitere **Flexibilisierung des Instruments der Vorzugsaktie** wird in der Regierungsbegründung zur Aktienrechtsnovelle 2016 insbesondere mit dem Bedürfnis begründet, regulatorisches Kernkapital von Kreditinstituten zu stärken. Es war absehbar, dass allein der Wegfall der Nachzahlbarkeit nicht ausreichen könnte, um Vorzugsaktien als hartes Kernkapital von Kreditinstituten anzuerkennen. Ein Auslöser für die im Vergleich zum VorstKoG weiterreichende Flexibilisierung der Vorzugsaktie war insbesondere die am 1.1.2014 in Kraft getretene CRR und deren Kriterien für Vorzugsaktien von Kreditinstituten. Art. 28 Abs. 1 lit. h) i) CRR verlangt grundsätzlich für anerkennungsfähige Instrumente des harten Kernkapitals, dass es bei Ausschüttungen keine Vorzugsbehandlung in Bezug auf die Reihenfolge der Ausschüttungen, auch nicht im Zusammenhang mit anderen Instrumenten des harten Kernkapitals gibt, und in den für das Instrument geltenden Bestimmungen dürfen keine Vorzugsrechte für die Auszahlung von Ausschüttungen vorgesehen sein. Nach Auffassung des Gesetzgebers sind Aktien, bei denen der Vorzug (nur) als Mehrdividende ausgestaltet ist, hingegen

---

[93] BT-Drs. 17/14214, 7.
[94] BT-Drs. 17/8989, 7.
[95] BT-Drs. 17/14214, 8.

nach Art. 28 Abs. 4 CRR[96] als Instrumente des harten Kernkapitals anerkennungsfähig.[97]

Zudem war eine Einordnung der mit Nachzahlungspflicht ausgestatteten Vorzugsaktie als zusätzliches regulatorisches Kernkapital nicht sichergestellt. Nach Art. 52 Abs. 1 lit. l) iii) CRR zählen Kapitalinstrumente nur dann zu den Instrumenten des zusätzlichen Kernkapitals (sog. additional tier 1 – „AT1-Instrumente"), wenn die für die Instrumente geltenden Bestimmungen dem Institut das Recht verleihen, die Ausschüttungen auf die Instrumente jederzeit nach eigenem Ermessen für unbefristete Zeit und auf nicht kumulierter Basis ausfallen zu lassen, und das Institut die Mittel aus den ausgefallenen Auszahlungen uneingeschränkt zur Erfüllung seiner eigenen Verpflichtungen bei deren Fälligkeit nutzen kann.[98]

Die unter Berufung auf regulatorische Gründe vorgebrachten weitergehenden Forderungen der Bundesratsausschüsse nach **Zulassung stimmrechtsloser Vorzugs- oder Mehrdividendenaktien, deren Stimmrecht unter keinen Umständen auflebt,** wurden trotz entsprechender Vorbilder in anderen europäischen Rechtsordnungen in der Aktienrechtsnovelle 2016 nicht berücksichtigt.[99]

2. Wegfall der zwingenden Nachzahlungspflicht

Zunächst bewirkt die Streichung des Wortes „*nachzuzahlenden*" in § 139 Absatz 1 Satz 1 AktG, dass das unbeschränkte Recht auf Nachzahlung des Vorzugs nicht mehr als zwingendes Ausstattungsmerkmal stimmrechtsloser Vorzugsaktien anzusehen ist. Der nachzahlbare Vorzug räumt den Vorzugsaktionären weitreichende Priorität bei der Gewinnverteilung ein. Sofern in einem Jahr der Vorzug nicht vollständig gezahlt wird, darf an Stammaktionäre ebenfalls keine Dividende ausgezahlt werden. Nur wenn beim nächsten Gewinnverwendungsbeschluss im ersten Schritt die Rückstände und im zweiten Schritt der aktuelle Vorzugsbetrag vollständig gezahlt werden, ist im dritten Schritt eine Ausschüttung an die Stammaktionäre zulässig. Das Nachzahlungsrecht ist, wie sich aus § 140 Abs. 3 AktG ergibt, ein mit der Vorzugsaktie verbundenes unselbstständiges Recht, das, soweit die Satzung nichts anderes bestimmt, nicht unabhängig von der Aktie übertragen werden kann und erst dann zum Zahlungsanspruch erstarkt, wenn der spätere Gewinnverwendungsbeschluss die Auszahlung des rückständigen Vorzugsbetrags enthält.[100]

§ 139 Abs. 1 Satz 3 AktG nF ordnet (weiterhin) für den Regelfall die Nachzahlung des in Form einer Vorabdividende gewährten Gewinnvorzugs an, lässt aber ausdrücklich abweichende Satzungsbestimmungen zu.

---

[96] „Für die Zwecke des Absatzes 1 Buchstabe h Ziffer i dürfen Unterschiede bei der Ausschüttung nur Ausdruck von Unterschieden bei den Stimmrechten sein. Hierbei darf eine höhere Ausschüttung nur für Instrumente des harten Kernkapitals vorgenommen werden, an die weniger oder keine Stimmrechte geknüpft sind."
[97] BegrRegE BT-Drs. 18/4349, 25.
[98] BegrRegE BT-Drs. 18/4349, 25; vgl. dazu *Götze/Nartowska* NZG 2015, 298 (303)
[99] BR-Drs. 22/1/15, 5; vgl. dazu Stellungnahme der Deutschen Kreditwirtschaft zum Referentenentwurf der „Aktienrechtsnovelle 2014" vom 25.6.2014, abrufbar unter https://www.die-deutsche-kreditwirtschaft.de/uploads/media/DK-Stellungnahme_Aktienrechtsnovelle_2014_final.pdf Anmerkungen des DAI zur Aktienrechtsnovelle 2015, vom 10.2.2015, S. 9; abrufbar unter https://www.dai.de/files/dai_usercontent/dokumente/positionspapiere/2015-02-10%20Stellungnahme%20Aktienrechtsnovelle%20DAI.pdf (beide zuletzt abgerufen: 16.1.2016).
[100] MHdB GesR IV/*Hoffmann-Becking* § 39 Rn. 24.

3. Mehrdividende als alternatives Vorzugsrecht

88 Die Neufassung des § 139 Abs. 1 Satz 2 AktG **bricht durch Einführung des Vorzugs in Form der Mehrdividende mit dem überkommenen Verständnis des Vorzugs**. Der den Stimmrechtsausschluss rechtfertigende Vorzug verlangte nach alter Rechtslage Priorität der Vorzugsaktionäre gegenüber den Stammaktionären bei der Ausschüttung des Bilanzgewinns. Die in der Satzung bestimmte Dividende war also an die Vorzugsaktionäre auszuschütten, bevor eine Ausschüttung an die übrigen Aktionäre erfolgen durfte.[101]

89 Nach Ansicht des Gesetzgebers ist die Priorität des Vorzugs nicht mehr allein ausschlaggebend. Ein angemessener Ausgleich für den Stimmrechtsausschluss könne – anstelle einer Vorabbefriedigung – auch ein Mehr an Befriedigung durch eine Mehrdividende sein.[102] Nach § 139 Abs. 1 Satz 2 AktG muss der „**Vorzug**" nicht mehr zwingend aus einer Vorabdividende („einen vorweg entfallenden Gewinnanteil") bestehen, sondern kann auch den Vorzugsaktionären eine Mehr- oder Zusatzdividende („einen erhöhten Gewinnanteil") gegenüber den Stammaktionären gewähren. Unter „Mehrdividende" wurde bislang kein „echter" Vorzug, sondern ein Recht der Vorzugsaktionäre verstanden, das ihnen an dem nach der Bedienung des Gewinnvorzugs verbleibenden und zur Ausschüttung bestimmten Gewinn einen höheren Betrag je Aktie als den Stammaktionären zuweist.[103] Die Aktienrechtsnovelle eröffnet die Möglichkeit, stimmrechtslose **Vorzugsaktien ausschließlich mit einem Recht auf Mehrdividende** zu versehen.

90 § 139 Abs. 1 Satz 3 AktG nF beschränkt für den Regelfall die Nachzahlbarkeit auf die Vorabdividende. Dies entspricht weitgehend der bisherigen Rechtslage, die eine generelle Nachzahlbarkeit des Gewinnvorzugs vorsieht. Umfasst ist also im Regelfall nicht der gesamte Vorzug, wenn dieser aus einer Vorabdividende und einer Mehrdividende besteht. Eine nicht vorzugsbegründende Mehrdividende ist auch nach neuem Recht von Gesetzes wegen nicht nachzahlbar.[104] Die auf Anregung des Handelsrechtsausschusses des DAV[105] aufgenommene Regelung in § 139 Abs. 1 Satz 3 AktG nF soll vermeiden, dass für bereits ausgegebene Aktien mit satzungsmäßigem Anspruch auf eine (nicht nachzahlbare) Mehrdividende nachträglich durch die Aktienrechtsnovelle eine gesetzliche Nachzahlungspflicht etabliert wird. Soweit bereits vor Inkrafttreten der Aktienrechtsnovelle 2016 den Vorzugsaktionären neben dem prioritär zu bedienenden, nachzahlbaren Gewinnvorzug zusätzlich ein satzungsmäßiger Anspruch auf Mehrdividende zustand, bewirkt der gesetzliche Regeltatbestand des § 139 Abs. 1 Satz 3 AktG nF keine Rechtsänderung. Die Vorschrift betrifft dank der Klarstellung eindeutig nur die Nachzahlbarkeit von Vorabdividenden, nicht die etwaige Mehrdividenden.

4. Aufleben des Stimmrechts

91 Sowohl nach alter als auch nach künftiger Rechtslage lebt bei stimmrechtlosen Vorzugsaktien das Stimmrecht bei Ausbleiben des Vorzugs auf. Denn der Gewinnvorzug und der Stimmrechtsausschluss stehen weiterhin in einem konditionalen Verhältnis. Lediglich zwischen den Voraussetzungen für das Aufleben und Erlöschen des Stimm-

---

[101] BGH Urt. v. 8.10.1952 – II ZR 313/51, BGHZ 7, 263, 264 = NJW 1952, 1370; Hüffer/*Koch*, § 139 Rn. 6.
[102] BegrRegE BT-Drs. 18/4349, 26.
[103] Statt aller MHdB GesR IV/*Hoffmann-Becking* § 39 Rn. 21; vgl. zur Ausgestaltung vor Inkrafttreten der Aktienrechtsnovelle 2016 bspw. § 27 Abs. 2 Nr. 3 der Satzung der Volkswagen AG (Stand Mai 2015) und § 21 Abs. 3 der Satzung der METRO AG (Stand Februar 2015).
[104] *Götze/Nartowska* NZG 2015, 289 (303); *Ihrig/Wandt* BB 2016, 6 (15).
[105] NZG 2014, 863 (864).

V. Vorzugsaktien ohne Nachzahlung

rechts wird künftig gemäß § 140 Abs. 2 AktG im Hinblick auf nachzahlbarer Vorzüge und nicht nachzahlbarer Vorzüge **differenziert**:

a) Stimmrecht bei Vorzugsaktien mit nachzahlbarem Vorzug

Für Vorzugsaktien **mit (ausschließlich) nachzahlbarem Vorzug ergeben sich durch die Novelle keine Änderungen**. Wird dieser Gewinnvorzug in einem Jahr nicht oder nicht vollständig gezahlt und der Rückstand im darauffolgenden Jahr nicht neben dem vollen Vorzug des aktuellen Jahres nachgezahlt, lebt das Stimmrecht auf. Die Vorzugsaktionäre haben dann in der Hauptversammlung das gleiche Stimmrecht wie die Stammaktionäre. Das Stimmrecht der Vorzugsaktionäre bei Aktien mit nachzahlbarem Vorzug erlischt wieder, sobald alle aufgelaufenen Rückstände nachgezahlt werden. Die entsprechende (Nach-)Zahlung muss alle rückständigen Beträge und zudem den Vorzug des laufenden Jahres umfassen, zudem muss die Zahlung auch tatsächlich stattgefunden haben.

aa) Maßgeblicher Zeitpunkt für das Aufleben des Stimmrechts

Nach allgemeiner Meinung lebt das Stimmrecht bei der Vorzugsaktie mit nachzahlbarem Vorzug in dem Moment wieder auf, in dem feststeht, dass der Vorzugsbetrag in einem Jahr nicht oder nicht vollständig gezahlt wurde und der Rückstand im darauffolgenden Jahr nicht neben dem vollen Vorzug dieses Jahres nachgezahlt wird.[106]

Ist der nachzahlbare Vorzug in einem Jahr ausgefallen und weist der festgestellte Jahresabschluss desselben Geschäftsjahres bereits keinen oder keinen zur Zahlung des Vorzugs ausreichenden Bilanzgewinn aus, besteht das Stimmrecht der betroffenen Vorzugsaktionäre daher bereits uneingeschränkt für alle Abstimmungsgegenstände in der den Jahresabschluss entgegennehmenden Hauptversammlung. Falls der Jahresabschluss hingegen einen zur Befriedigung der nachzahlbaren Vorzüge ausreichenden Bilanzgewinn ausweist, **lebt das Stimmrecht erst mit einem Gewinnverwendungsbeschluss auf**, der die Vorzüge nicht oder nicht ausreichend bedient. Das Stimmrecht besteht dann nach überwiegender Auffassung bei den auf den Gewinnverwendungsbeschluss folgenden Beschlüssen und nicht erst in der nächsten Hauptversammlung.[107] Die dagegen vorgebrachten Bedenken von *Schröer*[108] mit Hinweis darauf, dass die Wirksamkeit des Beschlusses die förmliche notarielle Protokollierung verlangt, können rechtlich nicht überzeugen. Im Verhältnis der Aktionäre untereinander entfaltet der Beschluss bereits mit seiner Feststellung und Verkündung Bindungswirkung.

bb) Mitteilungspflichten bei Aufleben und Erlöschen des Stimmrechts

Ob das Aufleben des Stimmrechts der Vorzugsaktionäre bei börsennotierten Unternehmen schon für sich genommen ein nach § 15 WpHG ad hoc mitzuteilender Sachverhalt ist, hängt vom Einzelfall ab. Sofern bei einem Emittenten jedoch feststeht, dass das Stimmrecht aus den Vorzugsaktien auflebt, **muss gemäß § 26a Abs. 1 WpHG die geänderte Gesamtzahl der Stimmrechte** unverzüglich veröffentlicht werden. In gleicher Weise ist der Emittent verpflichtet, das Erlöschen des Stimmrechts der Vorzugsaktionäre zu veröffentlichen. Hieraus können sich jeweils erhebliche Änderungen bei der An-

---

[106] Hüffer/*Koch* AktG § 140 Rn. 5; MüKoAktG/*Schröer* § 140 Rn. 9; Schmidt/Lutter/*Spindler* § 140 Rn. 16.

[107] Grigoleit/*Herrler* § 140 Rn. 7; Hüffer/*Koch* AktG § 140 Rn. 5; Schmidt/Lutter/*Spindler* § 140 Rdn. 18; Spindler/Stilz/*Bormann* AktG § 140 Rn. 22; Bürgers/Körber/*Holzborn* AktG § 140 Rn. 6; *Butzke*, Hauptversammlung der AG, 5. Aufl. 2011, Rn. E 32.

[108] MüKoAktG/*Schröer* § 140 Rn. 12.

zahl der gehaltenen und zugerechneten Stimmrechte und dementsprechend **Meldepflichten von Vorzugs- und Stammaktionären nach §§ 21 ff. WpHG** zur Veröffentlichung von Stimmrechtsmeldungen wegen Erreichens, Über- oder Unterschreitung der relevanten Schwellenwerte „in sonstiger Weise" ergeben.

cc) Auswirkung auf die Hauptversammlungspraxis

96 Für die Hauptversammlungspraxis bei Publikumsgesellschaften erwachsen daraus zusätzliche Herausforderungen für den Versammlungsleiter, falls ein Gewinnverwendungsbeschluss gefasst wird, der zum Aufleben des Stimmrechts von Vorzugsaktionären führt. Bei typischem Versammlungsablauf wird die Abstimmung über sämtliche Beschlussgegenstände der Tagesordnung nach Abschluss der Debatte in einem Sammelgang durchgeführt und anschließend die Beschlussergebnisse verkündet.[109] In dieser Konstellation ist es den Vorzugsaktionären mit aufgelebtem Stimmrecht eine Stimmrechtsausübung in derselben Hauptversammlung nicht mehr möglich. Deshalb wird teilweise eine Pflicht des Versammlungsleiters angenommen, den Vorzugsaktionären möglichst weitgehend die Teilnahme an den Abstimmungen in der Hauptversammlung zu ermöglichen und daher die Abstimmung und Verkündung des Gewinnverwendungsbeschlusses nicht ohne sachlichen Grund an das Ende der Hauptversammlung zu stellen.[110] So konsequent dies aus dogmatischer Perspektive ist, führt es dennoch in der **praktischen Handhabung zu Schwierigkeiten**. Wird über den Gewinnverwendungsbeschluss frühzeitig abgestimmt und führt dieser zum Aufleben des Stimmrechts der Vorzugsaktionäre, stellt sich neben der Notwendigkeit der Erfassung der Präsenz aller stimmberechtigten Aktionäre (bei der Beschlussfassung vertretenes Grundkapital) bei der börsennotierten Gesellschaft die Frage der Stimmberechtigung der nach §§ 21 ff. WpHG meldepflichtigen Aktionäre. Das Aufleben des Stimmrechts der Vorzugsaktionäre kann sowohl bei Stammaktionären als auch bei Vorzugsaktionären zum Erreichen, Über- oder Unterschreiten von Schwellenwerten des § 21 WpHG führen. Kommt es infolge von Ereignissen, die die Gesamtzahl der Stimmrechte verändern, zu einer Schwellenberührung, so beginnt gemäß § 21 Abs. 1 Satz 5 WpHG die Meldepflicht sobald der Meldepflichtige von der Schwellenberührung Kenntnis erlangt, spätestens jedoch mit der Veröffentlichung des Emittenten nach § 26a Absatz 1 WpHG. Für diejenigen meldepflichtigen Aktionäre, die in der Hauptversammlung vertreten sind, bestünde die Gefahr des Rechtsverlustes nach § 28 WpHG, wenn sie nicht unverzüglich – noch in der Hauptversammlung – eine Stimmrechtsmitteilung abgeben. Da die förmlichen Stimmrechtsmitteilungen gerade bei komplexen Zurechnungsketten erhebliche Zeit in Anspruch nehmen können, wäre es auch nicht ausreichend, die Hauptversammlung nach Verkündung des Beschlusses, der zum Aufleben des Stimmrechts der Vorzugsaktionäre führt, für eine Stunde zu unterbrechen. Zwar setzt der Stimmrechtsverlust gemäß § 28 Abs. 1 Satz 1 WpHG wegen unterlassener Stimmrechtsmeldung ein Verschulden voraus[111] und die Nichterfüllung der Meldepflichten innerhalb kürzester Zeit nach einem überraschendem Gewinnverwendungsbeschluss dürfte bei Anlegen üblicher Maßstäbe nicht als schuldhaftes Zögern zu qualifizieren sein. Dennoch blieben bei Vorziehen des Gewinnverwendungsbeschlusses mit anschließendem Aufleben des Stimmrechts der Vorzugsaktionäre für den Versammlungsleiter und die Gesellschaft **erhebliche Unsicherheiten bei der Ermittlung der Zahl der konkret stimmberechtigten**

---

[109] Vgl. *Arnold/Carl/Götze* AG 2011, 349 (355).
[110] *Butzke*, Hauptversammlung der AG, 5. Aufl. 2011, Rn. E 32; Spindler/Stilz/*Bormann* § 140 Rn 22; grundsätzlich für eine frühzeitige Beschlussfassung Grigoleit/*Herrler* § 140 Rn. 7.
[111] Vgl. nur MüKoAktG/*Bayer* § 28 WpHG Rn. 11 mwN.

Aktionäre. Nachfolgende Beschlüsse derselben Hauptversammlung wären deswegen mit erheblichen Anfechtungsrisiken behaftet. Im Regelfall der Publikumsgesellschaften kann die Vermeidung dieser Rechtsunsicherheiten als gewichtiger sachlicher Grund für die Abstimmung über die Gewinnverwendung zusammen mit den anderen Beschlussgegenständen am Ende der Hauptversammlung ins Feld geführt werden.

b) Stimmrecht bei Vorzugsaktien ohne nachzahlbarem Vorzug

Bei Vorzugsaktien mit nicht nachzahlbarem Vorzug lebt das Stimmrecht nach § 140 Abs. 2 Satz 2 AktG nF auf, wenn der Vorzug zum ersten Mal nicht vollständig gezahlt wird. Der maßgebliche Zeitpunkt für das Aufleben des Stimmrechts wird wie beim nachzuzahlenden Vorzug bestimmt. Das Stimmrecht aus Vorzugsaktien mit nicht nachzahlbarem Vorzug erlischt allerdings bereits dann wieder, wenn der Vorzug in einem Jahr vollständig gezahlt wird, unabhängig davon, wie oft der Vorzug in der Vergangenheit nicht bedient wurde. 97

Im Vergleich der beiden neuen Ausprägungen der stimmrechtslosen Vorzugsaktien in §§ 139 Abs. 1 und 140 Abs. 2 AktG lässt sich **festhalten:** Bei nachzahlbarem Vorzug lebt das Stimmrecht grundsätzlich später auf als bei fehlender Nachzahlungspflicht; es erlischt aber auch später, nämlich erst dann, wenn alle nachzahlungspflichtigen Rückstände bezahlt sind. 98

c) Stimmrecht bei Vorzugsaktien mit teilweise nachzahlbarem Vorzug

Bei einer Kombination aus einem nachzahlbaren und einem nicht nachzahlbaren Vorzug (beispielsweise nachzahlbare Vorabdividende und nicht nachzahlbare Mehrdividende) führt nach § 140 Abs. Abs. 2 Satz 2 AktG grundsätzlich bereits der erste Ausfall des nicht nachzahlbaren Vorzugs zum Wiederaufleben des Stimmrechts. In diesem Fall erlischt das Stimmrecht dann erst ab dem Zeitpunkt, in dem der nicht nachzahlbare Teil (zum Beispiel die Mehrdividende) ohne Rücksicht auf bestehende „Rückstände" erstmals wieder gezahlt wird. Kommt es in einem Jahr zum Ausfall des nachzahlbaren und des nicht nachzahlbaren Vorzugs, sind § 140 Abs. 2 Satz 1 und Satz 2 AktG dem Wortlaut nach nebeneinander anzuwenden: Das Stimmrecht entsteht bereits mit Ausbleiben des nicht nachzahlbaren Vorzugs und erlischt erst wieder, wenn der nachzahlbare Vorzug vollständig bezahlt wurde. 99

Die Änderung in § 140 Abs. 3 AktG ist schließlich eine redaktionelle Klarstellung auf Anregung aus dem Schrifttum.[112] Die Regelung zur Schaffung von selbständigen und unselbständigen Nachzahlungsrechten in Abs. 3 kann sich ihrem Inhalt nach nur auf einen nachzuzahlenden Vorzugsbetrag beziehen. 100

5. Gestaltungsmöglichkeiten

a) Vorab- und Mehrdividende

Mit Inkrafttreten der Aktienrechtsnovelle 2016 wird Aktiengesellschaften die Möglichkeit eröffnet, sowohl nachzahlbare als auch nichtnachzahlbare Vorzugsaktien auszugeben. Gesellschaften können also per Satzungsregelung entscheiden, ob sie Vorzugsaktien mit oder ohne Nachzahlungsanspruch oder gar beide Arten von Vorzugsaktien nebeneinander ausgeben.[113] Darüber hinaus **können Vorab- und Mehrdividende kom-** 101

---

[112] Stellungnahme des Handelsrechtsausschusses des DAV vom Februar 2011, NZG 2011, 217 (220); *Ziemons* BB 2012, 523 (526); *Götze/Arnold/Carl* NZG 2012, 321 (324).
[113] BegrRegE BT-Drs. 18/4349, 25; zur Aktienrechtsnovelle 2012 bereits *Seibert/Böttcher* ZIP 2012, 12 (17).

biniert werden. Der Vorzug kann beide Formen erfassen, also aus Vorabdividende und Mehrdividende bestehen.

102 Da § 139 Abs. 1 Satz 2 AktG den Vorzug nicht auf Vorabdividende oder Mehrdividende beschränkt, (vgl. *„insbesondere"*) sind auch andere gewinnbezogene Vorzugsrechte denkbar, soweit sie mit den zwingenden Grundsätzen der Gewinnverteilung vereinbar sind. Für nachzahlbare Vorzüge muss zur Bestimmung des Nachzahlungsanspruches der Betrag des Vorzugs berechenbar sein. Insbesondere ist bei Gewährung eines nachzahlbaren Vorzugs in Form der Mehrdividende die Satzungsregelung so zu gestalten, dass die betragsmäßige Ermittlung des Mehrbetrages gewährleistet ist, etwa durch Bezeichnung eines absoluten Geldbetrages als Mehrdividendenvorzug („10 Cent je Aktie") oder eines Anteils am Ausschüttungsbetrag der Stammaktionäre, der jedoch auch bei vollständigem Ausfall der Dividendenausschüttung nicht Null ist („auf jede Vorzugsaktie entfällt eine Mehrdividende in Höhe von 10 % des auf eine Stammaktie entfallenden Dividendenbetrages, mindestens jedoch 10 Cent je Vorzugsaktie").[114]

103 Den Gesellschaften steht die Möglichkeit offen, dass Vorzugsaktionären sowohl eine Vorab- als auch eine Mehrdividende als Vorzug gewährt wird und **lediglich ein Vorzugsrecht als nachzahlbarer Vorzug** ausgestaltet ist. Daneben sind selbstverständlich auch unterschiedliche Gattungen von stimmrechtslosen Vorzugsaktien denkbar, etwa Vorzugsaktien mit Gewinnvorzug in Form der Vorabdividende und solche mit Gewinnvorzug in Form der Mehrdividende, jeweils kombinierbar mit oder ohne Nachzahlungsrecht. Erforderlich ist dann jedoch eine **Klarstellung der Rangverhältnisse der jeweiligen Vorzugsrechte** in der Satzung, die nicht nur den Rang des jeweiligen Vorzugs anordnet, sondern gegebenenfalls auch die Rangfolge der Nachzahlungsverpflichtungen umfasst. Dabei gilt auch nach neuer Rechtslage, dass ein Vorrang des Vorzugs zwingend mit einem Vorrang der Nachzahlungspflichten korrespondiert.[115]

104 Werden Vorzugsaktien sowohl mit **doppeltem Vorzug**, also Vorabdividende und Mehrdividende ausgestaltet, sind bei Ausfall beider Vorzüge **§ 140 Abs. 2 Satz 1 und § 140 Abs. 2 Satz 2 AktG nF nebeneinander anwendbar**. Fraglich ist, ob der Satzungsgeber in solchen Konstellationen bestimmen kann, ob der Ausfall des Vorzugs insgesamt oder nur der Ausfall entweder der Vorabdividende oder der Mehrdividende für das „Wiederaufleben" des Stimmrechts nach § 140 Abs. 2 AktG maßgeblich ist. Eine diesbezügliche Anregung des Handelsrechtsausschusses des DAV[116] wurde im Gesetzgebungsverfahren nicht übernommen. Nach dem insoweit eindeutigen Wortlaut und dem Schutzzweck des § 140 Abs. 2 AktG bestehen Bedenken gegen die Zulässigkeit einer solchen Satzungsgestaltung.

105 Um dennoch die Nachteile einer kumulativen Anwendung von § 140 Abs. 2 Satz 1 und § 140 Abs. 2 Satz 2 AktG nF zu vermeiden, gleichzeitig aber die Vorzugsaktien zur Erhöhung der Attraktivität – wie in der Praxis verbreitet – mit Recht auf Vorabdividende und Mehrdividende zu versehen, bleibt die Möglichkeit, nur ein besonders Gewinnbezugsrecht als konstitutives Vorzugsmerkmal auszugestalten. Wie bisher ist es zulässig, lediglich die Vorabdividende als Vorzug im Sinne des § 139 Abs. 1 Satz 1 AktG zu bestimmen und eine nachzahlbare oder nicht nachzahlbare Mehrdividende als sonstiges, aber nicht vorzugsbegründendes Ausstattungsmerkmal der Vorzugsaktie zu ge-

---

[114] Kritisch Spindler/Stilz/*Bormann* § 139 Rn. 11: Vorzug bei Mehrdividende nicht ermittelbar.
[115] MüKoAktG/*Schröer* § 139 Rn. 20; Großkomm AktG/G. *Bezzenberger* § 139 Rn 21; Hüffer/*Koch* Rn 16; Schmidt/Lutter/*Spindler* Rn 21; Bürgers/Körber/*Holzborn* Rn 8.
[116] Stellungnahme des Handelsrechtsausschusses des DAV zur Aktienrechtsnovelle 2014 vom Juli 2014, NZG 2014, 863 (864).

währen. Fehlt es insoweit an dem Tatbestand des Vorzugsrechts, führt der Ausfall der Mehrdividende nicht zum Wiederaufleben des Stimmrechts nach § 140 Abs. 2 AktG, denn diese Vorschriften knüpfen an den „Vorzug" an.

b) Ausgestaltung der Nachzahlungspflicht

Bei Vorzügen mit Nachzahlungspflicht, sind nicht oder nicht vollständig gezahlte Vorzugsgewinnanteile aus den Bilanzgewinnen späterer Geschäftsjahre auszugleichen, bevor Dividendenausschüttungen an andere Stamm- oder nachrangige Vorzugsaktionäre stattfinden können. An diesen Grundprinzipien hat sich durch die Aktienrechtsnovelle nichts geändert. Die bislang zwingende **Nachzahlungspflicht** bei stimmrechtslosen Vorzugsaktien ist nunmehr **satzungsdispositiv**. Die Nachzahlungspflicht kann gänzlich ausgeschlossen werden. Der Satzungsgeber kann nach neuem Recht zudem als ein „mehr" zum gänzlichen Ausschluss der Nachzahlungspflicht eine **unvollständige oder modifizierte Nachzahlungspflicht in Form der Befristung, Bedingung, oder Stundung** regeln.[117] Gleichfalls zulässig ist die betragsmäßige Absenkung der Nachzahlungspflicht innerhalb eines Zeitraums, die Beschränkung der **Nachzahlungspflicht auf einen Teilbetrag** bzw. auf den ausgefallenen Vorzugsbetrag für eine bestimmte Anzahl von Geschäftsjahren oder die Festlegung eines Höchstbetrages von kumulierten Nachzahlungsbeträgen.[118] Schließlich kann das Nachzahlungsrecht daran geknüpft werden, dass in dem auf den Ausfall folgenden Jahr ein Mindestbetrag an ausschüttungsfähigem Bilanzgewinn erwirtschaftet wird oder ein zeitlich befristetes Nachzahlungsrecht für eine bestimmte Zahl von Geschäftsjahren geschaffen werden, das bei Fristablauf ersatzlos entfällt.

Die Grenzen der Flexibilität sind erreicht, wenn es um die Grundlage für den Ausschluss des Stimmrechts geht. Nach wie vor muss zur Rechtfertigung des Stimmrechtsausschlusses ein Gewinnvorrecht gewährt werden. Ein anderer, nicht auf den Bilanzgewinn bezogener Vorzug, insbesondere ein Vorzug bei der Verteilung des Liquidationserlöses oder Vorzugsaktien mit besonderen Informationsvorrechten oder mit dem Recht auf Umwandlung in Stammaktien, reicht aufgrund der eindeutigen Formulierung in § 139 Abs. 1 Satz 1 AktG nicht aus, um das Stimmrecht der Inhaber solcher Aktien auszuschließen. § 139 Abs. 1 Satz 1 AktG ist zwingend.[119]

c) Aufhebung einer Nachzahlungsverpflichtung

Nach neuem Recht kann ein nachzahlungspflichtiger Vorzug in einen nicht nachzahlbaren Vorzug umgewandelt werden, ohne dass die Vorzugsaktie automatisch zur Stammaktie wird. Die Änderung der Vorzugsrechte erfordert einen **Sonderbeschluss der Vorzugsaktionäre**, in deren Rechte eingegriffen wird. Bislang fiel nach ganz überwiegender Meinung die Änderung des Nachzahlungsrechts unter § 141 Abs. 1 AktG so dass ein gesonderter Beschluss der Vorzugsaktionäre nach § 141 Abs. 3 AktG zu fassen war.[120] Nach Ansicht von *Herrler* sind Beschränkungen eines bestehenden Nachzahlungsrechts bzw. der Nachzahlungspriorität ab der Aktienrechtsnovelle nicht mehr als ein für § 141 Abs. 1 AktG relevanter Beschlussgegenstand anzusehen. Das Nachzah-

---

[117] Grigoleit/*Herrler* § 139 Rn. 19; *Götze/Nartowska* NZG 2015, 298 (303); *Ihrig/Wandt* BB 2016, 6 (15).
[118] Vgl. dazu MHdB GesR IV/*Hoffmann-Becking* § 39 Rn. 23 (zur Aktienrechtsnovelle 2014); *Butzke* in Marsch-Barner/Schäfer Handbuch börsennotierte AG § 6 Rn. 24.
[119] Spindler/Stilz/*Bormann* § 139 Rn. 8; MüKoAktG/*Schröer* § 139 Rn. 8; Schmidt/Lutter/*Spindler* § 139 Rn. 10.
[120] Hüffer/*Koch* § 141 Rn. 5; Schmidt/Lutter/*Spindler* Rn. 8; *Wirth/Arnold* ZGR 2002, 859 (866).

lungsrecht sei nicht mehr zwingend mit dem Stimmrechtsausschluss verknüpft. Die strengen Anforderungen an die Zustimmung nach § 141 Abs. 1 und Abs. 3 AktG ließen sich jedoch nur damit rechtfertigen, dass der Gewinnvorzug im Sinne von § 139 Abs. 1 Satz 1 AktG als notwendige Voraussetzung des Stimmrechtsausschlusses und Kompensation hierfür besonders geschützt werden soll. Eine Streichung oder Modifikation der Nachzahlbarkeit falle auch nicht unter § 141 Abs. 2 AktG, denn unter Berücksichtigung der Gesamtsystematik der §§ 139–141 AktG erscheine es vorzugswürdig, den Schutz des § 141 Abs. 2 Satz 1 AktG – abgesehen vom ausdrücklich genannten Liquidationsvorzug – auf dasjenige Recht zu beschränken, welches nach dem gesetzlichen Leitbild notwendig mit einem Stimmrechtsausschluss einhergeht, das heißt den Gewinnvorzug. Das Nachzahlungsrecht stehe nach neuem Recht zur Disposition des Satzungsgebers. Dementsprechend solle das Nachzahlungsrecht gleich den anderen fakultativen Vorrechten stimmrechtsloser Vorzugsaktionäre ausschließlich von § 179 Abs. 3 AktG geschützt werden und nicht den strengeren Regelungen des § 141 Abs. 3 AktG unterfallen.[121] Für die Praxis wird man abwarten müssen, ob sich diese Auffassung durchsetzt. Bis dahin dürfte es sich empfehlen, zusätzlich einen Sonderbeschluss nach § 141 Abs. 1, 3 AktG einzuholen.

109 Der Beschluss über die Aufhebung einer Nachzahlungspflicht setzt von Rechts wegen – entgegen vereinzelter Stellungnahmen im Schrifttum[122] – nicht voraus, dass den Vorzugsaktionären ein **finanzieller Ausgleich** gewährt wird. Dafür gibt es weder eine gesetzliche Grundlage noch verlangt der bisherige Meinungsstand zur Beschränkung oder Umwandlung des Vorzugs eine sachliche Rechtfertigung oder gar finanzielle Kompensation.[123] Jedenfalls für den Fall, dass der Aufhebung der Nachzahlungspflicht ein Sonderbeschluss nach § 141 Abs. 1, 3 AktG zu Grunde liegt, ändert sich daran in Folge der Neufassung der §§ 139 f. AktG nichts.

d) Nachträgliche Schaffung einer Nachzahlungspflicht

110 Aus Sicht von Vorzugsaktionären, deren nicht nachzahlbare Gewinnvorzüge durch eine Satzungsänderung zukünftig nachzahlbar werden sollen, liegt keine Einschränkung sondern vielmehr eine Erweiterung des Vorzugs vor. Folglich ist eine Zustimmung der Vorzugsaktionäre nach § 141 Abs. 1 und Abs. 3 AktG nicht geboten. Für die **nachträgliche Einführung eines Nachzahlungsrechts** durch Satzungsänderung ist jedoch die **Zustimmung der Stammaktionäre in einem Sonderbeschluss** nach § 179 Abs. 3 AktG erforderlich, da durch die Schaffung der Nachzahlungspflicht in deren Gewinnbezugsrechte eingegriffen wird.[124]

111 Sofern **mehrere Gattungen von Vorzugsaktien** existieren, es etwa neben den Vorzugsaktien mit nicht nachzahlbarem Vorzug bereits Vorzugsaktien mit nachzahlungspflichtigem Vorzug gibt, gilt: Die Änderung von bisher nicht nachzahlbaren Vorzüge in nun nachzahlbare Vorzüge, die zukünftig anderen bereits nachzahlbaren Vorzügen bei der Verteilung des Gewinns hinsichtlich der Nachzahlungspflicht gleichstehen oder vorrangig sind, führt zu einer unmittelbaren Beeinträchtigung dieses Vorzugs und löst damit – jedenfalls auf Basis der bislang hM – das Zustimmungserfordernis der benachteiligten Vorzugsaktionäre nach § 141 Abs. 1, 3 AktG aus.

---

[121] Grigoleit/*Herrler* § 141 Rn. 26 ff.; Schmidt/Lutter/*Drygala* § 141 Rn. 7.
[122] *Schüppen/Tretter* Wpg 2012, 338 (341).
[123] OLG Köln Urt. v. 20.9.2001 – 18 U 125/01, NZG 2002, 966 (967 ff.); Spindler/Stilz/*Bormann*, § 141 Rn. 17 f.; GroßkommAktG/*G. Bezzenberger* § 139 Rn. 32; *Krieger* in FS Lutter, S. 497 (512); *Senger/Vogelmann* AG 2002, 193 (196 ff.); *Wirth/Arnold* ZGR 2002, 859 (872 ff.).
[124] Grigoleit/*Herrler* § 139 Rn. 19.

e) Modifizierung der Rechtsfolgen bei Ausfall des Gewinnvorzugs?

Zu unterscheiden von den Gestaltungsmöglichkeiten bei Ausschluss und Begrenzung des Nachzahlungsrechts sind die **Rechtsfolgen bei Ausfall des Gewinnvorzugs.** § 140 Abs. 2 Satz 1 und 2 AktG nF ordnen bei vollständigem oder teilweisem Ausfall des Gewinnvorzugs bei nachzahlbaren wie bei nicht nachzahlbaren Vorzügen das Aufleben des Stimmrechts an. Diese Regelungen sind als Korrektiv für den Ausschluss des Stimmrechts **zwingend** und stehen nicht zur Disposition des Satzungsgebers. Die Aktienrechtsnovelle ermöglicht zwar mit der Schaffung nicht nachzahlungspflichtiger Vorzugsaktien im Vergleich zum alten Recht eine vermögensmäßige Schlechterstellung des Vorzugsaktionärs; im Hinblick auf das Aufleben des Stimmrechts ist eine Flexibilisierung nicht vorgesehen. Ein satzungsmäßiger Ausschluss des Auflebens des Stimmrechts oder verschärfte Anforderungen für das Aufleben des Stimmrechts (etwa: Stimmrecht erst bei Ausfall in drei aufeinanderfolgenden Jahren) sind folglich unzulässig.[125] Die Schaffung dauerhaft stimmrechtsloser Vorzugsaktien wurde im Gesetzgebungsverfahren erörtert, aber nicht umgesetzt.[126]

6. Erfüllung der Kriterien für regulatorisches Kernkapital nach CRR

Nach Auffassung des Gesetzgebers eröffnet § 139 Abs. 1 Satz 2 AktG den Kreditinstituten angemessene Gestaltungsoptionen zur Erfüllung aufsichtsrechtlicher Anforderungen, da stimmrechtslose Vorzugsaktien, bei denen der Vorzug (nur) als Mehrdividende ausgestaltet ist, sogar als Instrumente des harten Kernkapitals anerkannt werden können.

Gemäß Art. 28 Abs. 1 lit. h) CRR gelten Kapitalinstrumente (dh Aktien) nur dann als Instrumente des harten Kernkapitals, wenn sie hinsichtlich Ausschüttungen die folgenden Bedingungen erfüllen:

„i) es gibt keine Vorzugsbehandlung in Bezug auf die Reihenfolge der Ausschüttungen, auch nicht im Zusammenhang mit anderen Instrumenten des harten Kernkapitals, und in den für das Instrument geltenden Bestimmungen sind keine Vorzugsrechte für die Auszahlung von Ausschüttungen vorgesehen,
ii) Ausschüttungen an die Inhaber der Instrumente dürfen nur aus ausschüttungsfähigen Posten ausgezahlt werden,
iii) die für das Instrument geltenden Bestimmungen sehen außer im Falle der in Artikel 27 genannten Instrumente keine Obergrenze oder andere Beschränkung des Höchstbetrags der Ausschüttungen vor,
iv) die Höhe der Ausschüttungen wird außer im Falle der in Artikel 27 genannten Instrumente nicht auf der Grundlage des Anschaffungspreises der Instrumente bestimmt,
v) die für das Instrument geltenden Bestimmungen sehen keine Ausschüttungspflicht des Instituts vor, und das Institut unterliegt auch anderweitig keiner solchen Verpflichtung,
vi) die Nichtzahlung von Ausschüttungen stellt keinen Ausfall des Instituts dar,
vii) durch die Streichung von Ausschüttungen werden dem Institut keine Beschränkungen auferlegt."

Nach Art. 28 Abs. 4 CRR dürfen für die Zwecke des Abs. 1 Buchstabe h Ziffer i Unterschiede bei der Ausschüttung nur Ausdruck von Unterschieden bei den Stimmrechten sein. Hierbei darf eine höhere Ausschüttung nur für Instrumente des harten Kernkapitals vorgenommen werden, an die weniger oder keine Stimmrechte geknüpft sind.

---

[125] Zur Aktienrechtsnovelle 2014 Spindler/Stilz/*Bormann* § 140 Rn. 14; zum alten Recht etwa GroßkommAktG/*G. Bezzenberger* § 140 Rn. 3.
[126] BR-Drs. 22/1/15, S. 5.

116 Insbesondere aus Art. 28 Abs. 1 Buchstabe h Ziffer i CRR folgt die mangelnde Anerkennungsfähigkeit von Aktien mit Gewinnvorzug. Aktien mit Vorzug in Form der Mehrdividende sind hingegen in entsprechender Ausgestaltung, insbesondere ohne Nachzahlungspflicht grundsätzlich geeignet, alle Bedingungen des Art. 28 Abs. 1 lit. h) i. V. m. Abs 4 CRR zu erfüllen.

117 Zur Konkretisierung von Art. 28 CRR legte die EBA sogenannte **Technical Standards** fest.[127] Art. 7b der Technical Standards qualifiziert bei Instrumenten des harten Kernkapitals gemäß Art. 28 CRR eine Ausschüttung auf ein Instrument des harten Kernkapitals als Vorzugsausschüttung im Vergleich zu anderen Instrumenten des harten Kernkapitals betrachtet, wenn bei der Höhe der Ausschüttungen differenziert wird — es sei denn, die in Art. 7a der Technical Standards genannten Bedingungen sind erfüllt. Die Bedingungen in Art. 7a regeln die Anforderungen an Mehrdividenden, die nicht zu unverhältnismäßig hohen Ausschüttungen führen. Demzufolge können Vorzugsaktien mit einem auf Mehrdividende gerichteten Vorzug trotz Differenzierung bei der Ausschüttungshöhe nach Art. 28 CRR kernkapitalfähig sein, wenn sie keinen Anspruch auf unverhältnismäßig hohe Ausschüttung gewähren.

118 Bei den Kriterien in Art. 7d Technical Standards ist insbesondere hervorzuheben, dass
– die Mehrdividende kein Festbetrag sein darf;
– die Ausschüttung auf stimmrechtlose Aktien mit Mehrdividende nicht 125 % des Betrags der Ausschüttung auf ein mit Stimmrechten verbundenes Instrument des harten Kernkapitals übersteigen darf; und
– der Gesamtbetrag der auf alle Instrumente des harten Kernkapitals ausgezahlten Ausschüttungen während eines Zeitraums von einem Jahr nicht 105 % des Betrags übersteigen darf, der ausgezahlt worden wäre, wenn auf Instrumente mit weniger oder gar keinen Stimmrechten dieselben Ausschüttungen ausgezahlt worden wären wie auf Instrumente mit Stimmrechten.

119 Artikel 7d dieser Technical Standards regelt ergänzend die **Vorzugsbehandlung in Bezug auf die Reihenfolge der Ausschüttungen.** Eine Ausschüttung auf ein Instrument des harten Kernkapitals gilt als – potentiell schädliche – Vorzugsausschüttung im Vergleich zu anderen Instrumenten des harten Kernkapitals und hinsichtlich der Reihenfolge der Ausschüttungen, wenn mindestens eine der folgenden Bedingungen erfüllt ist:

„*a) Die Ausschüttungen werden zu unterschiedlichen Zeitpunkten beschlossen.*
b) Die Ausschüttungen werden zu unterschiedlichen Zeitpunkten ausgezahlt.
c) Es besteht eine Verpflichtung für den Emittenten, die Ausschüttungen auf eine Art von Instrumenten des harten Kernkapitals auszuzahlen, bevor die Ausschüttungen auf eine andere Art von Instrumenten des harten Kernkapitals ausgezahlt werden.
d) Eine Ausschüttung wird nur auf bestimmte Instrumente des harten Kernkapitals, auf andere hingegen nicht ausgezahlt — es sei denn, die in Artikel 7b Absatz 7 Buchstabe a genannte Bedingung ist erfüllt."

120 Nach deutschem Aktienrecht lassen sich „schädliche" Ausschüttungen nach Buchstabe a) und b) ohne weiteres vermeiden. Die zeitgleiche Ausschüttung der Dividenden an Vorzugs- und Stammaktionäre ist übliche Praxis. Buchstabe c) dürfte auf Vorzugsaktien mit Gewinnvorzug anwendbar sein, nicht jedoch auf Vorzugsaktien mit Vorzug in Form der Mehrdividende. Zusammenfassend lässt sich mit Blick auf die CRR festhalten: Die Vorzugsaktie mit einem ausschließlich auf Mehrdividende gerichteten Vorzugsrecht erfüllt nicht per se die Anforderungen in Art. 28 CRR, lässt sich aber grundsätzlich „CRR-konform" ausgestalten.

---

[127] Delegierte Verordnung (EU) 2015/850 der Kommission vom 30.1.2015 zur Änderung der Delegierten Verordnung (EU) Nr. 241/2014 zur Ergänzung der Verordnung (EU) Nr. 575/2013 des Europäischen Parlaments und des Rates im Hinblick auf technische Regulierungsstandards für die Eigenmittelanforderungen an Institute, (ABl. L 176 v. 2.6.2015, S. 1).

7. Keine Übergangsvorschriften

Der Regierungsentwurf für die Aktienrechtsnovelle 2012 enthielt in § 26f V 1 EGAktG-RegE Übergangsvorschriften für Satzungsregelungen über die Ausgabe von oder die Ermächtigung zur Ausgabe von Vorzugsaktien, die vor dem Inkrafttreten der Neuregelung notariell beurkundet wurden. § 26f V 1 EGAktG-RegE sah insoweit als zwingende Auslegungsregel vor, dass es sich um Vorzugsaktien mit Nachzahlungsanspruch handelt, auch wenn die Nachzahlung des Vorzugs nicht ausdrücklich vorgesehen ist. Diese Übergangsregelung wurde nicht Bestandteil der Aktienrechtsnovelle 2016. Sie ist auch entbehrlich, da nunmehr nach § 139 Abs. 1 Satz 3 AktG nF eine Vorabdividende nachzuzahlen ist, wenn die Satzung nichts anderes bestimmt. Zudem liegt es auf der Hand, bei unklaren Bestimmungen über die Nachzahlbarkeit des Vorzugs von Vorzugsaktien, deren rechtliche Grundlagen vor dem 31.12.2015 geschaffen wurden, in Konformität mit der maßgeblichen alten Rechtslage von nachzahlbaren Vorzügen auszugehen.

8. Resümee

Die größere Gestaltungsfreiheit bei Vorzugsaktien wurde in den Stellungnahmen zur Aktienrechtsnovelle – zu Recht – weithin begrüßt. Die **Regelung ist ausgewogen** und dürfte die Unternehmens- und Gestaltungspraxis bei der Umsetzung kaum vor größere Probleme stellen. Allerdings ist aus Sicht des Kapitalmarkts und der institutionellen Investoren in den letzten Jahren die Attraktivität von stimmrechtlosen Vorzugsaktien gesunken. Dies liegt unter anderem daran, dass stimmrechtlose Vorzugsaktien dem Grundsatz „one share – one vote" widersprechen und in der Praxis auf Vorzugsaktien typischerweise niedrige „Übernahmeprämien" entfallen. Für börsennotierte Gesellschaften sind die doppelte Notierung und die getrennte Versammlung der Vorzugsaktionäre mit zusätzlichen Kosten verbunden. Insbesondere bei börsennotierten Gesellschaften ist zu berücksichtigen, dass in einen Index typischerweise nur eine Aktiengattung aufgenommen wird. Dementsprechend wandelten zahlreiche börsennotierte Gesellschaften die Vorzugsaktien in Stammaktien um, teilweise auch im Zusammenhang mit dem Rechtsformwechsel in eine KGaA.[128]

Daher ist Skepsis angebracht, ob die Aktienrechtsnovelle zur Renaissance der Vorzugsaktie – innerhalb und außerhalb der Kreditwirtschaft – führen wird und Aktiengesellschaften zukünftig verstärkt Aktien mit nicht nachzahlbarem Vorzug schaffen werden.[129]

VI. Umgekehrte Wandelschuldverschreibung

1. Änderung der §§ 192, 194 221 AktG

§ 192 Abs. 1–3 AktG aF	§ 192 Abs. 1–3 AktG nF
(1) Die Hauptversammlung kann eine Erhöhung des Grundkapitals beschließen, die nur so weit	*(1) Die Hauptversammlung kann eine Erhöhung des Grundkapitals beschließen, die nur so weit*

---

[128] Vgl. ua Hugo Boss AG, ProSiebenSat1 Media AG, zum gleichzeitigen Wechsel in die KGaA vgl. Hornbach Holding AG.
[129] Zurückhaltend in der Bewertung bereits zur Aktienrechtsnovelle 2012 *Götze/Arnold/Carl* NZG 2012, 321 (324); *Bungert/Wettich* ZIP 2012, 297 (299); *Merkner/Schmidt-Bendun* DB 2012, 98 (100); *Müller-Eising* GWR 2010, 591 (592), *Bayer* AG 2012, 141 (152); zum Referentenentwurf bereits *Diekmann/Nolting* NZG 2011, 6 (7).

§ 192 Abs. 1–3 AktG aF

durchgeführt werden soll, wie von einem Umtausch- oder Bezugsrecht Gebrauch gemacht wird, das die Gesellschaft auf die neuen Aktien (Bezugsaktien) einräumt (bedingte Kapitalerhöhung).

(2) Die bedingte Kapitalerhöhung soll nur zu folgenden Zwecken beschlossen werden:
1. zur Gewährung von Umtausch- oder Bezugsrechten **an Gläubiger** von Wandelschuldverschreibungen;
2. zur Vorbereitung des Zusammenschlusses mehrerer Unternehmen;
3. zur Gewährung von Bezugsrechten an Arbeitnehmer und Mitglieder der Geschäftsführung der Gesellschaft oder eines verbundenen Unternehmens im Wege des Zustimmungs- oder Ermächtigungsbeschlusses.

(3) Der Nennbetrag des bedingten Kapitals darf die Hälfte und der Nennbetrag des nach Absatz 2 Nr. 3 beschlossenen Kapitals den zehnten Teil des Grundkapitals, das zur Zeit der Beschlußfassung über die bedingte Kapitalerhöhung vorhanden ist, nicht übersteigen. § 182 Abs. 1 Satz 5 gilt sinngemäß.

§ 192 Abs. 1–3 AktG nF

durchgeführt werden soll, wie von einem Umtausch- oder Bezugsrecht Gebrauch gemacht wird, das die Gesellschaft hat oder auf die neuen Aktien (Bezugsaktien) einräumt (bedingte Kapitalerhöhung).

(2) Die bedingte Kapitalerhöhung soll nur zu folgenden Zwecken beschlossen werden:
1. zur Gewährung von Umtausch- oder Bezugsrechten **aufgrund von** Wandelschuldverschreibungen;
2. zur Vorbereitung des Zusammenschlusses mehrerer Unternehmen;
3. zur Gewährung von Bezugsrechten an Arbeitnehmer und Mitglieder der Geschäftsführung der Gesellschaft oder eines verbundenen Unternehmens im Wege des Zustimmungs- oder Ermächtigungsbeschlusses.

(3) Der Nennbetrag des bedingten Kapitals darf die Hälfte und der Nennbetrag des nach Absatz 2 Nr. 3 beschlossenen Kapitals den zehnten Teil des Grundkapitals, das zur Zeit der Beschlußfassung über die bedingte Kapitalerhöhung vorhanden ist, nicht übersteigen. § 182 Abs. 1 Satz 5 gilt sinngemäß. **Satz 1 gilt nicht für eine bedingte Kapitalerhöhung nach Absatz 2 Nummer 1, die nur zu dem Zweck beschlossen wird, der Gesellschaft einen Umtausch zu ermöglichen, zu dem sie für den Fall ihrer drohenden Zahlungsunfähigkeit oder zum Zweck der Abwendung einer Überschuldung berechtigt ist. Ist die Gesellschaft ein Institut im Sinne des § 1 Absatz 1b des Kreditwesengesetzes, gilt Satz 1 ferner nicht für eine bedingte Kapitalerhöhung nach Absatz 2 Nummer 1, die zu dem Zweck beschlossen wird, der Gesellschaft einen Umtausch zur Erfüllung bankaufsichtsrechtlicher oder zum Zwecke der Restrukturierung oder Abwicklung erlassener Anforderungen zu ermöglichen. Eine Anrechnung von bedingtem Kapital, auf das Satz 3 oder Satz 4 Anwendung findet, auf sonstiges bedingtes Kapital erfolgt nicht.**

§ 194 Abs. 1 AktG aF

Wird eine Sacheinlage gemacht, so müssen ihr Gegenstand, die Person, von der die Gesellschaft den Gegenstand erwirbt, und der Nennbetrag, bei Stückaktien die Zahl der bei der Sacheinlage zu gewährenden Aktien im Beschluß über die bedingte Kapitalerhöhung festgesetzt werden. Als Sacheinlage gilt nicht die **Hingabe von Schuldverschreibungen im Umtausch** gegen Bezugsaktien. Der Beschluß darf nur gefaßt werden, wenn die Einbringung von Sacheinlagen ausdrücklich und ordnungsgemäß bekanntgemacht worden ist.

§ 194 Abs. 1 AktG nF

Wird eine Sacheinlage gemacht, so müssen ihr Gegenstand, die Person, von der die Gesellschaft den Gegenstand erwirbt, und der Nennbetrag, bei Stückaktien die Zahl der bei der Sacheinlage zu gewährenden Aktien im Beschluß über die bedingte Kapitalerhöhung festgesetzt werden. Als Sacheinlage gilt nicht **der Umtausch von Schuldverschreibungen** gegen Bezugsaktien. Der Beschluß darf nur gefaßt werden, wenn die Einbringung von Sacheinlagen ausdrücklich und ordnungsgemäß bekanntgemacht worden ist.

§ 221 Abs. 1 AktG aF

Schuldverschreibungen, bei denen den Gläubigern ein Umtausch- oder Bezugsrecht auf Aktien

§ 221 Abs. 1 AktG nF

Schuldverschreibungen, bei denen den Gläubigern **oder der Gesellschaft** ein Umtausch- oder Be-

VI. Umgekehrte Wandelschuldverschreibung

§ 221 Abs. 1 AktG aF	§ 221 Abs. 1 AktG nF
eingeräumt wird (Wandelschuldverschreibungen), und Schuldverschreibungen, bei denen die Rechte der Gläubiger mit Gewinnanteilen von Aktionären in Verbindung gebracht werden (Gewinnschuldverschreibungen), dürfen nur auf Grund eines Beschlusses der Hauptversammlung ausgegeben werden. Der Beschluß bedarf einer Mehrheit, die mindestens drei Viertel des bei der Beschlußfassung vertretenen Grundkapitals umfaßt. Die Satzung kann eine andere Kapitalmehrheit und weitere Erfordernisse bestimmen. § 182 Abs. 2 gilt.	zugsrecht auf Aktien eingeräumt wird (Wandelschuldverschreibungen), und Schuldverschreibungen, bei denen die Rechte der Gläubiger mit Gewinnanteilen von Aktionären in Verbindung gebracht werden (Gewinnschuldverschreibungen), dürfen nur auf Grund eines Beschlusses der Hauptversammlung ausgegeben werden. Der Beschluß bedarf einer Mehrheit, die mindestens drei Viertel des bei der Beschlußfassung vertretenen Grundkapitals umfaßt. Die Satzung kann eine andere Kapitalmehrheit und weitere Erfordernisse bestimmen. § 182 Abs. 2 gilt.

2. Ziel der Neuregelung

Mit den Änderungen in den §§ 192, 194 und 221 schafft der Gesetzgeber den Rahmen für **Wandelanleihen mit Umtauschrecht der Gesellschaft**. Nach dem bisherigen Wortlauts des § 192 AktG war es nur möglich, den Gläubigern, nicht aber der Gesellschaft ein Umtauschrecht einzuräumen. Bedingtes Kapital kann nun zur Bedienung von Wandelanleihen mit Umtauschrecht der Gesellschaft geschaffen und eingesetzt werden. Bei Wandlung und Umtausch in Aktien kommt es auf die Werthaltigkeit nicht an. Für Sanierungszwecke kann ein bedingtes Kapital im Umfang von mehr als 50 % des Grundkapitals geschaffen werden. Ergänzend stellt auch § 221 Abs. 1 Satz 1 nF klar, dass das Umtauschrecht der Gesellschaft eingeräumt werden kann.

Der Vorteil von umgekehrten Wandelanleihen besteht aus Sicht des Gesetzgebers darin, dass ein sogenannter **debt equity swap, also die Umwandlung von Fremdkapital in Eigenkapital, gewissermaßen auf Vorrat** angelegt und im Notfall geräusch- und problemlos vollzogen werden könne.[130] Für Sanierungssituationen wird die Obergrenze des bedingten Kapitals erweitert, das nun 50 % des bestehenden Grundkapitals übersteigen kann. Besonders für Kredit- und Finanzdienstleistungsinstitute könne sich eine solche Konstruktion anbieten, da eine Insolvenz leichter abgewendet werden könnte und weniger Druck auf den Staat entstünde, mit Mitteln der Steuerzahler zu rekapitalisieren. Mit der Neuregelung will der Gesetzgeber auch auf die Anforderungen die Eigenkapitalausstattung der CRR-Institute reagieren und neue Gestaltungsformen für die Bereithaltung von Eigenkapital eröffnen.

3. Legitimierung bisheriger Praxis von Pflichtwandelanleihen

In der Diskussion zur Aktienrechtsnovelle äußerten zahlreiche Stimmen den Wunsch, der Gesetzgeber möge bereits marktgängige Instrumente wie **Pflichtwandelanleihen** und Anleihen, deren Umtausch an bestimmte auslösende Ereignisse gebunden war („**Contingent Convertibles**" bzw. „**Coco-Bonds**") **sowie deren Bedienung durch bedingte Kapitalia** ausdrücklich legitimieren.[131] Solche Instrumente wurden bereits vor Inkrafttreten der Aktienrechtsnovelle ganz überwiegend als zulässig erachtet.[132] Die Begründung für den Regierungsentwurf der Aktienrechtsnovelle 2012 wollte dies aus-

---

[130] BT-Drs. 17/8989, 17; eingehend *Seibert/Böttcher* ZIP 2012, 12 (15 f.).
[131] Vgl. etwa *Apfelbacher/Kopp* CFL 2011, 21 (29); *Merkner/Schmidt-Bendun* DB 2012, 98 (101); *Nodoushani* ZBB 2011, 143 (144).
[132] Spindler/Stilz/*Seiler* AktG § 221 Rn. 151; *Habersack*, in FS Nobbe, S. 539 (550); *Groß* Marsch-Barner/Schäfer HdB börsennotierte AG § 51 Rn. 7; Nodoushani ZBB 2011, 143 (144); *Königshausen* WM 2013, 909 (912); aA KölnKommAktG/*Lutter* § 221 Rn. 185.

drücklich klarstellen.¹³³ Zu diesem Zweck waren Änderungen in § 192 Abs. 2 Nr. 1 sowie Abs. 3 AktG vorgesehen. Die seinerzeit für § 192 AktG beabsichtigten Änderungen sind inhaltlich unverändert in den Referentenentwurf zur Aktienrechtsnovelle 2014 vom 11.4.2014 und schließlich in den Regierungsentwurf vom 18.3.2015 eingegangen. Die Gesetzesbegründung zur Aktienrechtsnovelle 2016 enthält allerdings die – bedingt hilfreiche – Aussage, dass mit der partiellen Regelung von umgekehrten Wandelschuldverschreibungen keine Aussage über die Zulässigkeit oder Unzulässigkeit anderer, im Gesetz nicht genannter Gestaltungsformen getroffen werde.¹³⁴

126 Der Ausschuss für Recht und Verbraucherschutz sah sich durch diese Formulierung in der Regierungsbegründung offensichtlich veranlasst in seinem abschließenden Bericht zu **unterstreichen**, dass „**keine Zweifel bestehen**, dass auch Gestaltungen zulässig sind, bei denen sowohl dem Emittenten als auch der Gesellschaft eine Umtausch- bzw. Bezugsberechtigung eingeräumt wird, bei denen **eine der Seiten zur Ausübung des Umtausch- oder Bezugsrechts verpflichtet oder der Umtausch unmittelbar durch den Eintritt einer Bedingung oder des Ablaufs einer Frist** – und damit ohne weitere Erklärung des Gläubigers oder der Gesellschaft – erfolgt. Diese Varianten alle im Gesetz erfassen zu wollen, erscheint hingegen ebenso wenig erforderlich wie gesetzliche Festlegungen zum Wandlungspreis."¹³⁵

127 Aus dieser Klarstellung lässt sich ableiten, dass der Gesetzgeber nicht von der ursprünglich vorgesehenen **Legitimierung der Marktpraxis** abrücken wollte. Angesichts dieser Aussagen im Gesetzgebungsverfahren ist zwar nicht das Maximalziel für die Gestaltung von Pflichtwandelanleihen und „CoCo-Bonds" erreicht, dennoch besteht **hinreichende Rechtssicherheit** für die Praxis, sich weiterhin solcher Instrumente zu bedienen und sie mit bedingtem Kapital zu unterlegen.

4. Wandelanleihen mit Umtauschrecht der Gesellschaft

128 § 192 Abs. 1 und Abs. 2 Satz 1 AktG nF ermöglicht nun ausdrücklich die Emission von „umgekehrten" Wandelschuldverschreibungen mit Umtauschrecht der Gesellschaft und deren Unterlegung mit bedingtem Kapital. Die offene Formulierung des Gesetzes in § 192 Abs. 2 Nr. 1 AktG nF, dass Umtausch- oder Bezugsrechte „aufgrund von Wandelanleihen" gewährt werden können, erlaubt die **gleichzeitige Gewährung von Wandlungsrechten für Gläubiger und Gesellschaft oder beiderseitige Wandlungsrechte** ebenso wie „objektive" Ereignisse die zur Wandlungspflicht führen.¹³⁶

129 Der insoweit unveränderte Gesetzeswortlaut regelt nur die Zulässigkeit der bedingten Kapitalerhöhung nach § 192 Abs. 2 Nr. 1 AktG für *Wandelschuldverschreibungen*. Bereits nach alter Rechtslage war jedoch anerkannt, dass trotz Beschränkung des Wortlauts auf „Wandelschuldverschreibungen" die Schaffung und Ausnutzung eines bedingtes Kapital nach § 192 Abs. 2 Nr. 1 AktG auch zulässig ist für verwandte Gestaltungen wie Optionsanleihen, Wandel- oder Optionsgenussrechte, Gewinnschuldverschreibungen mit Wandlungskomponenten sowie – unter bestimmten Bedingungen – für Anleihen mit Wandlungskomponenten, die von (ausländischen) Tochterunternehmen der AG begeben wurden („Warrant-Anleihen").¹³⁷ Daran sollte sich ersichtlich durch die Aktienrechtsnovelle nichts ändern, so dass auch diese Instrumente

---

¹³³ BT-Drs. 17/8989, 17; *Seibert/Böttcher* ZIP 2012, 12 (15).
¹³⁴ BegrRegE BT-Drs. 18/4349, 27; kritisch dazu *Götze/Nartowska* NZG 2015, 298 (304); MüKoAktG/*Fuchs* § 192 Rn. 57a.
¹³⁵ Beschlussempfehlung des Ausschusses für Recht und Verbraucherschutz, BT-Drs. 18/6881, 12.
¹³⁶ BegrRegE BT-Drs. 18/4349, 27.
¹³⁷ Vgl. nur Hüffer/*Koch* AktG § 192 Rn. 9 mwN.

zukünftig mit einem von der AG ausübbaren Umtauschrecht ausgestattet werden können.

Die Aktienrechtsnovelle behandelt nicht die aktienrechtliche **Zulässigkeit der Ausgabe selbstständiger Optionsrechte,** die auf den Bezug junger Aktien gerichtet sind, ohne mit einer Schuldverschreibung verbunden zu sein (sog. *„naked warrants"*) und ihre Unterlegung mit einem bedingten Kapital. Damit bleibt die Klärung dieser stark umstrittenen Frage[138] weiterhin Rechtsprechung und Wissenschaft überlassen.

5. Flexibilisierung der Obergrenzen für bedingtes Kapital

a) Aufhebung der 50%-Grenze für Krisensituationen

Nach § 192 Abs. 3 Satz 1 AktG aF durfte der Nennbetrag des bedingten Kapitals die Hälfte des Grundkapitals nicht übersteigen. Die Aktionäre sollten vor einem übermäßigen Gebrauch der bedingten Kapitalerhöhung bewahrt werden. Zudem wurde das öffentliche Interesse an der Erhaltung überschaubarer Kapitalverhältnisse geschützt.[139] Mit den Änderungen in § 192 Abs. 3 Satz 3 AktG nF **fällt für bestimmte Verwendungszwecke die bisher strikte Obergrenze für bedingtes Kapital.** Ausgenommen von der 50%-Grenze des § 192 Abs. 2 Satz 1 sind bedingte Kapitalerhöhungen, die nur zu dem Zweck beschlossen wird, der Gesellschaft einen Umtausch zu ermöglichen, zu dem sie für den Fall ihrer drohenden Zahlungsunfähigkeit oder zum Zweck der Abwendung einer Überschuldung berechtigt ist. Zusätzlich ausgenommen von der 50%-Grenze werden Kreditinstitute und Finanzdienstleistungsinstitute, soweit das bedingte Kapital geschaffen wird um einen Umtausch zur Erfüllung bankaufsichtsrechtlicher oder zum Zwecke der Restrukturierung oder Abwicklung erlassener Anforderungen zu ermöglichen. Die Neuregelungen in § 192, 201 AktG werden als ausreichend erachtet um Kredit- und Finanzdienstleistungsinstituten die Ausgabe von **regulatorisch anerkennungsfähigen, kernkapitalergänzenden Instrumenten (AT1-Instrumenten)** in Form von Wandelanleihen zu ermöglichen.[140]

b) Verwässerungsschutz und sachliche Rechtfertigung

Die Aufhebung der 50%-Grenze war rechtspolitisch wegen der potentiell erheblichen Verwässerung der Altaktionäre äußerst umstritten. Der Referentenentwurf für die Aktienrechtsnovelle 2012 hatte eine noch umfassendere Durchbrechung der 50%-Grenze für bedingtes Kapital in § 192 AktG vorgesehen, was auf **scharfe Kritik** stieß.[141]

Wesentliches Motiv für die Gesetzesänderung ist die angebliche Sanierungsfeindlichkeit der alten Gesetzeslage in Notsituationen. Die umgekehrte Wandelanleihe soll einer Gesellschaft in einer extremen Krise als wirkungsvolles Mittel zur Sanierung dienen und helfen, eine drohende Insolvenz abzuwenden. Die bisherige Höchstgrenze für das bedingte Kapital der Gesellschaft erschwere eine solche bilanzielle Sanierung durch debt equity swap. Daher erscheine die Schwellenaufgabe im Interesse aller Beteiligten sachgerecht.[142]

---

[138] Zum Meinungsstand MüKoAktG/*Fuchs* § 192 Rn. 48 ff.; Hüffer/*Koch* AktG § 221 Rn. 75; Spindler/Stilz/*Rieckers* § 192 Rn. 30; Schmidt/Lutter/*Veil* § 192 Rn. 9.

[139] MüKoAktG/*Fuchs* § 192 Rn. 145; Hüffer/*Koch* AktG § 192 Rn. 23; KölnKommAktG/*Lutter* § 192 Rn. 29.

[140] *Haag/Peters* WM 2015, 2303, 2306.

[141] *Drygala* WM 2011, 1637 (1639 f.); *Bungert/Wettich* ZIP 2011, 160 (164); *Diekmann/Nolting* NZG 2011, 6 (8); *Müller-Eising* GWR 2010, 591 (593 f.); *Nodoushani* ZBB 2011, 143 (146).

[142] BegrRegE BT-Drs. 18/4349, 28 und bereits zur Aktienrechtsnovelle 2012 BR-Drs. 852/11, 20; *Seibert/Böttcher* ZIP 2012, 12 (16).

134 Eine vertiefte Auseinandersetzung mit dem Schutz **der Aktionäre vor potentieller Verwässerung** ihrer Beteiligung bei exorbitant hohen bedingten Kapitalia und mit der Notwendigkeit einer **sachlichen Rechtfertigung für den Bezugsrechtsausschluss** findet sich in der Gesetzesbegründung nicht. Allgemein wird auf die für den Bezugsrechtsausschluss in Rechtsprechung und Literatur entwickelten Grundsätze verwiesen. Die sachliche Rechtfertigung des **Bezugsrechtsausschlusses in Sanierungsfällen** ist grundsätzlich anerkannt.[143] Die Gesetzesbegründung geht demgemäß davon aus, dass in den von den neuen Sondertatbeständen des § 192 Absatz 3 Sätze 3 und 4 AktG erfassten Fällen eine sachliche Rechtfertigung in der Regel gegeben sei.[144] Der Gesetzgeber hat damit den **krisenpräventiven Finanzierungsinstrumenten grundsätzlich Vorrang vor dem Vermögenschutz der Altaktionäre** eingeräumt. Die Hauptversammlung entscheidet im Rahmen der Beschlussfassung über die Ermächtigung zur Ausgabe von Wandelschuldverschreibungen und Schaffung eines bedingten Kapitals mit Bezugsrechtsausschluss mit ¾-Mehrheit. Offenbar wird darin zusammen mit den Begründungs- und Berichtspflichten entsprechend § 186 Abs. 4 AktG ein ausreichender Schutz für die Interessen der Aktionäre gesehen, die selbst bestimmen können, unter welchen Bedingungen die Gesellschaft ein Wandlungsrecht ausüben kann und wieviel bedingtes Kapital für Notsituation zur Verfügung gestellt wird. Anders gewendet: Die qualifizierte Mehrheit entscheidet, bis zu welchem Umfang die Anleihegläubiger in der Krise durch „debt equity swap" die Kontrolle im Unternehmen übernehmen dürfen.

135 Für die Praxis börsennotierter Gesellschaften wird sich vor allem die Frage stellen, ob es gelingt, die ausländischen institutionellen Stimmrechtsberater zur Unterstützung solcher Beschlüsse zu gewinnen. Deren Abstimmungsrichtlinien sehen Kapitalmaßnahmen mit Ermächtigungen zum Bezugsrechtsausschluss generell kritisch, insbesondere wenn der mögliche Bezugsrechtsausschluss für Kapitalmaßnahmen ein Volumen von mehr als 20 % des Grundkapitals umfasst.[145]

c) Schaffung des bedingten Kapitals für den Krisenfall

136 Ein bedingtes Kapital für den Krisenfall nach § 192 Abs. 3 Satz 3 und 4 AktG bedarf wegen des immanenten Bezugsrechtsausschlusses eines Hauptversammlungsbeschlusses mit ¾-Mehrheit. Aus der Gesetzesformulierung „nur zu diesem Zweck" folgt, dass ein bedingtes Kapital für Sanierungszwecke nach § 192 Abs. 3 Satz 3 AktG nF als **gesondertes bedingtes Kapital** gebildet werden muss. Aufgrund der Anrechnungsregel in § 192 Abs. 3 Satz 5 AktG empfiehlt sich die saubere Trennung der unterschiedlichen Verwendungszwecke in Beschluss und Satzung.

137 Problematisch könnte allenfalls die Formulierung in § 192 Abs. 3 Satz 3 sein, *„Satz 1 gilt nicht für eine bedingte Kapitalerhöhung nach Absatz 2 Nummer 1, die nur zu dem Zweck beschlossen wird …"*. Das Wort „nur" könnte zur Annahme verleiten, die Schaffung eines bedingten Kapitals im Umfang von mehr als 50 % des Grundkapitals für Sanierungszwecke sei ausschließlich Gestaltungen vorbehalten, die **allein der Gesellschaft ein Umtauschrecht** gewähren, stehe jedoch nicht für Gestaltungen zur Verfügung, die zusätzlich andere Wandlungsereignisse oder ein Wandlungsrecht der Gläubiger vorsehen. Eine solche Auslegung wird aus Schutzzwecküberlegungen vertreten. Die

---

[143] BGH Urt. v. 19.4.1982 – II ZR 55/81, BGHZ 83, 319, 320 f. = NJW 1982, 2444; vgl. zum Meinungsstand Hüffer/*Koch* AktG § 186 Rn. 31.
[144] BegrRegE BT-Drs. 18/4349, 29.
[145] ISS, Europe Summary Proxy Voting Guidelines 2015, S. 15 ff. und 2016 EMEA Proxy Voting Guidelines Updates S. 4; dezidiert zur 20 %-Grenze Glass Lewis, Proxy Paper Guidelines 2015, Germany, S. 14.

Höchstgrenzen des § 192 Abs. 3 S. 1 AktG dürften nicht zu sehr aufweichen und die bestehende Anteilseignerstruktur sei vor nachträglichen Eingriffen zu schützen.[146]

Die Gesetzesbegründung erörtert diesen Fall nicht. § 192 Abs. 3 Satz 3 AktG gebietet als Ausnahmeregelung zwar eine **enge Auslegung**. Jedoch liegt es angesichts des mit der Gesetzesänderung verfolgten Ziels einer erleichterten bilanziellen Sanierung vor Eintritt der Insolvenz nahe, das Wort „nur" auf die in Satz 3 geregelten sachlichen Ausnahmetatbestände zu beziehen und nicht auf ein ausschließliches Umtauschrecht der Gesellschaft. Gestützt wird diese Auslegung durch einen Vergleich mit Satz 4: Dort werden zusätzliche Ausnahmetatbestände für den Finanzsektor geregelt, es fehlt aber das Wort „*nur*". Kreditinstitute und Finanzdienstleistungsinstitute könnten demnach ein zusätzliches Umtauschrecht der Gläubiger einräumen. Für eine Schlechterstellung anderer Gesellschaften auf dieser Ebene ergeben sich aber aus der Gesetzesbegründung keine Anhaltspunkte. Zumindest dürfte es unschädlich sein, bei Ermächtigungsbeschluss und Schaffung des bedingten Kapitals die Ausgabe von Wandelinstrumenten zuzulassen, die – neben dem Umtauschrecht der Gesellschaft – auch den Gläubigern ein Recht auf Umtausch in eine Anzahl von Aktien gewähren, die einen Anteil von 50 % des bei Beschlussfassung vorhandenen Grundkapitals nicht übersteigen. Alternativ steht es den Gesellschaften offen, **Wandelschuldverschreibungen auf zwei bedingte Kapitalia** zu beziehen: auf ein „typisches" mit der 50%-Obergrenze für das Umtauschrecht der Gläubiger und auf ein „untypisches" nach § 192 Abs. 3 Satz 3 AktG nF mit alleinigem Umtauschrecht der Gesellschaft, das 50 % übersteigen kann.[147]

d) Anrechnungsregeln

Nach § 192 Abs. 3 Satz 5 AktG findet eine Anrechnung von bedingtem Kapital für Sanierungszwecke nach Satz 3 und Satz 4, auf sonstiges bedingtes Kapital nicht statt. Die Schaffung bedingten Kapitals nach § 192 Absatz 3 Satz 3 oder Satz 4 AktG nF begrenzt bzw. **sperrt also nicht die Schaffung sonstigen bedingten Kapitals**, für das die Grenze des § 192 Absatz 3 Satz 1 AktG gilt. Diese Anrechnungsregel ist nach dem Vorbild von § 7a Abs. 1 Satz 3 FMStBG gestaltet. Sie gilt unabhängig davon, ob das bedingte Kapital gemäß § 192 Absatz 3 Satz 3 und Satz 4 AktG nF bereits die 50%-Grenze erreicht oder überschreitet.

Bei den Vorarbeiten zur Aktienrechtsnovelle 2012 fehlte eine solche Anrechnungsmöglichkeit noch. Dies hätte dazu geführt, dass die Schaffung eines bedingten Kapitals zu Sanierungszwecken von mehr als 50 % des Grundkapitals die Schaffung anderer bedingter Kapitalia zu üblichen Zwecken dauerhaft blockiert hätte. Auf Anregung aus der Praxis[148] gewährte der Gesetzgeber den Unternehmen zusätzliche Flexibilität.

e) Keine Überschneidung mit insolvenzrechtlichen Maßnahmen

Die Möglichkeit, mit der Ausgabe von Finanzierungsinstrumenten mit Wandlungsrecht der Gesellschaft einen „debt equity swap" auf Vorrat anzulegen, steht nach Ansicht der Gesetzesverfasser nicht im Konflikt mit § 225a Absatz 2 der Insolvenzordnung (InsO), wonach im gestaltenden Teil eines Insolvenzplans vorgesehen werden kann, dass Forderungen von Gläubigern in Anteils- oder Mitgliedschaftsrechte am Schuldner umgewandelt werden. Während die Umwandlung von Schulden in Eigenkapital bei der umgekehrten Wandelanleihe von der Schuldnerin ausgelöst wird, sind es

---

[146] MüKoAktG/*Fuchs* § 192 Rn. 151b; *Ihrig/Wandt* BB 2016, 6 (16).
[147] *Haag/Peters* WM 2015, 2303 (2307); *Ihrig/Wandt* BB 2016, 6 (15).
[148] *Drinhausen/Keinath* BB 2012, 395 (396); *Götze/Arnold/Carl* NZG 2012, 321 (325).

unter § 225a Absatz 2 InsO die Gläubiger, die eine entsprechende Umwandlung beschließen. Beide Regelungen haben in der Regel auch einen sich zeitlich nicht überschneidenden Anwendungsbereich: Mit der Eröffnung des Insolvenzverfahrens unterfallen Wandelanleihen nach § 192 Absatz 2 Nummer 1 AktG nF üblicherweise der zwingenden Regelung des § 104 InsO mit der Folge, dass das vertraglich vorgesehene Umtauschrecht der Gesellschaft entfällt und nur noch ein Barausgleich stattfindet. Greift § 104 InsO ausnahmsweise nicht ein, kann die Ausübung von bestehenden, aber noch nicht ausgeübten Wandlungsrechten gegebenenfalls im Insolvenzplan vorgesehen werden und das Umtauschrecht besteht damit neben den Möglichkeiten des § 225a InsO.[149]

6. Praktische Bedeutung

a) Festlegungen im Hauptversammlungsbeschluss zum bedingten Kapital

142   Gemäß § 193 Abs. 2 Nr. 3 AktG muss der Hauptversammlungsbeschluss zur Schaffung bedingten Kapitals den Ausgabebetrag für die neuen Aktien angeben oder die Grundlagen, nach denen dieser Betrag berechnet wird. Im Falle eines bedingten Kapitals zur Deckung des Umtauschrechts der Inhaber von Wandelschuldverschreibungen genügt es nach § 193 Abs. 2 Nr. 3 AktG, dass im Ermächtigungsbeschluss gemäß § 221 AktG der **Mindestausgabebetrag oder die Grundlagen für die Festlegung des Mindestausgabebetrags** bestimmt werden.[150] Der Mindestausgabebetrag von € 1,00 je Aktie (§ 9 Abs. 1 AktG) darf nur unterschritten werden, wenn die Differenz aus anderen Gewinnrücklagen gedeckt oder der Bezugsberechtigte eine Zuzahlung in entsprechender Höhe leistet (§ 199 Abs. 2 Satz 1 AktG).

143   In der Praxis wird im Beschluss der Hauptversammlung meist nur ein Mindestausgabebetrag festgesetzt und die Bestimmung des endgültigen Ausgabebetrags in das Ermessen des Vorstands der Gesellschaft gestellt. Bei Wandelrechten ist zusätzlich das **Umtauschverhältnis** festzulegen. Daraus ergibt sich dann mittelbar der Ausgabebetrag für die jungen Aktien. Als hinreichende Berechnungsgrundlage ist anerkannt, wenn das Umtauschverhältnis von gewissen bestimmbaren Daten abhängig gemacht wird wie etwa vom Börsenkurs im Zeitpunkt der Begebung der Wandelanleihe, vom Stand eines Aktienindex oder von der Berechnung eines Sachverständigen nach derartigen oder ähnlichen bestimmbaren Kriterien.[151]

144   Gerade bei bedingten Kapitalia im Umfang von mehr als 50 % des Grundkapitals mit Bezugsrechtsausschluss zugunsten der Anleihegläubiger kommt wegen des Verwässerungseffekts für die Altaktionäre den Anforderungen an das Umtauschverhältnis und an die Wandlungsmöglichkeiten große Bedeutung zu.

b) Sondertatbestände für die Überschreitung der 50 %-Grenze

145   Bei Schaffung eines bedingten Kapitals nach § 192 Abs. 3 Satz 3 und 4 AktG nF muss der **Sanierungszweck im Hauptversammlungsbeschluss** zur Schaffung des einschlägigen bedingten Kapitals zugrunde gelegt werden. Nach dem abschließenden Katalog in Satz 3 ist also bei Unternehmen außerhalb des Finanzsektors eine Bezugnahme

---

[149] BegrRegE BT-Drs. 18/4349, 28.
[150] Vgl. dazu auch BGH Urt. v. 18.5.2009 – II ZR 262/07, BGHZ 181, 144 = NZG 2009, 986 (noch zum alten Recht vor Änderung des § 193 Abs. 2 Nr. 3 AktG).
[151] MüKoAktG/*Fuchs* § 193 Rn. 12; KölnKommAktG/*Lutter* § 193 Rn. 12; Hüffer/*Koch* § 193 Rn. 6a.

auf drohende Zahlungsunfähigkeit und/oder die Abwendung einer Überschuldung erforderlich. Für Kreditinstitute und Finanzdienstleistungsinstitute kann nach Satz 4 bei Festlegung des Verwendungszwecks zusätzlich auf die Erfüllung bankaufsichtsrechtlicher oder zum Zweck der Restrukturierung oder Abwicklung erlassener Anforderungen rekurriert werden.

Angesichts des potentiell schwerwiegenden Eingriffs in die Stellung der Aktionäre stellt sich die Frage, ob an den Hauptversammlungsbeschluss besondere Anforderungen zu stellen sind, insbesondere ob der spezielle sanierungsbezogene Verwendungszweck solcher bedingter Kapitalia im Hauptversammlungsbeschluss näher konkretisiert werden muss. Die Gesetzesmaterialien lassen diese Frage offen. Eine Lösung muss berücksichtigen, dass die **Begriffe der drohenden Zahlungsunfähigkeit und der Überschuldung bereits gesetzlich definiert** sind.

aa) Drohende Zahlungsunfähigkeit

Das Aktiengesetz kennt in § 92 Abs. 2 seit langem den Begriff der Zahlungsunfähigkeit. Es besteht Einigkeit, dass dieser Begriff entsprechend der Definition in § 17 Abs. 1 InsO auszulegen ist.[152] Dementsprechend dürfte sich die Auslegung des Begriffs der „drohenden Zahlungsfähigkeit" an § 18 Abs. 2 InsO orientieren.[153] Zahlungsunfähigkeit droht nach § 18 Abs. 2 InsO, wenn der Schuldner voraussichtlich nicht in der Lage sein wird, die bestehenden Zahlungspflichten im Zeitpunkt der Fälligkeit zu erfüllen.

bb) Abwendung einer Überschuldung

§ 192 Abs. 3 Satz 3 Alt. 2 AktG nF mit dem Zweck zur Abwendung einer Überschuldung war in der Aktienrechtsnovelle 2012 noch nicht enthalten und wurde auf Anregung aus der Praxis[154] aufgenommen. Für den Begriff der Überschuldung liegt die Anknüpfung an § 19 Abs. 2 InsO auf der Hand. Überschuldung liegt vor, wenn das Vermögen der Gesellschaft die bestehenden Verbindlichkeiten nicht mehr deckt, es sei denn, die Fortführung des Unternehmens ist nach den Umständen überwiegend wahrscheinlich.

cc) keine gesicherten Kriterien

Der Begriff der **drohenden Zahlungsunfähigkeit** und die Methoden zur Ermittlung der drohenden Zahlungsunfähigkeit sind **hoch umstritten**. Die Feststellung der drohenden Zahlungsunfähigkeit ist zudem in der Praxis nicht leicht. Für die notwendige Prognose werden Zeiträume von wenigen Monaten bis zu mehreren Jahren vertreten[155] Der gleiche Befund gilt für den Überschuldungsbegriff im Sinne des § 19 Abs. 2 InsO. Zu Recht wird darauf hingewiesen, dass die **Feststellung der Überschuldung mit zu den schwierigsten Problemen des Insolvenzrechts** gehöre.[156] Schon die Reihenfolge der einzelnen Prüfungsschritte zur Feststellung der Überschuldung ist umstritten. Für die Er-

---

[152] Spindler/Stilz/*Fleischer* § 92 Rn. 51; MüKoAktG/*Spindler* § 92 Rn. 49; Hölters/*Müller-Michaels* § 92 Rn. 15.
[153] So *Götze/Nartowska* NZG 2015, 298 (304); *Haag/Peters* WM 2015, 2303 (2308); *Ihrig/Wandt* BB 2016, 6 (15).
[154] *Götze/Arnold/Carl* NZG 2012, 321 (326).
[155] Zum Streitstand Kübler/Prütting/Bork/*Pape* InsO § 18 Rn. 6 f.; Uhlenbruck/*Mock* InsO § 18 Rn. 22; MüKoInsO/*Drukarczyk* § 18 Rn. 52 ff.
[156] Uhlenbruck/*Mock* InsO § 19 Rn. 38; zum Streitstand vgl. nur MüKoAktG/*Spindler* § 92 Rn. 52 ff.; GroßkommAktG/*Habersack* § 92 Rn. 44 ff.; K. Schmidt/K. *Schmidt* InsO § 19 Rn. 12 ff.

mittlung der rechnerischen Überschuldung und für die Anforderungen an eine Fortführungsprognose gibt es keine eingängige Formel oder feste, rechtssichere Kriterien.

150 Angesichts dieser Unsicherheiten würde eine **Konkretisierung der besonderen Tatbestandsvoraussetzungen in § 192 Abs. 3 Satz 3 AktG nF im Kapitalerhöhungsbeschluss** die Praxis vor große Herausforderungen stellen. Zu Recht wird in ersten Stellungnahmen bemerkt, dass sich abstrakt wohl kaum die Vielzahl möglicher Situationen und denkbarer Ausgestaltungen beschreiben lässt.[157] Erschwerend kommt hinzu, dass ein bedingtes Kapital nach § 192 Abs. 3 Satz 3 AktG nF „nur" für die dort genannten Zwecke geschaffen werden kann. Überschreitet eine Konkretisierung der gesetzlichen Zwecke diese Begrenzungen, wäre der Beschluss nichtig. Der Praxis kann derzeit nur empfohlen werden, bei der Festlegung der Verwendungszwecke des bedingten Kapitals nach § 192 Abs. 3 Satz 3 AktG nF sich schlicht auf die **Wiederholung des Gesetzestextes zu beschränken**. Eine Konkretisierung sollte sich auf den Ermächtigungsbeschluss mit der Umschreibung der Anleihebedingungen beschränken dürfen, auf den Bezug genommen wird. Für diesen Hauptversammlungsbeschluss gelten dieselben qualifizierten Mehrheitserfordernisse, so dass eine Einschränkung von Aktionärsrechten nicht zu befürchten ist.

dd) Aufsichtsrechtliche Anforderungen

151 § 192 Abs. 3 Satz 4 AktG erlaubt Instituten im Sinne des § 1 Abs. 1b KWG die Schaffung bedingten Kapitals über die 50 %-Grenze hinaus, soweit dies zu dem Zweck beschlossen wird, der Gesellschaft einen Umtausch zur Erfüllung bankaufsichtsrechtlicher oder zum Zwecke der Restrukturierung oder Abwicklung erlassener Anforderungen zu ermöglichen. Als Rechtsgrundlage für solche Maßnahmen kommen aufsichtsrechtliche Anforderungen in Betracht, die von den Instituten die Erhöhung der Eigenmittel durch Umwandlung von Finanzierungsinstrumenten verlangen. Solche Anforderungen folgen einerseits bereits aus den **spezifischen Eigenmittelanforderungen der CRR**. Zudem können nach deutschem Recht vorinsolvenzrechtlichen Interventionsmaßnahmen im Finanzsektor auch gestützt werden auf § 10 Abs. 4 KWG und § 45 KWG, insbesondere § 45 Abs. 2 Satz 1 KWG, auch im Zusammenhang mit der Umsetzung eines **Restrukturierungsplan** nach § 45 Abs. 2 Satz 1 KWG Satz 1 Nr. 7, Nr. 8 KWG oder auf die generalklauselartige Ermächtigung in § 36 SAG. Angesichts der Vielzahl der Einzeltatbestände in der CRR und der weitgefassten aufsichtsrechtlichen Eingriffsnormen gilt hier ebenfalls, dass sich der Hauptversammlungsbeschluss zur **Schaffung des bedingten Kapitals auf die Wiederholung der gesetzlichen Formulierung** beschränken darf.

c) Detaillierungsgrad im Ermächtigungsbeschluss

152 Die Ausgabe von Wandelanleihen ist nur mit Zustimmung der Hauptversammlung möglich (§ 221 AktG). Dem Erfordernis eines Hauptversammlungsbeschlusses für die Ausgabe von Wandelschuldverschreibungen liegt das Prinzip zugrunde, den Aktionären eine Kontrolle der zukünftigen Anleihebedingungen – insbes. der Umtausch- und Bezugskonditionen– zu ermöglichen.

153 Regelungsbedürftig ist insbesondere der Umwandlungsmechanismus und hier ganz besonderes das Umwandlungsverhältnis. Die Anleihebedingungen können ein fixes und ein flexibles Verhältnis für die Umwandlung der Anleihen in Aktien vorsehen.[158]

---

[157] MüKoAktG/*Fuchs* § 192 Rn. 151a.
[158] Einzelheiten insbes. bei *Nodoushani* ZBB 2011, 143 ff.; *Bader* AG 2014, 472; *Haag/Peters* WM 2015, 2303.

VI. Umgekehrte Wandelschuldverschreibung

Für die Wandelanleihen mit Umtauschrecht der Gesellschaft wird die **Definition des zur Wandlung berechtigenden Ereignisse** zukünftig eine größere Rolle spielen. Die Anleihebedingungen können zudem – im **Rahmen des schuldrechtlich Möglichen** – ein beliebiges „**Wandlungsereignis**" vorsehen. Denkbar ist nach der Gesetzesbegründung auch, dass Wandelanleihen nach beiden Seiten ein Wandlungsrecht vorsehen, also sowohl für den Schuldner als auch für die Gläubiger.[159] Zulässig sind ebenfalls Anleihen mit Tilgungswahlrecht der Gesellschaft oder sogenannte „Pflichtwandelanleihen" oder Anleihen mit konkret definierten wandlungsauslösenden Ereignissen. Außerdem ist der Inhalt des den Gläubigern einzuräumenden aktionärstypischen Rechts zumindest in den wesentlichen Grundzügen darzulegen.[160]

154

Neben der absoluten Höhe der (für die Krise geschaffenen) Wandelanleihe und des bedingten Kapitals ist das Umtauschverhältnis das entscheidende Kriterium für die Verwässerung der Aktionäre. Bei der Formulierung der Ermächtigung zur Ausgabe von Wandelanleihen steht die Praxis vor der Schwierigkeit, einerseits die möglichst breite Nutzung der Ermächtigung zu gewährleisten und andererseits die Bedingungen für die Ausübung des Wandlungsrechts und damit für die Verwässerung der Altaktionäre konkret und nachvollziehbar zu fassen. Überdies muss die Ermächtigung den Anforderungen des Kapitalmarkts genügen, also zur Ausgabe von „marktgängigen" Wandelanleihen berechtigen.

155

Für die bereits etablierten Typen von Wandelanleihen führt die Aktienrechtsnovelle nicht zu Änderungsbedarf. Als neuer Typus kann sich dagegen die „Sanierungsanleihe" nach § 192 Abs. 3 S. 3 und S. 4 AktG nF etablieren. Der Ermächtigungsbeschluss für Anleihen nach § 192 Abs. 3 S. 3 und S. 4 AktG nF muss insoweit Vorgaben enthalten, unter welchen Voraussetzungen die Gesellschaft ihr Wandlungsrecht ausüben kann. Dazu wird in der Literatur die Vorlage eines hinreichend konkreten Sanierungskonzepts verlangt.[161] Befindet sich die Gesellschaft bereits in einer Krise sollten anhand eines Sanierungskonzepts die konkreten wandlungsauslösenden Ereignisse beschrieben werden.

156

Sofern die Ermächtigung jedoch nicht im konkreten Krisenfall, sondern in guten Zeiten „auf Vorrat" beschlossen werden soll, sind vielfältige Ausübungsszenarien vorstellbar, die grundsätzlich einen breiteren Anwendungsbereich rechtfertigen. Stets wird zu berücksichtigen sein, dass es sich bei den „Sanierungsanleihen" nach § 192 Abs. 3 S. 3 und S. 4 AktG nF um Ausnahmetatbestände handelt, die grundsätzlich eng auszulegen sind. Die **Anforderungen für eine gesetzesmäßige Ausübung des Wandlungsrechts sind daher im Ermächtigungsbeschluss zu konkretisieren**.[162]

157

Aufgabe ist es dann, die drohende Zahlungsunfähigkeit und die bevorstehende Überschuldung zu beschreiben. Die Gesetzesbegründung verzichtet auf eine Erläuterung, was unter Abwendung der Überschuldung zu verstehen ist und beschränkt sich auf den Hinweis, dass die Überschuldung noch nicht eingetreten oder festgestellt sein muss.[163] Dies spricht dafür, dass der Gesetzgeber das die Ausübung des Wandlungsrechts begründende Ereignis **deutlich in den Zeitraum vor Insolvenzreife** und vor Eintritt der sogenannten rechnerischen Überschuldung verlegen wollte. Die Ausübung des Wandlungsrechts verlangt folglich – generalisierend betrachtet – **keine unmittelbar bevorste-**

158

---

[159] BegrRegE BT-Drs. 18/4349, 27.
[160] Vgl. iE MüKoAktG/*Habersack* § 221 Rn. 139 ff.; GroßkommAktG/*Hirte* § 221 Rn. 100 ff.; Spindler/Stilz/*Seiler* AktG § 221 Rn. 54 ff.
[161] MüKoAktG/Fuchs § 192 Rn. 151a.
[162] Für eine enge Auslegung und präzise Vorgaben MüKoAktG/*Fuchs* § 192 Rn. 151a.
[163] BegrRegE BT-Drs. 18/4349, 28.

hende **Überschuldung** im Sinne einer Unterbilanz bzw. rechnerischen Überschuldung mit ungewisser Fortführungsprognose. Maßgeblich ist die begründete Erwartung, dass innerhalb eines überschaubaren Zeitraums die konkrete Gefahr einer Überschuldung droht. Für diesen Betrachtungszeitraum sind 6 Monate jedenfalls nicht unangemessen lange, um dem Vorstand auch die notwendige Zeit zur Gegensteuerung zu geben.

159 Ob allein der Tatbestand des **Verlusts der Hälfte des Grundkapitals** gemäß § 92 Abs. 1 AktG als ausreichendes Ereignis in den Anleihebedingungen definiert werden kann, ist nicht gesichert. Jedenfalls ist der Verlust der Hälfte des Grundkapitals ein starker Indikator dafür, dass Maßnahmen zur Abwendung einer Überschuldung angezeigt sind und – da objektiv feststellbar – ein geeigneter Anknüpfungspunkt.

160 Die **Definition objektiv messbarer Kriterien** im Ermächtigungsbeschluss der Hauptversammlung ist nicht zwingend, jedoch der Praxis anzuraten. In Betracht kommen etwa die Unterschreitung einer bestimmten Eigenkapitalquote (AG und/oder Konzern), Verschuldungsgrad, Verhältnis und andere, sanierungsrelevante Kennzahlen. Zudem sollte es – analog der Ermächtigung zur Ermittlung des Wandlungsverhältnisses innerhalb bestimmter Ober- und Untergrenzen durch sachverständige Dritte – möglich sein, die drohende Zahlungsunfähigkeit oder die Notwendigkeit von Maßnahmen zur Abwendung der Überschuldung **durch Sachverständige gutachterlich ermitteln und/oder bestätigen** zu lassen.

d) Entscheidung über die Ausübung des Wandlungsrechts

161 Die Entscheidung über Ausübung des Wandlungsrechts obliegt dem Vorstand (und Aufsichtsrat) der AG. Für die Festlegung des Ausgabebetrages sind die Grundsätze des § 255 Abs. 2 AktG maßgeblich.[164] Gerade bei einem debt equity swap in der Krise und einem niedrigen Aktienkurs muss der Vorstand genau prüfen, ob das Umtauschverhältnis und die dadurch gegebenenfalls eintretende Verwässerung der Aktionäre noch gerechtfertigt sind.

162 Bei der **unternehmerischen Entscheidung über die Ausübung des Wandlungsrechts** in den besonderen Konstellationen des § 192 Abs. 3 S. 4 AktG nF ist es nach dem Gesetzeswortlaut ausreichend, dass aus der ex ante-Perspektive der Zweck der Abwendung einer Überschuldung bzw. die Vermeidung einer drohenden Zahlungsunfähigkeit erreicht werden kann. Notwendig und hinreichend ist es also, wenn – gegebenenfalls mit anderen Maßnahmen einer Restrukturierung – die **Maßnahme zur (bilanziellen) Sanierung geeignet** ist. Insoweit findet die Business Judgment Rule Anwendung. Dem Vorstand ist hier bei der Lageeinschätzung ein weiter Beurteilungsspielraum zuzugestehen. Eine gerichtliche Nachprüfung der Verhältnismäßigkeit im Einzelfall, insbesondere eine Überprüfung der Erforderlichkeit der Ausübung des Wandlungsrechts und des Einsatzes des Mittels mit dem geringsten Eingriff in die Rechtstellung der Aktionäre, ist nicht angezeigt.

7. Keine Sacheinlage bei Wandlung

163 § 194 Abs. 1 Satz 2 AktG nF stellt als konsequente Folgeänderung zu § 192 AktG nF die umgekehrte Wandelanleihe im Hinblick auf die Vorschriften über die Sacheinlagen der normalen Wandelanleihe gleich. Demzufolge sind bei bedingter Kapitalerhöhung im Fall der Wandlung umgekehrter Wandelanleihen die **Regelungen über Sacheinlagen nicht anwendbar**. Auch in diesem Fall gilt die ursprüngliche Barzahlung als Einlage.

---

[164] MüKoAktG/*Fuchs* § 193 Rn. 16; GroßkommAktG/*K. Schmidt* § 255 Rn. 4; Hüffer/*Koch* AktG § 255 Rn. 6.

VI. Umgekehrte Wandelschuldverschreibung

164 Die Einlage von gegen die Gesellschaft gerichteten Forderungen im Tausch gegen neue Aktien im Rahmen eines klassischen debt equity swap wird ganz überwiegend als Sacheinlage behandelt. Dabei wird die Werthaltigkeit der Forderung nach den Vorschriften für Sacheinlagen überprüft. Wandelschuldverschreibungen sind von dieser Werthaltigkeitsprüfung befreit, weil der Nennbetrag der Gesellschaft bereits zugeflossen ist. Mit Ausübung des Umtauschrechts wird das Rechtsverhältnis umgestaltet. Die Leistung des Gläubigers bei Ausgabe der Wandelschuldverschreibung (Zahlung des Ausgabepreises) wird als vorzeitige Bareinlage auf die Aktien aus der bedingten Kapitalerhöhung betrachtet. Die zunächst auf die Anleihe geleistete Zahlung wird kraft der Gestaltungsbefugnis des Gläubigers (oder auch des Emittenten) zur Einlage, nicht dagegen wird die Rückzahlungsforderung des Gläubigers aus dem Finanzierungsinstrument als Einlage eingebracht.[165] Auch auf Anleihen einer Finanzierungstochter, die zum Umtausch in Aktien der Obergesellschaft berechtigen, kann § 194 Abs. 1 Satz 2 AktG analog angewandt werden, wenn beide Gesellschaften darlehensweise Abführung des Emissionserlöses an die Obergesellschaft und die Abtretung des der Finanzierungstochter zustehenden Rückzahlungsanspruchs an die Anleihegläubiger wirtschaftlich verbunden werden.[166]

165 Die Neufassung des § 194 Abs. 1 Satz 2 AktG wurde während des Gesetzgebungsverfahrens mit scharfen Worten angegriffen.[167] Gerade in der Krise sei die Forderung auf Rückzahlung des Anleihebetrages nicht werthaltig und eine Umwandlung in Grundkapital unter dem Gesichtspunkt der realen Kapitalaufbringung fragwürdig. Der Gesetzgeber hat sich dagegen nicht nur im Gesetzeswortlaut, sondern zusätzlich in der Gesetzesbegründung eindeutig positioniert: *„Die Änderung des § 194 Absatz 1 Satz 2 AktG macht klar, dass die Vorschriften über Sacheinlagen auch dann nicht anwendbar sind, wenn die Gesellschaft im Rahmen einer umgekehrten Wandelanleihe von ihrer Ersetzungsbefugnis Gebrauch macht. [...] **Es kommt nicht darauf an, ob die bisherige Geldforderung noch werthaltig ist.***“[168] Dies entspricht der ganz überwiegenden Ansicht.[169]

166 Für die Gestaltungspraxis sind gerade diese Regelung und die klaren Aussagen in der Gesetzesbegründung zu begrüßen.

---

[165] *Habersack*, in FS Nobbe, 539 (549) mwN; *Haag/Peters* WM 2015, 2303 (2308).
[166] *Hüffer/Koch* AktG § 194 Rn. 4.
[167] Zur Aktienrechtsnovelle 2012 insbes. *Drygala* WM 2011, 1637 (1641 ff.); und *Bayer* AG 2012, 141 (151) („*Umwandlung einer wertlosen Schuldverschreibung in nominelles Grundkapital*", „*Irreführung des Rechtsverkehrs und künftiger Gläubiger*").
[168] BegrRegE BT-Drs. 18/4349, 29.
[169] MünKoAktG/*Habersack*, § 291 Rn. 244; *Hüffer/Koch* AktG § 194 Rn. 4; *Singhoff* in FS Hoffmann-Becking, 1163 (1178); *Schnorbus/Trapp* ZGR 2010, 1023 (1029); *Bader* AG 2014, 472 (483); *Haag/Peters* WM 2015, 2303 (2305 f.) jeweils mwN.

§ 6 Auswirkungen auf die Hauptversammlungspraxis

I. Einleitung

Mit der Aktienrechtsnovelle 2016 wurden verschiedene Neuerungen eingeführt, die Auswirkungen auf die Praxis der Hauptversammlung haben, insbesondere für ihre Einberufung und Durchführung. Die Schwerpunkte sind:
- Entfall der Anknüpfung der Berechnungen von Fristen usw. an die Veröffentlichungen in weiteren in der Satzung festgelegten Gesellschaftsblättern als dem elektronischen Bundesanzeiger durch Änderung von § 25 AktG.
- Klarstellung der Anforderungen an die Zulässigkeit eines Verzichts auf die europaweite Verbreitung der Einberufung zur Hauptversammlung gemäß § 121 Abs. 4a AktG.
- Diverse Änderungen zur Einberufung einer Hauptversammlung auf Verlangen einer Minderheit gemäß § 122 AktG.
- Änderungen der Regelungen der Anmeldung zur Hauptversammlung und damit zusammenhängenden Fragen in § 123 AktG.
- Klarstellung der nach der alten Rechtslage bestehenden Unklarheiten über die Bezugsgröße des Anteils des durch die gültigen Stimmen vertretenen Grundkapitals bei der Niederschrift nach § 130 AktG.

Nicht mit aufgenommen wurde die relative Befristung der Nichtigkeitsklage gemäß § 249 Abs. 2 AktG. IÜ wurden mit der Aktienrechtsnovelle 2016 sprachliche Ungenauigkeiten der bisherigen Gesetzesfassung korrigiert sowie verschiedene Klarstellungen vorgenommen. Diese Änderungen werden ebenfalls jeweils kurz dargestellt.

II. Bekanntmachungen der Gesellschaft (§ 25 AktG)

Durch die Aktienrechtsnovelle 2016 wurde § 25 S. 2 AktG gestrichen, nach der neben dem elektronischen Bundesanzeiger andere Medien als Gesellschaftsblätter für die Veröffentlichung von Nachrichten, Einladungen usw. bezeichnet werden konnten.

§ 25 AktG aF	§ 25 AktG nF
Bestimmt das Gesetz oder die Satzung, daß eine Bekanntmachung der Gesellschaft durch die Gesellschaftsblätter erfolgen soll, so ist sie in den Bundesanzeiger einzurücken. **Daneben kann die Satzung andere Blätter oder elektronische Informationsmedien als Gesellschaftsblätter bezeichnen.**	*Bestimmt das Gesetz oder die Satzung, daß eine Bekanntmachung der Gesellschaft durch die Gesellschaftsblätter erfolgen soll, so ist sie in den Bundesanzeiger einzurücken.*

§ 25 S. 1 AktG schreibt seit dem TransPuG vom 19.7.2002[1] für Bekanntmachungen der Gesellschaft die Veröffentlichung im **elektronischen Bundesanzeiger** vor. Der elektronische Bundesanzeiger ist **Pflichtgesellschaftsblatt** geworden, damit einem unbestimmten Adressatenkreis eine über das Internet allgemein zugängliche Quelle zur Ver-

---

[1] Gesetz zur weiteren Reform des Aktien- und Bilanzrechts, zu Transparenz und Publizität (TransPuG) vom 19.7.2002 (BGBl. I 2681).

5 Dem technischen Fortschritt folgend **können Veröffentlichungen auf elektronischem Weg** über das Internet an den Bundesanzeiger Verlag unter seiner Adresse www.bundesanzeiger.de übermittelt werden. Damit ist die vorher bestehende Schwierigkeit für die Praxis gelöst worden, in die Zeitplanung vor allem für Einladungen zur Hauptversammlung auch noch die Drucktermine des in Papierform erscheinenden Bundesanzeigers einzubeziehen. Spätestens seit der Abschaffung der Druckfassung des Bundesanzeigers ist allgemein anerkannt, dass Satzungen, die noch gemäß der vorherigen Rechtslage die Veröffentlichung im Bundesanzeiger vorsehen, so zu lesen sind, dass die Veröffentlichung im elektronischen Bundesanzeiger gemeint ist.[3]

1. Die alte Fassung

6 Der durch das NaStraG vom 18.1.2001[4] eingefügte § 25 S. 2 AktG erlaubte darüber hinaus, **in der Satzung „andere Blätter oder elektronische Informationsmedien" als weitere Gesellschaftsblätter** zu bestimmen. Dabei kamen als papiergebundene Medien in Deutschland erscheinende lokale bzw. überregionale Tages-, Wochen-, oder Monatszeitungen und -zeitschriften in Betracht, aber auch die elektronische Veröffentlichung beispielsweise auf der Website des Unternehmens.[5] § 25 S. 2 AktG regelte nur die Bekanntmachung in solchen Gesellschaftsblättern, die ausdrücklich in der Satzung als solche definiert sind. Mithin galt die Bestimmung nicht für die in der Praxis weit verbreiteten freiwilligen Veröffentlichungen in den eben genannten oder anderen Medien.[6]

7 Die Notwendigkeit einer expliziten Satzungsregelung führte dazu, dass die Bestimmung **in der Praxis kaum Bedeutung** gewann.[7] Im juristischen Schrifttum wurde zudem verbreitet davon abgeraten, von der Möglichkeit des § 25 S. 2 AktG überhaupt Gebrauch zu machen, da das Nebeneinander zweier Publikationsmedien aufwändig war und vor allem rechtliche Risiken mit sich brachte. So konnte entgegen dem eingangs dargestellten Zweck von § 25 S. 1 AktG durch eine Bestimmung weiterer Gesellschaftsblätter nach § 25 S. 2 AktG die Klarheit der Fristberechnung erheblich gestört werden.[8] Wurden zB neben dem Pflichtgesellschaftsblatt elektronischer Bundesanzeiger eine überregionale Tageszeitung und zwei lokale Tageszeitungen als Gesellschaftsblätter bezeichnet, stellte sich für alle an die Veröffentlichung in den Gesellschaftsblättern anknüpfenden gesetzlichen Fristen die Frage, ab welcher Veröffentlichung sie zu berechnen sind.

8 **Für die Hauptversammlungspraxis** bestand diese Problematik insbesondere für die in § 121 Abs. 4 S. 1 AktG geregelte gesetzliche Frist zur Einberufung der Hauptversammlung. Darüber hinaus kamen zB in Betracht: die im Aktiengesetz normierten gesetzlichen Fristen für die Androhung des Verkaufs von nicht aufgeholten Aktien, § 214 Abs. 2, 3 AktG, die Kraftloserklärung, § 226 Abs. 2 S. 2, 3 AktG, und die Verteilung des Vermögens im Rahmen der Auflösung, § 272 Abs. 1 AktG. Ferner sind gesetzliche Fristen aufgestellt, die an die Veröffentlichung in Gesellschaftsblättern anknüpfen, für

---

[2] Hüffer/*Koch* AktG § 25 Rn. 2; MüKoAktG/*Pentz* § 25 Rn. 4.
[3] Hüffer/*Koch* AktG § 25 Rn. 3 mwN; Spindler/Stilz/*Limmer* AktG § 25 Rn. 5.
[4] Gesetz zur Namensaktie und zur Erleichterung der Stimmrechtsausübung (Namensaktiengesetz – NaStraG) vom 18.1.2001 (BGBl. I 123).
[5] Spindler/Stilz/*Limmer* AktG § 25 Rn. 6.
[6] Hüffer/*Koch* AktG § 25 Rn. 1; Henssler/Strohn/*Wardenbach* AktG § 25 Rn. 3.
[7] BT-Drs. 18/4349, 19.
[8] Vgl. dazu Hüffer/*Koch* AktG § 25 Rn. 4 ff.; vgl. auch MüKoAktG/*Pentz* § 25 Rn. 9.

II. Bekanntmachungen der Gesellschaft (§ 25 AktG)

Konzernverschmelzungen, § 62 Abs. 3 S. 2 UmwG, die Informationspflicht sowie Androhung des Aktienverkaufs im Rahmen eines Formwechsels eingetragener Genossenschaften, § 267 Abs. 2 S. 1 und § 268 Abs. 2 S. 2 UmwG.

Nach hM zum jetzt gestrichenen § 25 S. 2 AktG war auf die **letzte Veröffentlichung** abzustellen.[9] Diese Auffassung wurde zunächst auf § 10 HGB gestützt[10] und nach dessen Neufassung durch das EHUG vom 10.11.2006[11] allgemeinen Grundsätzen entnommen: Der Adressat einer Bekanntmachung, für die Gesetz und Satzung verschiedene Pflichtveröffentlichungen vorgeben, muss sich darauf verlassen können, dass für die Fristberechnung das Gesellschaftsblatt maßgeblich ist, in das er Einsicht genommen hat. Abweichend vom Grundsatz kam es für die Fristberechnung ausnahmsweise allein auf die Veröffentlichung im elektronischen Bundesanzeiger an, sofern das Gesetz ausdrücklich auf diese abstellte, wie etwa in den § 97 Abs. 1 S. 3, Abs. 2 S. 1 AktG, § 25 Abs. 1 S. 4 SEAG[12] – die Bekanntgabe über die nach Ansicht des Vorsitzenden nicht ordnungsgemäße Zusammensetzung des Aufsichtsrats / Verwaltungsrats.[13]

Aufgrund der dennoch bestehenden rechtlichen Unsicherheit und der fehlenden Vorteile sahen nahezu alle großen Aktiengesellschaften von einer entsprechenden Regelung ab.[14] Dies entsprach auch den Ratschlägen im aktienrechtlichen Schrifttum.[15] In der Praxis wird **üblicherweise nur im elektronischen Bundesanzeiger als Pflichtveröffentlichungsblatt veröffentlicht**, während die Veröffentlichung in anderen Medien lediglich als – für die Fristberechnungen irrelevante – freiwillige Veröffentlichung erfolgt.

2. Die ersatzlose Streichung des § 25 S. 2 AktG

Der **Referentenentwurf des Bundesministeriums der Justiz von 2010**[16] enthielt noch **keine Regelung zu § 25 S. 2 AktG**. Der Entwurf sah aber zunächst einen neuen § 249 Abs. 2 S. 3 AktG vor. Danach sollte die Nichtigkeitsklage einer relativen Befristung unterliegen (siehe dazu unten VIII.). Nach Erhebung einer Anfechtungs-[17] oder Nichtigkeitsklage gegen einen Beschluss hätten Aktionäre der Gesellschaft nur innerhalb eines Monats nach der Bekanntgabe der bereits erhobenen Anfechtungs- oder Nichtigkeitsklage(n) ihrerseits gegen den streitgegenständlichen Beschluss Nichtigkeitsklage erheben können. Diese Bindung weiterer Nichtigkeitsklagen an eine Veröffentlichung in den Gesellschaftsblättern hätte die Bedeutung dieser Veröffentlichung noch weiter erhöht: Die Einhaltung der Frist und damit auch die Frage, welches Gesellschaftsblatt bei

---

[9] Hüffer/*Koch* AktG § 25 Rn. 5a; MüKoAktG/*Kubis* § 121 Rn. 73; Spindler/Stilz/*Limmer* AktG § 25 Rn. 8; aA *Noack* DB 2010, 2657 (2659); KölnKommAktG/*Noack/Zetzsche* § 121 Rn. 113: es entscheidet immer die Veröffentlichung im elektronischen Bundesanzeiger.
[10] § 10 Abs. 2 HGB lautete: „Mit dem Ablauf des Tages, an welchem das letzte der die Bekanntmachung enthaltenden Blätter erschienen ist, gilt die Bekanntmachung als erfolgt."
[11] Gesetz über elektronische Handelsregister und Genossenschaftsregister sowie das Unternehmensregister (EHUG) vom 10.11.2006 (BGBl. I 2553).
[12] Gesetz zur Ausführung der Verordnung (EG) Nr. 2157/2001 des Rates vom 8. Oktober 2001 über das Statut der Europäischen Gesellschaft (SE) (SE-Ausführungsgesetz – SEAG) vom 22.12.2004 (BGBl. I 3675); zuletzt geändert durch Art. 14 G für die gleichberechtigte Teilhabe von Frauen und Männern an Führungspositionen in der Privatwirtschaft und im öffentlichen Dienst vom 24.4.2015 (BGBl. I 642).
[13] Bis zur Änderung durch das Gesetz zur Umsetzung der Aktionärsrechterichtlinie (ARUG) vom 30.7.2009 (BGBl. I 2479) ferner §§ 125 Abs. 1 S. 1, 126 Abs. 1 AktG.
[14] BT-Drs. 17/8989, 13.
[15] Vgl. Hüffer/*Koch* AktG § 25 Rn. 4 ff.; MüKoAktG/*Pentz* § 25 Rn. 9.
[16] Bearbeitungsstand 2.11.2010 (abrufbar im Internet unter: http://rsw.beck.de/docs/librariesprovider5/rsw-dokumente/RefE-Aktienrechtsnovelle-2011; zuletzt abgerufen: 6.1.2016).
[17] Zur Einbeziehung auch der Anfechtungsklage siehe die Begründung des Referentenentwurfs des Bundesministeriums der Justiz von 2010, S. 21.

der Veröffentlichung in mehreren Gesellschaftsblättern maßgeblich ist, hätte für weitere Anfechtungs- und Nichtigkeitsklagen gerichtlich geprüft werden müssen.

12 Dementsprechend wurde im Gesetzgebungsverfahren kritisiert, dass aus der Neuregelung des § 249 AktG (ebenfalls) nicht ersichtlich würde, auf die Veröffentlichung in welchem Medium es für die Fristberechnung ankomme.[18] Als Konsequenz schlug der Regierungsentwurf zur Aktienrechtsnovelle 2012 die **ersatzlose Streichung** von § 25 S. 2 AktG vor,[19] was im weiteren Gesetzgebungsverfahren – trotz der schließlich ausbleibenden Einführung einer relativen Befristung der Nichtigkeitsklage – durch die Aktienrechtsnovelle 2016 auch umgesetzt wurde. Die Streichung wird auch mit der **geringen praktischen Bedeutung** der Regelung begründet.[20] Die angedachte Neuregelung des § 249 Abs. 2 S. 3 AktG bildet insofern nur den Anlass, nicht die wesentliche Begründung der ersatzlosen Streichung des § 25 S. 2 AktG.

13 Mit der Streichung des § 25 S. 2 AktG ist der elektronische Bundesanzeiger das einzige Gesellschaftsblatt für Pflichtveröffentlichungen; dies gilt auch für andere Gesetze als das Aktiengesetz, die ebenfalls für Aktiengesellschaften Bekanntmachungen in den Gesellschaftsblättern vorsehen.[21] Der **Gesetzgeber gestattet aber ausdrücklich die Fortsetzung der bisherigen Praxis, zusätzlich Veröffentlichungen in weiteren Medien vorzunehmen**, nur hat dies ausweislich der Begründung des Gesetzesentwurfs „keine Rechtswirkungen mehr".[22] Das ist richtig, soweit es den Fristenlauf betrifft. Es ist aber nicht auszuschließen, dass falsche Veröffentlichungen in solchen Medien, zB mit der Angabe eines falschen Tags für die Hauptversammlung, Schadensersatzansprüche nach allgemeinen Grundsätzen auslösen können. Zusätzliche Veröffentlichungen in weiteren Medien sind **daher im Einzelnen zu prüfen**.

14 Diese vom Gesetzgeber nachvollzogene Entscheidung der Praxis gegen die Einführung weiterer Gesellschaftsblätter wird in der Literatur zum Regierungsentwurf **allgemein begrüßt**,[23] da damit die Rechtsklarheit gefördert werde.[24]

3. Übergangsvorschrift

15 Für Satzungen, die weitere Veröffentlichungsblätter gemäß § 25 S. 2 AktG enthalten, wurde mit der Aktienrechtsnovelle 2016 in § 26h Abs. 3 des AktGEG eine Übergangsbestimmung eingeführt. Danach bleibt die Satzungsbestimmung mit der Vorgabe weiterer Veröffentlichungsblätter wirksam. „Für einen Fristbeginn oder das sonstige Eintreten von Rechtsfolgen" sind **ab dem 1.2.2016** allerdings „**ausschließlich die Bestimmungen im Bundesanzeiger maßgeblich**".[25] Auch mit diesem Regelungskonzept erzielt der Gesetzgeber Klarheit: Der Adressat einer Bekanntmachung kann sich nach der Übergangsfrist darauf verlassen, dass ausschließlich die Veröffentlichungen im elektronischen Bundesanzeiger den Fristenlauf bestimmen und er sämtliche für ihn wesentliche Fristen ausgehend von diesem Tag berechnen kann.

---

[18] *Noack* DB 2010, 2657 (2659); vgl. auch BT-Drs. 17/8989, 13.
[19] BT-Drs. 17/8989, 7.
[20] BT-Drs. 17/8989, 13.
[21] ZB §§ 267 Abs. 2 S. 1, 268 Abs. 3 S. 2 UmwG; weitere Bespiele in BT-Drs. 18/4349, 19.
[22] BT-Drs. 18/4349, 19; *Bungert/Wettich* ZIP 2012, 297 (301); *Drinhausen/Keinath* BB 2012, 395, (400).
[23] Siehe etwa *Bungert/Wettich* ZIP 2012, 297 (301); Stellungnahme des deutschen Anwaltsvereins NZG 2012, 380 (381).
[24] Handelsrechtsausschuss des Deutschen Anwaltsvereins NZG 2012, 380 (381); *Müller/Eising* GWR 2012, 77 (79 f.); *Drinhausen/Keinath* BB 2012, 395 (400).
[25] Übergangsvorschrift zur Aktienrechtsnovelle, § 26h Abs. 3 AktGEG.

16 Auf der anderen Seite **bleibt die Anordnung des Satzungsgebers der Aktiengesellschaft bestehen**, dass Veröffentlichungen auch in weiteren Organen stattzufinden haben, beispielsweise um die lokale Verbundenheit der Gesellschaft zum Ort ihres Sitzes auszudrücken.

17 Das **Zusammenspiel von § 26h Abs. 3 des AktGEG** als zeitliches Übergangsrecht **und der Streichung von § 25 S. 2 AktG** ist so zu verstehen, dass es Aktiengesellschaften mit Inkrafttreten der Aktienrechtsnovelle 2016 nicht mehr gestattet ist, weitere Gesellschaftsblätter vorzusehen. Wohl aber ist es der Aktiengesellschaft wie bisher gestattet, gemäß § 23 Abs. 4 AktG in der Satzung für sog. freiwillige Bekanntmachungen weitere Publikationsorgane zu bestimmen, die dann aber keine Gesellschaftsblätter sind.[26]

III. Verwendung des Jahresüberschusses (§ 58 AktG)

18 Die Aktienrechtsnovelle 2016 passt die Regelungen zur Gewinnverteilung nach § 58 Abs. 4 AktG geringfügig an. Anders als bisher tritt die Fälligkeit des Anspruchs auf den Bilanzgewinn nicht bereits mit Fassung des Gewinnverteilungsbeschlusses ein, sondern erst am dritten Tag nach dem entsprechenden Hauptversammlungsbeschluss. Nach der Neufassung, die der Umsetzung europäischer Empfehlungen dient, kann die Hauptversammlung nur eine längere, nicht jedoch eine kürzere Fälligkeitsfrist beschließen. Die Änderung des § 58 Abs. 4 AktG tritt nach Art. 10 Abs. 1 der Aktienrechtsnovelle[27] – im Gegensatz zu den sonstigen Regelungen – erst zum 1.1.2017 in Kraft, da eine einheitliche Abwicklung der Dividendentermine durch die die Aktien verwahrenden Kreditinstitute gewährleistet und die Dividendensaison 2016 noch nach bestehender Rechtslage abgewickelt werden soll.[28]

§ 58 Abs. 4 AktG aF	*§ 58 Abs. 4 AktG nF*
Die Aktionäre haben Anspruch auf den Bilanzgewinn, soweit er nicht nach Gesetz oder Satzung, durch Hauptversammlungsbeschluß nach Absatz 3 oder als zusätzlicher Aufwand auf Grund des Gewinnverwendungsbeschlusses von der Verteilung unter die Aktionäre ausgeschlossen ist.	Die Aktionäre haben Anspruch auf den Bilanzgewinn, soweit er nicht nach Gesetz oder Satzung, durch Hauptversammlungsbeschluß nach Absatz 3 oder als zusätzlicher Aufwand auf Grund des Gewinnverwendungsbeschlusses von der Verteilung unter die Aktionäre ausgeschlossen ist. **Der Anspruch ist am dritten auf den Hauptversammlungsbeschluss folgenden Geschäftstag fällig. In dem Hauptversammlungsbeschluss oder in der Satzung kann eine spätere Fälligkeit festgelegt werden.**

19 § 58 AktG trifft in seinen Abs. 1 bis 3 Regelungen zur Bildung von Rücklagen und in dem durch die Aktienrechtsnovelle 2016 geänderten Abs. 4 zur Gewinnverteilung. Dem § 58 Abs. 4 AktG wurden durch die Aktienrechtsnovelle 2016 die Sätze 2 und 3 hinzugefügt. Gegenstand der Regelung ist die **Fälligkeit des Anspruchs der Aktionäre auf den Bilanzgewinn**, die abweichend von dem gesetzlichen Leitbild in § 271 Abs. 1 BGB am dritten Geschäftstag nach der Hauptversammlung eintritt.[29]

20 **Vor der Ergänzung** des S. 2 trat Fälligkeit grundsätzlich **gemäß § 271 BGB sofort**, also mit dem Gewinnverwendungsbeschluss der Hauptversammlung, ein.[30] Durch Sat-

---

[26] Vgl. Hüffer/*Koch* AktG § 23 Rn. 32; MüKoAktG/*Pentz* § 23 Rn. 151.
[27] BGBl. 2015 I 2565.
[28] BT-Drs. 18/6681, 14.
[29] BT-Drs. 18/4349, 19.
[30] BT-Drs. 18/4349, 20; Hüffer/*Koch* AktG § 58 Rn. 28; MüKoAktG/*Bayer* § 58 Rn. 106.

zung oder im Hauptversammlungsbeschluss über die Gewinnverwendung konnte jedoch eine spätere Fälligkeit bestimmt werden.[31] Dabei bedürfen der Gewinnverwendungsbeschluss gemäß § 133 AktG der einfachen Mehrheit, eine Satzungsänderung dagegen einer qualifizierten Mehrheit nach § 179 AktG.

21 Mit der **Neuregelung** der **Fälligkeit grundsätzlich auf den dritten Tag nach der Hauptversammlung** werden einerseits eine einheitliche Praxis für alle deutschen Publikumsgesellschaften geschaffen und anderseits Unsicherheiten hinsichtlich des Erreichens der erforderlichen Mehrheiten beseitigt. Die Regelung orientiert sich an europäischen Empfehlungen und soll grenzüberschreitende Aktieninvestments erleichtern.[32]

22 § 58 Abs. 4 S. 2 AktG orientiert sich an den **in den „Market Standards for Corporate Actions Processing"**[33] gemachten **Empfehlungen der Corporate Actions Joint Working Group.**[34] Das Ziel der aus Vertretern verschiedener Marktteilnehmer (Wertpapieremittenten, Kreditinstitute, Clearingstellen und Börsen) zusammengesetzten Arbeitsgruppe war es, die bei der Abwicklung von Kapitalmaßnahmen bestehenden unterschiedlichen Regelungen in den verschiedenen Mitgliedstaaten anzugleichen. Diese waren bereits von einer früheren, unter Vorsitz des italienischen Bankiers Alberto Giovannini stehenden und durch die EU eingesetzten Expertengruppe (sog. „Giovannini Gruppe") als Hemmnis grenzüberschreitender Aktieninvestments („Barriere Nummer 3") identifiziert worden. Aufgrund der unterschiedlichen gesetzlichen Rahmenbedingungen müssen die Marktteilnehmer Kenntnis einer Vielzahl von Rechtsordnungen haben, was nicht nur Rechtsunsicherheit, sondern auch erhebliche Kosten zur Folge hat.[35]

23 In den Market Standards for Corporate Actions Processing wird daher vorgeschlagen, einheitlich **folgende zeitliche Abfolge bei der Dividendenausschüttung** einzuhalten: Auf den Tag der Hauptversammlung folgt der sog. „**Ex-Tag**", an welchem das Wertpapier erstmals nach dem Hauptversammlungsbeschluss wieder gehandelt wird, ohne dass jedoch ein Recht auf Teilhabe an der Kapitalmaßname besteht. Der darauf folgende Geschäftstag, der sogenannte „**Record Date**" (ohne Bezug zu dem gleichnamigen „Record Date" iRd § 123 AktG), ist zur technischen Abwicklung der Kapitalmaßnahme bestimmt. Frühestens ein Geschäftstag nach diesem Datum liegt dann der „**Payment Date**", also der Tag, an welchem die Dividendenzahlung fällig ist.[36] Folglich ist die Dividendenzahlung frühesten am dritten Geschäftstag nach der Hauptversammlung fällig. Für den Geschäftstag ist gemäß der Gesetzesbegründung das den Regelungen in den §§ 675n, 675s und 675t BGB zugrundeliegende Verständnis maßgeblich und daher auf den Bankarbeitstag abzustellen.[37]

24 **Vorteil der europaweiten Vereinheitlichung** ist, dass die Ermittlung der dividendenberechtigten Aktionäre auf einer **zuverlässigen Grundlage** erfolgen kann. **Fehlbuchungen und Korrekturen** können **reduziert** werden. Ferner werden **grenzüberschreitende Aktieninvestments erleichtert**, da der gesamte Prozess verlässlicher und absehbarer wird, für ausländische Aktiengesellschaften genauso wie für inländische.[38]

---

[31] Hüffer/*Koch* AktG § 58 Rn. 28; MüKoAktG/*Bayer* § 58 Rn. 106.
[32] BT-Drs. 18/4349, 19 f.
[33] Zitiert nach: BT-Drs. 18/4349, 20.
[34] BT-Drs. 18/4349, 19 f.
[35] Zum Vorstehenden insgesamt: BT-Drs. 18/4349, 19 f.; *Löber* BKR 2003, 605; Einzelheiten zur Giovannini Gruppe und den entsprechenden Berichten sind abrufbar unter: https://www.ecb.europa.eu/paym/t2s/about/html/giovannini.en.html (zuletzt abgerufen am 6.1.2016).
[36] Zum Vorstehenden insgesamt: Market Standards for Corporate Actions Processing, S. 12, 14; zitiert nach: BT-Drs. 18/4349, 20.
[37] Vgl. BT-Drs. 18/4349, 20.
[38] Zum Vorstehenden insgesamt: BT-Drs. 18/4349, 19 f.

Die **Market Standards for Corporate Actions Processing** geben allerdings keinen 25
verbindlichen Zeitrahmen vor. Zwar lautet die ausdrückliche Empfehlung, der Fälligkeitszeitpunkt ("Payment Date") solle am auf den "Record Date" folgenden Geschäftstag liegen, jedoch ist auch ein längerer Zeitraum denkbar.[39] Dem entsprechend eröffnet § 58 Abs. 4 S. 3 AktG die **Möglichkeit, einen späteren Fälligkeitszeitpunkt durch Hauptversammlungsbeschluss oder in der Satzung festzulegen**. Allerdings bedeutet dies auch: Mit der Öffnungsmöglichkeit in § 58 Abs. 4 S. 3 AktG wird das unmittelbare Ziel der Aktienrechtsnovelle 2016, durch Rechtssicherheit über den Fälligkeitsstichtag eine EU-weite Harmonisierung der Wertpapierabwicklung zu erreichen, zugunsten erhöhter Autonomie der einzelnen Aktiengesellschaft und ihrer Aktionäre wieder aufgegeben; dies gilt verstärkt vor dem Hintergrund, dass die Öffnungsklausel nicht nur für Satzungsregelungen gilt, sondern für jeden einzelnen Gewinnverwendungsbeschluss.

IV. Einberufung der Hauptversammlung (§§ 121 bis 123 AktG)

Die Bestimmungen zur Einberufung der Hauptversammlung sind in den letzten Jahren mehrfach erheblich geändert und klargestellt worden, da sich die meisten größeren Reformwerke zum Aktiengesetz mit ihnen beschäftigt haben. Der Gesetzgeber der Aktienrechtsnovelle 2016 blieb bei diesem Kurs. Die Regelungen zur Einberufung der Hauptversammlung wurden in einer Vielzahl von Fällen novelliert, teilweise zum Ziel der Änderung, teilweise zum Ziel der Klarstellung. 26

1. Änderungen von § 121 AktG

Die allgemeinen Bestimmungen zur Einberufung in § 121 AktG wurden im Wesentlichen im Hinblick auf an anderer Stelle erfolgte Änderungen angepasst und klargestellt. **Umstritten** ist hingegen, trotz ihres überschaubaren Umfangs, die in § 121 Abs. 4a AktG vorgenommene Änderung betreffend die **Ausnahmen zur Pflicht der europaweiten Verbreitung der Einberufung**. 27

a) Textliche Anpassungen in § 121 AktG

Die Aktienrechtsnovelle 2016 sieht **zwei kleinere textliche Anpassungen** in § 121 Abs. 3 AktG vor. 28

aa) Änderung in § 121 Abs. 3 S. 3 Nr. 1 AktG

§ 121 Abs. 3 S. 3 Nr. 1 AktG aF	§ 121 Abs. 3 S. 3 Nr. 1 AktG nF
Bei börsennotierten Gesellschaften hat der Vorstand oder, wenn der Aufsichtsrat die Versammlung einberuft, der Aufsichtsrat in der Einberufung ferner anzugeben:	*Bei börsennotierten Gesellschaften hat der Vorstand oder, wenn der Aufsichtsrat die Versammlung einberuft, der Aufsichtsrat in der Einberufung ferner anzugeben:*
1. die Voraussetzungen für die Teilnahme an der Versammlung und die Ausübung des Stimmrechts sowie gegebenenfalls den Nachweisstichtag nach § 123 Abs. 3 Satz 3 und dessen Bedeutung;	*1. die Voraussetzungen für die Teilnahme an der Versammlung und die Ausübung des Stimmrechts sowie gegebenenfalls den Nachweisstichtag nach § 123 **Absatz 4 Satz 2** und dessen Bedeutung;*

---

[39] Market Standards for Corporate Actions Processing, S. 12, 14; zitiert nach: BT-Drs. 18/4349, 20.

§ 121 Abs. 3 S. 3 Nr. 1 AktG verweist nun auf den neu eingefügten § 123 Abs. 4 S. 2 AktG. Diese Anpassung war aufgrund der Änderung und Neufassung des § 123 AktG notwendig geworden, **weicht** jedoch **inhaltlich nicht von der vorherigen Rechtslage ab**. Der nunmehr in Verweis genommene § 123 Abs. 4 S. 2 AktG entspricht wörtlich dem bisher zitierten § 123 Abs. 3 S. 3 AktG.[40] Beide Bestimmungen lauten:

> „Der Nachweis hat sich bei börsennotierten Gesellschaften auf den Beginn des 21. Tages vor der Versammlung zu beziehen und muss der Gesellschaft unter der in der Einberufung hierfür mitgeteilten Adresse zugehen."

29 bb) Wegfall von § 121 Abs. 4 S. 3 AktG

§ 121 Abs. 4 S. 3 AktG aF	§ 121 Abs. 4 S. 3 AktG nF
Die §§ 125 bis 127 gelten sinngemäß.	[aufgehoben]

Der bisherige § 121 Abs. 4 S. 3 AktG wurde mit der Aktienrechtsnovelle 2016 ersatzlos aufgehoben. Der Verweis sollte gewährleisten, dass im Falle der Einberufung der Hauptversammlung durch eingeschriebenen Brief der Fristlauf für die Mitteilungen für Aktionäre und Aufsichtsratsmitglieder gemäß § 125 AktG und für Anträge von Aktionären gemäß §§ 126, 127 AktG nicht, wie sonst, an das Erscheinen im Bundesanzeiger, sondern an die Absendung des eingeschriebenen Briefs anknüpft.[41] Diese Regelung wurde **bereits mit der Neufassung der §§ 125 bis 127 AktG durch das im Jahr 2009 verkündete ARUG**[42] **obsolet**, da nach dem neuen Fristenregime die Fristen für die eben genannten Mitteilungen nicht mehr von der Bekanntmachung im Bundesanzeiger in die Zukunft, sondern rückwärts vom Termin der Hauptversammlung zu rechnen sind.[43] Insofern hatte der Verweis, wie der Gesetzgeber nun bei der Aktienrechtsnovelle 2016 festgestellt hat, „jegliche Bedeutung für die Fristberechnung verloren".[44] Folgerichtig wurde er aufgehoben.

b) Pflicht zur europaweiten Verbreitung der Einberufung (§ 121 Abs. 4a AktG)

30
Durch die Aktienrechtsnovelle 2016 wurde auch § 121 Abs. 4a AktG geringfügig geändert. Der Gesetzgeber hat sich dabei nur auf eine Klarstellung des zuvor nicht eindeutigen Wortlauts für die beiden Ausnahmen von der Pflicht zur europaweiten Einberufung beschränkt (bb)).[45] Auf die bedeutenderen und auch für das Verständnis der Ausnahmen wichtigen Fragen, welche praktischen Konsequenzen § 121 Abs. 4a AktG überhaupt zeitigt (aa)) und ob vor diesem Hintergrund die beiden Ausnahmen mit Art. 5 Aktionärsrechterichtlinie[46] vereinbar sind (cc)), geht die Novelle nicht ein.

aa) Die generellen Anforderungen an die europaweite Verbreitung

31
Nach § 121 Abs. 4a AktG, eingefügt durch das ARUG in Umsetzung von Art. 5 Aktionärsrechterichtlinie,[47] müssen börsennotierte Gesellschaften **grundsätzlich die Mit-**

---

[40] Siehe zu dieser Änderung auch → Rn. 63 ff.
[41] Spindler/Stilz/*Rieckers* § 121 Rn. 64.
[42] Gesetz zur Umsetzung der Aktionärsrechterichtlinie (ARUG) vom 30.7.2009 (BGBl. I 2479).
[43] Spindler/Stilz/*Rieckers* § 121 Rn. 64; Hüffer/*Koch* § 121 Rn. 11h.
[44] BT-Drs. 18/4349, 21.
[45] BT-Drs. 18/4349, 21.
[46] Richtlinie 2007/36/EG des Europäischen Parlaments und des Rates vom 11. Juli 2007 über die Ausübung bestimmter Rechte von Aktionären in börsennotierten Gesellschaften (OJ 2007 L184, 17).
[47] Hüffer/*Koch* § 121 Rn. 11i.

teilung über die Einberufung der Hauptversammlung solchen Medien (Zeitungen, Informationsorgane etc.) zuleiten, von denen angenommen werden kann, dass sie diese Information **europaweit verbreiten**. So soll die Informationslage der Aktionäre verbessert und die grenzüberschreitende Ausübung von Aktionärsrechten gefördert werden.[48] Die **streitigen Konsequenzen** aus diesem Regelungsziel **hat der Gesetzgeber der Aktienrechtsnovelle 2016 nicht entschieden,** er hat sich dazu noch nicht einmal geäußert.

Praktisch äußert sich die Meinungsverschiedenheit in der **Frage, ob die Veröffentlichung im elektronischen Bundesanzeiger die Anforderung an eine europaweite Verbreitung erfüllt:**

Dies wird **von einem Teil der Lit. für eine „einhellige Meinung" gehalten**.[49] Besonders (selbst)verständlich ist diese Auffassung, wenn angesichts der Vorgabe eines elektronischen Gesellschaftsblatts in Form des Bundesanzeigers durch § 25 AktG die ratio legis von Art. 5 Aktionärsrechterichtlinie schlicht darin gesehen wird, „in nicht diskriminierender Weise einen schnellen Zugang" zu gewährleisten.[50] **32**

Demgegenüber entnimmt vor allem *Ziemons* aus § 121 Abs. 4a AktG aufgrund seiner Basis in Art. 5 Aktionärsrechterichtlinie eine darüber hinausgehende Anforderung an die Europaweite der Veröffentlichung: Die Bestimmung schreibe eine Einhaltung der Standards für die **Verbreitung** von Ad-hoc-Mitteilungen und Kapitalmarktinformationen **in Form der Veröffentlichung über das sog. Medienbündel** vor.[51] Damit seien gemeint die Anforderungen gemäß § 3 Abs. 1 S. 1 WpAIV[52].[53] Konkret wird daraus abgeleitet, dass die Veröffentlichung im elektronischen Bundesanzeiger nicht ausreicht.[54] In Konsequenz ihrer deutlich restriktiveren Auffassung stellen *Noack/Zetsche* wiederum genau gegenteilig fest, dass § 3a Abs. 1 S. 1 WpAIV im Aktienrecht weder unmittelbar noch entsprechend anwendbar ist.[55] Seine Regelungsgegenstände wie Insiderinformationen und Mitteilung von Stimmquoten seien mit der Einberufung einer Hauptversammlung nicht vergleichbar. **33**

bb) Die Klarstellung des Wortlauts

Wegen des Aufwands einer europaweiten Verbreitung für die Gesellschaft sieht § 121 Abs. 4a AktG ebenfalls in Umsetzung von Art. 5 Aktionärsrechterichtlinie Ausnahmen vor, in denen auf eine europaweite Zuleitung verzichtet werden kann, da eine Information der Aktionäre auf andere Weise gesichert ist.[56] **34**

Die Regelung dieser Ausnahmen wurde durch die Aktienrechtsnovelle 2016 wie folgt geändert: Der Verweis auf den gestrichenen § 121 Abs. 4 S. 3 AktG wurden als gegenstandslos entfernt (dazu siehe soeben → III.1.b)bb)) sowie das „und" der bisherigen Fassung durch ein „oder" ersetzt. **35**

---

[48] MüKoAktG/*Kubis* § 121 Rn. 85; Hölters/*Drinhausen* AktG § 121 Rn. 2.
[49] ZB Heidel/*Müller* AktG § 121 Rn. 39 mwN mit dem Zitat; ebenso Hüffer/*Koch* AktG § 121 Rn. 11i.
[50] KölnKommAktG/*Noack/Zetsche* § 121 Rn. 163.
[51] Schmidt/Lutter/*Ziemons* AktG § 121 Rn. 87.
[52] Verordnung zur Konkretisierung von Anzeige-, Mitteilungs- und Veröffentlichungspflichten sowie der Pflicht zur Führung von Insiderverzeichnissen nach dem Wertpapierhandelsgesetz (WpAIV) vom 13.12.2004 (BGBl. I 3349); zuletzt geändert durch Art. 11 Gesetz zur Umsetzung der TransparenzRL-ÄndRL vom 20.11.2015 (BGBl. I S. 2029).
[53] Zu ihnen siehe *Pirner/Lebherz* AG 2007, 19 (21 ff).
[54] Schmidt/Lutter/*Ziemons* AktG § 121 Rn. 87 mit ausf. Nachw. in Fn. 210 sowie der Erläuterung, dass nur Push-Dienste darunter fallen, und vom Bundesanzeiger angebotene Service-Dienste insoweit nicht beurteilet werden; ebenso MüKoAktG/*Kubis* § 121 Rn. 85, allerdings mit dem Zweifel, ob der Aufwand vom Ziel der besseren Aktionärsinformation gerechtfertigt wird.
[55] MüKoAktG/*Noack/Zetsche* § 121 Rn. 169.
[56] Hölters/*Drinhausen* AktG § 121 Rn. 38.

§ 121 Abs. 4a AktG aF	§ 121 Abs. 4a AktG nF
Bei börsennotierten Gesellschaften, die nicht ausschließlich Namensaktien ausgegeben haben **und** die Einberufung den Aktionären nicht unmittelbar nach Absatz 4 Satz 2 und 3 übersenden, ist die Einberufung spätestens zum Zeitpunkt der Bekanntmachung solchen Medien zur Veröffentlichung zuzuleiten, bei denen davon ausgegangen werden kann, dass sie die Information in der gesamten Europäischen Union verbreiten.	Bei börsennotierten Gesellschaften, die nicht ausschließlich Namensaktien ausgegeben haben **oder** welche die Einberufung den Aktionären nicht unmittelbar nach Absatz 4 Satz 2 übersenden, ist die Einberufung spätestens zum Zeitpunkt der Bekanntmachung solchen Medien zur Veröffentlichung zuzuleiten, bei denen davon ausgegangen werden kann, dass sie die Information in der gesamten Europäischen Union verbreiten.

36 Ausgangspunkt ist der auch vom Gesetzgeber der Aktienrechtsnovelle 2016 festgestellte „nicht eindeutige Wortlaut" des § 121 Abs. 4 AktG aF.[57] Aufgrund der Verwendung der Konjunktion „und" war **umstritten,** ob eine europaweite Verbreitung der Einberufung nur dann entbehrlich ist, wenn die beiden in § 121 Abs. 4a AktG genannten Voraussetzungen (ausschließliche Ausgabe von Namensaktien und Einberufung der Hauptversammlung durch eingeschriebenen Brief nach Maßgabe des § 121 Abs. 4 S. 2 AktG) **kumulativ vorliegen**[58], **oder** es ausreicht, wenn **lediglich eine der beiden Voraussetzungen erfüllt** ist;[59] nach normalem Verständnis liegt ein kumulatives Verständnis nahe, da „und" im Gegensatz zu „oder" im Regelfall meint, beide durch „und" nebengeordneten Faktoren müssen zusammen vorliegen.

37 Diese Streitfrage wurde mit der Aktienrechtsnovelle 2016 nunmehr iSd letzteren Ansicht entschieden. Mit der Verwendung der Konjunktion „oder" hat der Gesetzgeber die ausdrückliche Klarstellung vorgenommen, dass eine europaweite Verbreitung der Einberufung entbehrlich ist, wenn **einer der folgenden zwei Ausnahmebestände** erfüllt ist: (1.) Die Gesellschaft hat **nur Namensaktien ausgegeben** oder (2.) sie **verfährt bei der Einberufung nach § 124 Abs. 4 S. 2 AktG,** dh die ihr namentlich bekannten Aktionäre werden mit eingeschriebenem Brief benachrichtigt. Durch „oder" sollen beide Alternativen als gleichwertig und jeweils für sich ausreichend nebeneinander gestellt werden.[60] Praktisch wird so Aktiengesellschaften, die – auch – Inhaberaktien ausgegeben haben, die Einladung zur Hauptversammlung ohne europaweite Zustellung gestattet, wenn sie – auch – ihre Inhaberaktionäre kennen und namentlich einladen.

cc) Die Vereinbarkeit beider Ausnahmen mit der Aktionärsrechterichtlinie

38 Nicht eingegangen ist der Gesetzgeber der Novelle auf die der Klarstellung des Wortlauts vorgeschaltete **Frage, ob beide Ausnahmen überhaupt mit der Aktionärsrechterichtlinie vereinbar sind.** Dies **wird kontrovers diskutiert:** Ein Teil der Lit. sieht beide Ausnahmen ausdrücklich für von der Richtlinie gedeckt an.[61] Ansonsten geht die überwiegende Lit. offenbar stillschweigend von der rechtlichen Beachtlichkeit aus.[62] Demgegenüber vertritt insbesondere *Ziemons* die Auffassung, die Voraussetzungen von Art. 5 Abs. 2 UAbs. 2 Aktionärsrechterichtlinie, welcher den Mitgliedstaaten erlaubt, bei Vorliegen bestimmter Umstände Ausnahmen von der Pflicht zur europaweiten Verbreitung der Einberufung vorzusehen, seien nicht erfüllt.[63] Der ursprüngliche Entwurf der Aktienrechtsnovelle 2016 hätte diese Bedenken durch die Einführung eines Record

---

[57] BT-Drs 18/4349, 21.
[58] Schmidt/Lutter/*Ziemons* § 121 Rn. 89; MüKoAktG/*Kubis* § 121 Rn. 85.
[59] Hüffer/*Koch* AktG § 121 Rn. 11i; Spindler/Stilz/*Rieckers* AktG § 121 Rn. 66.
[60] BT-Drs 18/4349, 21.
[61] Spindler/Stilz/*Rieckers* AktG § 121 Rn. 66.
[62] Beide Ausnahmen führen schlicht an ohne Hinweis auf rechtliche Diskussion zB Hüffer/*Koch* AktG § 121 Rn. 11i; Heidel/*Müller* AktG § 121 Rn. 38.
[63] Schmidt/Lutter/*Ziemons* AktG § 121 Rn. 89; *Ziemons* NZG 2012, 212 (213).

Date auch für Namensaktien eventuell entkräften können, jedoch wurden diese Änderungen nicht in die Gesetzesversion übernommen.[64]

Mit § 121 Abs. 4a AktG setzte das ARUG Art. 5 Abs. 2 der Aktionärsrechterichtlinie in deutsches Recht um.

Art. 5 der Aktionärsrechterichtlinie legt in Abs. 1 zunächst fest:

> „(...) die Mitgliedstaaten [stellen] sicher, dass die Gesellschaft die Einberufung der Hauptversammlung in einer der in Absatz 2 des vorliegenden Artikels genannten Formen spätestens am 21. Tag vor dem Tag der Versammlung vornimmt."

Zusätzlich regelt Abs. 2 UAbs. 1 der Aktionärsrechterichtlinie:

> „Der Mitgliedstaat schreibt vor, dass die Gesellschaft auf Medien zurückgreifen muss, bei denen vernünftigerweise davon ausgegangen werden kann, dass sie die Informationen tatsächlich an die Öffentlichkeit in der gesamten Gemeinschaft weiterleiten."

Als Ausnahme dazu sieht Art. 5 Abs. 2 UAbs. 2 der Aktionärsrechterichtlinie vor:

> „Der Mitgliedstaat braucht Unterabsatz 1 nicht auf Gesellschaften anzuwenden, die in der Lage sind, die Namen und Anschriften ihrer Aktionäre aus einem aktuellen Aktionärsregister zu ermitteln, vorausgesetzt, die Gesellschaft ist dazu verpflichtet, jedem eingetragenen Aktionär die Einberufung zu übersenden."

Ziemons sieht diese Ausnahme deshalb nicht für erfüllt an, weil es an der Voraussetzung der Verpflichtung für deutsche Aktiengesellschaften fehle, „jedem eingetragenen Aktionär die Einberufung zu übersenden".[65] Auch aus § 125 Abs. 2 S. 1 AktG, welcher eine Mitteilung an die im Aktionärsregister eingetragenen Aktionäre vorsieht, ergebe sich keine solche Verpflichtung.[66] Nach § 125 Abs. 2 S. 1 AktG müssten die Aktionäre 14 Tage vor Beginn der Hauptversammlung benachrichtigt werden. Die Aktionärsrechterichtlinie schreibe jedoch in Art. 5 Abs. 1 eine Benachrichtigung am 21. Tag vor Beginn der Hauptversammlung vor. **§ 121 Abs. 4a AktG** sei daher **wegen Verstoßes gegen Europarecht unanwendbar**.[67] In ihrer Kommentierung im Schmidt/Lutter hält *Ziemons* diesen Einwand auch der zukünftig novellierten Fassung des § 121 Abs. 4a AktG vor.[68]

Im Ergebnis sind die Bedenken von *Ziemons* **nicht überzeugend**: Der maßgebliche Unterabsatz enthält gerade nicht die Verpflichtung zur Einberufung 21 Tage vorher, sondern **nur die allgemeine Verpflichtung zu einer solchen Einberufung**. Sie besteht bei deutschen Aktiengesellschaften sowohl gegenüber Inhaber- als auch Namensaktionären unbestritten. Zudem setzt die Erleichterung der Einberufung für namentlich identifizierbare Aktionäre notwendig voraus, dass sie **tatsächlich eingeladen** werden. Nur dann kann sich die Gesellschaft auf diesen Ausnahmetatbestand berufen. Damit steht Art. 5 Aktionärsrechterichtlinie der Anwendbarkeit der beiden Ausnahmen in § 121 Abs. 4a AktG nicht entgegen.[69]

Die **praktischen Auswirkungen** dieses Streits sind **eher gering**. Verzichtet die Gesellschaft in europarechtswidriger Weise auf die europaweite Verbreitung der Einberufung, so hat dies jedenfalls nicht die Nichtigkeit oder Anfechtbarkeit der gefassten Hauptversammlungsbeschlüsse zur Folge.[70] § 124 Abs. 4a AktG wird bei den Nichtigkeitsgründen des § 241 Nr. 1 AktG nicht erwähnt. Wie aus § 243 Abs. 3 Nr. 2 AktG hervorgeht, kann auch eine Anfechtung auf die Verletzung dieser Vorschrift nicht gestützt werden.[71]

---

[64] Anders auch insoweit Schmidt/Lutter/*Ziemons* AktG § 121 Rn. 123.
[65] *Ziemons* NZG 2012, 212 (213).
[66] Schmidt/Lutter/*Ziemons* AktG § 121 Rn. 89; aA Heidel/*Müller* AktG § 121 Rn. 38.
[67] *Ziemons* NZG 2012, 212 (214).
[68] Schmidt/Lutter/*Ziemons* AktG § 121 Rn. 123.
[69] Vgl. KölnKommAktG/*Noack*/*Zetsche* § 121 Rn. 172; Spindler/Stilz/*Rieckers* AktG § 121 Rn. 66.
[70] Vgl. MüKoAktG/*Kubis* § 121 Rn. 87.
[71] MüKoAktG/*Kubis* § 121 Rn. 87.

2. Änderungen von § 122 AktG

43 Die Regelungen der Anforderungen, unter denen eine Aktionärsminderheit die Einberufung einer Hauptversammlung verlangen kann, wurden nicht unerheblich geändert. Zielsetzung ist insbesondere, Streitfragen aus der bisherigen Fassung gesetzgeberisch zu entscheiden:

a) Die Änderungen

44 § 122 Abs. 1 S. 3 und § 122 Abs. 3 AktG wurden neugefasst:

§ 122 Abs. 1 S. 3 AktG aF	§ 122 Abs. 1 S. 3 und 4 AktG nF
§ 142 Abs. 2 Satz 2 gilt entsprechend.	*Die Antragsteller haben nachzuweisen, dass sie seit mindestens 90 Tagen vor dem Tag des Zugangs des Verlangens Inhaber der Aktien sind und dass sie die Aktien bis zur Entscheidung des Vorstands über den Antrag halten. § 121 Abs. 7 ist entsprechend anzuwenden.*
§ 122 Abs. 3 AktG aF	**§ 122 Abs. 3 AktG nF**
Wird dem Verlangen nicht entsprochen, so kann das Gericht die Aktionäre, die das Verlangen gestellt haben, ermächtigen, die Hauptversammlung einzuberufen oder den Gegenstand bekanntzumachen. Zugleich kann das Gericht den Vorsitzenden der Versammlung bestimmen. Auf die Ermächtigung muß bei der Einberufung oder Bekanntmachung hingewiesen werden. Gegen die Entscheidung ist die Beschwerde zulässig.	*Wird dem Verlangen nicht entsprochen, so kann das Gericht die Aktionäre, die das Verlangen gestellt haben, ermächtigen, die Hauptversammlung einzuberufen oder den Gegenstand bekanntzumachen. Zugleich kann das Gericht den Vorsitzenden der Versammlung bestimmen. Auf die Ermächtigung muß bei der Einberufung oder Bekanntmachung hingewiesen werden. Gegen die Entscheidung ist die Beschwerde zulässig.* **Die Antragsteller haben nachzuweisen, dass sie die Aktien bis zur Entscheidung des Gerichts halten.**

45 Zum Verständnis dieser Änderungen wird nachfolgend die Rechtslage für die Einberufung der Hauptversammlung durch eine Minderheit von Aktionären grundsätzlich dargestellt (b)). Daran schließen sich die Darstellung der bisherigen (c)) und der Neufassung (d)) sowie der Übergangsvorschrift (e)) an.

b) Die Rechte der Aktionärsminderheiten

46 Durch § 122 AktG soll auch einer Aktionärsminderheit das Recht gewährt werden, sich in der Hauptversammlung Gehör zu verschaffen und dazu insbesondere **die Einberufung und die Ergänzung der Tagesordnung der Hauptversammlung** durchzusetzen.[72] Die Hauptversammlung wird nach § 121 Abs. 2 S. 1 AktG grundsätzlich durch den Vorstand einberufen, der auch die Tagesordnung festlegt. § 122 AktG ermöglicht es einer Minderheit von Aktionären, die Einberufung der Hauptversammlung, § 122 Abs. 1 AktG, sowie die Ergänzung der Tagesordnung, § 122 Abs. 2 AktG, zu fordern; ein entsprechendes Verlangen ist gemäß § 122 Abs. 1 S. 1 Hs. 2, Abs. 2 S. 1 AktG an den Vorstand zu richten.

47 Das Recht, die Einberufung der Hauptversammlung zu fordern, besteht **nicht schrankenlos**.[73] Der geforderte Beschlussgegenstand muss in die Beschlusskompetenz

---

[72] *Grunewald* AG 2015, 689; zu den verschiedenen Aspekten des Minderheitenschutzes siehe Schmidt/Lutter/*Ziemons* AktG § 122 Rn. 2.
[73] Henssler/Strohn/*Liebscher* AktG § 122 Rn. 6.

der Hauptversammlung fallen und darf insbesondere nicht Geschäftsführungsmaßnahmen zum Gegenstand haben.[74] Auch ein rechtsmissbräuchliches Verlangen ist unzulässig.[75] Um den Minderheitenschutz jedoch nicht zu untergraben, ist bei der Annahme des Rechtsmissbrauchs Zurückhaltung geboten.[76] Das Verlangen ist rechtsmissbräuchlich, wenn es rechtswidrigen Zwecken dient[77] oder wenn den Antragstellern ein Zuwarten bis zur nächsten Hauptversammlung ohne weiteres zugemutet werden kann, die Dringlichkeit also nur vorgeschoben wird.[78]

Gibt der Vorstand dem Antrag trotz Vorliegen der Antragsvoraussetzungen nicht statt, so kann die Aktionärsminderheit ein **gerichtliches Verfahren zur Ermächtigung** der Einberufung oder der Bekanntmachung des Gegenstandes einleiten, § 122 Abs. 3 AktG. Anders als der etwas missverständliche Wortlaut („kann") andeutet, **muss** das Gericht die Aktionäre ermächtigen, die Hauptversammlung einzuberufen, wenn das entsprechende Verlangen zulässig und begründet ist.[79]   48

Das Organ, das die Hauptversammlung einberufen hat, kann diese Einberufung grundsätzlich auch **wieder zurücknehmen**. Geschieht die Einberufung nach § 122 Abs. 1 AktG auf Verlangen der Aktionärsminderheit, so gilt die Einberufung weiterhin als Einberufung durch den Vorstand, diesem obliegt daher auch in diesem Fall die Rücknahmekompetenz.[80] Um eine Einberufung durch die Minderheit selbst handelt es sich nur, wenn der Vorstand dem Verlangen nach § 122 Abs. 1 AktG nicht entspricht und die Aktionärsminderheit nach § 122 Abs. 3 AktG gerichtlich ermächtigt wird, die Hauptversammlung einzuberufen.[81]   49

Die **Kompetenz zur Rücknahme** durch das einberufende Organ **entfällt mit Beginn der Hauptversammlung**, also dann, wenn sich die Aktionäre am in der Einberufung genannten Ort zur benannten Zeit eingefunden haben.[82] Jedenfalls ab diesem Zeitpunkt gebietet es die Kompetenzverteilung zwischen einberufendem Organ einerseits und Aktionären sowie Hauptversammlung andererseits, dass letztere über Fragen wie Verschiebung, Vertagung oder Änderung der Tagesordnung entscheidet.[83]   50

c) Die alte Fassung

Die in § 122 AktG berechtigte Aktionärsminderheit ist insoweit qualifiziert, als dass die Anteile der die Einberufung begehrenden Aktionäre mindestens **fünf Prozent** des Grundkapitals erreichen müssen (bzw. im Falle des Ergänzungsverlangens nach § 122   51

---

[74] Henssler/Strohn/*Liebscher* AktG § 122 Rn. 6.
[75] Hüffer/*Koch* AktG § 122 Rn. 6; MüKoAktG/*Müller* § 122 Rn. 18 ff.; aus der Rspr. zB KG Beschl. v. 25.8.2011 – 25 W 63/11, AG 2012, 256 (258 f.); OLG Stuttgart Beschl. v. 25.11.2008 – 8 W 370/08, AG 2009, 169; OLG Hamm Beschl. v. 11.7.2002 – 15 W 269/02, BeckRS 2007, 12960; OLG Karlsruhe Beschl. v. 16.6.2014 – 11 Wx 49/14, ZIP 2015, 125 (126).
[76] Hüffer/*Koch* AktG § 122 Rn. 6; MüKoAktG/*Müller* § 122 Rn. 18; KG Beschl. v. 25.8.2011 – 25 W 63/11, AG 2012, 256 (259).
[77] KG Beschl. v. 25.8.2011 – 25 W 63/11, AG 2012, 256 (259).
[78] Hüffer/*Koch* AktG § 122 Rn. 6; OLG Stuttgart Beschl. v. 25.11.2008 – 8 W 370/08, AG 2009, 169 (170).
[79] AllgM: Spindler/Stilz/*Rieckers* § 122 Rn. 54 mwN.
[80] BGH Urt. v. 30.6.2015 – II ZR 142/14, ZIP 2015, 2069 Rn. 22–27; aA: *Schüppen/Tretter* ZIP 2015, 2097 (2099 f.).
[81] BGH Urt. v. 30.6.2015 – II ZR 142/14, ZIP 2015, 2069 Rn. 15 ff.
[82] BGH Urt. v. 30.6.2015 – II ZR 142/14, ZIP 2015, 2069 Rn. 30–34. In der Lit. wird hingegen überwiegend auf die förmliche Eröffnung der Hauptversammlung abgestellt: MüKoAktG/*Kubis* § 121 Rn. 102; Spindler/Stilz/*Rieckers* § 121 Rn. 81.
[83] BGH Urt. v. 30.6.2015 – II ZR 142/14, ZIP 2015, 2069 Rn. 30–34.

Abs. 2 AktG alternativ den „anteiligen Betrag von 500.000 EUR erreichen)".[84] Unter Geltung des alten Rechts war umstritten, zu welchem Zeitpunkt dieses Quorum vorliegen (**Vorbesitzzeit**) und über welchen Zeitraum hinweg es gehalten werden muss (**Haltefrist**).[85] Die Unsicherheiten waren maßgeblich auf die Anordnung der entsprechenden Geltung von § 142 Abs. 2 S. 2 AktG in § 122 Abs. 1 AktG zurückzuführen.[86]

aa) Vorbesitzzeit

52 Bei der Fristberechnung der Vorbesitzzeit war die Anordnung der entsprechenden Geltung von § 142 Abs. 2 S. 2 AktG **in mehrerlei Hinsicht problematisch**: Sowohl in Fällen, in denen die Hauptversammlung auf Verlangen einer Aktionärsminderheit vom Vorstand nach § 122 Abs. 1 AktG einberufen wurde, als auch bei Stellung eines Antrags auf Ergänzung der Tagesordnung nach § 122 Abs. 2 AktG bestand Unsicherheit.[87]

53 Im Hinblick auf die **Einberufung der Hauptversammlung durch eine Minderheit** ist die Unsicherheit dem Umstand geschuldet, dass § 142 Abs. 2 S. 2 AktG eine vom Tag der Hauptversammlung **rückwärts zu rechnende Frist** von drei Monaten normiert, während § 122 Abs. 1 AktG die Einberufung einer erst zukünftig stattfindenden Versammlung regelt; der Anknüpfungspunkt für die Fristberechnung mithin also noch gar nicht feststeht.[88] Überwiegend wurde daher auf den Zeitpunkt des Zugangs des Einberufungsverlangens bei der Gesellschaft abgestellt.[89]

54 Unklar war weiterhin, ob dieser Zeitpunkt auch für das **Ergänzungsverlangen nach § 122 Abs. 2 AktG** maßgeblich ist. § 122 Abs. 2 AktG verweist („In gleicher Weise") auf Abs. 1 von § 122 AktG. Es liegt daher also nahe, mit der ganz überwiegenden Ansicht in der Lit., auf denselben Zeitpunkt, also den Zeitpunkt des Zugangs des Ergänzungsverlangens, abzustellen.[90] Allerdings bezieht sich das Ergänzungsverlangen stets auf eine bereits einberufene Hauptversammlung, womit, anders als bei Abs. 1, ein genaues Datum als Bezugspunkt vorliegt. Für börsennotierte Gesellschaften ist diese Streitfrage besonders problematisch, da sie bei der Einberufung der Hauptversammlung nach § 121 Abs. 2 S. 3 Nr. 3 AktG Angaben zu den Rechte der Aktionäre nach § 122 Abs. 2 machen müssen. In der Praxis wurde dabei ganz überwiegend aus Erwägungen des Minderheitenschutzes und der Anfechtungsprophylaxe auf den Tag der – schon einberufenen – Hauptversammlung abgestellt.[91] Vereinzelt wird dagegen in Übereinstimmung mit der hM der Zugang des Ergänzungsverlangens als für die Fristberechnung maßgeblich gehalten.[92] Andere legen

---

[84] Zu den Einzelheiten: Spindler/Stilz/*Rieckers* AktG § 122 Rn. 8 ff.
[85] *Götze/Arnold/Carl* NZG 2012, 321 (326).
[86] *Götze/Arnold/Carl* NZG 2012, 321 (326).
[87] *Merkner/Schmidt-Bendun* DB 2012, 98 (104).
[88] BT-Drs. 18/4349, 22; Hüffer/*Koch* § 122 Rn. 3, 3a; § 142 Rn. 23.
[89] Spindler/Stilz/*Rieckers* § 122 Rn. 12 mwN; aA: LG Detmold Beschl. v 18.6.2002 – 8 T 3/02: Frist beziehe sich auf den Zeitraum zwischen dem Erwerb der Aktien und dem voraussichtlichen Tag der Hauptversammlung.
[90] MüKoAktG/*Kubis* § 122 Rn. 29; Hüffer/*Koch* AktG § 122 Rn. 9; *Wilm* DB 2010, 1686 (1692); aA Schmidt/Lutter/*Ziemons* § 122 Rn. 33, die einen Vorbesitzzeitrum iRd Ergänzungsverlangens gänzlich verneint.
[91] *Götze/Arnold/Carl* NZG 2012, 321 (326 f.); vgl. die Beispiele bei *Wettich* NZG 2011, 721 (723 f.) Fn. 18: Commerzbank, Daimler, Deutsche Bank, Lufthansa, Deutsche Telekom, Fresenius Medical Care, Infineon Technologies, Merck, METRO Group, RWE, SAP, Siemens; siehe auch *Wilm* DB 2010, 1686 (1692) mit Fn. 58.
[92] Vgl. *Wettich* NZG 2011, 721 (723) mit Fn. 20: Beiersdorfer und Henkel; *Wilm* DB 2010, 1686 (1612) mit Fn. 59 nennt darüber hinaus Thyssen Krupp als Beispiel.

sich nicht fest und verweisen lediglich auf den Meinungsstand[93] oder drucken den Gesetzeswortlaut ab.[94]

Aufgrund der geringen Bedeutung von Anfechtungsklagen in diesem Bereich waren die unterschiedlichen Anknüpfungspunkte bei der Fristberechnung **in der Praxis wenig relevant**.[95] Eine Anfechtungsklage kam zum einen nur in Bezug auf diejenigen Tagesordnungspunkte in Betracht, welche auf Grundlage des Ergänzungsverlangens auf die Tagesordnung der Hauptversammlung gesetzt wurden.[96] Zum anderen versprach sie nur unter sehr engen Voraussetzungen Aussichten auf Erfolg.[97]

bb) Haltefrist

Weiterhin war fraglich über welchen Zeitraum hinweg das Quorum von den Antragsstellern gehalten werden musste. Ein Teil der Lit. erachtete es als ausreichend, wenn das Quorum am Tag des Zugangs des Antrags bei der Gesellschaft erfüllt war.[98] Die ganz überwiegende Ansicht forderte jedoch die **Einhaltung des Quorums bis zur Entscheidung des Vorstands über den Antrag**.[99] Lehnte der Vorstand den Antrag hingegen ab und leitete die Aktionärsminderheit ein gerichtliches Verfahren gemäß § 122 Abs. 3 AktG ein, so verlangte die hM die **Aufrechterhaltung des Quorums bis zur endgültigen gerichtlichen Entscheidung**.[100] Begründet wurde dies mit dem Wortlaut des § 122 Abs. 3 S. 1 AktG, sowie mit dem Charakter der Gerichtsentscheidung.[101] Schließlich werden die Minderheitsaktionäre mit dieser dazu ermächtigt, eine Hauptversammlung einzuberufen oder die Tagesordnung zu ergänzen; für eine so weitreichende Maßnahme im Interesse der Minderheitsaktionäre fehlt die Rechtfertigung, wenn zum Zeitpunkt der Ermächtigung das erforderliche Quorum nicht mehr gegeben ist.[102]

d) Die novellierte Fassung

Bereits der Regierungsentwurf der Aktienrechtsnovelle 2012 enthielt den Vorschlag für die neue Formulierung des § 122 Abs. 1 S. 3,[103] welcher in der jetzigen Legislaturperiode wortgetreu in den Gesetzesentwurf übernommen worden ist. Trotz der zwar gestiegenen, aber dennoch überschaubaren Bedeutung in der Praxis sollten mit der Änderung des § 122 Abs. 1 S. 3 AktG die Zweifel bei der Berechnung von Vorbesitzzeit und Haltefrist beseitigt werden und eine einheitliche Umsetzung dieser Voraussetzung für Einberufungsverlangen von Aktionärsminderheiten sichergestellt werden.

---

[93] Vgl. *Wettich* NZG 2011, 721 (723) mit Fn. 21: Deutsche Börse.
[94] *Wettich* NZG 2011, 721 (723); siehe auch *Wilm* DB 2010, 1686 (1692) mit Fn. 60 mit Beispielen: Bayer AG, E.ON, Münchener Rück.
[95] *Wilm* DB 2010, 1686 (1692).
[96] *Wilm* DB 2010, 1686 (1692).
[97] Zu den Einzelheiten umfassend: *Wettich* NZG 2011, 721 (724).
[98] MüKoAktG/*Kubis* § 122 Rn. 7.
[99] Hüffer/*Koch* AktG § 122 Rn. 3a; Spindler/Stilz/*Rieckers* AktG § 122 Rn. 13; Schmidt/Lutter/*Ziemons* AktG § 122 Rn. 12, 25.
[100] OLG Düsseldorf Beschl. v. 16.1.2004 – I-3 Wx 290/03, NZG 2004, 239 (240); Hüffer/*Koch* AktG § 122 Rn. 3a; Spindler/Stilz/*Rieckers* § 122 Rn. 13; Schmidt/Lutter/*Ziemons* AktG § 122 Rn. 12; MüKoAktG/*Kubis* § 122 Rn. 7.
[101] OLG Düsseldorf Beschl. v. 16.1.2004 – I-3 Wx 290/03, NZG 2004, 239 (240); *Vetter* EWiR 2004, 261 (262).
[102] *Vetter* EWiR 2004, 261 (262).
[103] BT Drs. 17/8989, 7.

aa) Vorbesitzzeit

58 Der Gesetzgeber hat sich für die Vorbesitzzeit von drei Monaten der bisher hA angeschlossen und den **Zugang des Verlangens bei der Gesellschaft** als Anknüpfungspunkt bestimmt.[104] Dies ergibt sich nunmehr deutlich aus dem Wortlaut der Neufassung.

bb) Haltefrist

59 Der Gesetzgeber der Aktienrechtsnovelle 2016 hat beide Streitfragen zur Berechnung der Haltefrist entschieden:
- Entscheidet der Vorstand, müssen die Aktien bis zum Zeitpunkt der **Entscheidung des Vorstands über das Verlangen** gehalten werden. Die Begründung stellt lediglich fest: „Es erscheint konsequent, die Beibehaltung eines Quorums von der Antragstellung bis zur Entscheidung über den Antrag zu fordern."[105]
Die Gesetzesbegründung stellt ausdrücklich klar, dass diese Regelung auch für den unverändert gebliebenen § 122 Abs. 2 AktG für Anträge zur Ergänzung der Tagesordnung gilt. Dies ergibt sich aus der Anordnung dort, dass § 122 Abs. 1 AktG dann „in gleicher Weise" gilt.[106]
- Mit der Einführung des Satzes 6 in Abs. 3 („Die Antragsteller haben nachzuweisen, dass sie die Aktien bis zur Entscheidung des Gerichts halten.") wird die bisher hM zur Haltefrist im Fall von § 122 Abs. 3 AktG bestätigt, dass der Vorstand das Verlangen der Minderheitsaktionäre auf Einberufung ablehnt. Auch dies nimmt die Aktienrechtsnovelle 2012 auf. Es ist somit eine **Haltefrist in Höhe des Quorums für die gesamte Dauer des Verfahrens** erforderlich.[107]

60 Für die **Berechnung der Haltefrist** sieht die Aktienrechtsnovelle 2016 im neuen § 122 Abs. 1 S. 4 AktG die **entsprechende Geltung der allgemeinen Fristvorschrift des § 121 Abs. 7 AktG vor**; sie gibt vor, wie Termine von der Hauptversammlung zurück zu berechnen sind. Der Zweck dieses Verweises ist evident, in den Worten der Begründung der Aktienrechtsnovelle 2016: „Durch die Anordnung der entsprechenden Geltung für den vom Tag des Zugangs des Einberufungsverlangens zurückzurechnenden Zeitraum wird ein einheitliches System der Fristen- und Terminberechnung bei der Einberufung der Hauptversammlung sichergestellt."[108] Das Ziel der Vereinheitlichung ist auch der Grund, warum die sich aus § 142 Abs. 2 S. 2 AktG ergebende Dreimonatsfrist durch die 90-Tagesfrist des neu gefassten § 122 Abs. 1 S. 3 AktG ersetzt worden ist.[109]

61 Die neu gefasste Vorschrift regelt nicht, in welcher Weise der Nachweis der Erfüllung der Haltefrist zu erbringen ist. Im vergleichbaren Fall des § 142 Abs. 2 S. 2 AktG ist die Vorlage einer Verpflichtungserklärung des depotführenden Instituts ausreichend.[110] Für § 122 Abs. 1 S. 3 ist es sachgerecht, in Übereinstimmung mit der bisherigen Rechtslage die Grundsätze zu § 123 AktG heranzuziehen.[111] Nach dieser durch die Aktienrechtsnovelle 2016 ebenfalls geänderten Bestimmung ist für den Nachweis maßgeblich eine eventuelle **Regelung in der Satzung** (so der neue Abs. 3, der nicht mehr nur für Inhaberaktien gilt wie der alte Abs. 3 S. 1); ansonsten reicht für Inhaberaktien börsenno-

---

[104] BT-Drs. 18/4349, 22.
[105] BT-Drs. 18/4349, 22.
[106] BT-Drs. 18/4349, 22.
[107] BT-Drs. 18/4349, 22.
[108] BT-Drs. 18/4349, 22.
[109] Zur Umstellung von Monats- auf Tagesfristen siehe nur Hüffer/*Koch* AktG § 123 Rn. 2.
[110] Hüffer/*Koch* AktG § 142 Rn. 23; *Götze/Arnold/Carl* NZG 2012, 321 (327).
[111] Hüffer/*Koch* AktG § 122 Rn. 3.

tierter Gesellschaften wie bisher gemäß § 123 Abs. 3 S. 1 AktG ein „**durch das depotführende Institut in Textform erstellter besonderer Nachweis des Anteilsbesitzes** aus" (so der neue § 123 Abs. 4 S. 1 AktG, s. u.).

e) Übergangsvorschrift

Eine Übergangsvorschrift zu § 122 AktG wurde mit der Aktienrechtsnovelle 2016 in § 26h Abs. 4 AktGEG eingeführt. Danach ist die neue Regelung **erstmals auf Einberufungs- und Ergänzungsverfahren anzuwenden, die der Gesellschaft am 1.6.2016 zugehen**. Auf Ergänzungsverlangen, die der Gesellschaft vor dem 1.6.2016 zugehen, ist § 122 AktG in der bis zum 30.12.2015 geltenden Fassung weiter anzuwenden.

3. Änderungen des § 123 AktG

Auch § 123 AktG wurde durch die Aktienrechtsnovelle 2016 nochmals geändert und ergänzt. Nicht übernommen wurde die im Vorfeld der Aktienrechtsnovelle 2016 viel diskutierte Einführung eines einheitlichen Nachweisstichtages („Record Date") für börsennotierte Gesellschaften. Insofern sind auch hier große Änderungen im Rahmen der Aktienrechtsnovelle 2016 ausgeblieben.

§ 123 AktG enthält eine Vielzahl von Einzelregelungen, deren unterschiedliche Zielrichtung es schwer macht, einen einheitlichen Gesetzeszweck der Vorschrift zu erkennen.[112] In **§ 123 Abs. 1 AktG** wird eine **Mindestfrist** vorgegeben, die zwischen förmlicher Einberufung und Beginn der Hauptversammlung zu liegen hat. So soll den Aktionären genügend Zeit gegeben werden, sich zur Teilnahme an der Hauptversammlung zu entscheiden und entsprechend vorzubereiten.[113] **§ 123 Abs. 2 AktG** ermöglicht hingegen der Gesellschaft eine **einfachere Vorbereitung der Hauptversammlung**.[114] Der **alte Abs. 3 bzw. die neuen Abs. 3 bis 5** dienen der **Planung und Organisation des Versammlungsablaufs**.[115] In ihrer strikten Gestaltung verfolgen die alten Abs. 2 und 3 und die neuen Abs. 2 bis 5 aber zugleich das Ziel, die Gesellschaft in ihrer Satzungsfreiheit zu beschränken, und schließen so im Interesse der Aktionäre übermäßige Erschwerungen der Teilnahme aus.[116] Allgemein ist Ratio des § 123 AktG, die Präsenz der Aktionäre auf der Hauptversammlung zu erhöhen.[117]

a) Änderung des Absatzes 2

§ 123 Abs. 2 AktG eröffnet Aktiengesellschaften die Möglichkeit, in ihrer Satzung festzulegen, dass eine Teilnahme an der Hauptversammlung der **vorherigen Anmeldung** bedarf. Die Möglichkeit besteht für Inhaber- und Namensaktien.[118] Um durch die Festlegung eines dem Termin der Hauptversammlung vorgelagerten Anmeldetermins nicht die dem Aktionär zur Verfügung stehende Überlegungszeit zu verkürzen, verlängert sich in diesen Fällen der Mindestzeitraum entsprechend, der nach § 123 Abs. 1 AktG zwischen förmlicher Einberufung und Hauptversammlung zu liegen hat.

Im Rahmen der Aktienrechtsnovelle 2016 wurde § 123 Abs. 2 AktG wie folgt geändert:

---

[112] MüKoAktG/*Kubis* § 123 Rn. 1.
[113] Hüffer/*Koch* AktG § 123 Rn. 1; MüKoAktG/*Kubis* § 123 Rn. 1.
[114] Hüffer/*Koch* AktG § 123 Rn. 1; MüKoAktG/*Kubis* § 123 Rn. 1.
[115] Vgl. Hüffer/*Koch* § 123 Rn. 1; MüKoAktG/*Kubis* § 123 Rn. 1.
[116] Vgl. Spindler/Stilz/*Rieckers* § 123 Rn. 1.
[117] Hölters/*Drienhausen* AktG § 123 Rn. 1.
[118] Hüffer/*Koch* AktG § 123 Rn. 6; Spindler/Stilz/*Rieckers* AktG Rn. 9.

§ 123 Abs. 2 AktG aF	§ 123 Abs. 2 AktG nF
Die Satzung kann die Teilnahme an der Hauptversammlung oder die Ausübung des Stimmrechts davon abhängig machen, dass die Aktionäre sich vor der Versammlung anmelden. Die Anmeldung muss der Gesellschaft unter der in der Einberufung hierfür mitgeteilten Adresse mindestens sechs Tage vor der Versammlung zugehen. In der Satzung oder in der Einberufung auf Grund einer Ermächtigung durch die Satzung kann eine kürzere, in Tagen zu bemessende Frist vorgesehen werden. Der Tag des Zugangs ist nicht mitzurechnen. Die Mindestfrist des Absatzes 1 verlängert sich um die Tage der Anmeldefrist **des Satzes 2**.	Die Satzung kann die Teilnahme an der Hauptversammlung oder die Ausübung des Stimmrechts davon abhängig machen, dass die Aktionäre sich vor der Versammlung anmelden. Die Anmeldung muss der Gesellschaft unter der in der Einberufung hierfür mitgeteilten Adresse mindestens sechs Tage vor der Versammlung zugehen. In der Satzung oder in der Einberufung auf Grund einer Ermächtigung durch die Satzung kann eine kürzere, in Tagen zu bemessende Frist vorgesehen werden. Der Tag des Zugangs ist nicht mitzurechnen. Die Mindestfrist des Absatzes 1 verlängert sich um die Tage der Anmeldefrist.

67 Durch die vorgenommene Streichung des Verweises auf § 123 Abs. 2 S. 2 AktG in Abs. 2 S. 5 wurde der **missverständliche Wortlaut der ursprünglichen Formulierung korrigiert**. Die Sinnhaftigkeit der neuen Regelung erschließt sich aus einer Synopse der verschiedenen in § 123 Abs. 1 und 2 AktG geregelten Fristen:

68 Grundlage für die Bestimmung des Verhältnisses der verschiedenen Fristen ist das Zusammenspiel von § 123 Abs. 1 und Abs. 2 AktG. Nach § 123 Abs. 1 S. 1 AktG muss eine Mindestfrist zwischen Einberufung und Beginn der Hauptversammlung liegen, die Hauptversammlung ist „mindestens dreißig Tage vor dem Tage der Versammlung einzuberufen". Zur besseren Vorbereitung der Hauptversammlung kann die Satzung der Gesellschaft zudem festlegen, dass für Teilnahme und/oder Stimmrechtsausübung[119] eine vorherige Anmeldung erforderlich ist, § 123 Abs. 2 S. 1 AktG. Im Unterschied zum Regelungsgegenstand von § 123 Abs. 3 bis 5 AktG dient die Anmeldung nicht der Legitimation, sondern der Vorbereitung der Hauptversammlung durch die Gesellschaft.[120] Die Anmeldung muss der Gesellschaft sechs Tage vor Beginn der Versammlung zugehen, § 123 Abs. 2 S. 2 AktG. Dabei kann in der Satzung jedoch auch eine kürzere – nicht jedoch eine längere – Frist festgelegt werden, § 123 Abs. 2 S. 3 AktG.[121] Nach **§ 123 Abs. 2 S. 5 AktG verlängert sich die Mindestfrist aus Abs. 1 für die Einberufung der Hauptversammlung um den Zeitraum der Anmeldefrist**. Die Aktionäre sollen in jedem Fall 30 Tage Zeit haben, bis sie sich zu einer Teilnahme an der Hauptversammlung entscheiden müssen.[122]

69 Missverständlich verwies der alte § 123 Abs. 2 S. 5 AktG nur auf die Sechs-Tage-Frist aus § 123 Abs. 2 S. 2 AktG. Es konnte daher der Eindruck entstehen, die Frist zwischen Einberufung und Termin der Hauptversammlung müsse auch dann um sechs Tage verlängert werden, wenn die Satzung eine kürzere Anmeldefrist vorsieht.[123] Durch die Aktienrechtsnovelle wurde der Verweis auf Abs. 2 S. 2 gestrichen und damit **klargestellt, dass die Mindestfrist des Abs. 1 sich nur um die jeweils konkret vorgesehene Anmeldefrist** verlängert.[124]

70 Auch die **bisherige Regelung** wurde – trotz des missverständlichen Wortlautes – **ganz überwiegend in diesem Sinne verstanden**. Mit Blick auf den Gesetzeszweck erschien es wenig einleuchtend, warum sich die Mindestfrist stets um sechs Tage verlängern soll.[125]

---

[119] Siehe zum Verhältnis beider Varianten Spindler/Stilz/*Rieckers* AktG § 123 Rn. 11.
[120] OLG Stuttgart Beschl. v. 3.12.2008 – 20 W 12/08, AG 2009, 204, 210 f.; Hüffer/*Koch* AktG § 123 Rn. 6.
[121] Hüffer/*Koch* AktG § 123 Rn. 7.
[122] Hüffer/*Koch* AktG § 123 Rn. 7.
[123] BT-Drs. 18/4349, 23.
[124] BT-Drs. 18/4349, 23.
[125] Spindler/Stilz/*Rieckers* AktG § 123 Rn. 17.

Die Lit. ging insofern von einem Redaktionsversehen des Gesetzgebers aus, da die Sätze 2 und 3 des Abs. 2 ursprünglich einen einheitlichen S. 2 bildeten und nur der Verständlichkeit halber in zwei Sätze geteilt wurden, dies jedoch nicht bei der Verweisung korrigiert wurde.[126] Trotzdem wurde teilweise empfohlen, stets die längere Frist einzuhalten.[127] Die sich daraus ergebenden **Unsicherheiten** sind mit dem nunmehr eindeutigen Wortlaut **ausgeräumt** worden.

b) Änderung des Absatzes 3

Die Abs. 3 bis 5 des § 123 AktG regeln, wie sich Aktionäre gegenüber der Gesellschaft bei der Teilnahme an der Hauptversammlung und bei ihrer Stimmrechtsausübung legitimieren, also **ihre Aktionärsstellung nachweisen** können bzw. müssen.[128] Durch die Neufassung des Abs. 3 und die Einfügung zweier neuer Absätze mit der Aktienrechtsnovelle 2016 wurden die für Namens- und Inhaberaktien geltenden Regeln teilweise angeglichen.[129] Dies geschah insbesondere mit Blick auf die im Vorfeld der Aktiennovelle 2016 viel diskutierte Einführung[130] eines einheitlichen Nachweisstichtags bei börsennotierten Gesellschaften für Namens- und Inhaberaktien, welche jedoch auf Empfehlung des Ausschusses für Recht und Verbraucherschutz nicht in die endgültige Gesetzesversion übernommen wurde.[131]

Der bisherige § 123 Abs. 3 AktG wurde mit der Aktienrechtsnovelle 2016 durch die Abs. 3 bis 5 wie folgt neugefasst bzw. ersetzt:

§ 123 Abs. 3 AktG aF	§ 123 Abs. 3 bis 5 AktG nF
(3) Bei Inhaberaktien kann die Satzung bestimmen, wie die Berechtigung zur Teilnahme an der Versammlung oder zur Ausübung des Stimmrechts nachzuweisen ist; Absatz 2 Satz 5 gilt in diesem Fall entsprechend. Bei börsennotierten Gesellschaften reicht ein in Textform erstellter besonderer Nachweis des Anteilsbesitzes durch das depotführende Institut aus. Der Nachweis hat sich bei börsennotierten Gesellschaften auf den Beginn des 21. Tages vor der Versammlung zu beziehen und muss der Gesellschaft unter der in der Einberufung hierfür mitgeteilten Adresse mindestens sechs Tage vor der Versammlung zugehen. In der Satzung oder in der Einberufung auf Grund einer Ermächtigung durch die Satzung kann eine kürzere, in Tagen zu bemessende Frist vorgesehen werden. Der Tag des Zugangs ist nicht mitzurechnen. Im Verhältnis zur Gesellschaft gilt für die Teilnahme an der Versammlung oder die Ausübung des Stimmrechts als Aktionär nur, wer den Nachweis erbracht hat.	*(3) Die Satzung kann bestimmen, wie die Berechtigung zur Teilnahme an der Versammlung oder zur Ausübung des Stimmrechts nachzuweisen ist; Absatz 2 Satz 5 gilt in diesem Fall entsprechend.* *(4) Bei Inhaberaktien börsennotierter Gesellschaften reicht ein durch das depotführende Institut in Textform erstellter besonderer Nachweis des Anteilsbesitzes aus. Der Nachweis hat sich bei börsennotierten Gesellschaften auf den Beginn des 21. Tages vor der Versammlung zu beziehen und muss der Gesellschaft unter der in der Einberufung hierfür mitgeteilten Adresse mindestens sechs Tage vor der Versammlung zugehen. In der Satzung oder in der Einberufung auf Grund einer Ermächtigung durch die Satzung kann eine kürzere, in Tagen zu bemessende Frist vorgesehen werden. Der Tag des Zugangs ist nicht mitzurechnen. Im Verhältnis zur Gesellschaft gilt für die Teilnahme an der Versammlung oder für die Ausübung des Stimmrechts als Aktionär nur, wer den Nachweis erbracht hat.*

---

[126] *Grobecker* NZG 2010, 165 (166); im Ergebnis ebenso: Spindler/Stilz/*Rieckers* AktG § 123 Rn. 17; MüKoAktG/*Kubis* § 123 Rn. 15; Schmidt/Lutter/*Ziemons* AktG § 123 Rn. 21.
[127] *Grobecker* NZG 2010, 165 (166).
[128] Hüffer/*Koch* AktG § 123 Rn. 9; MüKoAktG/*Kubis* § 123 Rn. 16.
[129] BT-Drs. 18/4349, 23.
[130] BT-Drs. 18/4349, 23; vgl. zur Motivationslage *von Nussbaum* NZG 2009, 456; *DAV-Handelsrechtsausschuss* NZG 2014, 863; *Schmidt-Bendun* DB 2015, 419 (420).
[131] BT-Drs. 18/6681, 11 f.; siehe dazu sogleich → IV.3.c)

> (5) *Bei Namensaktien börsennotierter Gesellschaften folgt die Berechtigung zur Teilnahme an der Versammlung oder zur Ausübung des Stimmrechts gemäß § 67 Absatz 2 Satz 1 aus der Eintragung als Aktionär im Aktienregister.*

73 Nach § 123 Abs. 3 AktG kann in der Satzung festgelegt werden, wie die „Berechtigung zur Teilnahme an der Versammlung oder zur Ausübung des Stimmrechts nachzuweisen ist". Während die aF derartige Satzungsregelungen nur für Inhaberaktien erlaubte,[132] gilt der nunmehr aktuelle § 123 Abs. 3 AktG für Namens- und Inhaberaktien gleichermaßen, wobei die Abs. 2 bis 5 diesbezügliche Sonderregelungen bzw. Beschränkungen für börsennotierte Gesellschaften enthalten.

74 Nach der Neufassung kann **auch eine Gesellschaft mit Namensaktien** in ihrer Satzung einen der Anmeldung vorgelagerten **Nachweisstichtag festlegen bzw. weitere Anforderungen an den Nachweis der Aktionärseigenschaft stellen**.[133] Nach der Gesetzesbegründung sollte durch die Neufassung insbesondere klargestellt werden, dass auch nichtbörsennotierte Gesellschaften mit Namensaktien einen der Hauptversammlung vorgelagerten Nachweisstichtag festlegen können.[134] Auch wenn bislang gesetzlich nicht ausdrücklich geregelt, war die Zulässigkeit eines solchen statuarischen Nachweisstichtages **in der Praxis weitestgehend anerkannt**.[135]

75 Zweck eines solches Stichtages ist, **bereits vor dem Tag der Hauptversammlung Gewissheit über die teilnahme- und stimmberechtigten Aktionäre** zu haben und so die Organisation der Versammlung zu erleichtern. Nur wer zum Nachweisstichtag Inhaber einer Aktie war, kann an der Versammlung teilnehmen und sein Stimmrecht ausüben. Ohne entsprechende Satzungsregelung wäre gemäß § 67 Abs. 2 AktG stets die Eintragung in das Aktionärsregister zum Zeitpunkt der Hauptversammlung maßgeblich.[136] Durch die Klarstellung hat der Gesetzgeber das Bedürfnis der Praxis anerkannt, dass auch nichtbörsennotierte Gesellschaften im Falle der Ausgabe von Namensaktien zu einem von ihnen festgelegten Stichtag vor der Hauptversammlung Kenntnis über die Aktionäre und ihre Legitimation haben wollen.[137]

76 Diese Änderung sollte iRd Aktiennovelle 2016 durch die Einführung eines gesetzlichen Nachweisstichtages bei börsennotierten Gesellschaften mit Namenaktien komplementiert werden, welche jedoch nicht umgesetzt wurde.[138] Die Gesetzesbegründung stellt ausdrücklich klar, dass die Beschränkung der Aktienrechtsnovelle 2016 auf einen **statuarischen Nachweisstichtag** Sinn macht, die Neuregelung des Abs. 3 also Bestand haben kann, **obwohl der gesetzliche Record Date** als ein gesetzgeberischer Grund **entfallen ist**.[139]

77 Aufgrund des offenen Wortlauts des neugefassten Abs. 3 kann eine **nicht börsennotierte Aktiengesellschaft mit Namensaktien** in ihrer Satzung auch **weitere Nachweise zur Teilnahme und Stimmrechtsausübung** verlangen; für börsennotierte Gesellschaften wird dies durch § 123 Abs. 5 AktG ausgeschlossen.[140] Beispielsweise kann sie die Vor-

---

[132] MüKoAktG/*Kubis* § 123 Rn. 16.
[133] *Götze/Nartowska* NZG 2015, 298 (301).
[134] BT-Drs. 18/4349, 23.
[135] MüKoAktG/*Kubis* § 123 Rn. 40 mwN.
[136] Hölters/*Drinhausen* AktG § 123 Rn. 10.
[137] BT-Drs 18/4349, 23.
[138] BT-Drs. 18/4349, 23; BT-Drs. 18/6681, 11 f.
[139] BT-Drs. 18/6681, 12.
[140] *Götze/Nartowska* NZG 2015, 298 (301); vgl. kritisch: Spindler/Stilz/*Riecker* AktG § 123 Rn. 24 mit Bezug auf den Regierungsentwurf der Aktienrechtsnovelle 2014.

lage von Aktienurkunden fordern.[141] Nach bislang hM war dies unzulässig;[142] neben der gemäß § 67 Abs. 2 AktG maßgeblichen Eintragung in das Aktionärsregister durften keine weiteren Nachweise verlangt werden.[143] *Rieckers* vertritt die Ansicht, dies gelte auch für den neugefassten Abs. 3. Nach der Gesetzesbegründung solle die Neufassung lediglich die Einführung eines Nachweisstichtages ermöglichen.[144] Auch wenn dies – wie oben ausgeführt – der Hauptgrund für die Neufassung war, schließt die Gesetzesbegründung weitergehende Satzungsregelungen jedoch nicht ausdrücklich aus. Viel wichtiger: im eigentlichen **Gesetzestext** finden sich **keine Anhaltspunkte für eine** solche **Beschränkung**. Hätte der Gesetzgeber gewollt, dass auch nichtbörsennotierte Gesellschaften nicht von § 67 Abs. 2 AktG abweichen können, hätte dies durch eine entsprechende Fassung des Abs. 5 klargestellt werden können und müssen.[145] Wie *Ihrig/Wandt* zu Recht ausführen, schmälert die Neuregelung die Bedeutung des Aktionärsregisters.[146] Für die von ihnen vertretene vermittelnde Auffassung, die Gesellschaft könne zwar alternative jedoch keine zusätzlichen Nachweise verlangen,[147] finden sich allerdings ebenfalls keine Anhaltspunkte im Gesetzestext und in der Gesetzesbegründung.

Für börsennotierte Gesellschaften enthalten die Abs. 4 und 5 Sonderregelungen. Sie entsprechen der bisherigen Rechtslage.[148]

- Die **Aufteilung des alten Abs. 3** auf unterschiedliche Absätze dient lediglich der Übersichtlichkeit und soll bereits im Gesetzestext **deutlicher den Unterschied zwischen Anmeldeerfordernissen und Stimmrechtsausübung** zum Ausdruck bringen.[149] Der Nachweis für Inhaberaktien ist weiterhin in Textform durch das depotführende Institut zu erbringen und hat der Gesellschaft spätestens sechs Tage vor Beginn der Hauptversammlung zuzugehen. Diese Frist kann durch Satzung verkürzt werden.
- **Für Namensaktien** wird nun in Abs. 5 ausdrücklich klargestellt, dass der **Grundsatz des § 67 Abs. 2 AktG** gilt. Teilnahme und Stimmrechtsausübung sind also von der Eintragung in das Aktienregister abhängig. Für die Möglichkeit, bei nicht börsennotierten Gesellschaften zusätzliche Voraussetzungen aufzustellen, siehe die Ausführungen soeben.

c) Keine Einführung eines einheitlichen Nachweisstichtags für Namensaktien

Viel diskutiert wurde im Vorfeld der Aktienrechtsnovelle 2016 die Einführung eines gesetzlichen Nachweisstichtages für Namensaktien von börsennotierten Gesellschaften.[150] Eine solche gesetzliche Regelung existiert bislang nur für Inhaberaktien, maßgeblich ist insofern der 21. Tag vor Beginn der Hauptversammlung. Bei Namensaktien ist die Festlegung eines Nachweisstichtags zwar durch Satzungsregelung ebenfalls möglich, nunmehr klargestellt durch § 123 Abs. 3 AktG.[151] Jedoch kam es – mangels gesetzlicher Vorgaben – zu **uneinheitlichen Fristen**.[152] Da zudem nicht alle Aktiengesell-

---

[141] *Götze/Nartowska* NZG 2015, 298 (301) mit Fn. 51.
[142] MüKoAktG/*Kubis* § 123 Rn. 40.
[143] MüKoAktG/*Kubis* § 123 Rn. 40.
[144] Spindler/Stilz/*Rieckers* § 123 Rn. 24 Fn. 140 mit Bezug auf den Regierungsentwurf der Aktienrechtsnovelle 2014).
[145] Zu den Einzelheiten: *Götze/Nartowska* NZG 2015, 298 (301).
[146] *Ihrig/Wandt* BB 2016, 6 (10).
[147] *Ihrig/Wandt* BB 2016, 6 (10).
[148] BT-Drs. 18/6681, 12.
[149] BT-Drs. 18/6681, 12.
[150] MüKoAktG/*Kubis* § 123 Rn. 16.
[151] Siehe zur Rechtslage vor der Novelle nur mwN *von Nussbaum* NZG 2009, 456 (457) mit Fn. 3.
[152] BT-Drs. 18/4349, 23.

schaften die Möglichkeit haben, den Registerstand zum Anmeldeschluss isoliert „einzufrieren", musste sich in der Vergangenheit mit sogenannten Umschreibestopps beholfen werden: Nach Ende der Anmeldefrist werden keine Änderungen mehr in das Aktienregister eingetragen.[153] Die unterschiedlichen Anmeldefristen und die Umschreibestopps führten jedoch insbesondere bei ausländischen Investoren zu Verunsicherung und oftmals zum Fernbleiben von der Hauptversammlung.[154]

80 Der Gesetzesentwurf zur Aktiennovelle 2016 sah deswegen in § 123 Abs. 6 AktGE vor, einen einheitlichen Stichtag für Namens- und Inhaberaktien einzuführen und die Abs. 3 bis 4 wie folgt zu ergänzen:

Der maßgebliche Stichtag für den Nachweis nach Abs. 4 und die Eintragung nach Abs. 5 ist bei börsennotierten Gesellschaften der Beginn des 21. Tages vor der Versammlung.[155]

81 Auch wenn die Einführung eines solchen Stichtages grundsätzlich begrüßt wurde, so wurde die **Festlegung des Nachweisstichtages auf den 21. Tag vor der Hauptversammlung kritisiert**: Der Zeitraum zwischen Nachweisstichtag und Hauptversammlung sei wesentlich länger als die bislang praktizierten Umschreibestopps.[156] Eine Frist dieser Länge stelle einen „tiefen Eingriff in die Maßgeblichkeit und Aktualität des Aktienregisters" dar.[157] Auch sei es weder aus praktischen noch aus europarechtlichen Gründen notwendig, Inhaberaktien, bei welchen ein Zeitraum von 21 Tagen angebracht sein kann, und Namensaktien gleich zu behandeln.[158] Hier wird das europäische Recht schlicht missverstanden, das lediglich bei Gesellschaften die sowohl Inhaber- als auch Namensaktien ausgegeben haben, einen solchen Gleichlauf vorsieht.[159] Von Seiten der Wirtschaft wurde daher eine Frist von maximal zwölf Tagen vorgeschlagen.[160]

82 Auf Empfehlung des Ausschusses für Recht und Verbraucherschutz wurde daher die geplante **Regelung zum Nachweisstichtag nicht in das AktG übernommen**.[161] Darüber hinaus sei es, so der Ausschuss, ohnehin vorzuziehen, eine gesamteuropäische Regelung anzustreben.[162] Auch aus diesem Grund sei von einer rein nationalen Festlegung eines einheitlichen Stichtages für Namensaktien abzusehen.[163] Dieser Gesichtspunkt wurde auch bei der zweiten und dritten Beratung der Aktienrechtsnovelle 2016 im Deutschen Bundestag betont: So wies der Abgeordnete Dr. Fechner darauf hin, dass die Fristen in Europa eine erhebliche Bandbreite haben – er nannte Malta mit 30, Irland mit zwei Tagen – weshalb zur Förderung der Teilnahme internationaler Investoren eine **EU-weite einheitliche Regelung geboten** sei. Zum Erlass einer solchen werde die EU-Kommission in einem Entschließungsantrag aufgefordert.[164]

---

[153] *Von Nussbaum* NZG 2009, 456 (457).
[154] *Müller-Eising* GWR 2014, 229 (230).
[155] BT-Drs. 18/4349, 8.
[156] *DAV-Handelsrechtsausschuss* NZG 2014, 863.
[157] BDI Stellungnahme Regierungsentwurf einer Aktienrechtsnovelle 2014 vom 23.4.2015, S. 1.
[158] Umfassend dazu: *DAV-Handelsrechtsausschuss* NZG 2014, 863.
[159] *Götze/Nartowska* NZG 2015, 298 (301) mit Verweis auf Art. 7 Abs. 3 Aktionärsrechterichtlinie: „Jeder Mitgliedstaat stellt sicher, dass für alle Gesellschaften eine einheitliche Nachweisstichtagsregelung gilt. Ein Mitgliedstaat kann jedoch einen Nachweisstichtag für Gesellschaften festlegen, die Inhaberaktien ausgegeben haben und einen anderen Nachweisstichtag für Gesellschaften, die Namensaktien ausgegeben haben, vorausgesetzt es gilt ein einziger Nachweisstichtag für alle Gesellschaften, die beide Aktienarten ausgegeben haben".
[160] BDI Stellungnahme Regierungsentwurf einer Aktienrechtsnovelle 2014 vom 23.4.2015, S. 2 f.
[161] BT-Drs. 18/6681, 11 f.
[162] BT-Drs. 18/6681, 12.
[163] BT-Drs. 18/6681, 12.
[164] Stenographischer Bericht zur 136. Sitzung des Bundestags am 12.11.2015, S. 13323.

Generell ist eine europaweit einheitliche Regelung sicherlich vorzuziehen. Auch wäre die im Regierungsentwurf vorgesehene Frist von 21 Tagen zu lang gewesen. Vor dem Hintergrund der stetig sinkenden Präsenz – insbesondere ausländischer Investoren – auf den Hauptversammlungen, wäre es jedoch begrüßenswert gewesen, wenn **schon jetzt und auf deutsche Aktiengesellschaften beschränkt** eine entsprechende Regelung eingeführt worden wäre.

V. Bekanntmachung von Ergänzungsverlangen, Mitteilungen für die Aktionäre und an Aufsichtsratsmitglieder und Wahlvorschläge von Aktionären (§§ 124, 125, 127 AktG)

1. Änderung des § 124 Abs. 2 S. 1 AktG

Die Änderung des § 124 Abs. 2 S. 1 AktG dient der Vereinfachung bei Bekanntmachungen der Aktiengesellschaft für die Tagesordnung der Hauptversammlung im Hinblick auf die Wahl von Aufsichtsratsmitgliedern. Inhaltlich bewirkt sie keine Veränderung der materiellen Rechtslage.

§ 124 Abs. 2 S. 1 AktG aF	§ 124 Abs. 2 S. 1 AktG nF
*Steht die Wahl von Aufsichtsratsmitgliedern auf der Tagesordnung, so ist in der Bekanntmachung anzugeben, nach welchen gesetzlichen Vorschriften sich der Aufsichtsrat zusammensetzt, **und ob die Hauptversammlung an Wahlvorschläge gebunden ist**.*	*Steht die Wahl von Aufsichtsratsmitgliedern auf der Tagesordnung, so ist in der Bekanntmachung anzugeben, nach welchen gesetzlichen Vorschriften sich der Aufsichtsrat zusammensetzt; **ist die Hauptversammlung an Wahlvorschläge gebunden, so ist auch dies anzugeben**.*

Ausgangspunkt ist folgende bisherige Rechtslage: Vor Wahlen von Aufsichtsratsmitgliedern musste die Gesellschaft in der Bekanntmachung der Tagesordnung immer mitteilen, ob die Hauptversammlung an die Wahlvorschläge gebunden ist oder nicht. Durch die Änderung des Abs. 2 S. 1 ist die Bindung an die Wahlvorschläge **nur noch dann bekanntzugeben**, wenn die **Hauptversammlung** auch **tatsächlich gebunden ist**. Gibt es zur Bindung keine Angaben in der Bekanntmachung, so kann daraus geschlossen werden, dass die Versammlung nicht an die Vorschläge gebunden ist.

Die Änderung bezweckt eine **Vereinfachung** der Mitteilungspflichten in der AG.[165] Hintergrund ist, dass die Hauptversammlung in der Praxis nur selten an Wahlvorschläge gebunden ist. Eine solche Bindung besteht gemäß § 101 Abs. 1 S. 2 AktG nur nach §§ 6, 8 MontanMitbestG[166] (das betrifft ca. zwei Dutzend der insgesamt etwa 17.000 Aktiengesellschaften in Deutschland)[167] sowie bei der Europäischen Gesellschaft, § 36 Abs. 3 SEBG.[168],[169]

Es wird also mit der Änderung des Wortlautes der „**überflüssige Formalismus**"[170] beseitigt, wonach sich die zahlenmäßig weit überwiegenden nicht an einen Wahlvorschlag gebundenen Aktiengesellschaften zu dem Nichtvorliegen der Gebundenheit erklären

---

[165] BT-Drs. 18/4349, 24.
[166] Gesetz über die Mitbestimmung der Arbeitnehmer in den Aufsichtsräten und Vorständen der Unternehmen des Bergbaus und der Eisen und Stahl erzeugenden Industrie (MontanMitBestG) vom 21.5.1951 (BGBl. I 347); zuletzt geändert durch Art. 5 Gesetz für die gleichberechtigte Teilhabe von Frauen und Männern an Führungspositionen in der Privatwirtschaft und im öffentlichen Dienst vom 24.4.2015 (BGBl. I 642).
[167] BT-Drs. 18/4349, 24.
[168] SE-Beteiligungsgesetz (SEBG) vom 22.12.2004 (BGBl. I 3675).
[169] Siehe ebenso Hüffer/*Koch* § 124 Rn. 6.
[170] BT-Drs. 18/4349, 24; Hüffer/*Koch* § 124 Rn. 6; *Bungert/Wettich* ZIP 2012, 297 (304).

müssen. Die Regelung wird dadurch an die tatsächlichen Verhältnisse angepasst. Eine Angabe darüber, dass die Hauptversammlung nicht an die Wahlvorschläge gebunden ist, bleibt dennoch unschädlich.[171] Daher bedarf es auch keiner Übergangsregelung.

2. Keine Anpassung der Mitteilungspflichten nach § 125 Abs. 2 S. 1 AktG aufgrund der Nichtumsetzung eines einheitlichen Nachweisstichtags

88 In § 125 AktG werden verschiedene Mitteilungspflichten der Gesellschaft geregelt.[172] Die noch im Regierungsentwurf vorgesehene Änderung des § 125 Abs. 2 S. 1 AktG wurde, als Folgeänderung zu der geplanten Einführung eines einheitlichen Nachweisstichtags für börsennotierte Gesellschaften in § 126 Abs. 6 AktG am 21. Tag vor Beginn der Hauptversammlung,[173] auf Empfehlung des Ausschusses für Recht und Verbraucherschutz vom 11.11.2015 gestrichen.[174] Nach dem Gesetzesentwurf der Bundesregierung sollte auch die 14-tägige Frist für die Mitteilungspflicht gegenüber im Aktienregister eingetragenen Aktionären angepasst und auf 21 Tage erhöht werden.

3. Änderung des § 127 S. 3 AktG

89 Mit der Aktienrechtsnovelle 2016 wurde bei den Regelungen zu Wahlvorschlägen der Aktionäre in § 127 S. 3 AktG ein Redaktionsversehen korrigiert.

§ 127 S. 3 AktG aF	*§ 127 S. 3 AktG nF*
Der Vorstand braucht den Wahlvorschlag auch dann nicht zugänglich zu machen, wenn der Vorschlag nicht die Angaben nach § 124 Absatz 3 Satz 3 und § 125 Absatz 1 Satz 5 enthält.	*Der Vorstand braucht den Wahlvorschlag auch dann nicht zugänglich zu machen, wenn der Vorschlag nicht die Angaben nach § 124 Absatz 3 Satz 4 und § 125 Absatz 1 Satz 5 enthält.*

90 Bei Erlass des BilMoG vom 25.5.2009[175] wurde in § 124 Abs. 3 AktG ein neuer S. 2 eingefügt, wodurch der bisherige S. 3 zu S. 4 wurde, ohne dass diese Änderung bei der Verweisung in § 127 S. 3 AktG nachvollzogen wurde.[176] Dies wurde durch die Aktienrechtsnovelle 2016 korrigiert.

VI. Niederschrift (§ 130 AktG)

91 Mit der Änderung des § 130 Abs. 2 S. 2 Nr. 2 AktG strebt die Aktienrechtsnovelle 2016 die Beseitigung einer durch das ARUG vom 30.7.2009 entstandenen Unklarheit an.

§ 130 Abs. 2 S. 2 Nr. 2 AktG aF	*§ 130 Abs. 2 S. 2 Nr. 2 AktG nF*
Bei börsennotierten Gesellschaften umfasst die Feststellung über die Beschlussfassung für jeden Beschluss auch (…)	*Bei börsennotierten Gesellschaften umfasst die Feststellung über die Beschlussfassung für jeden Beschluss auch (…)*
2. den Anteil des durch die gültigen Stimmen vertretenen Grundkapitals, (…)	*2. den Anteil des durch die gültigen Stimmen vertretenen Grundkapitals* **am eingetragenen Grundkapital**, *(…).*

---

[171] BT-Drs. 18/4349, 24.
[172] MüKoAktG/*Kubis* § 125 Rn. 1.
[173] Siehe dazu → Rn. 79.
[174] BT-Drs. 18/6681, 12.
[175] Gesetz zur Modernisierung des Bilanzrechts (Bilanzrechtsmodernisierungsgesetz, BilMoG) vom 25.5.2009 (BGBl. I 1102).
[176] BT-Drs. 18/4349, 24.

VI. Niederschrift (§ 130 AktG)

1. Unklarheit nach der alten Rechtslage

Gemäß § 130 Abs. 1 S. 1, S. 3 AktG muss jeder Beschluss der Hauptversammlung börsennotierter Aktiengesellschaften notariell beurkundet werden. Der Inhalt dieser Niederschrift ist in Abs. 2 vorgeschrieben. Zu den besonderen Anforderungen der Beschlussfeststellung bei börsennotierten Gesellschaften gehört, dass auch der „Anteil des durch die gültigen Stimmen vertretenen Grundkapital" anzugeben ist. Diese Angabe ist vom Notar in das Protokoll aufzunehmen. Mangels Nennung der einschlägigen **Bezugsgröße war unklar**, ob es – so die hL[177] – auf das gesamte eingetragene Kapital oder – so eine Mindermeinung[178] – auf das jeweils in der Hauptversammlung bzw. bei der Beschlussfassung vertretene Kapital ankam.

Die hL zum alten Recht kann sich auf das Argument der **richtlinienkonformen Auslegung** stützen. So entsprach der Wortlaut von § 130 Abs. 2 S. 2 Nr. 2 AktG aF weitgehend Art. 14 Abs. 1 S. 1 der Aktionärsrechterichtlinie, in dem es heißt: „Die Gesellschaft stellt für jeden Beschluss mindestens Folgendes fest: (…), den Anteil des durch diese Stimmen vertretenen Aktienkapitals, (…)".

Sofern in den gesellschaftsrechtlichen EU-Richtlinien mit Grundkapital das in der Hauptversammlung vertretene Kapital gemeint ist, wird dies üblicherweise explizit zum Ausdruck gebracht.[179] In Art. 14 der Aktionärsrechterichtlinie geschieht dies nicht. Durch **diese Systematik** erschließt sich, dass Art. 14 der Aktionärsrechterichtlinie das gesamte eingetragene Kapital als Bezugsgröße meint, was dafür sprach, § 130 Abs. 2 S. 2 Nr. 2 AktG aF ebenfalls in dieser Weise auszulegen. Hinzu kam, dass der Informationsgehalt der Niederschrift bei anderer Auslegung gering gewesen wäre. Wäre als Bezugsgröße auf das in der Versammlung vertretene Aktienkapital abgestellt worden, so hätte sich aus der Differenz lediglich der Anteil der ungültigen Stimmen und der Enthaltungen ergeben. Die Zahl der Enthaltungen war und ist jedoch bereits nach § 130 Abs. 2 S. 2 Nr. 3 AktG anzugeben.

Gleichwohl war die frühere Rechtslage mit **Rechtsunsicherheiten** verbunden. Die Gegenansicht stellte uA auf den Wortlaut der Vorschrift und die Gesetzesbegründung ab.[180] In der Praxis führte diese Unklarheit teilweise dazu, dass die Hauptversammlungsprotokolle Doppelangaben enthielten, dh den Anteil der gültigen Stimmen sowohl ausgehend vom vertretenen, als auch ausgehend vom gesamten Grundkapital angaben.[181]

2. Änderung des § 130 Abs. 2 S. 2 Nr. 2 AktG

Die durch die Aktienrechtsnovelle 2016 bewirkte Änderung **bestätigt die bisher hM**. Vorsorgliche Doppelangaben sind damit nicht mehr nötig. Wie schon nach bisher hM

---

[177] Hüffer/*Koch* § 130 Rn. 23a; MüKoAktG/*Kubis* § 130 Rn. 66; *Merkner/Sustmann* NZG 2010, 568 (569); *Scholz/Wenzel* AG 2010, 443 (444 ff.); *Wilm* DB 2010, 1686 (1691); *Bungert/Wettich* ZIP 2011, 160 (165).
[178] *Deilmann/Otte* BB 2010, 722 f.
[179] Vgl. etwa Art. 40 Abs. 1 und 2 der Zweiten Richtlinie des Rates vom 13.12.1956 zur Koordinierung der Schutzbestimmungen, die in den Mitgliedstaaten den Gesellschaften im Sinne des Art. 58 Abs. 2 des Vertrages im Interesse der Gesellschafter sowie Dritter für die Gründung der Aktiengesellschaft sowie für die Erhaltung und Änderung ihres Kapitals vorgeschrieben sind, um diese Bestimmungen gleichwertig zu gestalten.
[180] Vgl. zB *Deilmann/Otte*, BB 2010, 722 (722 ff.).
[181] *Götze/Arnold/Carl* NZG 2012, 321 (328) mit Fn. 95, die beispielhaft auf eine entsprechende Praxis der K+S AG für das Geschäftsjahr 2011 verweisen, ebenso *Deilmann/Otte* BB 2010, 722 (722), mit Verweis auf die Wincor Nixdorf AG.

dürfte gelten, dass eigene Aktien der Gesellschaft unberücksichtigt bleiben (§ 71b AktG).[182]

97 Vereinzelt wird der **Wortlaut der Änderung kritisiert**.[183] Nach *Ziemons* werde durch die Formulierung „am eingetragenen Grundkapital" nicht berücksichtigt, dass das im Handelsregister eingetragene Grundkapital durch Ausgabe von Bezugsaktien erhöht sein kann. Vorzugswürdig sei es daher, auf den Anteil des durch die gültigen Stimmen vertretenen Grundkapitals „am eingetragenen, gegebenenfalls durch Ausgabe von Bezugsaktien erhöhten Grundkapital" bzw., weniger technisch, „am gesamten Grundkapital" abzustellen.[184]

98 Richtig ist, dass bei einer bedingten Kapitalerhöhung zwar nach § 195 AktG eine Anmeldung des Hauptversammlungsbeschlusses zum Handelsregister erforderlich ist, die Bezugsaktien aber durch Ausgabe der Aktien auch dann wirksam entstehen, wenn die Ausgabe selbst nicht in das Handelsregister eingetragen wird. Die Eintragung hat zwar zu erfolgen (§ 201 AktG), ist aber nicht konstitutiv.[185] Nach der neuen Fassung dürften **dem Wortlaut nach** solche Aktien, die als Bezugsaktien wirksam entstanden sind, deren Ausgabe aber noch nicht eingetragen wurde, nicht zu berücksichtigen sein.

99 Allerdings ist zu beachten, dass diese Frage auch **auf Basis der bisher hM nicht diskutiert** wurde, sondern als Bezugsgröße begrifflich entweder auf das gesamte[186] bzw. insgesamt vorhandene[187] Grundkapital oder auf das eingetragene Grundkapital[188] abgestellt wurde. Die Berücksichtigung oder Nichtberücksichtigung etwaiger Bezugsaktien wurde nicht explizit problematisiert.

100 Der Frage dürfte auch **praktisch keine größere Relevanz** zukommen: Ein Verstoß gegen § 130 Abs. 2 S. 2 AktG lässt weder den Beschluss nichtig werden (vgl. § 241 Nr. 2 AktG),[189] noch hat er dessen Anfechtbarkeit zur Folge.[190] Es handelt sich zwar um einen Gesetzesverstoß iSd § 243 Abs. 1 AktG, der aber für das Beschlussergebnis nicht relevant ist,[191] was wiederum nach ganz hM Voraussetzung für die Anfechtbarkeit nach § 243 Abs. 1 AktG ist.[192]

101 **Kritik** wird weiter vom Deutschen Aktieninstitut geübt. Dieses hält es für problematisch, dass in der Regierungsbegründung auf das „**eingetragene (stimmberechtigte) Grundkapital**" Bezug genommen wird.[193] Denn richtigerweise sei auf das gesamte eingetragene Grundkapital abzustellen, ungeachtet etwaiger Stimmverbote.

---

[182] So zum alten Recht Spindler/Stilz/*Wicke* AktG § 130 Rn. 55.
[183] *Ziemons* NZG 2012, 212 (214); Kommentar des Deutschen Aktieninstituts vom 10.2.2015, Anmerkungen zur Aktienrechtsnovelle 2015, S. 8 (im Internet abrufbar unter: https://www.dai.de/files/dai_usercontent/dokumente/positionspapiere/2015-02-10%20Stellungnahme%20Aktienrechtsnovelle%20DAI.pdf; zuletzt aufgerufen am 6.1.2016).
[184] *Ziemons* NZG 2012, 212 (214); vgl. auch K. Schmidt/Lutter/*Ziemons* AktG § 130 Rn. 28.
[185] Hüffer/*Koch* § 201 Rn. 2; MüKoAktG/*Fuchs* § 201 Rn. 1.
[186] *Merkner/Sustmann* NZG 2010, 568.
[187] MüKoAktG/*Kubis* § 130 Rn. 66.
[188] Spindler/Stilz/*Wicke* AktG § 130 Rn. 55; Hüffer/*Koch* AktG § 130 Rn. 23a.
[189] AllgM, siehe nur Hüffer/*Koch* § 130 Rn. 30; Spindler/Stilz/*Wicke* § 130 Rn. 65, 56.
[190] MüKoAktG/*Kubis* § 130 Rn. 64; *Allmendinger* DNotZ 2012, 164 ff.; differenzierend: Spindler/Stilz/*Wicke* § 130 Rn. 56: Nur in Ausnahmefällen kommt dem Fehler die nötige „Relevanz" zu.
[191] MüKoAktG/*Kubis* § 130 Rn. 64.
[192] Vgl. statt aller Hüffer/*Koch* AktG § 243 Rn. 12 f.
[193] Kommentar des Deutschen Aktieninstituts vom 10.2.2015, Anmerkungen zur Aktienrechtsnovelle 2015, S. 8 (im Internet abrufbar unter: https://www.dai.de/files/dai_usercontent/dokumente/positionspapiere/2015-02-10%20Stellungnahme%20Aktienrechtsnovelle%20DAI.pdf; zuletzt aufgerufen am 6.1.2016).

Diese Kritik **überzeugt** letztlich **nicht**. Sowohl in der älteren, zum Zeitpunkt der Stellungnahme des Deutschen Aktieninstituts aktuellen Entwurfsfassung (BR-Drs. 22/15 vom 23.1.2015, S. 24), als auch in der endgültigen Fassung (BT-Drs. 18/4349 vom 18.3.2015, S. 24) findet sich die kritisierte Passage nicht. Es wird lediglich zum alten Recht ausgeführt, es sei darin nicht geregelt worden, „ob sich der Anteil des durch die gültigen Stimmen vertretenen Grundkapitals auf das gesamte eingetragene Grundkapital bezieht oder auf das in der Hauptversammlung vertretene (stimmberechtigte) Grundkapital". Letzteres bezieht sich aber nur auf die frühere Rechtslage und die dazu vertretene Mindermeinung und nicht auf die durch die Aktienrechtsnovelle 2016 bestätigte hM, wonach es auf das gesamte Grundkapital ankommt.

VII. Auskunftsrecht des Aktionärs (§ 131 AktG)

Mit der Änderung des § 131 Abs. 1 AktG korrigiert die Aktienrechtsnovelle 2016 ein Redaktionsversehen bei Erlass des Bilanzrichtlinien-Gesetz (BiRiLiG) vom 19.12.1985[194].

§ 131 Abs. 1 S. 3 Akt aF	§ 131 Abs. 1 S. 3 Akt nF
Macht eine Gesellschaft von den Erleichterungen nach § 266 Abs. 1 Satz 2, § 276 oder § 288 des Handelsgesetzbuchs Gebrauch, so kann jeder Aktionär verlangen, daß ihm in der Hauptversammlung über den Jahresabschluß der Jahresabschluß in der Form vorgelegt wird, die er ohne Anwendung dieser Vorschriften hätte.	*Macht eine Gesellschaft von den Erleichterungen nach § 266 Absatz 1 Satz 3, § 276 oder § 288 des Handelsgesetzbuchs Gebrauch, so kann jeder Aktionär verlangen, dass ihm in der Hauptversammlung über den Jahresabschluss der Jahresabschluss in der Form vorgelegt wird, die er ohne diese Erleichterungen hätte.*

Durch Art. 2 Nr. 16 lit. a BiRiLiG wurde § 131 Abs. 1 S. 3 AktG eingefügt, der ua Erleichterungen nach § 266 Abs. 1 S. 2 HGB zum Gegenstand hat. Diese Erleichterungen waren durch Art. 1 Nr. 8 BiRiLiG jedoch als § 266 Abs. 1 S. 3 in das HGB aufgenommen worden. Die **Korrektur des seinerzeitigen Redaktionsversehens** erscheint geboten, da die gängigen Gesetzesausgaben derzeit unterschiedliche Fassungen von § 131 Abs. 1 S. 3 AktG enthalten. Vor diesem Hintergrund erfolgte die Korrektur nicht durch einen Ersetzungsbefehl, sondern in Form einer Neufassung von § 131 Abs. 1 S. 3 AktG.[195]

VIII. Einberufung (§ 175 AktG)

Ebenfalls um die Korrektur eines Redaktionsversehens handelt es sich bei der Neufassung von § 175 Abs. 2 S. 1 AktG. Dieser hätte bereits durch das ARUG in seine nun aktuelle Fassung geändert werden sollen.[196]

§ 175 Abs. 2 S. 1 AktG aF	§ 175 Abs. 2 S. 1 AktG nF
*Der Jahresabschluß, ein vom Aufsichtsrat gebilligter Einzelabschluss nach § 325 **Abs.** 2a des Handelsgesetzbuchs, der Lagebericht, der Bericht des Aufsichtsrats und der Vorschlag des Vorstands*	*Der Jahresabschluss, ein vom Aufsichtsrat gebilligter Einzelabschluss nach § 325 **Absatz** 2a des Handelsgesetzbuchs, der Lagebericht, der Bericht des Aufsichtsrats und der Vorschlag des Vorstands*

---

[194] Gesetz zur Durchführung der Vierten, Siebenten und Achten Richtlinie des Rates der Europäischen Gemeinschaften zur Koordinierung des Gesellschaftsrechts (Bilanzrichtlinien-Gesetz - BiRiLiG) vom 19.12.1985 (BGBl. I 2355).
[195] BT-Drs. 18/4349, 25.
[196] BT-Drs. 18/4349, 26 f.; MüKoAktG/*Hennrichs/Pöschke* § 175 Rn. 8.

§ 175 Abs. 2 S. 1 AktG aF	§ 175 Abs. 2 S. 1 AktG nF
für die Verwendung des Bilanzgewinns **und bei börsennotierten Aktiengesellschaften ein erläuternder Bericht zu den Angaben nach § 289 Abs. 4 Nr. 1 bis 5 und Abs. 5 sowie § 315 Abs. 4 des Handelsgesetzbuchs** *sind von der Einberufung an in dem Geschäftsraum der Gesellschaft zur Einsicht der Aktionäre auszulegen.*	*für die Verwendung des Bilanzgewinns sind von der Einberufung an in dem Geschäftsraum der Gesellschaft zur Einsicht* **durch die** *Aktionäre auszulegen.*

106 IRd ARUG hatte der Gesetzgeber dem Änderungsgesetz jedoch nicht die damals aktuelle Gesetzesfassung zu Grunde gelegt, so dass die Änderungen des ARUG nicht ausführbar waren.[197] Anstatt die Passage „und bei börsennotierten Aktiengesellschaften ein erläuternder Bericht zu den Angaben nach § 289 Abs. 4 Nr. 1 bis 5 und Abs. 5 sowie § 315 Abs. 4 des Handelsgesetzbuchs" vollständig zu streichen, wäre der sinnlose Schnipsel „Nr. 1. bis 5 und Abs. 5" übrig geblieben.[198]

107 In den meisten Textsammlungen wurde vorstehende Passage jedoch insgesamt nicht mehr wiedergegeben.[199] Durch die Aktienrechtsnovelle 2016 wurde dies nun auch von Seiten des Gesetzgebers nachvollzogen und weiterhin die Formulierung „zur Einsicht der Aktionäre" durch „zur Einsicht durch die Aktionäre" ersetzt und die Vorschrift an die neue Rechtschreibung angepasst.[200] **Inhaltliche Änderungen sind damit nicht verbunden.**[201]

IX. Anfechtungsklage (§ 246 AktG)

108 Durch die Aktienrechtsnovelle 2016 wird die Pflicht des Vorstands zur Bekanntmachung von Klagen gegen Hauptversammlungsbeschlüsse auf die Mitteilung der Klageerhebung beschränkt, die weitere Pflicht, auch „den Termin zur mündlichen Verhandlung" mitzuteilen, wird in § 246 Abs. 4 S. 1 AktG gestrichen.

§ 246 Abs. 4 S. 1 AktG aF	§ 246 Abs. 4 S. 1 AktG nF
Der Vorstand hat die Erhebung der Klage und den Termin zur mündlichen Verhandlung unverzüglich in den Gesellschaftsblättern bekanntzumachen.	*Der Vorstand hat die Erhebung der Klage unverzüglich in den Gesellschaftsblättern bekanntzumachen.*

109 Die aF bereitete der Praxis Schwierigkeiten, weil unklar war, ob mit dem Termin zur mündlichen Verhandlung der frühe erste Termin oder der Haupttermin gemeint war, und der Vorschrift ferner nicht entnommen werden konnte, wie im Falle eines schriftlichen Vorverfahrens vorzugehen ist.[202] Diese Unklarheiten wurden beseitigt, indem die **praktisch wenig bedeutsame Verpflichtung zur Bekanntmachung des Termins zur mündlichen Verhandlung ersatzlos gestrichen** wurde. Mit der Streichung der Verpflichtung zur Bekanntmachung auch des Termins zur mündlichen Verhandlung hat der Gesetzgeber zugleich „einen Federstrich" durch die Streitfrage gezogen, wann die Bekanntmachung zu erfolgen hat, wenn wegen Anordnung eines schriftlichen Vorverfahrens die Terminbestimmung durch das Gericht erst später stattfindet, ob mit

---

[197] BT-Drs. 18/4349, 27; MüKoAktG/*Hennrichs*/*Pöschke* § 175 Rn. 8.
[198] MüKoAktG/*Hennrichs*/*Pöschke* § 175 Rn. 8.
[199] So beispielsweise im Schönfelder.
[200] *Ihrig*/*Wandt* BB 2016, 6 (11).
[201] *Ihrig*/*Wandt* BB 2016, 6 (11).
[202] BT-Drs. 18/4349, 30.

der Bekanntmachung der Klage[203] oder zusätzlich mit der späteren Terminbestimmung[204].

Maßgeblich ist allein die ursprüngliche Bekanntmachung.

X. Keine relative Befristung der Nichtigkeitsklage (§ 249 AktG)

Die ursprünglich in den Entwürfen zur Aktienrechtsnovelle enthaltene relative Befristung der Nichtigkeitsklage in § 249 AktG wurde aufgrund der Beschlussempfehlung des Ausschusses für Recht und Verbraucherschutz vom 11.11.2015[205] aus der Aktienrechtsnovelle 2016 gestrichen. Die **Rechtslage bleibt insoweit vorerst unverändert**.

Aufgrund nach wie vor bestehender Aktualität des Themas und einer geplanten umfassenden Regelung wird die ursprünglich beabsichtigte und ausgearbeitete Änderung im Folgenden dennoch knapp dargestellt. Der Regierungsentwurf vom 18.3.2015 sah eine Ergänzung des § 249 Abs. 2 AktG durch einen S. 3 vor: [206]

§ 249 Abs. 2 AktG	§ 249 Abs. 2 AktG der ursprünglichen Entwurfsfassung
Mehrere Nichtigkeitsprozesse sind zur gleichzeitigen Verhandlung und Entscheidung zu verbinden. Nichtigkeits- und Anfechtungsprozesse können verbunden werden.	*Mehrere Nichtigkeitsprozesse sind zur gleichzeitigen Verhandlung und Entscheidung zu verbinden. Nichtigkeits- und Anfechtungsprozesse können verbunden werden. Ist die Erhebung einer Klage gegen einen Beschluss der Hauptversammlung gemäß § 246 Absatz 4 Satz 1, auch in Verbindung mit § 249 Absatz 1 Satz 1, bekannt gemacht, so kann ein Aktionär Nichtigkeitsklage gegen diesen Beschluss nur innerhalb eines Monats nach der Bekanntmachung erheben.*

1. Problem der „missbräuchlich nachgeschobenen Nichtigkeitsklagen"

§ 249 Abs. 2 S. 3 AktG der ursprünglichen Entwurfsfassung sollte der Bekämpfung „missbräuchlich nachgeschobener Nichtigkeitsklagen" gegen Hauptversammlungsbeschlüsse dienen.[207] Hintergrund des Regelungsvorschlages war der unumstrittene Befund, dass sowohl **Anfechtungsklagen** nach § 246 AktG als auch **Nichtigkeitsklagen** nach § 249 AktG **vielfach zweckwidrig eingesetzt** werden.[208]

Ein solcher zweckwidriger Einsatz ist anzunehmen, wenn Beschlussmängelklagen entgegen dem Regelungszweck des Gesetzes nicht erhoben werden, um Beschlüsse der Hauptverhandlung einer gerichtlichen Kontrolle zu unterziehen, sondern **um eigennützige Ziele zu Lasten der Gesellschaft zu verfolgen**. Damit wird die Beschlussmängelklage als wesentliches Instrument des Minderheitenschutzes zur Durchsetzung eigener Interessen zu Lasten der Gesellschaft und ihrer Aktionäre instrumentalisiert. Häufig erwerben die klagenden Aktionäre dazu kurz vor der Hauptversammlung lediglich wenige Aktien der betroffenen Gesellschaft, um anschließend (mögliche) Fehler in der

---

[203] *Wasmann/Kallweit* Der Konzern 2008, 135 (138 f.); Spindler/Stilz/*Dörr* AktG § 246 Rn. 53.
[204] Anwaltskommentar Aktienrecht/*Heidel* § 246 Rn. 55.
[205] BT-Drs. 18/6681.
[206] BT-Drs. 18/4349, 30 ff.
[207] BT-Drs. 18/4349, 30.
[208] BT-Drs. 18/4349, 30; vgl. auch Hüffer/*Koch* AktG § 245 Rn. 22 ff.

Hauptversammlung aufzuspüren oder diese sogar durch Einflussnahme auf das Hauptversammlungsgeschehen zu provozieren.[209] Nicht umsonst werden diese Klagen von einer überschaubaren Zahl von Aktionären in großer Zahl erhoben, die deshalb, um den freundlicheren Begriff zu wählen, gerne als „Berufskläger" bezeichnet werden.

114 Eine solche Beschlussmängelklage kann – unabhängig von ihren Erfolgsaussichten – die für die Wirksamkeit bestimmter Maßnahme **konstitutive Eintragung in das Handelsregister verzögern.**[210] So sieht das Gesetz in einigen Fällen eine Registersperre für eintragungsbedürftige Hauptversammlungsbeschlüsse vor, die Gegenstand einer rechtshängigen Anfechtungs- oder Nichtigkeitsklage sind, vgl. §§ 319 Abs. 5, 320 Abs. 1 S. 3, 327e Abs. 2 AktG, §§ 16 Abs. 2, 176 Abs. 1 UmwG (sog. gesetzliche Registersperre). In allen anderen Fällen kann das Registergericht nach pflichtgemäßem Ermessen die Eintragung gemäß § 21 FamFG aussetzen, wenn ein Aktionär gegen den Beschluss klagt (sog. faktische Registersperre).[211] Letzteres ist durchaus bedeutsam, weil das Registergericht bei der Entscheidung über die Eintragung nicht dem staatshaftungsrechtlichen Richterprivileg nach § 839 Abs. 2 BGB unterfällt und deshalb die Eintragung zur Vermeidung von Haftungsrisiken im Zweifel aussetzen wird.[212]

115 Die damit verbundene **Verzögerung begründet** vor allem bei Strukturmaßnahmen einen **erheblichen „Lästigkeitswert".** Dadurch wird die beklagte Gesellschaft motiviert, der Zielsetzung des zweckwidrigen Einsatzes der Klagen entsprechend, mit dem klagenden Aktionär einen Vergleich abzuschließen, der eine Rücknahme der Klage gegen Geldzahlung oder andere Leistungen vorsieht. An einer Entscheidung in der Sache hat der Kläger in diesen Konstellationen kein Interesse. Das Phänomen der missbräuchlichen Klage ist vor allem seit den 1980er Jahren virulent geworden und hat sowohl den BGH als auch den Gesetzgeber beschäftigt.[213]

116 Der BGH hat zwar – entgegen einer in der Lit. vertretenen Ansicht – schon 1989 gegen missbräuchliche Klagen selbst dann, wenn sie in der Sache begründet sind, den **Einwand des Rechtsmissbrauchs** eröffnet. Voraussetzung dafür ist, dass der „Kläger Anfechtungsklage mit dem Ziel erhebt, die verklagte Gesellschaft in grob eigennütziger Weise zu einer Leistung zu veranlassen, auf die er keinen Anspruch hat und billigerweise auch nicht erheben kann".[214] Ein entsprechender **Nachweis der Missbräuchlichkeit kann praktisch allerdings nur in seltenen Fällen geführt werden.** Insbesondere kann für die nachgeschobene Nichtigkeitsklage nicht allein an ihre Erhebung erst lange nach Ablauf der Anfechtungsfrist die Vermutung missbräuchlicher Absichten geknüpft werden.[215]

117 Aufgrund dessen und angesichts der durch die Klage grundsätzlich bewirkten „Eintragungssperre" sind die **beklagten Gesellschaften** durch diese Rspr. aber **nur unzureichend geschützt.** Wirtschaftlich war und ist es vielfach attraktiver, für die Klagerücknahme zu „zahlen", anstatt die mit der Austragung des Rechtsstreits verbundene Verzögerung in Kauf zu nehmen. Zumal angesichts der oben dargestellten Schwierigkeiten auch in vergleichsweise eindeutigen Fällen nie ausgeschlossen werden kann, dass ein mit der Sache befasstes Gericht den Rechtsmissbrauch nicht nachgewiesen sieht und die Gesellschaft im Rechtsstreit deshalb unterliegt. Hinzu kommt, dass es für den „Lästigkeitswert" einer Klage ursprünglich nicht entscheidend darauf ankam, ob diese

---

[209] Vgl. *Poelzig/Meixner* AG 2008, 196 (197); *Schockenhoff* ZIP 2008, 1945 (1945 ff.).
[210] Heidel/*Schatz* § 246a Rn. 2.
[211] Hüffer/*Koch* AktG § 245 Rn. 23.
[212] Hüffer/*Koch* AktG § 245 Rn. 23; *Poelzig/Meixner* AG 2008, 196 (197).
[213] *Kiethe* NZG 2004, 489; vgl. auch *Schockenhoff* ZIP 2008, 1945 (1945 f.).
[214] BGH Urt. v. 22.5.1989 – II ZR 206/88, NJW 1989, 2689 (2692) mwN, auch zur Gegenansicht.
[215] *Schockenhoff* ZIP 2008, 1945 (1945 ff.).

X. Keine relative Befristung der Nichtigkeitsklage (§ 249 AktG)

Aussicht auf Erfolg hat oder nicht. Auch offensichtlich unbegründete Klagen waren (vor dem UMAG[216], siehe sogleich) geeignet, die Eintragung zu verzögern und die Gesellschaft zu einem Vergleich mit dem Kläger zu motivieren.

118 Um derartige Missbräuche einzudämmen, hat der Gesetzgeber im Jahr 2005 mit dem UMAG das **Freigabeverfahren** in das AktG eingeführt. Hiernach kann gemäß § 246a AktG - welcher über § 249 Abs. 1 S. 1 AktG für die Nichtigkeitsklage entsprechend anwendbar ist - ein Hauptversammlungsbeschluss trotz Klage dagegen eingetragen werden. Ein solcher Freigabebeschluss erfolgt ua, wenn die Klage offensichtlich unzulässig oder unbegründet ist, § 249 Abs. 2 Nr. 1 AktG. Nach der durch das ARUG im Jahr 2009 eingefügten Ergänzung ist eine Eintragung des Beschlusses zudem auch dann möglich, wenn die Interessen der Gesellschaft an der Eintragung des Beschlusses vorrangig erscheinen, § 249 Abs. 2 Nr. 3 AktG.

119 Nicht gelöst ist aber weiterhin das **Problem der nachgeschobenen Nichtigkeitsklage**, insbesondere in zwei Konstellationen:

- Das Registerverfahren kann nach Abschluss eines Freigabeverfahrens gemäß § 246a AktG erneut verzögert werden, wenn noch **vor erfolgter Eintragung des Hauptversammlungsbeschlusses** eine **neue Nichtigkeitsklage** erhoben wird und dadurch ein weiteres Freigabeverfahren gemäß § 246a AktG erforderlich wird.[217]
- Der sich abzeichnende Erfolg einer Klage kann gegen einen Beschluss andere Aktionäre dazu veranlassen, eigene **Nichtigkeitsklagen nachzuschieben**, wobei alle Aktionäre, die gegen einen Beschluss Klage erheben, notwendige Streitgenossen nach § 62 ZPO sind. In diesem Fall geht es dem Kläger nicht darum, sich die Klage von der Gesellschaft „abkaufen" zu lassen; vielmehr will er als notwendiger Streitgenosse des Ursprungsklägers an bisher erreichten Prozessergebnissen partizipieren, um im Falle des Obsiegens mit geringem Aufwand und wenig Risiko einen **Kostenerstattungsanspruch** gegen die Gesellschaft zu erlangen.[218]

120 Diese verbliebenen Schutzlücken sollten ursprünglich mit der Aktienrechtnovelle 2016 geschlossen werden.[219] Eine **Neuregelung der Anfechtungsklage** war dagegen **nicht angezeigt**, da das Problem der nachgeschobenen Anfechtungsklage aufgrund der nicht disponiblen materiell-rechtlichen Ausschlussfrist nach § 246 Abs. 1 AktG in der Praxis nicht besteht. Ergänzend stellt § 246 Abs. 4 S. 2 AktG auch für die Nebenintervention die Vorgabe einer Monatsfrist auf, die hier nur an die Bekanntmachung der Erhebung einer Anfechtungsklage geknüpft ist.

2. Inhalt der ursprünglich beabsichtigten Änderung

a) Monatsfrist

121 Nach der Entwurfsfassung sollte mit dem neuen S. 3 in § 249 Abs. 2 AktG eine relative Befristung der Nichtigkeitsklage eingefügt werden. Aktionäre sollten nunmehr **lediglich innerhalb eines Monats nach Bekanntgabe der Erhebung der ersten Beschlussmängelklage** (nach der Gesetzesbegründung Anfechtungs- oder Nichtigkeitsklage) gegen einen Hauptversammlungsbeschluss Nichtigkeitsklage erheben können.[220] Die Befristung sollte beschluss-, nicht hauptversammlungsbezogen sein. Der jeweilige

---

[216] Gesetz zur Unternehmensintegrität und Modernisierung des Anfechtungsrechts (UMAG) vom 22.9.2005 (BGBl. I 2802).
[217] Götze/Nartowska NZG 2015 298 (305 f.) sowie ausführlich BT-Drs. 18/4349, 30 ff.
[218] Götze/Nartowska NZG 2015 298 (305 f.) sowie ausführlich BT-Drs. 18/4349, 30 ff.
[219] Bungert/Wettich ZIP 2012, 297 (300).
[220] BT-Drs. 18/4349, 31.

mit der Klage angegriffene Beschluss muss nach § 246 Abs. 4 S. 1 AktG eindeutig bezeichnet werden. Die Bestimmung war § 246 Abs. 2 AktG für die Anfechtungsklage nachgebildet.

122 Die Monatsfrist nach der Entwurfsfassung war an die Bekanntmachung der erhobenen Beschlussmängelklage nach § 246 Abs. 4 S. 1 AktG geknüpft; der **Fristbeginn demnach von der Bekanntmachung des Vorstands anhängig** gewesen. Damit sollte auch ein Anreiz geschaffen werden, dass die Bekanntmachung tatsächlich wie von § 246 Abs. 4 S. 1 AktG gefordert „unverzüglich" erfolgt. In der Praxis kommen Vorstände der Bekanntmachungspflicht trotz dieser gesetzlichen Anforderung bislang nur selten und eher zögerlich nach.[221]

123 Mit der beabsichtigten Änderung hätte der Vorstand **praktisch** idR bewirken können, dass die **Klagefrist für die Nichtigkeitsklage bereits vor Erlass des Freigabebeschlusses abläuft**. Ein weiteres Freigabeverfahren entsprechend der oben dargestellten Problemkonstellation wäre so mit großer Sicherheit auszuschließen gewesen.[222] Klagt ein Aktionär nach Ablauf der Monatsfrist, so hätte dies nach dem Regierungsentwurf die Eintragung nicht verhindert. Denn in diesem Fall wäre die Unzulässigkeit der Klage wegen Verfristung ohne weiteres feststellbar, sodass das Eintragungsgericht die Eintragung nicht gemäß § 21 Abs. 1 S. 1 FamFG aussetzen würde.[223] Insbesondere musste das Eintragungsgericht nicht befürchten – wie bei der Entscheidung über die materiellen Erfolgsaussichten einer Nichtigkeitsklage – in die Haftungsgefahr mangels Anwendbarkeit von § 839 Abs. 2 BGB zu geraten.[224]

124 Für nicht freigabefähige Beschlüsse sollte die Frist erreichen, die ebenfalls oben angesprochene Konstellation zu **unterbinden, dass bei absehbarem Klageerfolg weitere Klagen erhoben werden**, um als notwendiger Streitgenosse des Ursprungsklägers an bisher erreichten Prozessergebnissen zu partizipieren und so im Falle des Obsiegens den Kostenerstattungsanspruch gegen die Gesellschaft zu erlangen.[225]

b) Relative Befristung

125 Die Befristung der Nichtigkeitsklage hätte sich **auf Fälle beschränkt, in denen bereits Klage gegen einen Hauptversammlungsbeschluss erhoben** wurde (relative Befristung). Solange keine Beschlussmängelklage erhoben worden wäre, wäre die Nichtigkeitsklage auch nach der geplanten Novellierung unbefristet möglich gewesen. Neben der angedachten relativen Befristung wurden im Gesetzgebungsverfahren aber auch andere Möglichkeiten erörtert.

126 Eine **absolute Befristung** wurde zuvor vom Bundesrat im Zusammenhang mit dem ARUG angeregt[226] und im Gesetzgebungsverfahren zur Aktienrechtsnovelle 2016 diskutiert, **aber frühzeitig verworfen**. In der Gesetzesbegründung wird argumentiert, dass eine absolute Frist die Klagebefugnis der Aktionäre in einem sachlich nicht gerechtfertigten Maß einschränke.[227] Insbesondere könne die aktienrechtliche Nichtigkeitsklage nicht mit den umwandlungsrechtlichen Beschlussmängelklagen nach §§ 14 Abs. 1 und

---

[221] BT-Drs. 18/4349, 31.
[222] MüKoAktG/*Hüffer/Schäfer* § 249 Rn. 34.
[223] So die Erwartung in der Begründung des Gesetzesentwurfs, BT-Drs. 18/4349, 31.
[224] Siehe dazu → VIII.
[225] BT-Drs. 18/4349, 30; MüKoAktG/*Hüffer/Schäfer* § 249 Rn. 34.
[226] Stellungnahme des Bundesrates zum Entwurf eines Gesetzes zur Umsetzung der Aktionärsrechterichtlinie (ARUG) v. 19.12.2008, BR-Drs. 847/08 (Beschluss), 16 (im Internet abrufbar unter http://rsw.beck.de/docs/librariesprovider5/rsw-dokumente/br-drs847-08_B; zuletzt abgerufen am 6.1.2016).
[227] BT-Drs. 18/4349, 30.

X. Keine relative Befristung der Nichtigkeitsklage (§ 249 AktG)

195 Abs. 1 UmwG verglichen werden, für die das Gesetz eine absolute Befristung vorsehe. Einerseits erfassten die Regelungen auch Umwandlungen unter Beteiligung von Personenhandelsgesellschaften, denen die im Aktienrecht geläufige Differenzierung zwischen Anfechtungs- und Nichtigkeitsgründen fremd sei, andererseits zielten die Regelungen des UmwG auf tiefgreifende Strukturmaßnahmen, was dazu führe, dass einer möglichst raschen Gewinnung von Rechtssicherheit eine besonders hohe Bedeutung zukomme.[228]

Von Teilen der Lit. wurde der **Verzicht auf eine absolute Befristung kritisiert**. Dem Einwand, die aktienrechtliche Nichtigkeitsklage sei mit der umwandlungsrechtlichen Beschlussmängelklage nicht vergleichbar, halten *Bungert/Wettich* entgegen, dass das Problem der nachgeschobenen missbräuchlichen Nichtigkeitsklage in der Praxis gerade in Fällen des Abschlusses eines Beherrschungs- oder Gewinnabführungsvertrages (§ 291 AktG) bzw. des aktienrechtlichen Squeeze outs (§§ 327a ff. AktG) besonders häufig auftrete.[229] Auch in diesen Fällen handele es sich um tiefgreifende Strukturmaßnahmen.[230] Für eine absolute Befristung der Nichtigkeitsklage spreche ferner, dass eine solche Regel eindeutiger sei und schneller zu Rechtssicherheit führe.[231] Eine relative Befristung bleibe trotz des grundsätzlich innovativen Konzepts zum Ausgleich zwischen effektiver Beschlussmängelkontrolle und der Bekämpfung missbräuchlicher Ausnutzung hinter dem Wünschenswerten zurück, nämlich einer raschen und definitiven Klärung der Möglichkeiten einer Beschlussumsetzung.[232] Befürworter des Entwurfs äußerten zwar die Befürchtung, eine absolute Frist würde das Rechtsinstitut der Nichtigkeitsklage über Gebühr einschränken. Dies werde aber durch die Rechtslage im UmwG widerlegt, deren §§ 14 Abs. 1 und 195 Abs. 1 eine absolute Befristung vorsehen.[233]

Als **vermittelnde Lösung** machten Kritiker der relativen Befristung verschiedene Vorschläge. Einige meinten, die absolute Befristung von Nichtigkeitsklagen sei auf Nichtigkeitsklagen gegen Hauptversammlungsbeschlüsse zu beschränken, für die das Aktienrecht ein Freigabeverfahren vorsehe.[234] Andere wollten eine absolute Befristung nur für bestimmte aktienrechtliche Strukturmaßnahmen, wie Kapitalmaßnahmen und Unternehmensverträge, einführen.[235]

Im Ergebnis war (und ist) die von der Bundesregierung initiierte relative Befristung eine **angemessene und interessengerechte** Umsetzung des Regelungszwecks, nämlich der **Unterbindung missbräuchlich nachgeschobener Nichtigkeitsklagen** in den beiden oben genannten Problemkonstellationen. Jedenfalls dieser Zweck erfordert keine absolute Befristung. Eine absolute Befristung hätte in dieser Hinsicht keine Vorteile. Eine davon zu unterscheidende Frage ist freilich, ob eine absolute Befristung aus anderen Gründen rechtspolitisch wünschenswert sein mag. Sei es, um bereits die missbräuchliche Erstkla-

---

[228] BT-Drs. 18/4349, 30.
[229] *Bungert/Wettich* ZIP 2011, 160 (163).
[230] *Bungert/Wettich* ZIP 2012, 297 (300 f.); *dies.* ZIP 2011, 160 (163): „Eine tiefgreifende Strukturmaßnahme ist ein Squeeze out ist nicht denkbar."
[231] Handelsrechtsausschuss des Deutschen Anwaltvereins NZG 2012, 380 (382 f.); BDI v. 14.1.2011, S. 3; *Götze/Arnold/Carl* NZG 2012, 321 (328).
[232] *Götze/Arnold/Carl* NZG 2012, 321 (328).
[233] *Götze/Arnold/Carl* NZG 2012, 321 (328).
[234] Handelsrechtsausschuss des Deutschen Anwaltvereins zum Referentenentwurf NZG 2011, 217 (221); vgl. auch *Bungert/Wettich* ZIP 2011, 160 (163); *Bungert*, Schriftenreihe der Gesellschaftsrechtlichen Vereinigung VGR, Bd. 9, 2004, S. 97; Handelsrechtsausschuss zum RegE UMAG, ZIP 2005, 774 (780); ebenso schon DAV-Stellungnahme Nr. 36/08 NZG 2008, 534 (543) und Nr. 5/09 NZG 2009, 96 (98).
[235] *Drinhausen/Keinath* BB 2011, 11 (16 f.).

ge zu erschweren, sei es, um völlig losgelöst von „Berufsklägern" die Bestandskraft einmal gefasster Hauptversammlungsbeschlüsse zu stärken und damit die schnellere Herstellung rechtssicherer Verhältnisse zu bewirken.[236]

130 Unabhängig davon ist es dem Registergericht auch nach Ablauf der Frist nicht verwehrt, einen Beschluss wegen Nichtigkeit nicht einzutragen oder einen bereits eingetragenen Beschluss wieder zu löschen.[237] Schon deshalb wäre eine **absolute Ausschlussfrist nicht gleichbedeutend mit einer „absoluten Bestandskraft"**. Denn tatsächlich könnten sich die Beteiligten auch nach Ablauf der Frist lediglich darauf verlassen, dass Aktionäre die Feststellung der Nichtigkeit nicht mehr selbst gerichtlich durchsetzen können, nicht aber, dass der Beschluss auch tatsächlich eingetragen und vollzogen wird.

c) Personenkreis

131 Die relative Befristung der Klageerhebung sollte nur Aktionäre betreffen. Nach der Gesetzesbegründung gehe erfahrungsgemäß **von Organwaltern keine Gefahr missbräuchlich nachgeschobener Nichtigkeitsklagen** aus, weshalb der Regelungszweck es nicht erfordert, sie in die relative Befristung einzubeziehen.[238] Dagegen wäre es für den Lauf der Frist unerheblich gewesen, wer die Ausgangsklage erhoben hat. Auch wenn der Vorstand eine Beschlussmängelklage erhoben hätte, hätte die Nichtigkeitsklagefrist für die Aktionäre zu laufen begonnen.

3. Ausblick

132 Zur Begründung der Streichung der relativen Befristung der Nichtigkeitsklage in der Aktienrechtsnovelle 2016 wird angeführt, das Beschlussmängelrecht und Freigabeverfahren enthalte grundsätzliche dogmatische Widersprüche und könne im Einzelfall zu Unbilligkeiten führen, was einer Überprüfung bedürfe.[239] Allerdings solle eine punktuelle Fortentwicklung unterbleiben und stattdessen eine **geschlossene Überprüfung des Beschlussmängelrechts** erfolgen. Voraussichtlich wird die Nichtigkeitsklage demnach Gegenstand einer künftigen Gesetzesänderung sein, in der auch die in der Aktienrechtsnovelle 2016 ursprünglich geplante relative Befristung erneut zur Diskussion stehen wird.

133 Allerdings wurde bereits die – dann doch wieder zurückgezogene – (Wieder-)Aufnahme[240] der relativen Befristung der Nichtigkeitsklage damit begründet, dass unsicher sei, ob und wann es zu einer bereits damals diskutierten umfassende Reform des Beschlussmängelrechts kommen werde.[241] Angesichts dessen bleibt abzuwarten, ob eine entsprechende umfassende Reform zukünftig in Angriff genommen wird. Aufgrund dieser Unsicherheit wäre wünschenswert gewesen, dass der Gesetzgeber der Aktienrechtsnovelle 2016 zur Abstellung der bekannten Missstände – wenn auch punktuell – durch eine (zumindest) relative Befristung der Nichtigkeitsklage eingegriffen hätte.

---

[236] Siehe das eindrückliche Plädoyer von *Götze/Arnold/Carl* NZG 2012, 321 (328).
[237] BT-Drs. 18/4349, 32: „Der Ablauf der Nichtigkeitsklagefrist lässt auch die Kontrolle des Beschlusses durch das Registergericht unberührt."
[238] BT-Drs. 18/4349, 32.
[239] BT-Drs. 18/6681, 12.
[240] Sie war in den Entwürfen zur Aktienrechtsnovelle 2011/2012 enthalten, dann aber im Referentenentwurf der Aktienrechtsnovelle 2014 wieder gestrichen worden.
[241] *Götze/Nartowska* NZG 2015, 298 (305).

Anhang

1. Synopse zum AktG

AktG alt	AktG neu
§§ 1–9 *unverändert*	§§ 1–9 *unverändert*
§ 10 Aktien und Zwischenscheine (1) Die Aktien <u>können auf den Inhaber oder auf Namen lauten</u>.	§ 10 Aktien und Zwischenscheine (1) Die Aktien **lauten** auf Namen. **Sie** können auf den Inhaber lauten, wenn 1. die Gesellschaft börsennotiert ist oder 2. der Anspruch auf Einzelverbriefung ausgeschlossen ist und die Sammelurkunde bei einer der folgenden Stellen hinterlegt wird: a) einer Wertpapiersammelbank im Sinne des § 1 Absatz 3 Satz 1 des Depotgesetzes, b) einem zugelassenen Zentralverwahrer oder einem anerkannten Drittland-Zentralverwahrer gemäß der Verordnung (EU) Nr. 909/2014 des Europäischen Parlaments und des Rates vom 23. Juli 2014 zur Verbesserung der Wertpapierlieferungen und -abrechnungen in der Europäischen Union und über Zentralverwahrer sowie zur Änderung der Richtlinien 98/26/EG und 2014/65/EU und der Verordnung (EU) Nr. 236/2012 (ABl. L 257 vom 28.8.2014, S. 1) oder c) einem sonstigen ausländischen Verwahrer, der die Voraussetzungen des § 5 Absatz 4 Satz 1 des Depotgesetzes erfüllt. **Solange im Fall des Satzes 2 Nummer 2 die Sammelurkunde nicht hinterlegt ist, ist § 67 entsprechend anzuwenden.**
(2) <u>Sie</u> müssen auf Namen lauten, wenn sie vor der vollen Leistung des Ausgabebetrags ausgegeben werden. Der Betrag der Teilleistungen ist in der Aktie anzugeben.	(2) **Die Aktien** müssen auf Namen lauten, wenn sie vor der vollen Leistung des Ausgabebetrags ausgegeben werden. Der Betrag der Teilleistungen ist in der Aktie anzugeben.
(3) Zwischenscheine müssen auf Namen lauten.	(3) *unverändert*
(4) Zwischenscheine auf den Inhaber sind nichtig. Für den Schaden aus der Ausgabe sind die Ausgeber den Inhabern als Gesamtschuldner verantwortlich.	(4) *unverändert*
(5) In der Satzung kann der Anspruch des Aktionärs auf Verbriefung seines Anteils ausgeschlossen oder eingeschränkt werden.	(5) *unverändert*

Anhang

AktG alt	AktG neu
§§ 11–23 *unverändert*	**§§ 11–23** *unverändert*
§ 24 Umwandlung von Aktien Die Satzung kann bestimmen, daß auf Verlangen eines Aktionärs seine Inhaberaktie in eine Namensaktie oder seine Namensaktie in eine Inhaberaktie umzuwandeln ist.	**§ 24 Umwandlung von Aktien** *aufgehoben*
§ 25 Bekanntmachungen der Gesellschaft Bestimmt das Gesetz oder die Satzung, daß eine Bekanntmachung der Gesellschaft durch die Gesellschaftsblätter erfolgen soll, so ist sie in den Bundesanzeiger einzurücken. Daneben kann die Satzung andere Blätter oder elektronische Informationsmedien als Gesellschaftsblätter bezeichnen.	**§ 25 Bekanntmachungen der Gesellschaft** Bestimmt das Gesetz oder die Satzung, daß eine Bekanntmachung der Gesellschaft durch die Gesellschaftsblätter erfolgen soll, so ist sie in den Bundesanzeiger einzurücken.
§§ 26–33 *unverändert*	**§§ 26–33** *unverändert*
§ 33a Sachgründung ohne externe Gründungsprüfung (1) Von einer Prüfung durch Gründungsprüfer kann bei einer Gründung mit Sacheinlagen oder Sachübernahmen (§ 33 Abs. 2 Nr. 4) abgesehen werden, soweit eingebracht werden sollen: 1. übertragbare Wertpapiere oder Geldmarktinstrumente im Sinne des § 2 Abs. 1 Satz 1 und Abs. 1a des Wertpapierhandelsgesetzes, wenn sie mit dem gewichteten Durchschnittspreis bewertet werden, zu dem sie während der letzten drei Monate vor dem Tag ihrer tatsächlichen Einbringung auf einem oder mehreren organisierten Märkten im Sinne von § 2 Abs. 5 des Wertpapierhandelsgesetzes gehandelt worden sind, 2. andere als die in Nummer 1 genannten Vermögensgegenstände, wenn eine Bewertung zu Grunde gelegt wird, die ein unabhängiger, ausreichend vorgebildeter und erfahrener Sachverständiger nach den allgemein anerkannten Bewertungsgrundsätzen mit dem beizulegenden Zeitwert ermittelt hat und wenn der Bewertungsstichtag nicht mehr als sechs Monate vor dem Tag der tatsächlichen Einbringung liegt. (2) Absatz 1 ist nicht anzuwenden, wenn der gewichtete Durchschnittspreis der Wertpapiere oder Geldmarktinstrumente (Absatz 1 Nr. 1) durch außergewöhnliche Umstände erheblich beeinflusst worden ist oder wenn anzunehmen ist, dass der beizulegende Zeitwert der anderen Vermögensgegenstände (Absatz 1 Nr. 2) am Tag ihrer tatsächlichen Einbringung auf Grund neuer oder neu bekannt gewordener Umstände erheblich niedriger ist als der von dem Sachverständigen angenommene Wert.	**§ 33a Sachgründung ohne externe Gründungsprüfung** (1) Von einer Prüfung durch Gründungsprüfer kann bei einer Gründung mit Sacheinlagen oder Sachübernahmen (§ 33 Abs. 2 Nr. 4) abgesehen werden, soweit eingebracht werden sollen: 1. übertragbare Wertpapiere oder Geldmarktinstrumente im Sinne des § 2 Absatz 1 und 1a des Wertpapierhandelsgesetzes, wenn sie mit dem gewichteten Durchschnittspreis bewertet werden, zu dem sie während der letzten drei Monate vor dem Tag ihrer tatsächlichen Einbringung auf einem oder mehreren organisierten Märkten im Sinne von § 2 Abs. 5 des Wertpapierhandelsgesetzes gehandelt worden sind, 2. *unverändert* (2) *unverändert*

1. Synopse zum AktG — Anhang

AktG alt	AktG neu
§§ 34–57 *unverändert*	§§ 34–57 *unverändert*
§ 58 Verwendung des Jahresüberschusses	**§ 58 Verwendung des Jahresüberschusses**
(1) Die Satzung kann nur für den Fall, daß die Hauptversammlung den Jahresabschluß feststellt, bestimmen, daß Beträge aus dem Jahresüberschuß in andere Gewinnrücklagen einzustellen sind. Auf Grund einer solchen Satzungsbestimmung kann höchstens die Hälfte des Jahresüberschusses in andere Gewinnrücklagen eingestellt werden. Dabei sind Beträge, die in die gesetzliche Rücklage einzustellen sind, und ein Verlustvortrag vorab vom Jahresüberschuß abzuziehen.	(1) *unverändert*
(2) Stellen Vorstand und Aufsichtsrat den Jahresabschluß fest, so können sie einen Teil des Jahresüberschusses, höchstens jedoch die Hälfte, in andere Gewinnrücklagen einstellen. Die Satzung kann Vorstand und Aufsichtsrat zur Einstellung eines größeren oder kleineren Teils des Jahresüberschusses ermächtigen. Auf Grund einer solchen Satzungsbestimmung dürfen Vorstand und Aufsichtsrat keine Beträge in andere Gewinnrücklagen einstellen, wenn die anderen Gewinnrücklagen die Hälfte des Grundkapitals übersteigen oder soweit sie nach der Einstellung die Hälfte übersteigen würden. Absatz 1 Satz 3 gilt sinngemäß.	(2) *unverändert*
(2a) Unbeschadet der Absätze 1 und 2 können Vorstand und Aufsichtsrat den Eigenkapitalanteil von Wertaufholungen bei Vermögensgegenständen des Anlage- und Umlaufvermögens in andere Gewinnrücklagen einstellen. Der Betrag dieser Rücklagen ist in der Bilanz gesondert auszuweisen; er kann auch im Anhang angegeben werden.	(2a) *unverändert*
(3) Die Hauptversammlung kann im Beschluß über die Verwendung des Bilanzgewinns weitere Beträge in Gewinnrücklagen einstellen oder als Gewinn vortragen. Sie kann ferner, wenn die Satzung sie hierzu ermächtigt, auch eine andere Verwendung als nach Satz 1 als die Verteilung unter die Aktionäre beschließen.	(3) *unverändert*
(4) Die Aktionäre haben Anspruch auf den Bilanzgewinn, soweit er nicht nach Gesetz oder Satzung, durch Hauptversammlungsbeschluß nach Absatz 3 oder als zusätzlicher Aufwand auf Grund des Gewinnverwendungsbeschlusses von der Verteilung unter die Aktionäre ausgeschlossen ist.	(4) Die Aktionäre haben Anspruch auf den Bilanzgewinn, soweit er nicht nach Gesetz oder Satzung, durch Hauptversammlungsbeschluß nach Absatz 3 oder als zusätzlicher Aufwand auf Grund des Gewinnverwendungsbeschlusses von der Verteilung unter die Aktionäre ausgeschlossen ist. **Der Anspruch ist am dritten auf den Hauptversammlungsbeschluss folgenden Geschäftstag fällig. In dem Hauptversammlungsbeschluss oder in der Satzung kann eine spätere Fälligkeit festgelegt werden.**

Anhang

AktG alt	AktG neu
(5) Sofern die Satzung dies vorsieht, kann die Hauptversammlung auch eine Sachausschüttung beschließen.	(5) *unverändert*
§§ 59–66 *unverändert*	§§ 59–66 *unverändert*
§ 67 Eintragung im Aktienregister	§ 67 Eintragung im Aktienregister
(1) Namensaktien sind unter Angabe des Namens, Geburtsdatums und der Adresse des Inhabers sowie der Stückzahl oder der Aktiennummer und bei Nennbetragsaktien des Betrags in das Aktienregister der Gesellschaft einzutragen. Der Inhaber ist verpflichtet, der Gesellschaft die Angaben nach Satz 1 mitzuteilen. Die Satzung kann Näheres dazu bestimmen, unter welchen Voraussetzungen Eintragungen im eigenen Namen für Aktien, die einem anderen gehören, zulässig sind. Aktien, die zu einem inländischen, EU- oder ausländischen Investmentvermögen nach dem Kapitalanlagegesetzbuch gehören, dessen Anteile oder Aktien nicht ausschließlich von professionellen und semiprofessionellen Anlegern gehalten werden, gelten als Aktien des inländischen, EU- oder ausländischen Investmentvermögens, auch wenn sie im Miteigentum der Anleger stehen; verfügt das Investmentvermögen über keine eigene Rechtspersönlichkeit, gelten sie als Aktien der Verwaltungsgesellschaft des Investmentvermögens.	(1) Namensaktien sind **unabhängig von einer Verbriefung** unter Angabe des Namens, Geburtsdatums und der Adresse **des Aktionärs** sowie der Stückzahl oder der Aktiennummer und bei Nennbetragsaktien des Betrags in das Aktienregister der Gesellschaft einzutragen. Der **Aktionär** ist verpflichtet, der Gesellschaft die Angaben nach Satz 1 mitzuteilen. Die Satzung kann Näheres dazu bestimmen, unter welchen Voraussetzungen Eintragungen im eigenen Namen für Aktien, die einem anderen gehören, zulässig sind. Aktien, die zu einem inländischen, EU- oder ausländischen Investmentvermögen nach dem Kapitalanlagegesetzbuch gehören, dessen Anteile oder Aktien nicht ausschließlich von professionellen und semiprofessionellen Anlegern gehalten werden, gelten als Aktien des inländischen, EU- oder ausländischen Investmentvermögens, auch wenn sie im Miteigentum der Anleger stehen; verfügt das Investmentvermögen über keine eigene Rechtspersönlichkeit, gelten sie als Aktien der Verwaltungsgesellschaft des Investmentvermögens.
(2) Im Verhältnis zur Gesellschaft gilt als Aktionär nur, wer als solcher im Aktienregister eingetragen ist. Jedoch bestehen Stimmrechte aus Eintragungen nicht, die eine nach Absatz 1 Satz 3 bestimmte satzungsmäßige Höchstgrenze überschreiten oder hinsichtlich derer eine satzungsmäßige Pflicht zur Offenlegung, dass die Aktien einem anderen gehören, nicht erfüllt wird. Ferner bestehen Stimmrechte aus Aktien nicht, solange ein Auskunftsverlangen gemäß Absatz 4 Satz 2 oder Satz 3 nach Fristablauf nicht erfüllt ist.	(2) *unverändert*
(3) Geht die Namensaktie auf einen anderen über, so erfolgen Löschung und Neueintragung im Aktienregister auf Mitteilung und Nachweis.	(3) *unverändert*
(4) Die bei Übertragung oder Verwahrung von Namensaktien mitwirkenden Kreditinstitute sind verpflichtet, der Gesellschaft die für die Führung des Aktienregisters erforderlichen Angaben gegen Erstattung der notwendigen Kosten zu übermitteln. Der Eingetragene hat der Gesellschaft auf ihr Verlangen innerhalb einer angemessenen Frist mitzuteilen, inwieweit ihm die Aktien, als deren Inhaber er im Aktienregister eingetragen ist, auch gehören; soweit dies nicht der Fall ist, hat er die in Absatz 1 Satz 1 genann-	(4) *unverändert*

1. Synopse zum AktG — Anhang

AktG alt	AktG neu
ten Angaben zu demjenigen zu übermitteln, für den er die Aktien hält. Dies gilt entsprechend für denjenigen, dessen Daten nach Satz 2 oder diesem Satz übermittelt werden. Absatz 1 Satz 4 gilt entsprechend; für die Kostentragung gilt Satz 1. Wird der Inhaber von Namensaktien nicht in das Aktienregister eingetragen, so ist das depotführende Institut auf Verlangen der Gesellschaft verpflichtet, sich gegen Erstattung der notwendigen Kosten durch die Gesellschaft an dessen Stelle gesondert in das Aktienregister eintragen zu lassen. § 125 Abs. 5 gilt entsprechend. Wird ein Kreditinstitut im Rahmen eines Übertragungsvorgangs von Namensaktien nur vorübergehend gesondert in das Aktienregister eingetragen, so löst diese Ein-tragung keine Pflichten infolge des Absatzes 2 und nach § 128 aus und führt nicht zur An-wendung von satzungsmäßigen Beschränkungen nach Absatz 1 Satz 3.	
(5) Ist jemand nach Ansicht der Gesellschaft zu Unrecht als Aktionär in das Aktienregister eingetragen worden, so kann die Gesellschaft die Eintragung nur löschen, wenn sie vorher die Beteiligten von der beabsichtigten Löschung benachrichtigt und ihnen eine angemessene Frist zur Geltendmachung eines Widerspruchs gesetzt hat. Widerspricht ein Beteiligter innerhalb der Frist, so hat die Löschung zu unterbleiben.	(5) *unverändert*
(6) Der Aktionär kann von der Gesellschaft Auskunft über die zu seiner Person in das Aktienregister eingetragenen Daten verlangen. Bei nichtbörsennotierten Gesellschaften kann die Satzung Weiteres bestimmen. Die Gesellschaft darf die Registerdaten sowie die nach Absatz 4 Satz 2 und 3 mitgeteilten Daten für ihre Aufgaben im Verhältnis zu den Aktionären verwenden. Zur Werbung für das Unternehmen darf sie die Daten nur verwenden, soweit der Aktionär nicht widerspricht. Die Aktionäre sind in angemessener Weise über ihr Widerspruchsrecht zu informieren.	(6) *unverändert*
(7) Diese Vorschriften gelten sinngemäß für Zwischenscheine.	(7) *unverändert*
§§ 68–89 *unverändert*	**§§ 68–89** *unverändert*
§ 90 Berichte an den Aufsichtsrat	**§ 90 Berichte an den Aufsichtsrat**
(1) Der Vorstand hat dem Aufsichtsrat zu berichten über	(1) *unverändert*
1. die beabsichtigte Geschäftspolitik und andere grundsätzliche Fragen der Unternehmens-planung (insbesondere die Finanz-, Investitions-und Personalplanung), wobei auf Abweichungen der tatsächlichen Entwicklung von früher	

Anhang

AktG alt	AktG neu
berichteten Zielen unter Angabe von Gründen einzugehen ist; 2. die Rentabilität der Gesellschaft, insbesondere die Rentabilität des Eigenkapitals; 3. den Gang der Geschäfte, insbesondere den Umsatz, und die Lage der Gesellschaft; 4. Geschäfte, die für die Rentabilität oder Liquidität der Gesellschaft von erheblicher Bedeutung sein können. Ist die Gesellschaft Mutterunternehmen (§ 290 Abs. 1, 2 des Handelsgesetzbuchs), so hat der Bericht auch auf Tochterunternehmen und auf Gemeinschaftsunternehmen (§ 310 Abs. 1 des Handelsgesetzbuchs) einzugehen. Außerdem ist dem Vorsitzenden des Aufsichtsrats aus sonstigen wichtigen Anlässen zu berichten; als wichtiger Anlaß ist auch ein dem Vorstand bekanntgewordener geschäftlicher Vorgang bei einem verbundenen Unternehmen anzusehen, der auf die Lage der Gesellschaft von erheblichem Einfluß sein kann.	
(2) Die Berichte nach Absatz 1 Satz 1 Nr. 1 bis 4 sind wie folgt zu erstatten:	(2) unverändert
1. die Berichte nach Nummer 1 mindestens einmal jährlich, wenn nicht Änderungen der Lage oder neue Fragen eine unverzügliche Berichterstattung gebieten; 2. die Berichte nach Nummer 2 in der Sitzung des Aufsichtsrats, in der über den Jahresabschluß verhandelt wird; 3. die Berichte nach Nummer 3 regelmäßig, mindestens vierteljährlich; 4. die Berichte nach Nummer 4 möglichst so rechtzeitig, daß der Aufsichtsrat vor Vornahme der Geschäfte Gelegenheit hat, zu ihnen Stellung zu nehmen.	
(3) Der Aufsichtsrat kann vom Vorstand jederzeit einen Bericht verlangen über Angelegenheiten der Gesellschaft, über ihre rechtlichen und geschäftlichen Beziehungen zu verbundenen Unternehmen sowie über geschäftliche Vorgänge bei diesen Unternehmen, die auf die Lage der Gesellschaft von erheblichem Einfluß sein können. Auch ein einzelnes Mitglied kann einen Bericht, jedoch nur an den Aufsichtsrat, verlangen.	(3) unverändert
(4) Die Berichte haben den Grundsätzen einer gewissenhaften und getreuen Rechenschaft zu entsprechen. Sie sind möglichst rechtzeitig und, mit Ausnahme des Berichts nach Absatz 1 Satz 3, in der Regel in Textform zu erstatten.	(4) unverändert
(5) Jedes Aufsichtsratsmitglied hat das Recht, von den Berichten Kenntnis zu nehmen. Soweit	(5) Jedes Aufsichtsratsmitglied hat das Recht, von den Berichten Kenntnis zu nehmen. Soweit

1. Synopse zum AktG Anhang

AktG alt	AktG neu
die Berichte in Textform erstattet worden sind, sind sie auch jedem Aufsichtsratsmitglied auf Verlangen zu übermitteln, soweit der Aufsichtsrat nichts anderes beschlossen hat. Der Vorsitzende des Aufsichtsrats hat die Aufsichtsratsmitglieder über die Berichte nach Absatz 1 Satz 2 spätestens in der nächsten Aufsichtsratssitzung zu unterrichten.	die Berichte in Textform erstattet worden sind, sind sie auch jedem Aufsichtsratsmitglied auf Verlangen zu übermitteln, soweit der Aufsichtsrat nichts anderes beschlossen hat. Der Vorsitzende des Aufsichtsrats hat die Aufsichtsratsmitglieder über die Berichte nach Absatz 1 Satz 3 spätestens in der nächsten Aufsichtsratssitzung zu unterrichten.
§§ 91–94 *unverändert*	§§ 91–94 *unverändert*
§ 95 Zahl der Aufsichtsratsmitglieder Der Aufsichtsrat besteht aus drei Mitgliedern. Die Satzung kann eine bestimmte höhere Zahl festsetzen. Die Zahl muß durch drei teilbar sein. Die Höchstzahl der Aufsichtsratsmitglieder beträgt bei Gesellschaften mit einem Grundkapital bis zu 1.500.000 Euro neun, von mehr als 1.500.000 Euro fünfzehn, von mehr als 10.000.000 Euro einundzwanzig. Durch die vorstehenden Vorschriften werden hiervon abweichende Vorschriften des Mitbestimmungsgesetzes vom 4. Mai 1976 (BGBl. I S. 1153), des Montan-Mitbestimmungsgesetzes und des Gesetzes zur Ergänzung des Gesetzes über die Mitbestimmung der Arbeitnehmer in den Aufsichtsräten und Vorständen der Unternehmen des Bergbaus und der Eisen und Stahl erzeugenden Industrie in der im Bundesgesetzblatt Teil III, Gliederungsnummer 801-3, veröffentlichen bereinigten Fassung – Mitbestimmungsergänzungsgesetz – nicht berührt.	**§ 95 Zahl der Aufsichtsratsmitglieder** Der Aufsichtsrat besteht aus drei Mitgliedern. Die Satzung kann eine bestimmte höhere Zahl festsetzen. Die Zahl muß durch drei teilbar sein, **wenn dies zur Erfüllung mitbestimmungsrechtlicher Vorgaben erforderlich ist.** Die Höchstzahl der Aufsichtsratsmitglieder beträgt bei Gesellschaften mit einem Grundkapital bis zu 1.500.000 Euro neun, von mehr als 1.500.000 Euro fünfzehn, von mehr als 10.000.000 Euro einundzwanzig. Durch die vorstehenden Vorschriften werden hiervon abweichende Vorschriften des Mitbestimmungsgesetzes vom 4. Mai 1976 (BGBl. I S. 1153), des Montan-Mitbestimmungsgesetzes und des Gesetzes zur Ergänzung des Gesetzes über die Mitbestimmung der Arbeitnehmer in den Auf-sichtsräten und Vorständen der Unternehmen des Bergbaus und der Eisen und Stahl erzeugenden Industrie in der im Bundesgesetzblatt Teil III, Gliederungsnummer 801-3, veröffentlichen bereinigten Fassung – Mitbestimmungsergänzungsgesetz – nicht berührt.
§§ 96–120 *unverändert*	§§ 96–120 *unverändert*
§ 121 Allgemeines (1) Die Hauptversammlung ist in den durch Gesetz oder Satzung bestimmten Fällen sowie dann einzuberufen, wenn das Wohl der Gesellschaft es fordert. (2) Die Hauptversammlung wird durch den Vorstand einberufen, der darüber mit einfacher Mehrheit beschließt. Personen, die in das Handelsregister als Vorstand eingetragen sind, gelten als befugt. Das auf Gesetz oder Satzung beruhende Recht anderer Personen, die Hauptversammlung einzuberufen, bleibt unberührt. (3) Die Einberufung muß die Firma, den Sitz der Gesellschaft sowie Zeit und Ort der Hauptversammlung enthalten. Zudem ist die Tagesordnung anzugeben. Bei börsennotierten Gesellschaften hat der Vorstand oder, wenn der Aufsichtsrat die Versammlung einberuft, der Aufsichtsrat in der Einberufung ferner anzugeben	**§ 121 Allgemeines** (1) *unverändert* (2) *unverändert* (3) Die Einberufung muß die Firma, den Sitz der Gesellschaft sowie Zeit und Ort der Hauptversammlung enthalten. Zudem ist die Tagesordnung anzugeben. Bei börsennotierten Gesellschaften hat der Vorstand oder, wenn der Aufsichtsrat die Versammlung einberuft, der Aufsichtsrat in der Einberufung ferner anzugeben

Anhang

AktG alt	AktG neu

1. die Voraussetzungen für die Teilnahme an der Versammlung und die Ausübung des Stimmrechts sowie gegebenenfalls den Nachweisstichtag nach § 123 <u>Abs. 3 Satz 3</u> und dessen Bedeutung;
2. das Verfahren für die Stimmabgabe
  (a) durch einen Bevollmächtigten unter Hinweis auf die Formulare, die für die Erteilung einer Stimmrechtsvollmacht zu verwenden sind, und auf die Art und Weise, wie der Gesellschaft ein Nachweis über die Bestellung eines Bevollmächtigten elektronisch übermittelt werden kann, sowie
  (b) durch Briefwahl oder im Wege der Kommunikation gemäß § 118 Abs. 1 Satz 2, soweit die Satzung eine entsprechende Form der Stimmrechtsausübung vorsieht;
3. die Rechte der Aktionäre nach § 122 Abs. 2, § 126 Abs. 1, den §§ 127, 131 Abs. 1; die Angaben können sich auf die Fristen für die Ausübung der Rechte beschränken, wenn in der Einberufung im Übrigen auf weitergehende Erläuterungen auf der Internetseite der Gesellschaft hingewiesen wird;
4. die Internetseite der Gesellschaft, über die die Informationen nach § 124a zugänglich sind.
(4) Die Einberufung ist in den Gesellschaftsblättern bekannt zu machen. Sind die Aktionäre der Gesellschaft namentlich bekannt, so kann die Hauptversammlung mit eingeschriebenem Brief einberufen werden, wenn die Satzung nichts anderes bestimmt; der Tag der Absendung gilt als Tag der Bekanntmachung. <u>Die §§ 125 bis 127 gelten sinngemäß.</u>
(4a) Bei börsennotierten Gesellschaften, die nicht ausschließlich Namensaktien ausgegeben haben <u>und</u> die Einberufung den Aktionären nicht unmittelbar nach Absatz 4 Satz 2 <u>und 3</u> übersenden, ist die Einberufung spätestens zum Zeitpunkt der Bekanntmachung solchen Medien zur Veröffentlichung zuzuleiten, bei denen davon ausgegangen werden kann, dass sie die Information in der gesamten Europäischen Union verbreiten.
(5) Wenn die Satzung nichts anderes bestimmt, soll die Hauptversammlung am Sitz der Ge-sellschaft stattfinden. Sind die Aktien der Gesellschaft an einer deutschen Börse zum Handel im regulierten Markt zugelassen, so kann, wenn die Satzung nichts anderes bestimmt, die Hauptversammlung auch am Sitz der Börse stattfinden.
	1. die Voraussetzungen für die Teilnahme an der Versammlung und die Ausübung des Stimmrechts sowie gegebenenfalls den Nachweisstichtag nach § 123 **Absatz 4 Satz 2** und dessen Bedeutung;
	2. das Verfahren für die Stimmabgabe
	  (a) durch einen Bevollmächtigten unter Hinweis auf die Formulare, die für die Erteilung einer Stimmrechtsvollmacht zu verwenden sind, und auf die Art und Weise, wie der Gesellschaft ein Nachweis über die Bestellung eines Bevollmächtigten elektronisch übermittelt werden kann, sowie
	  (b) durch Briefwahl oder im Wege der Kommunikation gemäß § 118 Abs. 1 Satz 2, soweit die Satzung eine entsprechende Form der Stimmrechtsausübung vorsieht;
	3. die Rechte der Aktionäre nach § 122 Abs. 2, § 126 Abs. 1, den §§ 127, 131 Abs. 1; die Angaben können sich auf die Fristen für die Ausübung der Rechte beschränken, wenn in der Einberufung im Übrigen auf weitergehende Erläuterungen auf der Internetseite der Gesellschaft hingewiesen wird;
	4. die Internetseite der Gesellschaft, über die die Informationen nach § 124a zugänglich sind.
	(4) Die Einberufung ist in den Gesellschaftsblättern bekannt zu machen. Sind die Aktionäre der Gesellschaft namentlich bekannt, so kann die Hauptversammlung mit eingeschriebenem Brief einberufen werden, wenn die Satzung nichts anderes bestimmt; der Tag der Absendung gilt als Tag der Bekanntmachung.
	(4a) Bei börsennotierten Gesellschaften, die nicht ausschließlich Namensaktien ausgegeben haben **oder welche** die Einberufung den Aktionären nicht unmittelbar nach Absatz 4 Satz 2 übersenden, ist die Einberufung spätestens zum Zeitpunkt der Bekanntmachung solchen Medien zur Veröffentlichung zuzuleiten, bei denen davon ausgegangen werden kann, dass sie die Information in der gesamten Europäischen Union verbreiten.
	(5) *unverändert*

1. Synopse zum AktG   Anhang

AktG alt	AktG neu
(6) Sind alle Aktionäre erschienen oder vertreten, kann die Hauptversammlung Beschlüsse ohne Einhaltung der Bestimmungen dieses Unterabschnitts fassen, soweit kein Aktionär der Beschlußfassung widerspricht.	(6) *unverändert*
(7) Bei Fristen und Terminen, die von der Versammlung zurückberechnet werden, ist der Tag der Versammlung nicht mitzurechnen. Eine Verlegung von einem Sonntag, einem Sonnabend oder einem Feiertag auf einen zeitlich vorausgehenden oder nachfolgenden Werktag kommt nicht in Betracht. Die §§ 187 bis 193 des Bürgerlichen Gesetzbuchs sind nicht entsprechend anzuwenden. Bei nichtbörsennotierten Gesellschaften kann die Satzung eine andere Berechnung der Frist bestimmen.	(7) *unverändert*
§ 122 Einberufung auf Verlangen einer Minderheit	**§ 122 Einberufung auf Verlangen einer Minderheit**
(1) Die Hauptversammlung ist einzuberufen, wenn Aktionäre, deren Anteile zusammen den zwanzigsten Teil des Grundkapitals erreichen, die Einberufung schriftlich unter Angabe des Zwecks und der Gründe verlangen; das Verlangen ist an den Vorstand zu richten. Die Satzung kann das Recht, die Einberufung der Hauptversammlung zu verlangen, an eine andere Form und an den Besitz eines geringeren Anteils am Grundkapital knüpfen. <u>§ 142 Abs. 2 Satz 2 gilt entsprechend.</u>	(1) Die Hauptversammlung ist einzuberufen, wenn Aktionäre, deren Anteile zusammen den zwanzigsten Teil des Grundkapitals erreichen, die Einberufung schriftlich unter Angabe des Zwecks und der Gründe verlangen; das Verlangen ist an den Vorstand zu richten. Die Satzung kann das Recht, die Einberufung der Hauptversammlung zu verlangen, an eine andere Form und an den Besitz eines geringeren Anteils am Grundkapital knüpfen. **Die Antragsteller haben nachzuweisen, dass sie seit mindestens 90 Tagen vor dem Tag des Zugangs des Verlangens Inhaber der Aktien sind und dass sie die Aktien bis zur Entscheidung des Vorstands über den Antrag halten. § 121 Absatz 7 ist entsprechend anzuwenden.**
(2) In gleicher Weise können Aktionäre, deren Anteile zusammen den zwanzigsten Teil des Grundkapitals oder den anteiligen Betrag von 500.000 Euro erreichen, verlangen, dass Gegenstände auf die Tagesordnung gesetzt und bekanntgemacht werden. Jedem neuen Gegenstand muss eine Begründung oder eine Beschlussvorlage beiliegen. Das Verlangen im Sinne des Satzes 1 muss der Gesellschaft mindestens 24 Tage, bei börsennotierten Gesellschaften mindestens 30 Tage vor der Versammlung zugehen; der Tag des Zugangs ist nicht mitzurechnen.	(2) *unverändert*
(3) Wird dem Verlangen nicht entsprochen, so kann das Gericht die Aktionäre, die das Verlangen gestellt haben, ermächtigen, die Hauptversammlung einzuberufen oder den Gegenstand bekanntzumachen. Zugleich kann das Gericht den Vorsitzenden der Versammlung bestimmen. Auf die Ermächtigung muß bei der Einberufung	(3) Wird dem Verlangen nicht entsprochen, so kann das Gericht die Aktionäre, die das Verlangen gestellt haben, ermächtigen, die Hauptversammlung einzuberufen oder den Gegenstand bekanntzumachen. Zugleich kann das Gericht den Vorsitzenden der Versammlung bestimmen. Auf die Ermächtigung muß bei der Einberufung

Anhang

AktG alt	AktG neu
oder Bekanntmachung hingewiesen werden. Gegen die Entscheidung ist die Beschwerde zulässig.	oder Bekanntmachung hingewiesen werden. Gegen die Entscheidung ist die Beschwerde zulässig. **Die Antragsteller haben nachzuweisen, dass sie die Aktien bis zur Entscheidung des Gerichts halten.**
(4) Die Gesellschaft trägt die Kosten der Hauptversammlung und im Fall des Absatzes 3 auch die Gerichtskosten, wenn das Gericht dem Antrag stattgegeben hat.	(4) *unverändert*
§ 123 Frist, Anmeldung zur Hauptversammlung, Nachweis	**§ 123 Frist, Anmeldung zur Hauptversammlung, Nachweis**
(1) Die Hauptversammlung ist mindestens dreißig Tage vor dem Tage der Versammlung einzuberufen. Der Tag der Einberufung ist nicht mitzurechnen.	(1) *unverändert*
(2) Die Satzung kann die Teilnahme an der Hauptversammlung oder die Ausübung des Stimmrechts davon abhängig machen, dass die Aktionäre sich vor der Versammlung anmelden. Die Anmeldung muss der Gesellschaft unter der in der Einberufung hierfür mitgeteilten Adresse mindestens sechs Tage vor der Versammlung zugehen. In der Satzung oder in der Einberufung aufgrund einer Ermächtigung durch die Satzung kann eine kürzere, in Tagen zu bemessende Frist vorgesehen werden. Der Tag des Zugangs ist nicht mitzurechnen. Die Mindestfrist des Absatzes 1 verlängert sich um die Tage der Anmeldefrist <u>des Satzes 2</u>.	(2) Die Satzung kann die Teilnahme an der Hauptversammlung oder die Ausübung des Stimmrechts davon abhängig machen, dass die Aktionäre sich vor der Versammlung anmelden. Die Anmeldung muss der Gesellschaft unter der in der Einberufung hierfür mitgeteilten Adresse mindestens sechs Tage vor der Versammlung zugehen. In der Satzung oder in der Einberufung aufgrund einer Ermächtigung durch die Satzung kann eine kürzere, in Tagen zu bemessende Frist vorgesehen werden. Der Tag des Zugangs ist nicht mitzurechnen. Die Mindestfrist des Absatzes 1 verlängert sich um die Tage der Anmeldefrist.
(3) <u>Bei Inhaberaktien kann die Satzung bestimmen, wie die Berechtigung zur Teilnahme an der Versammlung oder zur Ausübung des Stimmrechts nachzuweisen ist; Absatz 2 Satz 5 gilt in diesem Fall entsprechend. Bei börsennotierten Gesellschaften reicht ein in Textform erstellter besonderer Nachweis des Anteilsbesitzes durch das depotführende Institut aus. Der Nachweis hat sich bei börsennotierten Gesellschaften vor der Versammlung zu beziehen und muss der Gesellschaft unter der in der Einberufung hierfür mitgeteilten Adresse mindestens sechs Tage vor der Versammlung zugehen. In der Satzung oder in der Einberufung aufgrund einer Ermächtigung durch die Satzung kann eine kürzere, in Tagen zu bemessende Frist vorgesehen werden. Der Tag des Zugangs ist nicht mitzurechnen. Im Verhältnis zur Gesellschaft gilt für die Teilnahme an der Versammlung oder die Ausübung des Stimmrechts als Aktionär nur, wer den Nachweis erbracht hat.</u>	(3) **Die Satzung kann bestimmen, wie die Berechtigung zur Teilnahme an der Versammlung oder zur Ausübung des Stimmrechts nachzuweisen ist; Absatz 2 Satz 5 gilt in diesem Fall entsprechend.**
	(4) **Bei Inhaberaktien börsennotierter Gesellschaften reicht ein durch das depotführende Institut in Textform erstellter besonderer Nachweis des Anteilsbesitzes aus. Der**

1. Synopse zum AktG — Anhang

AktG alt	AktG neu
	Nachweis hat sich bei börsennotierten Gesellschaften auf den Beginn des 21. Tages vor der Versammlung zu beziehen und muss der Gesellschaft unter der in der Einberufung hierfür mitgeteilten Adresse mindestens sechs Tage vor der Versammlung zugehen. In der Satzung oder in der Einberufung auf Grund einer Ermächtigung durch die Satzung kann eine kürzere, in Tagen zu bemessende Frist vorgesehen werden. Der Tag des Zugangs ist nicht mitzurechnen. Im Verhältnis zur Gesellschaft gilt für die Teilnahme an der Versammlung oder für die Ausübung des Stimmrechts als Aktionär nur, wer den Nachweis erbracht hat. (5) Bei Namensaktien börsennotierter Gesellschaften folgt die Berechtigung zur Teilnahme an der Versammlung oder zur Ausübung des Stimmrechts gemäß § 67 Absatz 2 Satz 1 aus der Eintragung im Aktienregister.
§ 124 Bekanntmachung von Ergänzungsverlangen; Vorschläge zur Beschlussfassung (1) Hat die Minderheit nach § 122 Abs. 2 verlangt, dass Gegenstände auf die Tagesordnung gesetzt werden, so sind diese entweder bereits mit der Einberufung oder andernfalls unverzüglich nach Zugang des Verlangens bekannt zu machen. § 121 Abs. 4 gilt sinngemäß; zudem gilt bei börsennotierten Gesellschaften § 121 Abs. 4a entsprechend. Bekanntmachung und Zuleitung haben dabei in gleicher Weise wie bei der Einberufung zu erfolgen. (2) Steht die Wahl von Aufsichtsratsmitgliedern auf der Tagesordnung, so ist in der Bekannt-machung anzugeben, nach welchen gesetzlichen Vorschriften sich der Aufsichtsrat zusammensetzt, <u>und ob</u> die Hauptversammlung an Wahlvorschläge gebunden, so ist auch dies anzugeben. Die Bekanntmachung muss bei einer Wahl von Aufsichtsratsmitgliedern börsennotierter Gesellschaften, für die das Mitbestimmungsgesetz, das Montan-Mitbestimmungsgesetz oder das Mitbestimmungsergänzungsgesetz gilt, ferner enthalten: 1. Angabe, ob der Gesamterfüllung nach § 96 Absatz 2 Satz 3 widersprochen wurde, und 2. Angabe, wie viele der Sitze im Aufsichtsrat mindestens jeweils von Frauen und Männern besetzt sein müssen, um das Mindestanteilsgebot nach § 96 Absatz 2 Satz 1 zu erfüllen. Soll die Hauptversammlung über eine Satzungsänderung oder über einen Vertrag beschließen, der nur mit Zustimmung der Hauptversammlung wirksam wird, so ist auch der Wortlaut der	**§ 124 Bekanntmachung von Ergänzungsverlangen; Vorschläge zur Beschlussfassung** (1) *unverändert* (2) Steht die Wahl von Aufsichtsratsmitgliedern auf der Tagesordnung, so ist in der Bekannt-machung anzugeben, nach welchen gesetzlichen Vorschriften sich der Aufsichtsrat zusammensetzt, **ist** die Hauptversammlung an Wahlvorschläge gebunden, **so ist** auch dies anzugeben. Die Bekanntmachung muss bei einer Wahl von Aufsichtsratsmitgliedern börsennotierter Gesellschaften, für die das Mitbestimmungsgesetz, das Montan-Mitbestimmungsgesetz oder das Mitbestimmungsergänzungsgesetz gilt, ferner enthalten: 1. Angabe, ob der Gesamterfüllung nach § 96 Absatz 2 Satz 3 widersprochen wurde, und 2. Angabe, wie viele der Sitze im Aufsichtsrat mindestens jeweils von Frauen und Männern besetzt sein müssen, um das Mindestanteilsgebot nach § 96 Absatz 2 Satz 1 zu erfüllen. Soll die Hauptversammlung über eine Satzungsänderung oder über einen Vertrag beschließen, der nur mit Zustimmung der Hauptversammlung wirksam wird, so ist auch der Wortlaut der

Anhang

AktG alt	AktG neu
vorgeschlagenen Satzungsänderung oder der wesentliche Inhalt des Vertrags bekanntzumachen.	vorgeschlagenen Satzungsänderung oder der wesentliche Inhalt des Vertrags bekanntzumachen.
(3) Zu jedem Gegenstand der Tagesordnung, über den die Hauptversammlung beschließen soll, haben der Vorstand und der Aufsichtsrat, zur Wahl von Aufsichtsratsmitgliedern und Prüfern nur der Aufsichtsrat, in der Bekanntmachung Vorschläge zur Beschlußfassung zu machen. Bei Gesellschaften im Sinn des § 264d des Handelsgesetzbuchs ist der Vorschlag des Aufsichtsrats zur Wahl des Abschlussprüfers auf die Empfehlung des Prüfungsausschusses zu stützen. Satz 1 findet keine Anwendung, wenn die Hauptversammlung bei der Wahl von Aufsichtsratsmitgliedern nach § 6 des Montan-Mitbestimmungsgesetzes an Wahlvorschläge gebunden ist, oder wenn der Gegenstand der Beschlußfassung auf Verlangen einer Minderheit auf die Tagesordnung gesetzt worden ist. Der Vorschlag zur Wahl von Aufsichtsratsmitgliedern oder Prüfern hat deren Namen, ausgeübten Beruf und Wohnort anzugeben. Hat der Aufsichtsrat auch aus Aufsichtsratsmitgliedern der Arbeitnehmer zu bestehen, so bedürfen Beschlüsse des Aufsichtsrats über Vorschläge zur Wahl von Aufsichtsratsmitgliedern nur der Mehrheit der Stimmen der Aufsichtsratsmitglieder der Aktionäre; § 8 des Montan-Mitbestimmungsgesetzes bleibt unberührt.	(3) *unverändert*
(4) Über Gegenstände der Tagesordnung, die nicht ordnungsgemäß bekanntgemacht sind dürfen keine Beschlüsse gefaßt werden. Zur Beschlußfassung über den in der Versammlung gestellten Antrag auf Einberufung einer Hauptversammlung, zu Anträgen, die zu Gegenständen der Tagesordnung gestellt werden, und zu Verhandlungen ohne Beschlußfassung bedarf es keiner Bekanntmachung.,	(4) *unverändert*
§§ 125–126 *unverändert*	**§§ 125–126** *unverändert*
§ 127 Wahlvorschläge von Aktionären	**§ 127 Wahlvorschläge von Aktionären**
Für den Vorschlag eines Aktionärs zur Wahl von Aufsichtsratsmitgliedern oder von Abschlußprüfern gilt § 126 sinngemäß. Der Wahlvorschlag braucht nicht begründet zu werden. Der Vorstand braucht den Wahlvorschlag auch dann nicht zugänglich zu machen, wenn der Vorschlag nicht die Angaben nach § 124 Abs. 3 Satz 3 und § 125 Abs. 1 Satz 5 enthält. Der Vorstand hat den Vorschlag eines Aktionärs zur Wahl von Aufsichtsratsmitgliedern börsennotierter Gesellschaften, für die das Mitbestimmungsgesetz, das Montan-Mitbestimmungsgesetz oder	Für den Vorschlag eines Aktionärs zur Wahl von Aufsichtsratsmitgliedern oder von Abschlußprüfern gilt § 126 sinngemäß. Der Wahlvorschlag braucht nicht begründet zu werden. Der Vorstand braucht den Wahlvorschlag auch dann nicht zugänglich zu machen, wenn der Vorschlag nicht die Angaben nach § 124 **Absatz** 3 Satz 4 und § 125 Abs. 1 Satz 5 enthält. Der Vorstand hat den Vorschlag eines Aktionärs zur Wahl von Aufsichtsratsmitgliedern börsennotierter Gesellschaften, für die das Mitbestimmungsgesetz, das Montan-Mitbestimmungsgesetz oder

1. Synopse zum AktG — Anhang

AktG alt	AktG neu
das Mitbestimmungsergänzungsgesetz gilt, mit folgenden Inhalten zu versehen:	das Mitbestimmungsergänzungsgesetz gilt, mit folgenden Inhalten zu versehen:
1. Hinweis auf die Anforderungen des § 96 Absatz 2	1. Hinweis auf die Anforderungen des § 96 Absatz 2
2. Angabe, ob der Gesamterfüllung nach § 96 Absatz 2 Satz 3 widersprochen wurde und	2. Angabe, ob der Gesamterfüllung nach § 96 Absatz 2 Satz 3 widersprochen wurde und
3. Angabe, wie viele der Sitze im Aufsichtsrat mindestens jeweils von Frauen und Männern besetzt sein müssen, um das Mindestanteilsgebot nach § 96 Absatz 2 Satz 1 zu erfüllen.	3. Angabe, wie viele der Sitze im Aufsichtsrat mindestens jeweils von Frauen und Männern besetzt sein müssen, um das Mindestanteilsgebot nach § 96 Absatz 2 Satz 1 zu erfüllen.
§§ 127a–129 *unverändert*	**§§ 127a–129** *unverändert*
§ 130 Niederschrift	**§ 130 Niederschrift**
(1) Jeder Beschluß der Hauptversammlung ist durch eine über die Verhandlung notariell aufgenommene Niederschrift zu beurkunden. Gleiches gilt für jedes Verlangen einer Minderheit nach § 120 Abs. 1 Satz 2, § 137. Bei nichtbörsennotierten Gesellschaften reicht eine vom Vorsitzenden des Aufsichtsrats zu unterzeichnende Niederschrift aus, soweit keine Beschlüsse gefaßt werden, für die das Gesetz eine Dreiviertel- oder größere Mehrheit bestimmt.	(1) *unverändert*
(2) In der Niederschrift sind der Ort und der Tag der Verhandlung, der Name des Notars sowie die Art und das Ergebnis der Abstimmung und die Feststellung des Vorsitzenden über die Beschlußfassung anzugeben. Bei börsennotierten Gesellschaften umfasst die Feststellung über die Beschlussfassung für jeden Beschluss auch	(2) In der Niederschrift sind der Ort und der Tag der Verhandlung, der Name des Notars sowie die Art und das Ergebnis der Abstimmung und die Feststellung des Vorsitzenden über die Beschlußfassung anzugeben. Bei börsennotierten Gesellschaften umfasst die Feststellung über die Beschlussfassung für jeden Beschluss auch
1. die Zahl der Aktien, für die gültige Stimmen abgegeben wurden,	1. die Zahl der Aktien, für die gültige Stimmen abgegeben wurden,
2. den Anteil des durch die gültigen Stimmen vertretenen Grundkapitals,	2. den Anteil des durch die gültigen Stimmen vertretenen Grundkapitals **am eingetragenen Grundkapital,**
3. die Zahl der für einen Beschluss abgegebenen Stimmen, Gegenstimmen und gegebenenfalls die Zahl der Enthaltungen.	3. die Zahl der für einen Beschluss abgegebenen Stimmen, Gegenstimmen und gegebenenfalls die Zahl der Enthaltungen.
Abweichend von Satz 2 kann der Versammlungsleiter die Feststellung über die Beschlussfassung für jeden Beschluss darauf beschränken, dass die erforderliche Mehrheit erreicht wurde, falls kein Aktionär eine umfassende Feststellung gemäß Satz 2 verlangt.	Abweichend von Satz 2 kann der Versammlungsleiter die Feststellung über die Beschlussfassung für jeden Beschluss darauf beschränken, dass die erforderliche Mehrheit erreicht wurde, falls kein Aktionär eine umfassende Feststellung gemäß Satz 2 verlangt.
(3) Die Belege über die Einberufung der Versammlung sind der Niederschrift als Anlage beizufügen, wenn sie nicht unter Angabe ihres Inhalts in der Niederschrift aufgeführt sind.	(3) *unverändert*
(4) Die Niederschrift ist von dem Notar zu unterschreiben. Die Zuziehung von Zeugen ist nicht nötig.	(4) *unverändert*

Anhang

AktG alt	AktG neu
(5) Unverzüglich nach der Versammlung hat der Vorstand eine öffentlich beglaubigte, im Falle des Absatzes 1 Satz 3 eine vom Vorsitzenden des Aufsichtsrats unterzeichnete Abschrift der Niederschrift und ihrer Anlagen zum Handelsregister einzureichen.	(5) *unverändert*
(6) Börsennotierte Gesellschaften müssen innerhalb von sieben Tagen nach der Versammlung die festgestellten Abstimmungsergebnisse einschließlich der Angaben nach Absatz 2 Satz 2 auf ihrer Internetseite veröffentlichen.	(6) *unverändert*
§ 131 Auskunftsrecht des Aktionärs	**§ 131 Auskunftsrecht des Aktionärs**
(1) Jedem Aktionär ist auf Verlangen in der Hauptversammlung vom Vorstand Auskunft über Angelegenheiten der Gesellschaft zu geben, soweit sie zur sachgemäßen Beurteilung des Gegenstands der Tagesordnung erforderlich ist. Die Auskunftspflicht erstreckt sich auch auf die rechtlichen und geschäftlichen Beziehungen der Gesellschaft zu einem verbundenen Unternehmen. Macht eine Gesellschaft von den Erleichterungen nach § 266 <u>Abs.</u> 1 Satz **2**, § 276 oder § 288 des Handelsgesetzbuchs Gebrauch, so kann jeder Aktionär verlangen, dass <u>daß</u> ihm in der Hauptversammlung über den <u>Jahresabschluß</u> der <u>Jahresabschluß</u> in der Form vorgelegt wird, die er ohne <u>Anwendung dieser Vorschriften</u> hätte. Die Auskunftspflicht des Vorstands eines Mutterunternehmens (§ 290 Abs. 1, 2 des Handelsgesetzbuchs) in der Hauptversammlung, der der Konzernabschluss und der Konzernlagebericht vorgelegt werden, erstreckt sich auch auf die Lage des Konzerns und der in den Konzernabschluss einbezogenen Unternehmen.	(1) Jedem Aktionär ist auf Verlangen in der Hauptversammlung vom Vorstand Auskunft über Angelegenheiten der Gesellschaft zu geben, soweit sie zur sachgemäßen Beurteilung des Gegenstands der Tagesordnung erforderlich ist. Die Auskunftspflicht erstreckt sich auch auf die rechtlichen und geschäftlichen Beziehungen der Gesellschaft zu einem verbundenen Unternehmen. Macht eine Gesellschaft von den Erleichterungen nach § 266 **Absatz** 1 Satz **3**, § 276 oder § 288 des Handelsgesetzbuchs Gebrauch, so kann jeder Aktionär verlangen, dass ihm in der Hauptversammlung über den **Jahresabschluss** der **Jahresabschluss** in der Form vorgelegt wird, die er ohne **diese Erleichterungen** hätte. Die Auskunftspflicht des Vorstands eines Mutterunternehmens (§ 290 Abs. 1, 2 des Handelsgesetzbuchs) in der Hauptversammlung, der der Konzernabschluss und der Konzernlagebericht vorgelegt werden, erstreckt sich auch auf die Lage des Konzerns und der in den Konzernabschluss einbezogenen Unternehmen.
(2) Die Auskunft hat den Grundsätzen einer gewissenhaften und getreuen Rechenschaft zu entsprechen. Die Satzung oder die Geschäftsordnung gemäß § 129 kann den Versammlungsleiter ermächtigen, das Frage- und Rederecht des Aktionärs zeitlich angemessen zu beschränken, und Näheres dazu bestimmen.	(2) *unverändert*
(3) Der Vorstand darf die Auskunft verweigern,	(3) *unverändert*
1. soweit die Erteilung der Auskunft nach vernünftiger kaufmännischer Beurteilung geeignet ist, der Gesellschaft oder einem verbundenen Unternehmen einen nicht unerheblichen Nachteil zuzufügen;	
2. soweit sie sich auf steuerliche Wertansätze oder die Höhe einzelner Steuern bezieht;	
3. über den Unterschied zwischen dem Wert, mit dem Gegenstände in der Jahresbilanz angesetzt worden sind, und einem höheren	

1. Synopse zum AktG — Anhang

AktG alt	AktG neu
Wert dieser Gegenstände, es sei denn, dass die Hauptversammlung den Jahresabschluß feststellt;	
4. über die Bilanzierungs- und Bewertungsmethoden, soweit die Angabe dieser Methoden im Anhang ausreicht, um ein den tatsächlichen Verhältnissen entsprechendes Bild der Vermögens-, Finanz- und Ertragslage der Gesellschaft im Sinne des § 264 Abs. 2 des Handelsgesetzbuchs zu vermitteln; dies gilt nicht, wenn die Hauptversammlung den Jahresabschluß feststellt;	
5. soweit sich der Vorstand durch die Erteilung der Auskunft strafbar machen würde;	
6. soweit bei einem Kreditinstitut oder Finanzdienstleistungsinstitut Angaben über angewandte Bilanzierungs- und Bewertungsmethoden sowie vorgenommene Verrechnungen im Jahresabschluß, Lagebericht, Konzernabschluß oder Konzernlagebericht nicht gemacht zu werden brauchen;	
7. soweit die Auskunft auf der Internetseite der Gesellschaft über mindestens sieben Tage vor Beginn und in der Hauptversammlung durchgängig zugänglich ist.	
Aus anderen Gründen darf die Auskunft nicht verweigert werden.	
(4) Ist einem Aktionär wegen seiner Eigenschaft als Aktionär eine Auskunft außerhalb der Hauptversammlung gegeben worden, so ist sie jedem anderen Aktionär auf dessen Verlangen in der Hauptversammlung zu geben, auch wenn sie zur sachgemäßen Beurteilung des Gegenstands der Tagesordnung nicht erforderlich ist. Der Vorstand darf die Auskunft nicht nach Absatz 3 Satz 1 Nr. 1 bis 4 verweigern. Sätze 1 und 2 gelten nicht, wenn ein Tochterunternehmen (§ 290 Abs. 1, 2 des Handelsgesetzbuchs), ein Gemeinschaftsunternehmen (§ 310 Abs. 1 des Handelsgesetzbuchs) oder ein assoziiertes Unternehmen (§ 311 Abs. 1 des Handelsgesetzbuchs) die Auskunft einem Mutterunternehmen (§ 290 Abs. 1, 2 des Handelsgesetzbuchs) zum Zwecke der Einbeziehung der Gesellschaft in den Konzernabschluß des Mutterunternehmens erteilt und die Auskunft für diesen Zweck benötigt wird.	(4) *unverändert*
(5) Wird einem Aktionär eine Auskunft verweigert, so kann er verlangen, daß seine Frage und der Grund, aus dem die Auskunft verweigert worden ist, in die Niederschrift über die Verhandlung aufgenommen werden.	(5) *unverändert*
§§ 132–138 *unverändert*	**§§ 132–138** *unverändert*

Anhang

AktG alt	AktG neu
§ 139 Wesen (1) Für Aktien, die mit einem <u>nachzuzahlenden</u> Vorzug bei der Verteilung des Gewinns ausgestattet sind, kann das Stimmrecht ausgeschlossen werden (Vorzugsaktien ohne Stimmrecht). (2) Vorzugsaktien ohne Stimmrecht dürfen nur bis zur Hälfte des Grundkapitals ausgegeben werden.	**§ 139 Wesen** (1) Für Aktien, die mit einem Vorzug bei der Verteilung des Gewinns ausge-stattet sind, kann das Stimmrecht ausgeschlossen werden (Vorzugsaktien ohne Stimmrecht). **Der Vorzug kann insbesondere in einem auf die Aktie vorweg entfallenden Gewinnanteil (Vorabdividende) oder einem erhöhten Gewinnanteil (Mehrdividende) bestehen. Wenn die Satzung nichts anderes bestimmt, ist eine Vorabdividende nachzuzahlen.** (2) *unverändert*
§ 140 Rechte der Vorzugsaktionäre (1) Die Vorzugsaktien ohne Stimmrecht gewähren mit Ausnahme des Stimmrechts die jedem Aktionär aus der Aktie zustehenden Rechte. (2) <u>Wird</u> der Vorzugsbetrag in einem Jahr nicht oder nicht vollständig gezahlt und <u>der Rückstand</u> im nächsten Jahr nicht neben dem vollen Vorzug dieses <u>Jahres</u> nachgezahlt, so haben die Vorzugsaktionäre das Stimmrecht, bis die Rückstände nachgezahlt sind. <u>In diesem Fall</u> sind die Vorzugsaktien auch bei der Berechnung einer nach Gesetz oder Satzung erforderlichen Kapitalmehrheit zu berücksichtigen. (3) Soweit die Satzung nichts anderes bestimmt, entsteht dadurch, daß der Vorzugsbetrag in einem Jahr nicht oder nicht vollständig gezahlt wird, noch kein durch spätere Beschlüsse über die Gewinnverteilung bedingter Anspruch auf den rückständigen Vorzugsbetrag.	**§ 140 Rechte der Vorzugsaktionäre** (1) *unverändert* (2) **Ist der Vorzug nachzuzahlen und wird** der Vorzugsbetrag in einem Jahr nicht oder nicht vollständig gezahlt und im nächsten Jahr nicht neben dem vollen Vorzug **für** dieses Jahr nachgezahlt, **so haben die Aktionäre das Stimmrecht, bis die Rückstände gezahlt sind. Ist der Vorzug nicht nachzuzahlen und wird der Vorzugsbetrag in einem Jahr nicht oder nicht vollständig gezahlt**, so haben die Vorzugsaktionäre das Stimmrecht, bis **der Vorzug in einem Jahr vollständig gezahlt ist. Solange das Stimmrecht besteht**, sind die Vorzugsaktien auch bei der Berechnung einer nach Gesetz oder Satzung erforderlichen Kapitalmehrheit zu berücksichtigen. (3) Soweit die Satzung nichts anderes bestimmt, entsteht dadurch, daß der **nachzuzahlende** Vorzugsbetrag in einem Jahr nicht oder nicht vollständig gezahlt wird, noch kein durch spätere Beschlüsse über die Gewinnverteilung bedingter Anspruch auf den rückständigen Vorzugsbetrag.
§ 141 *unverändert*	**§ 141** *unverändert*
§ 142 Bestellung der Sonderprüfer (1) Zur Prüfung von Vorgängen bei der Gründung oder der Geschäftsführung, namentlich auch bei Maßnahmen der Kapitalbeschaffung und Kapitalherabsetzung, kann die Hauptversammlung mit einfacher Stimmenmehrheit Prüfer (Sonderprüfer) bestellen. Bei der Beschlußfassung kann ein Mitglied des Vorstands oder des Aufsichtsrats weder für sich noch für einen anderen mitstimmen, wenn die Prüfung sich auf Vorgänge erstrecken soll, die mit der	**§ 142 Bestellung der Sonderprüfer** (1) *unverändert*

1. Synopse zum AktG — Anhang

AktG alt	AktG neu
Entlastung eines Mitglieds des Vorstands oder des Aufsichtsrats oder der Einleitung eines Rechtsstreits zwischen der Gesellschaft und einem Mitglied des Vorstands oder des Aufsichtsrats zusammenhängen. Für ein Mitglied des Vorstands oder des Aufsichtsrats, das nach Satz 2 nicht mitstimmen kann, kann das Stimmrecht auch nicht durch einen anderen ausgeübt werden.	
(2) Lehnt die Hauptversammlung einen Antrag auf Bestellung von Sonderprüfern zur Prüfung eines Vorgangs bei der Gründung oder eines nicht über fünf Jahre zurückliegenden Vorgangs bei der Geschäftsführung ab, so hat das Gericht auf Antrag von Aktionären, deren Anteile bei Antragstellung zusammen den hundertsten Teil des Grundkapitals oder einen anteiligen Betrag von 100.000 Euro erreichen, Sonderprüfer zu bestellen, wenn Tatsachen vorliegen, die den Verdacht rechtfertigen, dass bei dem Vorgang Unredlichkeiten oder grobe Verletzungen des Gesetzes oder der Satzung vorgekommen sind; dies gilt auch für nicht über zehn Jahre zurückliegende Vorgänge, sofern die Gesellschaft zur Zeit des Vorgangs börsennotiert war. Die Antragsteller haben nachzuweisen, dass sie seit mindestens drei Monaten vor dem Tag der Hauptversammlung Inhaber der Aktien sind und dass sie die Aktien bis zur Entscheidung über den Antrag halten. Für eine Vereinbarung zur Vermeidung einer solchen Sonderprüfung gilt § 149 entsprechend.	(2) *unverändert*
(3) Die Absätze 1 und 2 gelten nicht für Vorgänge, die Gegenstand einer Sonderprüfung nach § 258 sein können.	(3) *unverändert*
(4) Hat die Hauptversammlung Sonderprüfer bestellt, so hat das Gericht auf Antrag von Aktionären, deren Anteile bei Antragstellung zusammen den hundertsten Teil des Grundkapitals oder einen anteiligen Betrag von 100.000 Euro erreichen, einen anderen Sonderprüfer zu bestellen, wenn dies aus einem in der Person des bestellten Sonderprüfers liegenden Grund geboten erscheint, insbesondere, wenn der bestellte Sonderprüfer nicht die für den Gegenstand der Sonderprüfung erforderlichen Kenntnisse hat, seine Befangenheit zu besorgen ist oder Bedenken wegen seiner Zuverlässigkeit bestehen. Der Antrag ist binnen zwei Wochen seit dem Tag der Hauptversammlung zu stellen.	(4) *unverändert*
(5) Das Gericht hat außer den Beteiligten auch den Aufsichtsrat und im Fall des Absatzes 4 den von der Hauptversammlung bestellten Sonderprüfer zu hören. Gegen die Entscheidung ist die Beschwerde zulässig. Über den Antrag ge-	(5) *unverändert*

Anhang

AktG alt	AktG neu
mäß den Absätzen 2 und 4 entscheidet das Landgericht, in dessen Bezirk die Gesellschaft ihren Sitz hat.	
(6) Die vom Gericht bestellten Sonderprüfer haben Anspruch auf Ersatz angemessener barer Auslagen und auf Vergütung für ihre Tätigkeit. Die Auslagen und die Vergütung setzt das Gericht fest. Gegen die Entscheidung ist die Beschwerde zulässig; die Rechtsbeschwerde ist ausgeschlossen. Aus der rechtskräftigen Entscheidung findet die Zwangsvollstreckung nach der Zivilprozeßordnung statt.	(6) *unverändert*
(7) Hat die Gesellschaft Wertpapiere im Sinne des § 2 1 <u>Abs. Satz 1</u> des Wertpapierhandelsgesetzes ausgegeben, die an einer inländischen Börse zum Handel im regulierten Markt zugelassen sind, so hat im Falle des Absatzes 1 Satz 1 der Vorstand und im Falle des Absatzes 2 Satz 1 das Gericht der Bundesanstalt für Finanzdienstleistungsaufsicht die Bestellung des Sonderprüfers und dessen Prüfungsbericht mitzuteilen; darüber hinaus hat das Gericht den Eingang eines Antrags auf Bestellung eines Sonderprüfers mitzuteilen.	(7) Hat die Gesellschaft Wertpapiere im Sinne des § 2 **Absatz** 1 des Wertpapierhandelsgesetzes ausgegeben, die an einer inländischen Börse zum Handel im regulierten Markt zugelassen sind, so hat im Falle des Absatzes 1 Satz 1 der Vorstand und im Falle des Absatzes 2 Satz 1 das Gericht der Bundesanstalt für Finanzdienstleistungsaufsicht die Bestellung des Sonderprüfers und dessen Prüfungsbericht mitzuteilen; darüber hinaus hat das Gericht den Eingang eines Antrags auf Bestellung eines Sonderprüfers mitzuteilen.
(8) Auf das gerichtliche Verfahren nach den Absätzen 2 bis 6 sind die Vorschriften des Gesetzes über das Verfahren in Familiensachen und in den Angelegenheiten der freiwilligen Gerichtsbarkeit anzuwenden, soweit in diesem Gesetz nichts anderes bestimmt ist.	(8) *unverändert*
§§ 143–174 *unverändert*	§§ 143–174 *unverändert*
§ 175 Einberufung	**§ 175 Einberufung**
(1) Unverzüglich nach Eingang des Berichts des Aufsichtsrats hat der Vorstand die Hauptversammlung zur Entgegennahme des festgestellten Jahresabschlusses und des Lageberichts, eines vom Aufsichtsrat gebilligten Einzelabschlusses nach § 325 Abs. 2a des Handelsgesetzbuchs sowie zur Beschlußfassung über die Verwendung eines Bilanzgewinns, bei einem Mutterunternehmen (§ 290 Abs. 1, 2 des Handelsgesetzbuchs) auch zur Entgegennahme des vom Aufsichtsrat gebilligten Konzernabschlusses und des Konzernlageberichts, einzuberufen. Die Hauptversammlung hat in den ersten acht Monaten des Geschäftsjahrs stattzufinden.	(1) *unverändert*
(2) Der Jahresabschluß ein vom Aufsichtsrat gebilligter Einzelabschluss nach § 325 <u>Abs.</u> 2a des Handelsgesetzbuchs, der Lagebericht, der Bericht des Aufsichtsrats und der Vorschlag des Vorstands für die Verwendung des Bilanzgewinns sind von der Einberufung an in dem Geschäftsraum der Gesellschaft zur Einsicht <u>der</u> Ak-	(2) Der **Jahresabschluss**, ein vom Aufsichtsrat gebilligter Einzelabschluss nach § 325 **Absatz** 2a des Handelsgesetzbuchs, der Lagebericht, der Bericht des Aufsichtsrats und der Vorschlag des Vorstands für die Verwendung des Bilanzgewinns sind von der Einberufung an in dem Geschäftsraum der Gesellschaft zur Einsicht **durch**

1. Synopse zum AktG — Anhang

AktG alt	AktG neu
tionäre auszulegen. Auf Verlangen ist jedem Aktionär unverzüglich eine Abschrift der Vorlagen zu erteilen. Bei einem Mutterunternehmen (§ 290 Abs. 1, 2 des Handelsgesetzbuchs) gelten die Sätze 1 und 2 auch für den Konzernabschluss, den Konzernlagebericht und den Bericht des Aufsichtsrats hierüber. Die Verpflichtungen nach den Sätzen 1 bis 3 entfallen, wenn die dort bezeichneten Dokumente für denselben Zeitraum über die Internetseite der Gesellschaft zugänglich sind.	die Aktionäre auszulegen. Auf Verlangen ist jedem Aktionär unverzüglich eine Abschrift der Vorlagen zu erteilen. Bei einem Mutterunternehmen (§ 290 Abs. 1, 2 des Handelsgesetzbuchs) gelten die Sätze 1 und 2 auch für den Konzernabschluss, den Konzernlagebericht und den Bericht des Aufsichtsrats hierüber. Die Verpflichtungen nach den Sätzen 1 bis 3 entfallen, wenn die dort bezeichneten Dokumente für denselben Zeitraum über die Internetseite der Gesellschaft zugänglich sind.
(3) Hat die Hauptversammlung den Jahresabschluss festzustellen oder hat sie über die Billigung des Konzernabschlusses zu entscheiden, so gelten für die Einberufung der Hauptversammlung zur Feststellung des Jahresabschlusses oder zur Billigung des Konzernabschlusses und für das Zugänglichmachen der Vorlagen und die Erteilung von Abschriften die Absätze 1 und 2 sinngemäß. Die Verhandlungen über die Feststellung des Jahresabschlusses und über die Verwendung des Bilanzgewinns sollen verbunden werden.	(3) *unverändert*
(4) Mit der Einberufung der Hauptversammlung zur Entgegennahme des festgestellten Jahresabschlusses oder, wenn die Hauptversammlung den Jahresabschluß festzustellen hat, der Hauptversammlung zur Feststellung des Jahresabschlusses sind Vorstand und Aufsichtsrat an die in dem Bericht des Aufsichtsrats enthaltenen Erklärungen über den Jahresabschluß (§§ 172, 173 Abs. 1) gebunden. Bei einem Mutterunternehmen (§ 290 Abs. 1, 2 des Handelsgesetzbuchs) gilt Satz 1 für die Erklärung des Aufsichtsrats über die Billigung des Konzernabschlusses entsprechend.	(4) *unverändert*
§§ 176–191 *unverändert*	**§§ 176–191** *unverändert*
§ 192 Voraussetzungen	**§ 192 Voraussetzungen**
(1) Die Hauptversammlung kann eine Erhöhung des Grundkapitals beschließen, die nur so weit durchgeführt werden soll, wie von einem Umtausch- oder Bezugsrecht Gebrauch gemacht wird, das die Gesellschaft auf die neuen Aktien (Bezugsaktien) einräumt (bedingte Kapitalerhöhung).	(1) Die Hauptversammlung kann eine Erhöhung des Grundkapitals beschließen, die nur so weit durchgeführt werden soll, wie von einem Umtausch- oder Bezugsrecht Gebrauch gemacht wird, das die Gesellschaft hat oder auf die neuen Aktien (Bezugsaktien) einräumt (bedingte Kapitalerhöhung).
(2) Die bedingte Kapitalerhöhung soll nur zu folgenden Zwecken beschlossen werden:	(2) Die bedingte Kapitalerhöhung soll nur zu folgenden Zwecken beschlossen werden:
1. zur Gewährung von Umtausch- oder Bezugsrechten <u>an Gläubiger</u> von Wandelschuldverschreibungen;	1. zur Gewährung von Umtausch- oder Bezugsrechten **aufgrund** von Wandelschuldverschreibungen;
2. zur Vorbereitung des Zusammenschlusses mehrerer Unternehmen;	2. zur Vorbereitung des Zusammenschlusses mehrerer Unternehmen;

Anhang

AktG alt	AktG neu
3. zur Gewährung von Bezugsrechten an Arbeitnehmer und Mitglieder der Geschäftsführung der Gesellschaft oder eines verbundenen Unternehmens im Wege des Zustimmungs- oder Ermächtigungsbeschlusses.	3. zur Gewährung von Bezugsrechten an Arbeitnehmer und Mitglieder der Geschäftsführung der Gesellschaft oder eines verbundenen Unternehmens im Wege des Zustimmungs- oder Ermächtigungsbeschlusses.
(3) Der Nennbetrag des bedingten Kapitals darf die Hälfte und der Nennbetrag des nach Absatz 2 Nr. 3 beschlossenen Kapitals den zehnten Teil des Grundkapitals, das zur Zeit der Beschlußfassung über die bedingte Kapitalerhöhung vorhanden ist, nicht übersteigen. § 182 Abs. 1 Satz 5 gilt sinngemäß.	(3) Der Nennbetrag des bedingten Kapitals darf die Hälfte und der Nennbetrag des nach Absatz 2 Nr. 3 beschlossenen Kapitals den zehnten Teil des Grundkapitals, das zur Zeit der Beschlußfassung über die bedingte Kapitalerhö-ung vorhanden ist, nicht übersteigen. § 182 Abs. 1 Satz 5 gilt sinngemäß. **Satz 1 gilt nicht für eine bedingte Kapitalerhöhung nach Absatz 2 Nummer 1, die nur zu dem Zweck beschlossen wird, der Gesellschaft einen Umtausch zu ermöglichen, zu dem sie für den Fall ihrer drohenden Zahlungsunfähigkeit oder zum Zweck der Abwendung einer Überschuldung berechtigt ist. Ist die Gesellschaft ein Institut im Sinne des § 1 Absatz 1b des Kreditwesengesetzes, gilt Satz 1 ferner nicht für eine bedingte Kapitalerhöhung nach Absatz 2 Nummer 1, die zu dem Zweck beschlossen wird, der Gesellschaft einen Umtausch zur Erfüllung bankaufsichtsrechtlicher oder zum Zwecke der Restrukturierung oder Abwicklung erlassener Anforderungen zu ermöglichen. Eine Anrechnung von bedingtem Kapital, auf das Satz 3 oder Satz 4 Anwendung findet, auf sonstiges bedingtes Kapital erfolgt nicht.**
(4) Ein Beschluß der Hauptversammlung, der dem Beschluß über die bedingte Kapitalerhöhung entgegensteht, ist nichtig.	(4) *unverändert*
(5) Die folgenden Vorschriften über das Bezugsrecht gelten sinngemäß für das Umtauschrecht.	(5) *unverändert*
§ 193 *unverändert*	§ 193 *unverändert*
§ 194 Bedingte Kapitalerhöhung mit Sacheinlagen, Rückzahlung von Einlagen	**§ 194 Bedingte Kapitalerhöhung mit Sacheinlagen, Rückzahlung von Einlagen**
(1) Wird eine Sacheinlage gemacht, so müssen ihr Gegenstand, die Person, von der die Gesellschaft den Gegenstand erwirbt, und der Nennbetrag, bei Stückaktien die Zahl der bei der Sacheinlage zu gewährenden Aktien im Beschluß über die bedingte Kapitalerhöhung festgesetzt werden. Als Sacheinlage gilt nicht <u>die Hingabe</u> von Schuldverschreibungen <u>im Umtausch</u> gegen Bezugsaktien. Der Beschluß darf nur gefaßt werden, wenn die Einbringung von Sacheinlagen ausdrücklich und ordnungsgemäß bekanntgemacht worden ist.	(1) Wird eine Sacheinlage gemacht, so müssen ihr Gegenstand, die Person, von der die Gesellschaft den Gegenstand erwirbt, und der Nennbetrag, bei Stückaktien die Zahl der bei der Sacheinlage zu gewährenden Aktien im Beschluß über die bedingte Kapitalerhöhung festgesetzt werden. Als Sacheinlage gilt nicht **der Umtausch** von Schuldverschreibungen gegen Bezugsaktien. Der Beschluß darf nur gefaßt werden, wenn die Einbringung von Sacheinlagen ausdrücklich und ordnungsgemäß bekanntgemacht worden ist.

1. Synopse zum AktG **Anhang**

AktG alt	AktG neu
(2) § 27 Abs. 3 und 4 gilt entsprechend; an die Stelle des Zeitpunkts der Anmeldung nach § 27 Abs. 3 Satz 4 tritt jeweils der Zeitpunkt der Ausgabe der Bezugsaktien.	(2) *unverändert*
(3) Die Absätze 1 und 2 gelten nicht für die Einlage von Geldforderungen, die Arbeitnehmern der Gesellschaft aus einer ihnen von der Gesellschaft eingeräumten Gewinnbeteiligung zustehen.	(3) *unverändert*
(4) Bei der Kapitalerhöhung mit Sacheinlagen hat eine Prüfung durch einen oder mehrere Prüfer stattzufinden. § 33 Abs. 3 bis 5, die §§ 34, 35 gelten sinngemäß.	(4) *unverändert*
(5) § 183a gilt entsprechend.	(5) *unverändert*
§ 195 Anmeldung des Beschlusses (1) Der Vorstand und der Vorsitzende des Aufsichtsrats haben den Beschluß über die bedingte Kapitalerhöhung zur Eintragung in das Handelsregister anzumelden. § 184 Abs. 1 Satz <u>2</u> gilt entsprechend. (2) Der Anmeldung sind beizufügen 1. bei einer bedingten Kapitalerhöhung mit Sacheinlagen die Verträge, die den Festsetzungen nach § 194 zugrunde liegen oder zu ihrer Ausführung geschlossen worden sind, und der Bericht über die Prüfung von Sacheinlagen (§ 194 Abs. 4) oder die in § 37a Abs. 3 bezeichneten Anlagen; 2. eine Berechnung der Kosten, die für die Gesellschaft durch die Ausgabe der Bezugsaktien entstehen werden. (3) Das Gericht kann die Eintragung ablehnen, wenn der Wert der Sacheinlage nicht unwesentlich hinter dem geringsten Ausgabebetrag der dafür zu gewährenden Aktien zurückbleibt. Wird von einer Prüfung der Sacheinlage nach § 183a Abs. 1 abgesehen, gilt § 38 Abs. 3 entsprechend.	**§ 195 Anmeldung des Beschlusses** (1) Der Vorstand und der Vorsitzende des Aufsichtsrats haben den Beschluß über die bedingte Kapitalerhöhung zur Eintragung in das Handelsregister anzumelden. § 184 Abs. 1 Satz 3 gilt entsprechend. (2) *unverändert* (3) *unverändert*
§§ 196–200 *unverändert*	**§§ 196–200** *unverändert*
§ 201 Anmeldung der Ausgabe von Bezugsaktien (1) <u>Der Vorstand hat innerhalb eines Monats nach Ablauf des Geschäftsjahrs zur Eintragung in das Handelsregister anzumelden, in welchem Umfang im abgelaufenen Geschäftsjahr Bezugsaktien ausgegeben worden sind.</u> (2) Der Anmeldung sind die Zweitschriften der Bezugserklärungen und ein vom Vorstand unterschriebenes Verzeichnis der Personen, die das Bezugsrecht ausgeübt haben, beizufügen.	**§ 201 Anmeldung der Ausgabe von Bezugsaktien** (1) **Der Vorstand meldet ausgegebene Bezugsaktien zur Eintragung in das Handelsregister mindestens einmal jährlich bis spätestens zum Ende des auf den Ablauf des Geschäftsjahrs folgenden Kalendermonats an.** (2) *unverändert*

155

Anhang

AktG alt	AktG neu
Das Verzeichnis hat die auf jeden Aktionär entfallenden Aktien und die auf sie gemachten Einlagen anzugeben. (3) In der Anmeldung hat der Vorstand zu erklären, daß die Bezugsaktien nur in Erfüllung des im Beschluß über die bedingte Kapitalerhöhung festgesetzten Zwecks und nicht vor der vollen Leistung des Gegenwerts ausgegeben worden sind, der sich aus dem Beschluß ergibt.	(3) *unverändert*
§§ 202–220 *unverändert*	§§ 202–220 *unverändert*
§ 221 (1) Schuldverschreibungen, bei denen den Gläubigern ein Umtausch- oder Bezugsrecht auf Aktien eingeräumt wird (Wandelschuldverschreibungen), und Schuldverschreibungen, bei denen die Rechte der Gläubiger mit Gewinnanteilen von Aktionären in Verbindung gebracht werden (Gewinnschuldverschreibungen), dürfen nur auf Grund eines Beschlusses der Hauptversammlung ausgegeben werden. Der Beschluß bedarf einer Mehrheit, die mindestens drei Viertel des bei der Beschlußfassung vertretenen Grundkapitals umfaßt. Die Satzung kann eine andere Kapitalmehrheit und weitere Erfordernisse bestimmen. § 182 Abs. 2 gilt. (2) Eine Ermächtigung des Vorstands zur Ausgabe von Wandelschuldverschreibungen kann höchstens für fünf Jahre erteilt werden. Der Vorstand und der Vorsitzende des Aufsichtsrats haben den Beschluß über die Ausgabe der Wandelschuldverschreibungen sowie eine Erklärung über deren Ausgabe beim Handelsregister zu hinterlegen. Ein Hinweis auf den Beschluß und die Erklärung ist in den Gesellschaftsblättern bekanntzumachen. (3) Absatz 1 gilt sinngemäß für die Gewährung von Genußrechten. (4) Auf Wandelschuldverschreibungen, Gewinnschuldverschreibungen und Genußrechte haben die Aktionäre ein Bezugsrecht. Die §§ 186 und 193 Abs. 2 Nr. 4 gelten sinngemäß.	§ 221 (1) Schuldverschreibungen, bei denen den Gläubigern **oder der Gesellschaft** ein Umtausch- oder Bezugsrecht auf Aktien eingeräumt wird (Wandelschuldver-schreibungen), und Schuldverschreibungen, bei denen die Rechte der Gläubiger mit Gewinnanteilen von Aktionären in Verbindung gebracht werden (Gewinnschuldverschreibungen), dürfen nur auf Grund eines Beschlusses der Hauptversammlung ausgegeben werden. Der Beschluß bedarf einer Mehrheit, die mindestens drei Viertel des bei der Beschlußfassung vertretenen Grundkapitals umfaßt. Die Satzung kann eine andere Kapitalmehrheit und weitere Erfordernisse bestimmen. § 182 Abs. 2 gilt. (2) *unverändert* (3) *unverändert* (4) *unverändert*
§§ 222–245 *unverändert*	§§ 222–245 *unverändert*
§ 246 Anfechtungsklage (1) Die Klage muß innerhalb eines Monats nach der Beschlußfassung erhoben werden. (2) Die Klage ist gegen die Gesellschaft zu richten. Die Gesellschaft wird durch Vorstand und Aufsichtsrat vertreten. Klagt der Vorstand oder ein Vorstandsmitglied, wird die Gesellschaft durch den Aufsichtsrat, klagt ein Aufsichtsratsmitglied, wird sie durch den Vorstand vertreten.	§ 246 Anfechtungsklage (1) *unverändert* (2) *unverändert*

1. Synopse zum AktG

AktG alt	AktG neu
(3) Zuständig für die Klage ist ausschließlich das Landgericht, in dessen Bezirk die Gesellschaft ihren Sitz hat. Ist bei dem Landgericht eine Kammer für Handelssachen gebildet, so entscheidet diese an Stelle der Zivilkammer. § 148 Abs. 2 Satz 3 und 4 gilt entsprechend. Die mündliche Verhandlung findet nicht vor Ablauf der Monatsfrist des Absatzes 1 statt. Die Gesellschaft kann unmittelbar nach Ablauf der Monatsfrist des Absatzes 1 eine eingereichte Klage bereits vor Zustellung einsehen und sich von der Geschäftsstelle Auszüge und Abschriften erteilen lassen. Mehrere Anfechtungsprozesse sind zur gleichzeitigen Verhandlung und Entscheidung zu verbinden.	(3) *unverändert*
(4) Der Vorstand hat die Erhebung der Klage und den Termin zur mündlichen Verhandlung unverzüglich in den Gesellschaftsblättern bekanntzumachen. Ein Aktionär kann sich als Nebenintervenient nur innerhalb eines Monats nach der Bekanntmachung an der Klage beteiligen.	(4) Der Vorstand hat die Erhebung der Klage unverzüglich in den Gesellschaftsblättern bekanntzumachen. Ein Aktionär kann sich als Nebenintervenient nur innerhalb eines Monats nach der Bekanntmachung an der Klage beteiligen.
§§ 246a–255 *unverändert*	**§§ 246a–255** *unverändert*
§ 256 Nichtigkeit	**§ 256 Nichtigkeit**
(1) Ein festgestellter Jahresabschluß ist außer in den Fällen des § 173 Abs. 3, § 234 Abs. 3 und § 235 Abs. 2 nichtig, wenn 1. er durch seinen Inhalt Vorschriften verletzt, die ausschließlich oder überwiegend zum Schutz der Gläubiger der Gesellschaft gegeben sind, 2. er im Falle einer gesetzlichen Prüfungspflicht nicht nach § 316 Abs. 1 und 3 des Handelsgesetzbuchs geprüft worden ist, 3. er im Falle einer gesetzlichen Prüfungspflicht von Personen geprüft worden ist, die nach § 319 Abs. 1 des Handelsgesetzbuchs oder nach Artikel 25 des Einführungsgesetzes zum Handelsgesetzbuch nicht Abschlussprüfer sind oder aus anderen Gründen als einem Verstoß gegen § 319 Abs. 2, 3 oder Abs. 4, § 319a Abs. 1 oder § 319b Abs. 1 des Handelsgesetzbuchs nicht zum Abschlussprüfer bestellt sind, 4. bei seiner Feststellung die Bestimmungen des Gesetzes oder der Satzung über die Einstellung von Beträgen in Kapital- oder Gewinnrücklagen oder über die Entnahme von Beträgen aus Kapital- oder Gewinnrücklagen verletzt worden sind.	(1) *unverändert*
(2) Ein von Vorstand und Aufsichtsrat festgestellter Jahresabschluß ist außer nach Absatz 1 nur nichtig, wenn der Vorstand oder der Aufsichtsrat bei seiner Feststellung nicht ordnungsgemäß mitgewirkt hat.	(2) *unverändert*

Anhang

AktG alt	AktG neu
(3) Ein von der Hauptversammlung festgestellter Jahresabschluß ist außer nach Absatz 1 nur nichtig, wenn die Feststellung 1. in einer Hauptversammlung beschlossen worden ist, die unter Verstoß gegen § 121 Abs. 2 und 3 Satz 1 oder Abs. 4 einberufen war, 2. nicht nach § 130 Abs. 1 und 2 Satz 1 und Abs. 4 beurkundet ist, 3. auf Anfechtungsklage durch Urteil rechtskräftig für nichtig erklärt worden ist.	(3) *unverändert*
(4) Wegen Verstoßes gegen die Vorschriften über die Gliederung des Jahresabschlusses sowie wegen der Nichtbeachtung von Formblättern, nach denen der Jahresabschluß zu gliedern ist, ist der Jahresabschluß nur nichtig, wenn seine Klarheit und Übersichtlichkeit dadurch wesentlich beeinträchtigt sind.	(4) *unverändert*
(5) Wegen Verstoßes gegen die Bewertungsvorschriften ist der Jahresabschluß nur nichtig, wenn 1. Posten überbewertet oder 2. Posten unterbewertet sind und dadurch die Vermögens- und Ertragslage der Gesellschaft vorsätzlich unrichtig wiedergegeben oder verschleiert wird. Überbewertet sind Aktivposten, wenn sie mit einem höheren Wert, Passivposten, wenn sie mit einem niedrigeren Betrag angesetzt sind, als nach §§ 253 bis 256a des Handelsgesetzbuchs zulässig ist. Unterbewertet sind Aktivposten, wenn sie mit einem niedrigeren Wert, Passivposten, wenn sie mit einem höheren Betrag angesetzt sind, als nach §§ 253 bis 256a des Handelsgesetzbuchs zulässig ist. Bei Kreditinstituten oder Finanzdienstleistungsinstituten sowie bei Kapitalverwaltungsgesellschaften im Sinn des § 17 des Kapitalanlagegesetzbuchs liegt ein Verstoß gegen die Bewertungsvorschriften nicht vor, soweit die Abweichung nach den für sie geltenden Vorschriften, insbesondere den §§ 340e bis 340g des Handelsgesetzbuchs, zulässig ist; dies gilt entsprechend für Versicherungsunternehmen nach Maßgabe der für sie geltenden Vorschriften, insbesondere der §§ 341b bis 341h des Handelsgesetzbuchs.	(5) *unverändert*
(6) Die Nichtigkeit nach Absatz 1 Nr. 1, 3 und 4, Absatz 2, Absatz 3 Nr. 1 und 2, Absatz 4 und 5 kann nicht mehr geltend gemacht werden, wenn seit der Bekanntmachung nach § 325 Abs. 2 des Handelsgesetzbuchs in den Fällen des Absatzes 1 Nr. 3 und 4, des Absatzes 2 und des Absatzes 3 Nr. 1 und 2 sechs Monate, in den anderen Fällen drei Jahre verstrichen sind. Ist bei Ablauf der Frist eine Klage auf Feststellung der	(6) *unverändert*

1. Synopse zum AktG — Anhang

AktG alt	AktG neu
Nichtigkeit des Jahresabschlusses rechtshängig, so verlängert sich die Frist, bis über die Klage rechtskräftig entschieden ist oder sie sich auf andere Weise endgültig erledigt hat. (7) Für die Klage auf Feststellung der Nichtigkeit gegen die Gesellschaft gilt § 249 sinngemäß. Hat die Gesellschaft Wertpapiere im Sinne des § 2 Abs. 1 Satz 1 des Wertpapierhandelsgesetzes ausgegeben, die an einer inländischen Börse zum Handel im regulierten Markt zugelassen sind, so hat das Gericht der Bundesanstalt für Finanzdienstleistungsaufsicht den Eingang einer Klage auf Feststellung der Nichtigkeit sowie jede rechtskräftige Entscheidung über diese Klage mitzuteilen.	(7) Für die Klage auf Feststellung der Nichtigkeit gegen die Gesellschaft gilt § 249 sinngemäß. Hat die Gesellschaft Wertpapiere im Sinne des § 2 **Absatz** 1 des Wertpapierhandelsgesetzes ausgegeben, die an einer inländischen Börse zum Handel im regulierten Markt zugelassen sind, so hat das Gericht der Bundesanstalt für Finanzdienstleistungsaufsicht den Eingang einer Klage auf Feststellung der Nichtigkeit sowie jede rechtskräftige Entscheidung über diese Klage mitzuteilen.
§§ 257–261 *unverändert*	§§ 257–261 *unverändert*
§ 261a Mitteilungen an die Bundesanstalt für Finanzdienstleistungsaufsicht Das Gericht hat der Bundesanstalt für Finanzdienstleistungsaufsicht den Eingang eines Antrags auf Bestellung eines Sonderprüfers, jede rechtskräftige Entscheidung über die Bestellung von Sonderprüfern, den Prüfungsbericht sowie eine rechtskräftige gerichtliche Entscheidung über abschließende Feststellungen der Sonderprüfer nach § 260 mitzuteilen, wenn die Gesellschaft Wertpapiere im Sinne § 2 Abs. 1 Satz 1 des Wertpapierhandelsgesetzes ausgegeben hat, die an einer inländischen Börse zum Handel im regulierten Markt zugelassen sind.	**§ 261a Mitteilungen an die Bundesanstalt für Finanzdienstleistungsaufsicht** Das Gericht hat der Bundesanstalt für Finanzdienstleistungsaufsicht den Eingang eines Antrags auf Bestellung eines Sonderprüfers, jede rechtskräftige Entscheidung über die Bestellung von Sonderprüfern, den Prüfungsbericht sowie eine rechtskräftige gerichtliche Entscheidung über abschließende Feststellungen der Sonderprüfer nach § 260 mitzuteilen, wenn die Gesellschaft Wertpapiere im Sinne § 2 **Absatz** 1 des Wertpapierhandelsgesetzes ausgegeben hat, die an einer inländischen Börse zum Handel im regulierten Markt zugelassen sind.
§§ 262–393 *unverändert*	§§ 262–393 *unverändert*
§ 394 Berichte der Aufsichtsratsmitglieder Aufsichtsratsmitglieder, die auf Veranlassung einer Gebietskörperschaft in den Aufsichtsrat gewählt oder entsandt worden sind, unterliegen hinsichtlich der Berichte, die sie der Gebietskörperschaft zu erstatten haben, keiner Verschwiegenheitspflicht. Für vertrauliche Angaben und Geheimnisse der Gesellschaft, namentlich Betriebs- oder Geschäftsgeheimnisse, gilt dies nicht, wenn ihre Kenntnis für die Zwecke der Berichte nicht von Bedeutung ist.	**§ 394 Berichte der Aufsichtsratsmitglieder** Aufsichtsratsmitglieder, die auf Veranlassung einer Gebietskörperschaft in den Aufsichtsrat ge-wählt oder entsandt worden sind, unterliegen hinsichtlich der Berichte, die sie der Gebietskörperschaft zu erstatten haben, keiner Verschwiegenheitspflicht. Für vertrauliche Angaben und Geheimnisse der Gesellschaft, namentlich Betriebs- oder Geschäftsgeheimnisse, gilt dies nicht, wenn ihre Kenntnis für die Zwecke der Berichte nicht von Bedeutung ist. **Die Berichtspflicht nach Satz 1 kann auf Gesetz, auf Satzung oder auf dem Aufsichtsrat in Textform mitgeteiltem Rechtsgeschäft beruhen.**
§§ 395–398 *unverändert*	§§ 395–398 *unverändert*
§ 399 Falsche Angaben (1) Mit Freiheitsstrafe bis zu drei Jahren oder mit Geldstrafe wird bestraft, wer	**§ 399 Falsche Angaben** (1) Mit Freiheitsstrafe bis zu drei Jahren oder mit Geldstrafe wird bestraft, wer

Anhang

AktG alt	AktG neu
1. als Gründer oder als Mitglied des Vorstands oder des Aufsichtsrats zum Zweck der Eintragung der Gesellschaft über die Übernahme der Aktien, die Einzahlung auf Aktien, die Verwendung eingezahlter Beträge, den Ausgabebetrag der Aktien, über Sondervorteile, Gründungsaufwand, Sacheinlagen und Sachübernahmen oder in der nach § 37a Abs. 2 abzugebenden Versicherung,	1. als Gründer oder als Mitglied des Vorstands oder des Aufsichtsrats zum Zweck der Eintragung der Gesellschaft **oder eines Vertrages nach § 52 Absatz 1 Satz 1** über die Übernahme der Aktien, die Einzahlung auf Aktien, die Verwendung eingezahlter Beträge, den Ausgabebetrag der Aktien, über Sondervorteile, Gründungsaufwand, Sacheinlagen und Sachübernahmen oder in der nach § 37a **Absatz. 2, auch in Verbindung mit § 52 Absatz 6 Satz 3**, abzugebenden Versicherung,
2. als Gründer oder als Mitglied des Vorstands oder des Aufsichtsrats im Gründungsbericht, im Nachgründungsbericht oder im Prüfungsbericht,	2. als Gründer oder als Mitglied des Vorstands oder des Aufsichtsrats im Gründungsbericht, im Nachgründungsbericht oder im Prüfungsbericht,
3. in der öffentlichen Ankündigung nach § 47 Nr. 3,	3. in der öffentlichen Ankündigung nach § 47 Nr. 3,
4. als Mitglied des Vorstands oder des Aufsichtsrats zum Zweck der Eintragung einer Erhöhung des Grundkapitals (§§ 182 bis 206) über die Einbringung des bisherigen, die Zeichnung oder Einbringung des neuen Kapitals, den Ausgabebetrag der Aktien, die Ausgabe der Bezugsaktien, über Sacheinlagen, in der Bekanntmachung nach § 183a Abs. 2 Satz 1 in Verbindung mit § 37a Abs. 2 oder in der nach § 184 Abs. 1 Satz 3 abzugebenden Versicherung,	4. als Mitglied des Vorstands oder des Aufsichtsrats zum Zweck der Eintragung einer Erhöhung des Grundkapitals (§§ 182 bis 206) über die Einbringung des bisherigen, die Zeichnung oder Einbringung des neuen Kapitals, den Ausgabebetrag der Aktien, die Ausgabe der Bezugsaktien, über Sacheinlagen, in der Bekanntmachung nach § 183a Abs. 2 Satz 1 in Verbindung mit § 37a Abs. 2 oder in der nach § 184 Abs. 1 Satz 3 abzugebenden Versicherung,
5. als Abwickler zum Zweck der Eintragung der Fortsetzung der Gesellschaft in dem nach § 274 Abs. 3 zu führenden Nachweis oder	5. als Abwickler zum Zweck der Eintragung der Fortsetzung der Gesellschaft in dem nach § 274 Abs. 3 zu führenden Nachweis oder
6. als Mitglied des Vorstands einer Aktiengesellschaft oder des Leitungsorgans einer ausländischen juristischen Person in der nach § 37 Abs. 2 Satz 1 oder § 81 Abs. 3 Satz 1 abzugebenden Versicherung oder als Abwickler in der nach § 266 Abs. 3 Satz 1 abzugebenden Versicherung falsche Angaben macht oder erhebliche Umstände verschweigt.	6. als Mitglied des Vorstands einer Aktiengesellschaft oder des Leitungsorgans einer ausländischen juristischen Person in der nach § 37 Abs. 2 Satz 1 oder § 81 Abs. 3 Satz 1 abzugebenden Versicherung oder als Abwickler in der nach § 266 Abs. 3 Satz 1 abzugebenden Versicherung falsche Angaben macht oder erhebliche Umstände verschweigt.
(2) Ebenso wird bestraft, wer als Mitglied des Vorstands oder des Aufsichtsrats zum Zweck der Eintragung einer Erhöhung des Grundkapitals die in § 210 Abs. 1 Satz 2 vorgeschriebene Erklärung der Wahrheit zuwider abgibt.	(2) *unverändert*
§§ 400–410 *unverändert*	§§ 400–410 *unverändert*

2. Regierungsentwurf v. 18.3.2015 mit Anlagen (BT-Drs. 18/4349)

Gesetzentwurf der Bundesregierung

Entwurf eines Gesetzes zur Änderung des Aktiengesetzes (Aktienrechtsnovelle 2014)

A. Problem und Ziel

Das geltende Aktienrecht bedarf einer punktuellen Weiterentwicklung.

Die Finanzierung der Aktiengesellschaft soll in zweierlei Hinsicht flexibilisiert werden. Erstens kann nach jetziger Rechtslage aufsichtsrechtlich kein regulatorisches Kernkapital gebildet werden, indem die Gesellschaft stimmrechtslose Vorzugsaktien ausgibt. Denn der Vorzug wird seit jeher als zwingend nachzahlbare Vorabdividende verstanden, und das verhindert die Anerkennung als Kernkapital. Den Gesellschaften soll deswegen aktienrechtlich eine angemessene Gestaltungsmöglichkeit eröffnet werden, mit der sie Kernkapital auch durch die Ausgabe stimmrechtsloser Vorzugsaktien bilden können. Zweitens sehen die aktienrechtlichen Bestimmungen bei Wandelschuldverschreibungen bisher nur ein Umtauschrecht des Gläubigers vor, nicht aber auch ein solches der Gesellschaft als Schuldnerin. Ein Umtauschrecht der Gesellschaft, mit dem diese die Anleihen gegen Gewährung von Anteilen in Grundkapital umwandelt, kann jedoch ein sinnvolles Instrument sein, um eine Unternehmenskrise zu verhindern oder zu bewältigen. Dafür sollen geeignete rechtliche Rahmenbedingungen geschaffen werden.

Ferner sollen die Beteiligungsverhältnisse bei nichtbörsennotierten Aktiengesellschaften transparenter gemacht werden. Geben solche Gesellschaften Inhaberaktien aus, ist es bisher möglich, dass Änderungen im Gesellschafterbestand, die sich unterhalb der Schwellen der Mitteilungspflichten (§§ 20 und 21 des Aktiengesetzes – AktG) bewegen, verborgen bleiben. Auf internationaler Ebene wurde daher Kritik am deutschen Rechtssystem dahingehend geäußert, dass bei nichtbörsennotierten Gesellschaften mit Inhaberaktien keine ausreichenden Informationen über den Gesellschafterbestand verfügbar seien.

Für Inhaberaktien sieht das deutsche Recht eine Stichtagsregelung vor (sogenanntes record date). Bei Namensaktien gab es bisher nur einen gesetzlich nicht abgesicherten Umschreibestopp in den Aktienregistern. Deutschland soll nunmehr einen einheitlichen Nachweisstichtag erhalten, der auch internationalen Anlegern leicht vermittelbar ist.

Weiterhin soll auch das Beschlussmängelrecht der Aktiengesellschaft in einem Punkt fortentwickelt werden. Die Gesetze zur Unternehmensintegrität und Modernisierung des Anfechtungsrechts (UMAG) sowie zur Umsetzung der Aktionärsrechterichtlinie (ARUG) enthielten eine Reihe von Maßnahmen, um zu verhindern, dass Aktionäre ihr Klagerecht missbrauchen. Nicht befriedigend ist nach dem Votum der Praxis die Rechtslage aber nach wie vor im Hinblick auf das Phänomen der nachgeschobenen Nichtigkeitsklagen. Dabei geht es um Fälle, in denen die Erhebung von Nichtigkeitsklagen bewusst zweckwidrig hinausgezögert wird, um den Lästigkeitswert von Beschlussmängelverfahren zu erhöhen oder einfach, um einen ungerechtfertigten Kostenvorteil zu erlangen. Solchen Fällen soll entgegengewirkt werden, ohne aber andererseits das Klagerecht der überwiegenden Mehrheit nicht missbräuchlich agierender Aktionäre unangemessen einzuschränken.

Außerdem soll geklärt werden, wie die Berichtspflicht von Aufsichtsräten, die von Gebietskörperschaften entsandt werden (§ 394 AktG), rechtlich begründet werden kann.

Schließlich sollen einige in der Praxis aufgetretene Zweifelsfragen ausgeräumt und Redaktionsversehen früherer Gesetzgebungsverfahren behoben werden.

B. Lösung

Es wird die Möglichkeit eröffnet, bei einer Wandelanleihe auch ein Umtauschrecht zugunsten der Gesellschaft zu vereinbaren und zu diesem Zweck ein bedingtes Kapital zu schaffen. Der Vorzug stimmrechtsloser Aktien kann, muss künftig jedoch nicht mehr nachzahlbar sein.

Anhang

Ein Wahlrecht zwischen Inhaber- und Namensaktien soll auch bei nichtbörsennotierten Gesellschaften bestehen bleiben. Allerdings wird die Ausgabe von Inhaberaktien an den Ausschluss des Einzelverbriefungsanspruchs geknüpft und die Hinterlegung der Sammelurkunde bei einer Wertpapiersammelbank oder vergleichbaren ausländischen Verwahrern zur Pflicht gemacht.

Für Gesellschaften mit staatlicher Beteiligung wird klargestellt, dass eine Berichtspflicht durch Gesetz, aber ebenso durch Rechtsgeschäft begründet werden kann.

C. Alternativen
Keine.

D. Haushaltsausgaben ohne Erfüllungsaufwand
Keine.

E. Erfüllungsaufwand

E.1 Erfüllungsaufwand für Bürgerinnen und Bürger
Keiner.

E.2 Erfüllungsaufwand für die Wirtschaft

Für die Wirtschaft entsteht nicht genau bezifferbarer anlassbezogener und periodischer Erfüllungsaufwand dadurch, dass nichtbörsennotierte Gesellschaften für Inhaberaktien künftig eine Sammelurkunde ausstellen müssen und die Sammelurkunde bei einer Wertpapiersammelbank oder vergleichbaren ausländischen Verwahrern dauerhaft hinterlegt werden muss. Freilich können die meisten nichtbörsennotierten Gesellschaften diese Kosten sehr einfach durch die Ausgabe von Namensaktien vermeiden. Soweit die Aktien dieser Gesellschaften nicht in den Freiverkehr eingeführt sind, hat die Namensaktie für die nichtbörsennotierte Gesellschaft ohnehin Vorteile gegenüber der Inhaberaktie. Wegen einer weitgehenden Bestandsschutzregelung sind bereits bestehende Gesellschaften, die Inhaberaktien ausgegeben haben, von der Neuregelung nicht betroffen. Auch für börsennotierte Gesellschaften gibt es keine Änderung. Für alle Gesellschaften, die voraussichtlich im ersten Jahr nach dem Inkrafttreten der Gesetzesänderung mit Inhaberaktien gegründet werden oder die von Namensaktien auf Inhaberaktien umstellen, entsteht zusammengerechnet anlassbezogener Personalaufwand in Höhe von ca. 19 000 Euro und periodischer Sachaufwand in Höhe von ca. 110 000 Euro jährlich. Der anlassbezogene Sachaufwand ist zu vernachlässigen.

Durch eine Änderung von erforderlichen Angaben bei der Einberufung der Hauptversammlungen entfällt für alle Gesellschaften ein periodischer Erfüllungsaufwand in Höhe von 20 000 Euro Sachaufwand und 363 000 Euro Personalaufwand jährlich. Darin enthalten ist die Reduktion der Bürokratiekosten für börsennotierte Gesellschaften um 35 000 Euro jährlich, da diese Änderung für börsennotierte Gesellschaften als eine Entlastung in Bezug auf Informationspflichten zu werten ist.

Zum anderen wird auch die Änderung einer Informationspflicht bei Handelsregisteranmeldungen von Personenhandelsgesellschaften zu einer leichten, nicht genau bezifferbaren Reduzierung der Bürokratiekosten führen.

E.3 Erfüllungsaufwand der Verwaltung
Keiner.

F. Weitere Kosten
Auswirkungen auf das Preisniveau, insbesondere auf das Verbraucherpreisniveau, ergeben sich nicht.

BUNDESREPUBLIK DEUTSCHLAND
DIE BUNDESKANZLERIN

Berlin, 18. März 2015

An den Präsidenten des
Deutschen Bundestages
Herrn Prof. Dr. Norbert Lammert
Platz der Republik 1
11011 Berlin

Sehr geehrter Herr Präsident,

hiermit übersende ich den von der Bundesregierung beschlossenen

    Entwurf eines Gesetzes zur Änderung des Aktiengesetzes (Aktienrechtsnovelle 2014)

mit Begründung und Vorblatt (Anlage 1).

Ich bitte, die Beschlussfassung des Deutschen Bundestages herbeizuführen.

Federführend ist das Bundesministerium der Justiz und für Verbraucherschutz.

Die Stellungnahme des Nationalen Normenkontrollrates gemäß § 6 Absatz 1 NKRG ist als Anlage 2 beigefügt.

Der Bundesrat hat in seiner 931. Sitzung am 6. März 2015 gemäß Artikel 76 Absatz 2 des Grundgesetzes beschlossen, zu dem Gesetzentwurf wie aus Anlage 3 ersichtlich Stellung zu nehmen.

Die Auffassung der Bundesregierung zu der Stellungnahme des Bundesrates ist in der als Anlage 4 beigefügten Gegenäußerung dargelegt.

Mit freundlichen Grüßen

Dr. Angela Merkel

Anhang

Anlage 1

Entwurf eines Gesetzes zur Änderung des Aktiengesetzes (Aktienrechtsnovelle 2014)

Vom ...

Der Bundestag hat das folgende Gesetz beschlossen:

Artikel 1
Änderung des Aktiengesetzes

Das Aktiengesetz vom 6. September 1965 (BGBl. I S. 1089), das zuletzt durch Artikel ... des Gesetzes vom ... (BGBl. I S. ...) geändert worden ist, wird wie folgt geändert:

1. § 10 wird wie folgt geändert:
   a) Absatz 1 wird wie folgt gefasst:
      „(1) Die Aktien lauten auf Namen. Sie können auf den Inhaber lauten, wenn
      1. die Gesellschaft börsennotiert ist oder
      2. der Anspruch auf Einzelverbriefung ausgeschlossen ist und die Sammelurkunde bei einer der folgenden Stellen hinterlegt wird:
         a) einer Wertpapiersammelbank im Sinne des § 1 Absatz 3 Satz 1 des Depotgesetzes,
         b) einem zugelassenen Zentralverwahrer oder einem anerkannten Drittland-Zentralverwahrer gemäß der Verordnung (EU) Nr. 909/2014 des Europäischen Parlaments und des Rates vom 23. Juli 2014 zur Verbesserung der Wertpapierlieferungen und -abrechnungen in der Europäischen Union und über Zentralverwahrer sowie zur Änderung der Richtlinien 98/26/EG und 2014/65/EU und der Verordnung (EU) Nr. 236/2012 (ABl. L 257 vom 28.8.2014, S. 1) oder
         c) einem sonstigen ausländischen Verwahrer, der die Voraussetzungen des § 5 Absatz 4 Satz 1 des Depotgesetzes erfüllt.
      Solange im Fall des Satzes 2 Nummer 2 die Sammelurkunde nicht hinterlegt ist, ist § 67 entsprechend anzuwenden."
   b) In Absatz 2 Satz 1 werden die Wörter „Sie müssen" durch die Wörter „Die Aktien müssen" ersetzt.
2. § 24 wird aufgehoben.
3. § 25 Satz 2 wird aufgehoben.
4. In § 33a Absatz 1 Nummer 1 werden die Wörter „§ 2 Abs. 1 Satz 1 und Abs. 1a" durch die Wörter „§ 2 Absatz 1 und 1a" ersetzt.
5. Dem § 58 Absatz 4 werden die folgenden Sätze angefügt:
   „Der Anspruch ist am dritten auf den Hauptversammlungsbeschluss folgenden Geschäftstag fällig. In dem Hauptversammlungsbeschluss oder in der Satzung kann eine spätere Fälligkeit festgelegt werden."
6. § 67 wird wie folgt geändert:
   a) Absatz 1 wird wie folgt geändert:
      aa) In Satz 1 werden nach dem Wort „sind" die Wörter „unabhängig von einer Verbriefung" eingefügt und werden die Wörter „des Inhabers" durch die Wörter „des Aktionärs" ersetzt.
      bb) In Satz 2 werden die Wörter „Der Inhaber" durch die Wörter „Der Aktionär" ersetzt.
   b) In Absatz 2 Satz 1 werden nach dem Wort „gilt" die Wörter „unbeschadet § 123 Absatz 6" eingefügt.

7. In § 90 Absatz 5 Satz 3 werden die Wörter „Absatz 1 Satz 2" durch die Wörter „Absatz 1 Satz 3" ersetzt.
8. § 121 wird wie folgt geändert:
    a) In Absatz 3 Satz 3 Nummer 1 wird die Angabe „Abs. 3 Satz 3" durch die Angabe „Absatz 6" ersetzt.
    b) Absatz 4 Satz 3 wird aufgehoben.
    c) In Absatz 4a werden die Wörter „und die Einberufung" durch die Wörter „oder welche die Einberufung" ersetzt und wird die Angabe „und 3" gestrichen.
9. § 122 wird wie folgt geändert:
    a) Absatz 1 Satz 3 wird durch die folgenden Sätze ersetzt:
    „Die Antragsteller haben nachzuweisen, dass sie seit mindestens 90 Tagen vor dem Tag des Zugangs des Verlangens Inhaber der Aktien sind und dass sie die Aktien bis zur Entscheidung des Vorstands über den Antrag halten. § 121 Absatz 7 ist entsprechend anzuwenden."
    b) Dem Absatz 3 wird folgender Satz angefügt:
    „Die Antragsteller haben nachzuweisen, dass sie die Aktien bis zur Entscheidung des Gerichts halten."
10. § 123 wird wie folgt geändert:
    a) In Absatz 2 Satz 5 werden die Wörter „des Satzes 2" gestrichen.
    b) Absatz 3 wird durch die folgenden Absätze 3 bis 6 ersetzt:
    „(3) Die Satzung kann bestimmen, wie die Berechtigung zur Teilnahme an der Versammlung oder zur Ausübung des Stimmrechts nachzuweisen ist; Absatz 2 Satz 5 gilt in diesem Fall entsprechend.
    (4) Bei Inhaberaktien börsennotierter Gesellschaften reicht ein in Textform erstellter besonderer Nachweis des Anteilsbesitzes durch das depotführende Institut aus. Der Nachweis muss bei börsennotierten Gesellschaften der Gesellschaft unter der in der Einberufung hierfür mitgeteilten Adresse mindestens sechs Tage vor der Versammlung zugehen. In der Satzung oder in der Einberufung auf Grund einer Ermächtigung durch die Satzung kann eine kürzere, in Tagen zu bemessene Frist vorgesehen werden. Der Tag des Zugangs ist nicht mitzurechnen. Im Verhältnis zur Gesellschaft gilt für die Teilnahme an der Versammlung oder die Ausübung des Stimmrechts als Aktionär nur, wer den Nachweis erbracht hat.
    (5) Bei Namensaktien börsennotierter Gesellschaften folgt die Berechtigung zur Teilnahme an der Versammlung oder zur Ausübung des Stimmrechts aus der Eintragung als Aktionär im Aktienregister.
    (6) Der maßgebliche Stichtag für den Nachweis nach Absatz 4 und die Eintragung nach Absatz 5 ist bei börsennotierten Gesellschaften der Beginn des 21. Tages vor der Versammlung."
11. In § 124 Absatz 2 Satz 1 werden nach dem Wort „zusammensetzt" das Komma die Wörter „und ob die Hauptversammlung an Wahlvorschläge gebunden ist" durch ein Semikolon und die Wörter „ist die Hauptversammlung an Wahlvorschläge gebunden, so ist auch dies anzugeben" ersetzt.
12. In § 125 Absatz 2 Satz 1 wird die Angabe „14. Tages" durch die Angabe „21.Tages" ersetzt.
13. In § 127 Satz 3 wird die Angabe „§ 124 Abs. 3 Satz 3" durch die Wörter „§ 124 Absatz 3 Satz 4" ersetzt.
14. In § 130 Absatz 2 Satz 2 Nummer 2 werden nach dem Wort „Grundkapitals" die Wörter „am eingetragenen Grundkapital" eingefügt.
15. § 131 Absatz 1 Satz 3 wird wie folgt gefasst:
    „Macht eine Gesellschaft von den Erleichterungen nach § 266 Absatz 1 Satz 3, § 276 oder § 288 des Handelsgesetzbuchs Gebrauch, so kann jeder Aktionär verlangen, dass ihm in der Hauptversammlung über den Jahresabschluss der Jahresabschluss in der Form vorgelegt wird, die er ohne diese Erleichterungen hätte."
16. § 139 Absatz 1 wird wie folgt geändert:
    a) Das Wort „nachzuzahlenden" wird gestrichen.
    b) Die folgenden Sätze werden angefügt:

Anhang

„Der Vorzug kann insbesondere in einem auf die Aktie vorweg entfallenden Gewinnanteil (Vorabdividende) oder einem erhöhten Gewinnanteil (Mehrdividende) bestehen. Wenn die Satzung nichts anderes bestimmt, ist eine Vorabdividende nachzuzahlen."

17. § 140 wird wie folgt geändert:
    a) Absatz 2 wird wie folgt gefasst:
    „(2) Ist der Vorzug nachzuzahlen und wird der Vorzugsbetrag in einem Jahr nicht oder nicht vollständig gezahlt und im nächsten Jahr nicht neben dem vollen Vorzug für dieses Jahr nachgezahlt, so haben die Aktionäre das Stimmrecht, bis die Rückstände gezahlt sind. Ist der Vorzug nicht nachzuzahlen und wird der Vorzugsbetrag in einem Jahr nicht oder nicht vollständig gezahlt, so haben die Vorzugsaktionäre das Stimmrecht, bis der Vorzug in einem Jahr vollständig gezahlt ist. Solange das Stimmrecht besteht, sind die Vorzugsaktien auch bei der Berechnung einer nach Gesetz oder Satzung erforderlichen Kapitalmehrheit zu berücksichtigen."
    b) In Absatz 3 werden die Wörter „daß der" durch die Wörter „dass der nachzuzahlende" ersetzt.
18. In § 142 Absatz 7 wird die Angabe „§ 2 Abs. 1 Satz 1" durch die Angabe „§ 2 Absatz 1" ersetzt.
19. § 175 Absatz 2 Satz 1 wird wie folgt gefasst:
    „Der Jahresabschluss, ein vom Aufsichtsrat gebilligter Einzelabschluss nach § 325 Absatz 2a des Handelsgesetzbuchs, der Lagebericht, der Bericht des Aufsichtsrats und der Vorschlag des Vorstands für die Verwendung des Bilanzgewinns sind von der Einberufung an in dem Geschäftsraum der Gesellschaft zur Einsicht durch die Aktionäre auszulegen."
20. § 192 wird wie folgt geändert:
    a) In Absatz 1 werden nach dem Wort „Gesellschaft" die Wörter „hat oder" eingefügt.
    b) In Absatz 2 Nummer 1 werden die Wörter „an Gläubiger von" durch die Wörter „auf Grund von" ersetzt.
    c) Dem Absatz 3 werden die folgenden Sätze angefügt:
    „Satz 1 gilt nicht für eine bedingte Kapitalerhöhung nach Absatz 2 Nummer 1, die nur zu dem Zweck beschlossen wird, der Gesellschaft einen Umtausch zu ermöglichen, zu dem sie für den Fall ihrer drohenden Zahlungsunfähigkeit oder zum Zweck der Abwendung einer Überschuldung berechtigt ist. Ist die Gesellschaft ein Institut im Sinne des § 1 Absatz 1b des Kreditwesengesetzes, gilt Satz 1 ferner nicht für eine bedingte Kapitalerhöhung nach Absatz 2 Nummer 1, die zu dem Zweck beschlossen wird, der Gesellschaft einen Umtausch zur Erfüllung bankaufsichtsrechtlicher oder zum Zweck der Restrukturierung oder Abwicklung erlassener Anforderungen zu ermöglichen. Eine Anrechnung von bedingtem Kapital, auf das Satz 3 oder Satz 4 Anwendung findet, auf sonstiges bedingtes Kapital erfolgt nicht."
21. § 194 Absatz 1 Satz 2 wird wie folgt gefasst:
    „Als Sacheinlage gilt nicht der Umtausch von Schuldverschreibungen gegen Bezugsaktien."
22. In § 195 Absatz 1 Satz 2 wird die Angabe „Satz 2" durch die Angabe „Satz 3" ersetzt.
23. § 201 Absatz 1 wird wie folgt gefasst:
    „(1) Der Vorstand meldet ausgegebene Bezugsaktien zur Eintragung in das Handelsregister mindestens einmal jährlich bis spätestens zum Ende des auf den Ablauf des Geschäftsjahrs folgenden Kalendermonats an."
24. In § 221 Absatz 1 Satz 1 werden nach den Wörtern „den Gläubigern" die Wörter „oder der Gesellschaft" eingefügt.
25. In § 246 Absatz 4 Satz 1 werden die Wörter „und den Termin zur mündlichen Verhandlung" gestrichen.
26. Dem § 249 Absatz 2 wird folgender Satz angefügt:
    „Ist die Erhebung einer Klage gegen einen Beschluss der Hauptversammlung gemäß § 246 Absatz 4 Satz 1, auch in Verbindung mit § 249 Absatz 1 Satz 1, bekannt gemacht, so kann ein Aktionär Nichtigkeitsklage gegen diesen Beschluss nur innerhalb eines Monats nach der Bekanntmachung erheben."
27. In § 256 Absatz 7 Satz 2 und § 261a wird jeweils die Angabe „§ 2 Abs. 1 Satz 1" durch die Angabe „§ 2 Absatz 1" ersetzt.

28. Dem § 394 wird folgender Satz angefügt:
„Die Berichtspflicht nach Satz 1 kann auf Gesetz, auf Satzung oder auf Rechtsgeschäft beruhen."
29. In § 399 Absatz 1 Nummer 1 werden nach dem Wort „Gesellschaft" die Wörter „oder eines Vertrages nach § 52 Absatz 1 Satz 1" eingefügt und wird die Angabe „§ 37a Abs. 2" durch die Wörter „§ 37a Absatz 2, auch in Verbindung mit § 52 Absatz 6 Satz 3," ersetzt.

Artikel 2
Änderung des Einführungsgesetzes zum Aktiengesetz

Vor dem Zweiten Abschnitt des Einführungsgesetzes zum Aktiengesetz vom 6. September 1965 (BGBl. I S. 1185), das zuletzt durch Artikel ... des Gesetzes vom ... (BGBl. I S. ...) geändert worden ist, wird folgender § 26... [einsetzen: bei der Verkündung nächster freier Buchstabenzusatz] eingefügt:

„§ 26... [einsetzen: bei der Verkündung nächster freier Buchstabenzusatz]
Übergangsvorschrift zur Aktienrechtsnovelle 2014 vom ... [einsetzen: Tag der Ausfertigung]

(1) § 10 Absatz 1 des Aktiengesetzes in der seit dem ... [einsetzen: Datum des Inkrafttretens nach Artikel 8 dieses Gesetzes] geltenden Fassung ist nicht auf Gesellschaften anzuwenden, deren Satzung vor dem ... [einsetzen: Datum des Inkrafttretens nach Artikel 8 dieses Gesetzes] durch notarielle Beurkundung festgestellt wurde und deren Aktien auf Inhaber lauten. Für diese Gesellschaften ist § 10 Absatz 1 des Aktiengesetzes in der am ... [einsetzen: Datum des Tages vor dem Inkrafttreten nach Artikel 8 dieses Gesetzes] geltenden Fassung weiter anzuwenden.

(2) Sieht die Satzung einer Gesellschaft einen Umwandlungsanspruch gemäß § 24 des Aktiengesetzes in der bis zum ... [einsetzen: Datum des Tages vor dem Inkrafttreten nach Artikel 8 dieses Gesetzes] geltenden Fassung vor, so bleibt diese Satzungsbestimmung wirksam.

(3) Bezeichnet die Satzung gemäß § 25 Satz 2 des Aktiengesetzes in der bis zum ... [einsetzen: Datum des Tages vor dem Inkrafttreten nach Artikel 8 dieses Gesetzes] geltenden Fassung als Gesellschaftsblätter neben dem Bundesanzeiger andere Informationsmedien, so bleibt diese Satzungsbestimmung auch ab dem ... [einsetzen: Datum des Inkrafttretens nach Artikel 8 dieses Gesetzes] wirksam. Für einen Fristbeginn oder das sonstige Eintreten von Rechtsfolgen ist ab dem ... [einsetzen: Datum des ersten Tages des zweiten auf die Verkündung folgenden Kalendermonats] ausschließlich die Bekanntmachung im Bundesanzeiger maßgeblich.

(4) § 122 des Aktiengesetzes in der Fassung der Aktienrechtsnovelle 2014 vom ... [einsetzen: Ausfertigungsdatum und Fundstelle dieses Gesetzes] ist erstmals auf Einberufungs- und Ergänzungsverlangen anzuwenden, die der Gesellschaft am ... [einsetzen: Datum des ersten Tages des sechsten auf das Inkrafttreten nach Artikel 8 dieses Gesetzes folgenden Kalendermonats] zugehen. Auf Ergänzungsverlangen, die der Gesellschaft vor dem ... [einsetzen: Datum des ersten Tages des sechsten auf das Inkrafttreten nach Artikel 8 dieses Gesetzes folgenden Kalendermonats] zugehen, ist § 122 in der bis zum ... [einsetzen: Datum des Tages vor dem Inkrafttreten nach Artikel 8 dieses Gesetzes] geltenden Fassung weiter anzuwenden.

(5) § 123 Absatz 4 bis 6 sowie § 67 Absatz 2 Satz 1 des Aktiengesetzes in der Fassung der Aktienrechtsnovelle 2014 vom ... [einsetzen: Ausfertigungsdatum und Fundstelle dieses Gesetzes] sind erstmals auf Hauptversammlungen anzuwenden, die am ... [einsetzen: Datum des ersten Tages des sechsten auf das Inkrafttreten nach Artikel 8 dieses Gesetzes folgenden Kalendermonats] einberufen werden. Auf Hauptversammlungen, die vor dem ... [einsetzen: Datum des ersten Tages des sechsten auf das Inkrafttreten nach Artikel 8 dieses Gesetzes folgenden Kalendermonats] einberufen werden, sind die §§ 123 und 67 Absatz 2 Satz 1 des Aktiengesetzes in der bis zum ... [einsetzen: Datum des Tages vor dem Inkrafttreten nach Artikel 8 dieses Gesetzes] geltenden Fassung weiter anzuwenden.

(6) § 249 Absatz 2 Satz 3 des Aktiengesetzes in der seit dem ... [einsetzen: Datum des Inkrafttretens nach Artikel 8 dieses Gesetzes] geltenden Fassung ist nicht anzuwenden, wenn die Bekanntmachung gemäß § 246 Absatz 4 Satz 1 des Aktiengesetzes vor dem ... [einsetzen: Datum des Tages vor dem Inkrafttreten nach Artikel 8 dieses Gesetzes] erfolgt ist."

Anhang

Artikel 3
Änderung des Handelsgesetzbuchs

Das Handelsgesetzbuch in der im Bundesgesetzblatt Teil III, Gliederungsnummer 4100-1, veröffentlichten bereinigten Fassung, das zuletzt durch Artikel ... des Gesetzes vom ... (BGBl. I S. ...) geändert worden ist, wird wie folgt geändert:

1. In § 13f Absatz 2 Satz 3 werden die Wörter „sowie den §§ 24 und 25 Satz 2" gestrichen.
2. Dem § 108 wird folgender Satz angefügt:
   „Das gilt nicht, wenn sich nur die inländische Geschäftsanschrift ändert."
3. In § 130a Absatz 2 Satz 1 wird die Angabe „Absatz 2" durch die Angabe „Absatz 1" ersetzt.

Artikel 4
Änderung des Gesetzes betreffend die Gesellschaften mit beschränkter Haftung

In § 52 Absatz 1 des Gesetzes betreffend die Gesellschaften mit beschränkter Haftung in der im Bundesgesetzblatt Teil III, Gliederungsnummer 4123-1, veröffentlichten bereinigten Fassung, das zuletzt durch Artikel ... des Gesetzes vom ... (BGBl. I S....) geändert worden ist, wird nach der Angabe „§§ 170, 171" ein Komma und die Angabe „394 und 395" eingefügt.

Artikel 5
Änderung des Partnerschaftsgesellschaftsgesetzes

In § 4 Absatz 1 Satz 1 des Partnerschaftsgesellschaftsgesetzes vom 25. Juli 1994 (BGBl. I S. 1744), das zuletzt durch Artikel ... des Gesetzes vom ... (BGBl. I S. ...) geändert worden ist, wird nach der Angabe „§ 108" die Angabe „Satz 1" eingefügt.

Artikel 6
Änderung des Finanzmarktstabilisierungsbeschleunigungsgesetzes

In § 7 Absatz 1 Satz 2 des Finanzmarktstabilisierungsbeschleunigungsgesetzes vom 17. Oktober 2008 (BGBl. I S. 1982, 1986), das zuletzt durch Artikel 6 Absatz 8 des Gesetzes vom 28. August 2013 (BGBl. I S. 3395) geändert worden ist, werden die Wörter „Absatz 3 Satz 3" durch die Wörter „Absatz 4 Satz 2 und Absatz 6" ersetzt und werden nach dem Wort „muss" die Wörter „bei Inhaberaktien" eingefügt.

Artikel 7
Änderung des Kreditinstitute-Reorganisationsgesetzes

In § 18 Absatz 2 Satz 3 des Kreditinstitute-Reorganisationsgesetzes vom 9. Dezember 2010 (BGBl. I S. 1900), das zuletzt durch Artikel 2 Absatz 75 des Gesetzes vom 22. Dezember 2011 (BGBl. I S. 3044) geändert worden ist, werden die Wörter „Absatz 2 und 3" durch die Wörter „Absatz 2 bis 6" ersetzt.

Artikel 8
Inkrafttreten

(1) Artikel 1 Nummer 5 tritt am 1. Januar 2016 in Kraft.
(2) Im Übrigen tritt dieses Gesetz am Tag nach der Verkündung in Kraft.

Begründung

A. Allgemeiner Teil

I. Zielsetzung und Inhalt des Gesetzentwurfs

Der Entwurf sieht einige punktuelle Weiterentwicklungen des Aktienrechts vor.

Der Entwurf war als Aktienrechtsnovelle 2012 in weitgehend gleicher Form bereits in der letzten Wahlperiode eingebracht worden. Der Bundesrat hatte nach Verabschiedung durch den Deutschen Bundestag (vgl. den Bericht des Rechtsausschusses auf BT-Drs. 17/14214 und das Bundestags-Plenarprotokoll 17/250, S. 32067f.) am 20. September 2013 beschlossen, gemäß Artikel 77 Absatz 2 des Grundgesetzes den Vermittlungsausschuss anzurufen (Bundesrats-Plenarprotokoll 914, S. 474ff.). Da der Vermittlungsausschuss nur zwei Tage vor der Bundestagswahl am 22. September 2013 angerufen wurde, ist das Gesetz der Diskontinuität anheimgefallen. Grund für die Anrufung des Vermittlungsausschusses war eine Regelung zur Vorstandsvergütung (Billigung der Vergütung durch die Hauptversammlung, sogenanntes zwingendes „Say-on-Pay"). Diese Regelung ist im vorliegenden Entwurf nicht enthalten. Gegenüber dem Entwurf der 17. Wahlperiode sind kleinere Anpassungen vorgenommen worden, ferner wird eine Regelung eines Nachweisstichtages („record date") auch für die Namensaktie vorgeschlagen.

Die Finanzierung der Aktiengesellschaft soll in zweierlei Hinsicht flexibilisiert werden. Erstens kann nach jetziger Rechtslage aufsichtsrechtlich kein regulatorisches Kernkapital gebildet werden, indem die Gesellschaft stimmrechtslose Vorzugsaktien ausgibt. Denn der Vorzug wird seit jeher als zwingend nachzahlbare Vorabdividende verstanden; das verhindert die Anerkennung als Kernkapital. Den Gesellschaften soll deswegen aktienrechtlich eine angemessene Gestaltungsmöglichkeit eröffnet werden, mit der sie Kernkapital auch durch die Ausgabe stimmrechtsloser Vorzugsaktien bilden können. Der Vorzug stimmrechtsloser Aktien kann künftig auch in einer Mehrdividende bestehen und muss nicht mehr nachzahlbar sein. Zweitens sehen die aktienrechtlichen Bestimmungen bei Wandelschuldverschreibungen bisher nur ein Umtauschrecht des Gläubigers vor, nicht aber auch ein solches der Gesellschaft als Schuldnerin. Ein Umtauschrecht der Gesellschaft, mittels dessen diese die Anleihen gegen Gewährung von Anteilen in Grundkapital umwandelt, kann jedoch ein sinnvolles Instrument sein, um eine Krise des Unternehmens zu verhindern oder zu bewältigen. Es wird daher die Möglichkeit eröffnet, bei einer Wandelanleihe auch ein Umtauschrecht zugunsten der Gesellschaft zu vereinbaren und zu diesem Zweck bedingtes Kapital zu schaffen.

Ferner sieht der Entwurf vor, die Beteiligungsverhältnisse bei nichtbörsennotierten Aktiengesellschaften transparenter zu machen. Geben solche Gesellschaften Inhaberaktien aus, ist es möglich, dass Änderungen im Gesellschafterbestand unterhalb der Schwellen der Mitteilungspflichten (§§ 20 und 21 des Aktiengesetzes [AktG]) verborgen bleiben. Auf internationaler Ebene wurde daher Kritik am deutschen Rechtssystem dahingehend geäußert, dass bei nichtbörsennotierten Gesellschaften mit Inhaberaktien keine ausreichenden Informationen über den Gesellschafterbestand verfügbar seien. Dies soll zum Anlass genommen werden, die Transparenz in diesem Bereich zu verbessern. Auch künftig soll das Wahlrecht der nichtbörsennotierten Gesellschaft zwischen Namens- und Inhaberaktien bestehen bleiben. Allerdings wird die Ausgabe von Inhaberaktien in diesem Fall an den Ausschluss des Einzelverbriefungsanspruchs geknüpft und die Hinterlegung der Sammelurkunde bei einer Wertpapiersammelbank oder einem vergleichbaren ausländischen Verwahrer zur Pflicht gemacht.

Schließlich entwickelt der Entwurf noch das Beschlussmängelrecht der Aktiengesellschaft in einem Punkt fort. Die Gesetze zur Unternehmensintegrität und Modernisierung des Anfechtungsrechts (UMAG) sowie zur Umsetzung der Aktionärsrechterichtlinie (ARUG) enthielten eine Reihe von Maßnahmen, um zu verhindern, dass Aktionäre ihr Klagerecht missbrauchen. Nicht befriedigend ist die Rechtslage aber nach wie vor im Hinblick auf das Phänomen der nachgeschobenen Nichtigkeitsklagen. Dabei geht es um Fälle, in denen die Erhebung von Nichtigkeitsklagen bewusst zweckwidrig hinausgezögert wird, um den Lästigkeitswert von Beschlussmängelverfahren zu erhöhen, oder einfach, um einen ungerechtfertigten Kostenvorteil zu erlangen. Solchen Fällen soll entgegengewirkt werden, ohne aber andererseits das Klagerecht der überwiegenden Mehrheit anständiger Aktionäre unangemessen einzuschränken. Dazu wird die Nichtigkeitsklage einer relativen Befristung unterworfen. Grundsätzlich bleibt sie zwar unbefristet möglich. Wird aber gegen einen Beschluss der Haupt-

Anhang

versammlung eine Beschlussmängelklage erhoben, so müssen (weitere) Nichtigkeitsklagen gegen den Beschluss innerhalb eines Monats nach Veröffentlichung des ursprünglichen Beschlussmängelverfahrens erhoben werden.

Außerdem soll eine Rechtsunsicherheit beseitigt werden, indem geklärt wird, wie die Berichtspflicht von Aufsichtsräten, die von Gebietskörperschaften entsandt werden (§ 394 AktG), rechtlich begründet werden kann: Nämlich sowohl durch Gesetz oder durch die Satzung der Gesellschaft, aber auch durch einfaches Rechtsgeschäft in Textform ohne weitere gesetzliche Grundlage.

Schließlich werden zahlreiche in der Praxis aufgetretene Zweifelsfragen klargestellt und Redaktionsversehen früherer Gesetzgebungsverfahren behoben.

II. Alternativen

Alternative Initiativen oder andere Möglichkeiten, die Ziele des Gesetzentwurfs zu erreichen, existieren nicht.

III. Gesetzgebungskompetenz

Die Gesetzgebungskompetenz des Bundes folgt aus Artikel 74 Absatz 1 Nummer 11 des Grundgesetzes (GG) (Recht der Wirtschaft) in Verbindung mit Artikel 72 Absatz 2 GG. Eine bundesgesetzliche Regelung ist zur Wahrung der Rechts- und Wirtschaftseinheit im gesamtstaatlichen Interesse erforderlich, um die Aktiengesellschaft als standardisierte und gleichmäßig ausgestaltete Gesellschaftsform zu erhalten.

IV. Vereinbarkeit mit dem Recht der Europäischen Union und völkerrechtlichen Verträgen

Der Gesetzentwurf ist mit dem Recht der Europäischen Union und mit völkerrechtlichen Verträgen, die die Bundesrepublik Deutschland abgeschlossen hat, vereinbar.

V. Gesetzesfolgen

1. Rechts- und Verwaltungsvereinfachung

Zahlreiche Regelungen des Gesetzentwurfs beseitigen bestehende Rechtsunsicherheiten und führen daher zu einer größeren Klarheit in der Rechtslage.

2. Nachhaltigkeitsaspekte

Der Gesetzentwurf steht im Einklang mit den Leitgedanken der Bundesregierung zur nachhaltigen Entwicklung im Sinne der Nationalen Nachhaltigkeitsstrategie. Die beabsichtigten Regelungen ermöglichen eine flexiblere Finanzierung der Aktiengesellschaft und tragen dazu bei, dass die Beteiligungsverhältnisse nichtbörsennotierter Aktiengesellschaften transparenter gemacht werden. Damit werden die guten Investitionsbedingungen am Wirtschaftsstandort Deutschland weiter verbessert (Nachhaltigkeitsindikator Nummer 7).

3. Haushaltsausgaben ohne Erfüllungsaufwand

Der Gesetzentwurf hat keine Haushaltsauswirkungen ohne Erfüllungsaufwand.

4. Erfüllungsaufwand

Für die Bürgerinnen und Bürger und die Verwaltung entsteht kein Erfüllungsaufwand.

Für die Wirtschaft entsteht nicht genau bezifferbarer anlassbezogener und periodischer Erfüllungsaufwand dadurch, dass nichtbörsennotierte Gesellschaften für Inhaberaktien künftig eine Sammelurkunde ausstellen müssen und die Sammelurkunde bei einer Wertpapiersammelbank oder einem vergleichbaren ausländischen Verwahrer dauerhaft hinterlegt werden muss (§ 10 Absatz 1 AktG-E). Freilich können die meisten Gesellschaften diese Kosten sehr einfach durch die Ausgabe von Namensaktien vermeiden. Wegen einer weitgehenden Bestandsschutzregelung sind bereits bestehende Gesellschaften, die Inhaberaktien ausgegeben haben, von der Neuregelung nicht betroffen. Auch für börsennotierte Gesellschaften gibt es keine Änderung. Für alle Gesellschaften, die voraussichtlich im ersten Jahr nach dem Inkrafttreten der Gesetzesänderung mit Inhaberaktien gegründet werden oder die von Namensaktien auf Inhaberaktien umstellen, entsteht zusammengerechnet anlassbezogener Personalaufwand in Höhe von ca. 19.000 Euro und periodischer Sachaufwand in Höhe von ca. 110.000 Euro jährlich. Der anlassbezogene Sachaufwand ist zu vernachlässigen.

Durch die Änderung der Angaben in der Einberufung der Hauptversammlung zur Bindung der Hauptversammlung an Wahlvorschläge bei Aufsichtsratswahlen (§ 124 Absatz 2 AktG-E) entfällt für alle Gesellschaften jährlich ein periodischer Erfüllungsaufwand in Höhe von 20.000 Euro Sachaufwand und 363.000 Euro Personalaufwand.

Darin enthalten ist die Reduktion der Bürokratiekosten für börsennotierte Gesellschaften um 35 000 Euro jährlich, da diese Änderung für börsennotierte Gesellschaften als eine Entlastung in Bezug auf Informationspflichten zu werten ist.

Zudem wird durch die Änderung von § 108 des Handelsgesetzbuchs (HGB) eine Informationspflicht vereinfacht. Nach der bisherigen Regelung sind sämtliche Gesellschafter zur Anmeldung beim Handelsregister verpflichtet, wenn sich die inländische Geschäftsanschrift einer Offenen Handelsgesellschaft ändert. Nach der Neuregelung muss die Anmeldung nicht mehr durch sämtliche Gesellschafter erfolgen. Dies dürfte zu einer leichten, nicht genau bezifferbaren Reduzierung der Bürokratiekosten führen.

5. Weitere Kosten

Auswirkungen auf die Einzelpreise oder das Preisniveau, insbesondere auf das Verbraucherpreisniveau, sind nicht zu erwarten.

6. Weitere Gesetzesfolgen

Auswirkungen von gleichstellungspolitischer oder verbraucherpolitischer Bedeutung sind nicht zu erwarten.

VI. Befristung; Evaluation

Eine Befristung der Regelungen ist nicht vorgesehen. Eine Evaluation ist nicht erforderlich, da eine Vielzahl der Regelungen lediglich der Klarstellung dient und im Übrigen negative Nebenwirkungen der Gesetzesänderungen nicht absehbar sind.

B. Besonderer Teil

Zu Artikel 1(Änderung des Aktiengesetzes – AktG)
Zu Nummer 1 (Änderung des § 10 AktG)
Zu Buchstabe a (Änderung des § 10 Absatz 1 AktG)

Mit der Neuregelung werden die Beteiligungsstrukturen von Aktiengesellschaften transparenter gemacht. Dabei bleibt es grundsätzlich beim herkömmlichen Wahlrecht zwischen Inhaberaktien und Namensaktien auch für nichtbörsennotierte Gesellschaften.

Nach § 10 Absatz 1 Satz 2 AktG-E darf eine Gesellschaft künftig Inhaberaktien ausstellen, wenn sie börsennotiert ist (§ 10 Absatz 1 Satz 2 Nummer 1 AktG-E) oder wenn der Anspruch des Aktionärs auf Einzelverbriefung ausgeschlossen ist (§ 10 Absatz 1 Satz 2 Nummer 2 AktG-E). Letzterenfalls muss die Sammelurkunde bei einer Wertpapiersammelbank im Sinne des § 1 Absatz 3 Satz 1 des Depotgesetzes (DepotG) oder bei einem zugelassenen Zentralverwahrer mit Sitz in einem Mitgliedstaat der Europäischen Union im Sinn des Artikels 2 Absatz 1 Nummer 1 Artikel 17 und Artikel 23, einem anerkannten Drittland-Zentralverwahrer gemäß Artikel 2 Absatz 1 Nummer 2 und Artikel 25 der Verordnung (EU) Nr. 909/2014 des Europäischen Parlaments und des Rates vom 23. Juli 2014 zur Verbesserung der Wertpapierlieferungen und -abrechnungen in der Europäischen Union und über Zentralverwahrer sowie zur Änderung der Richtlinien 98/26/EG und 2014/65/EU und der Verordnung (EU) Nr. 236/2012 oder bei einem sonstigen ausländischen Verwahrer, der die Voraussetzungen des § 5 Absatz 4 Satz 1 DepotG erfüllt, hinterlegt werden. Dies ermöglicht es insbesondere Aktiengesellschaften im Freiverkehr, auch künftig die Inhaberaktie zu haben.

Mit der Erhöhung der Transparenz der Beteiligungsstrukturen wird einer Rüge der Financial Action Task Force (FATF) begegnet. Die FATF ist eine zwischenstaatliche Organisation, deren Ziel es ist, eine wirksame Bekämpfung von Geldwäsche und von Terrorismusfinanzierung in den Mitgliedstaaten sicherzustellen. Die Bundesrepublik Deutschland ist Mitglied der FATF. In ihrem dritten Bericht aus dem Jahr 2010 für Deutschland („Third Mutual Evaluation Report of Germany" vom 19. Februar 2010) hat die FATF unter anderem die Einschätzung geäußert, dass es insbesondere bei deutschen nichtbörsennotierten Gesellschaften, die Inhaberaktien ausgeben, keine hinreichende Transparenz hinsichtlich der Gesellschafterstruktur gebe und dass nicht gewährleistet sei, dass die zuständigen Behörden rechtzeitig hinreichende und aktuelle Informationen über die Aktionäre einer solchen Gesellschaft erhielten. Als Mitglied der FATF ist die Bundesrepublik Deutschland gehalten, den Empfehlungen der FATF nachzukommen, deren politische Standards weite Anerkennung genießen – insbe-

Anhang

sondere seitens des IWF und der Weltbank. Eine andauernde Nichtberücksichtigung der Empfehlungen würde auch spürbare Nachteile für den Finanzplatz Deutschland mit sich bringen. Denn für Investitionsentscheidungen ausländischer Investoren spielt die Bewertung der nationalen Finanzmärkte durch die FATF eine erhebliche Rolle.

Diese Forderungen der FATF haben sich inzwischen auch die G8-Staaten zu eigen gemacht: Auf dem Gipfel in Lough Erne im Jahr 2013 sagten die G8-Staaten zu, zum Zwecke der Geldwäschebekämpfung auf Basis gemeinsamer Prinzipien nationale Aktionspläne zu veröffentlichen, um eine bessere Transparenz über die wirtschaftlich Berechtigten von Unternehmen zu erzielen. Die Bundesrepublik Deutschland hat im Anschluss an den Gipfel in Lough Erne einen nationalen Aktionsplan vorgelegt, der unter anderem auch die Bekämpfung des Missbrauchs rechtlicher Gestaltungsmöglichkeiten zu Geldwäschezwecken beinhaltet und neben anderem auch die hier vorgeschlagene Regelung zur Inhaberaktie als Lösung in Aussicht stellt.

Auch nach Erkenntnissen des Bundeskriminalamts sind nichtbörsennotierte Aktiengesellschaften mit Inhaberaktien für kriminelle Handlungen im Bereich der Geldwäsche besonders anfällig, zumal die Ermittlungstätigkeit deutlich schwieriger wird, wenn der Vorstand sagt, er wisse nicht, wer die Aktionäre der Gesellschaft sind, und er müsse es auch rechtlich nicht wissen.

Durch die Neuregelung trägt die Bundesrepublik Deutschland den Empfehlungen der FATF und ihrer Selbstverpflichtung aus dem G8-Aktionsplan Rechnung. Die Beteiligungsverhältnisse bei Inhaberaktiengesellschaften sollen deutlich transparenter werden und die zuständigen Ermittlungsbehörden sollen bei Geldwäscheverdachtsermittlungen über eine brauchbare Ermittlungsspur verfügen. Will eine Gesellschaft Inhaberaktien ausstellen, ist das künftig unter folgenden Voraussetzungen möglich:

Eine Gesellschaft kann Inhaberaktien ausstellen, wenn sie börsennotiert im Sinne des § 3 Absatz 2 AktG ist, § 10 Absatz 1 Satz 2 Nummer 1 AktG-E. Sie unterliegt dann der kapitalmarktrechtlichen Beteiligungspublizität. § 21 Absatz 1 Satz 1 des Wertpapierhandelsgesetzes (WpHG) sieht bei Emittenten, für die die Bundesrepublik Deutschland der Herkunftsstaat ist, unter anderem eine Mitteilungspflicht des Aktionärs schon bei Erreichen eines Schwellenwerts von nur drei Prozent der Stimmrechte vor. Aber auch unterhalb dieser niedrigen Schwelle können sich die zuständigen Ermittlungsbehörden rechtzeitig hinreichende und aktuelle Informationen über die Identität die Aktionäre verschaffen, wenn die börsengehandelten Inhaberaktien – wie in aller Regel – einer Wertpapiersammelbank im Sinne des § 1 Absatz 3 Satz 1 des Depotgesetzes oder einem vergleichbaren ausländischen Verwahrer zur Sammelverwahrung anvertraut sind.

Ferner kann eine Gesellschaft Inhaberaktien ausstellen, wenn in der Satzung der Anspruch des Aktionärs auf Einzelverbriefung ausgeschlossen ist, § 10 Absatz 1 Satz 2 Nummer 2 Satz 1 AktG-E. In diesem Fall muss die Gesellschaft die Inhaberaktien in einer Sammelurkunde verbriefen. Die Sammelurkunde muss bei einer Wertpapiersammelbank im Sinne des § 1 Absatz 3 Satz 1 DepotG oder bei einem vergleichbaren ausländischen Verwahrer hinterlegt werden, § 10 Absatz 1 Satz 2 Nummer 2 Satz 2 AktG-E. Bei der Girosammelverwahrung einer solchen „Dauersammelurkunde" können die zuständigen Ermittlungsbehörden rechtzeitig hinreichende und aktuelle Informationen über die Identität der Aktionäre einer Gesellschaft erhalten. Mit der Wertpapiersammelbank oder dem vergleichbaren ausländischen Verwahrer ist stets eine Ermittlungsspur gegeben. Über die Verwahrkette können die Ermittlungsbehörden dann die Identität des Aktionärs feststellen. Die Ermittlungsspur „Wertpapiersammelbank" kann nicht dadurch verloren gehen, dass der Aktionär aufgrund der §§ 7 und 8 DepotG die Auslieferung einzelner Wertpapierurkunden verlangt und diese dann physisch bei sich verwahrt. Ist der Einzelverbriefungsanspruch ausgeschlossen, kann auch von der Wertpapiersammelbank die Auslieferung von einzelnen Wertpapieren nicht verlangt werden, § 9a Absatz 3 Satz 2 DepotG. Zur Hinterlegung der Sammelurkunde muss sich die Gesellschaft regelmäßig einer Zahlstelle bedienen; zweckmäßigerweise wird dies ihre Hausbank sein. Soll die Sammelurkunde bei einem ausländischen Verwahrer hinterlegt werden, muss dieser entweder ein zugelassener Zentralverwahrer mit Sitz in der Europäischen Union im Sinn des Artikels 2 Absatz 1 Nummer 1, Artikel 17 und 23 der Verordnung (EU) Nr. 909/2014 sein beziehungsweise ein anerkannter Drittland-Zentralverwahrer gemäß Artikel 2 Absatz 1 Nummer 2, der gemäß Artikel 25 dieser Verordnung anerkannt ist, oder er muss – im Interesse des Aktionärsschutzes – die Voraussetzungen des § 5 Absatz 4 Satz 1 DepotG erfüllen. Der Verweis auf Zentralverwahrer im Sinn der Verordnung (EU) Nr. 909/2014 trägt europarechtlichen Vorgaben Rechnung. Denn zum einen haben gemäß Artikel 49 Absatz 1 dieser Verordnung Emittenten künftig auch die Möglichkeit, ihre Aktien bei einem nach dieser Verordnung zugelassenen Zentralverwahrer mit Sitz in der Europäischen Union verwahren zu lassen und zum anderen kann ein gemäß dem in Artikel 25 dieser Verordnung vorgesehenen Verfahren durch die Europäische Wertpapier- und Marktaufsichtsbehörde anerkannter Drittland-Zentralverwahrer gemäß Artikel 25 Absatz 11 dieser Verordnung seine Dienstleistungen europaweit erbringen. Für sonstige ausländische Zentralverwahrer bleibt es dabei, dass die Voraussetzungen des § 5 Absatz 4 Satz 1 DepotG erfüllt sein müssen.

Bis zur Hinterlegung der Sammelurkunde ist § 67 AktG entsprechend anzuwenden, § 10 Absatz 1 Satz 2 Nummer 2 Satz 3 AktG-E. Mithin sind bis zur Hinterlegung auch Inhaberaktionäre in das Aktienregister einzutragen. Das macht die Beteiligungsstrukturen auch in der Phase bis zur Hinterlegung der Sammelurkunde transparent. Hält eine Gesellschaft die Führung des Aktienregisters für aufwändig oder teuer, wird sie sich um eine zügige Ausstellung und Hinterlegung der Sammelurkunde bemühen.

Die Regelung in § 10 Absatz 1 Satz 2 Nummer 2 Satz 1 AktG-E ermöglicht bereits eine Gesellschaftsgründung mit Inhaberaktien. Dazu muss die Gesellschaft in der Ursprungssatzung bestimmen, dass Inhaberaktien ausgestellt werden (§ 23 Absatz 3 Nummer 5 AktG) und dass der Anspruch des Aktionärs auf Verbriefung seines Anteils ausgeschlossen wird. Nach ihrer Eintragung in das Handelsregister – davor dürfen gemäß § 41 Absatz 4 Satz 1 AktG keine Aktien ausgegeben werden – muss die Gesellschaft die ausgestellte Sammelurkunde bei einer Wertpapiersammelbank oder den bezeichneten ausländischen Verwahrern hinterlegen lassen.

Die Neuregelung ermöglicht ferner einen Zugang zum Freiverkehr mit Inhaberaktien. Das mag für Aktiengesellschaften interessant sein, die einen solchen Kapitalmarktzugang ohne Börsennotierung anstreben, denen aber die elektronische Führung des bei Namensaktien vorgeschriebenen Aktienregisters durch einen externen Dienstleister – wie sie im Freiverkehr erforderlich werden kann – zu aufwändig oder zu teuer ist. Die Regelung ermöglicht schließlich auch einen Börsengang („Initial Public Offering") mit Inhaberaktien.

Verliert eine börsennotierte Gesellschaft, die Inhaberaktien ausgestellt hat, ihre Börsenzulassung („Delisting") und liegen die Voraussetzungen des § 10 Absatz 1 Satz 2 Nummer 2 AktG-E nicht vor, muss die Gesellschaft gemäß § 10 Absatz 1 Satz 1 AktG-E Namensaktien ausstellen. Hierzu bedarf es eines satzungsändernden Hauptversammlungsbeschlusses (§ 23 Absatz 3 Nummer 5, § 179 Absatz 1 Satz 1 AktG). Unabhängig davon werden die vorher ausgestellten Inhaberaktien ipso iure unrichtig im Sinne von § 73 AktG. Sie müssen berichtigt bzw. umgetauscht oder in dem Verfahren nach § 73 AktG für kraftlos erklärt werden.

Eine nichtbörsennotierte Gesellschaft, die keine Dauersammelurkunde in die Girosammelverwahrung gibt, ist künftig auf Namensaktien festgelegt. Bei dieser Aktienart können Gesellschafterrechte gemäß § 67 Absatz 2 Satz 1 AktG nur von demjenigen Aktionär ausgeübt werden, der als solcher im Aktienregister eingetragen ist. So werden der Gesellschaft diejenigen Personen bekannt, die Gesellschafterrechte ausüben wollen. Wird die Satzung entsprechend gestaltet (§ 67 Absatz 1 Satz 3 AktG in Verbindung mit Absatz 2 Satz 2 zweite Alternative) oder wird ein diesbezüglicher Auskunftsanspruch geltend gemacht (§ 67 Absatz 4 Satz 2 und 3 AktG), erfährt die Gesellschaft auch bei bloßen Legitimationseintragungen die Identität des „wahren" Aktionärs. Der Aufwand von Wertpapiertransaktionen wird hierdurch nicht maßgeblich erhöht. Es ist anerkannt, dass Namensaktien entsprechend Artikel 14 Absatz 2 Nummer 3 des Wechselgesetzes blankoindossiert übertragen werden können. Der Übertragungsvorgang unterscheidet sich in diesem Fall praktisch nicht von demjenigen bei Inhaberaktien. Zur Legitimation des Namensaktionärs ist zwar seine Eintragung im Aktienregister erforderlich. Der Aufwand zur Führung des Aktienregisters ist bei kleineren Gesellschaften mit überschaubarem Gesellschafterkreis aber nicht erheblich.

Die mit der Neuregelung für nichtbörsennotierte Gesellschaften verbundene Einschränkung bei der Wahl zwischen Inhaber- und Namensaktien kann dazu führen, dass sich künftig mehr Gesellschaften für die Namensaktie entscheiden. Hierin ist kein Nachteil für die Gesellschaften zu sehen. Bei angemessenem Transaktionsaufwand bietet die Namensaktie eine Reihe von Vorteilen. Sie vereinfacht die Kommunikation zwischen Verwaltung und Aktionären. In der Praxis wird die Verwendung der Namensaktie bereits bisher bei der nichtbörsennotierten Aktiengesellschaft empfohlen, da im Falle der Verbriefung von Inhaberaktien die Aktionärseigenschaft mitunter nur schwer festzustellen und zweifelsfrei nachzuweisen ist. Ferner besteht bei verbrieften Inhaberaktien die Gefahr, dass Aktienurkunden verlegt werden oder verloren gehen. Dann können sich Inhaberaktionäre gegenüber der Gesellschaft nur noch mit großen Schwierigkeiten legitimieren, während bei Namensaktien die Legitimation durch Eintragung im Aktienregister gemäß § 67 Absatz 2 Satz 1 AktG unberührt bliebe. Die Namensaktie eröffnet zudem einen breiteren Spielraum bei der Satzungsgestaltung; zum Beispiel können nur Namensaktien vinkuliert (§ 68 Absatz 2 AktG) oder mit einem Entsenderecht verbunden werden (§ 101 Absatz 2 Satz 2 AktG). Und nur Namensaktien können ausgegeben werden, bevor die

Anhang

volle Einlage geleistet ist (§ 10 Absatz 2 AktG). Tatsächlich hat mehr als die Hälfte der in Deutschland existierenden nichtbörsennotierten Aktiengesellschaften aus diesen guten Gründen bereits Namensaktien ausgegeben. Schließlich bietet die Namensaktie der nichtbörsennotierten Gesellschaft auch Vorteile im Hinblick auf einen etwaigen späteren globalen Kapitalmarktzugang. Denn an manchen Börsen können Inhaberaktien nicht unmittelbar zum Handel zugelassen werden. Dies dürfte einer der Gründe sein, warum in jüngster Zeit auch große Publikumsgesellschaften ihre Aktien zunehmend in Namensaktien umgewandelt haben.

Bestimmt die Satzung einer nichtbörsennotierten Gesellschaft die Ausstellung von Inhaberaktien (§ 23 Absatz 3 Nummer 5 AktG), ohne dass in der Satzung der Einzelverbriefungsanspruch ausgeschlossen ist, fehlt es an einer zwingenden Voraussetzung für die Ausstellung von Inhaberaktien. In diesem Fall ist die Satzungsbestimmung über die Ausstellung von Inhaberaktien nichtig. Das Registergericht wird die Eintragung der Gesellschaft ablehnen, § 38 Absatz 4 Nummer 1 AktG. Wird gleichwohl eingetragen, droht ein Zwangsauflösungsverfahren gemäß § 399 des Gesetzes über das Verfahren in Familiensachen und in Angelegenheiten der freiwilligen Gerichtsbarkeit (FamFG). Beschließt die Hauptversammlung einer nichtbörsennotierten Gesellschaft, durch Satzungsänderung die bislang ausgestellten Namensaktien in Inhaberaktien umzuwandeln oder das Grundkapital durch Ausgabe junger Inhaberaktien zu erhöhen, ohne dass jeweils in der Satzung der Einzelverbriefungsanspruch ausgeschlossen ist, ist der Beschluss gemäß § 241 Nummer 3 dritter Fall AktG („durch seinen Inhalt Vorschriften verletzt, die ausschließlich oder überwiegend (…) im öffentlichen Interesse gegeben sind") nichtig. Denn der Ausschluss des Einzelverbriefungsanspruchs ist eine zwingende Voraussetzung dafür, dass die Ermittlungsbehörden bei Geldwäscheverdachtsfällen eine dauerhafte Ermittlungsspur haben. Nichtige Satzungsänderungsbeschlüsse werden nicht in das Handelsregister eingetragen. Im Übrigen kann die Nichtigkeit im Wege der Klage festgestellt oder auf andere Weise als durch Erhebung der Klage geltend gemacht werden, § 249 AktG.

Bestimmt die Satzung einer nichtbörsennotierten Gesellschaft wirksam die Ausstellung von Inhaberaktien, weil sie den Einzelverbriefungsanspruch ausschließt, verzögert der Vorstand aber in der Folge die Verbriefung der Inhaberaktien in einer Sammelurkunde und/oder deren Hinterlegung bei einer Wertpapiersammelbank oder bei einem vergleichbaren ausländischen Verwahrer, wird dies gemäß § 10 Absatz 1 Satz 2 Nummer 2 Satz 3 AktG-E durch die entsprechende Anwendung des für Namensaktien geltenden § 67 AktG, also mit einer Pflicht zur Führung eines Aktienregisters auch für Inhaberaktien, „sanktioniert". Die Vorschrift gilt gleichermaßen für die nachträgliche Aufhebung einer Sammelverwahrung.

Zu Buchstabe b (Änderung des § 10 Absatz 2 Satz 1 AktG)

Es handelt sich um eine sprachliche Anpassung infolge der Änderung des § 10 Absatz 1 AktG-E, mit der keine inhaltliche Änderung verbunden ist.

Zu Nummer 2 (Aufhebung des § 24 AktG)

Bisher lässt § 24 AktG Satzungsregelungen zu, wonach auf Verlangen eines Aktionärs seine Inhaberaktie in eine Namensaktie oder seine Namensaktie in eine Inhaberaktie umzuwandeln ist. Von dieser Möglichkeit wurde in der Praxis kaum Gebrauch gemacht. Die Regelung soll daher entfallen. Bei nichtbörsennotierten Gesellschaften wäre das Verlangen eines Aktionärs, seine Namensaktie in eine Inhaberaktie umzutauschen, künftig wegen der vorgesehenen Neuregelung zur Inhaberaktie (vgl. Nummer 1) auch nicht mehr ohne Weiteres erfüllbar. Bei börsennotierten Gesellschaften würde es einen unverhältnismäßigen Verwaltungsaufwand verursachen, wenn einzelne Aktionäre über einen Umwandlungsanspruch eine abweichende Aktienart erhielten. Ein praktisches Bedürfnis dafür, satzungsmäßige Umwandlungsansprüche auch künftig ausdrücklich gesetzlich zu regeln, besteht also nicht.

Zu Nummer 3 (Aufhebung des § 25 Satz 2 AktG)

§ 25 Satz 2 AktG bestimmt, dass die Satzung neben dem Bundesanzeiger auch andere Blätter oder elektronische Informationsmedien als Gesellschaftsblätter bezeichnen kann. Diese Regelung soll ersatzlos gestrichen werden.

Sieht die Satzung neben dem Bundesanzeiger, der gemäß § 25 Satz 1 AktG obligatorisches Gesellschaftsblatt aller Aktiengesellschaften ist, weitere Gesellschaftsblätter vor und erfolgt in diesem Fall die Veröffentlichung nicht am selben Tag im Bundesanzeiger und in den weiteren Gesellschaftsblättern, ist der Zeitpunkt der Bekanntmachung fraglich. Während einige Autoren meinen, die Bekanntmachung sei erst mit Erscheinen des letzten, die Veröffentlichung enthaltenden Gesellschaftsblattes vollzogen, gehen andere davon aus, maßgebend für den Eintritt der Bekanntmachungswirkungen sei allein das Einrücken der Information in den Bundesanzeiger. Sofern das Gesetz nicht ausdrücklich auf die Bekanntmachung im Bundesanzeiger abhebt, kann es danach zu Unklarheiten bei der Berechnung verschiedener Fristen des Aktiengesetzes kommen (vgl. § 214 Absatz 2 Satz 1, Absatz 3 Satz 1, § 246 Absatz 4 Satz 2, § 272 Absatz 1 AktG). Dies ist für die Unternehmenspraxis sehr negativ. Aber auch in anderen Fällen, in denen das Gesetz die Bekanntmachung in den Gesellschaftsblättern vorschreibt, wie es beispielsweise bei der Einberufung der Hauptversammlung gemäß § 121 Absatz 4 Satz 1 AktG der Fall ist, bleibt bei mehreren Gesellschaftsblättern mitunter unklar, wann die Wirkungen der Bekanntmachungen eintreten.

Von der Möglichkeit, weitere Gesellschaftsblätter qua Satzungsregelung vorzusehen, wird in der Praxis kaum noch Gebrauch gemacht. Große Teile der Kommentarliteratur raten im Hinblick auf die gravierenden Rechtsfolgen, die eine fehlerhafte Bekanntmachung haben kann, von der Aufnahme einer entsprechenden Satzungsklausel ab. Zukünftig soll daher allein der Bundesanzeiger das maßgebliche Gesellschaftsblatt einer Aktiengesellschaft sein.

Nachteile entstehen den Gesellschaften durch diese Rechtsänderung nicht. Selbst für den unwahrscheinlichen Fall eines vorübergehenden Ausfalls des (elektronischen) Bundesanzeigers gewährleistet die Bestimmung eines weiteren Gesellschaftsblatts unter Berücksichtigung des oben dargelegten Meinungsstandes nicht, dass eine Bekanntmachung bereits mit Veröffentlichung des anderen Gesellschaftsblattes als bewirkt anzusehen wäre.

Soweit andere Gesetze für Aktiengesellschaften eine Bekanntmachung in den Gesellschaftsblättern vorsehen (vgl. ua § 25 Absatz 1 Satz 1, § 46 Absatz 1 Satz 1 des SE-Ausführungsgesetzes [SEAG], § 62 Absatz 3 Satz 2, § 231 Satz 2, § 267 Absatz 2 Satz 1, § 268 Absatz 2 Satz 2 und 3 des Umwandlungsgesetzes [UmwG], § 39b Absatz 2 und 4 Satz 2 des Wertpapiererwerbs- und Übernahmegesetzes [WpÜG], kommt für die diese Bekanntmachungen unter Anwendung von § 25 AktG fortan ebenfalls nur noch das Einrücken in den Bundesanzeiger in Betracht.

Den Aktiengesellschaften bleibt es aber selbstverständlich unbenommen, Informationen zu den Bekanntmachungen neben dem Bundesanzeiger auch in weiteren Publikationsorganen zu veröffentlichen. Dies können entweder die nach § 23 Absatz 4 AktG zu bestimmenden, nur für freiwillige Bekanntmachungen Geltung beanspruchende Publikationsorgane sein. Ebenso kommen aber auch andere oder zusätzliche papiergebundene wie elektronische Medien in Betracht. Im Unterschied zur früheren Rechtslage sind mit der Veröffentlichung in diesen Organen aber keine Rechtswirkungen mehr verbunden, da sie nicht durch Satzungsregelung zu weiteren Gesellschaftsblättern erkoren werden können.

Zu Nummer 4 (Änderung des § 33a Absatz 1 Nummer 1 AktG)

Es handelt sich um eine Folgeänderung zur Änderung des § 2 Absatz 1 WpHG durch Artikel 8 Nummer 1 Buchstabe a des Gesetzes zur Umsetzung der Richtlinie 2011/61/EU über die Verwalter alternativer Investmentfonds (AIFM-Umsetzungsgesetz) vom 4. Juli 2013 (BGBl. I S. 1981). Der bisherige Satz 1 des § 2 Absatz 1 WpHG ist nunmehr einziger Text.

Zu Nummer 5 (Änderung des § 58 Absatz 4 AktG)

Die Neuregelung führt für Dividendenzahlungen abweichend von dem gesetzlichen Leitbild in § 271 Absatz 1 des Bürgerlichen Gesetzbuchs (BGB) eine Fälligkeit am dritten Geschäftstag nach der Hauptversammlung ein.

Damit soll es den bei der Abwicklung von Kapitalmaßnahmen beteiligten Marktteilnehmern – Emittenten, Kreditinstitute, Clearingstellen, Börsen – ermöglicht werden, die auf europäischer Ebene von der aus Vertretern dieser Marktteilnehmer (EuropeanIssuers, European Central Securities Depositories Association – ECSDA, European Association of Clearing Houses – EACH, Federation of European Securities Exchanges – FESE, European Banking Federation – EBF, European Association of Cooperative Banks – EACB, European Savings Banks Group – ESBG, European Securities Services Forum – ESSF/SIFMA) gebildeten Arbeitsgruppe „Corporate Actions Joint Working Group" abgestimmten „Market Standards for Corporate Actions Processing" aus 2012 umzusetzen.

Diese Marktstandards tragen zu einer Harmonisierung der Wertpapierabwicklung in Europa bei und wurden entwickelt, um die von der 1996 bis 2010 bestehenden Giovannini Gruppe in ihren auf Veranlassung der Europäischen Kommission erstellten Berichten identifizierte „Barriere Nummer 3" im Bereich Kapitalmaßnahmen zu beseitigen (The Giovannini Group, Second Report on EU Clearing and Settlement Arrangements, Brussels, April 2003). Als die Harmonisierung der Wertpapierabwicklung hindernde Barriere Nummer 3 wurden die in den Mitgliedstaaten der Europäischen Union bestehenden unterschiedlichen (gesetzlichen) Regelungen für die Abwicklung von Kapitalmaßnahmen identifi-

Anhang

ziert, die dazu führen, dass jeweils unterschiedliche operative Prozesse unter Beachtung jeweils abweichender Fristen eingesetzt werden müssen, was bei den Marktteilnehmern differenzierte Kenntnis der jeweiligen nationalen Rahmenbedingungen erfordert. Diese Unterschiede stehen einer grenzüberschreitenden Harmonisierung der Abwicklung mit den Zielen von Rechtssicherheit sowie Zeit- und Kostenreduktion entgegen.

Zur Ermöglichung der Umsetzung dieser Marktstandards durch die an der Abwicklung von Kapitalmaßnahmen beteiligten Parteien ergibt sich – abgesehen von den durch die Marktteilnehmer selbst in ihren Prozessen vorzunehmenden Anpassungen – für Deutschland auf Gesetzesebene die Notwendigkeit, die Fälligkeit von Barausschüttungen anzupassen. Denn die einheitlichen Marktstandards für die Abwicklung von Kapitalmaßnahmen sehen folgende Ereignisabfolge vor: Tag der Hauptversammlung – „Ex-Tag" (erster Tag, an dem das Wertpapier ohne das Recht auf Teilnahme an der Kapitalmaßnahme gehandelt wird; ein Geschäftstag vor dem „Record Date") – „Record Date" (technischer Abwicklungstag, an dem alle geschlossenen Positionen eines Wertpapiers in den Büchern des Zentralverwahrers – in Deutschland Clearstream Banking AG Frankfurt – als Basis für die Abwicklung der Kapitalmaßnahme ermittelt werden; in diesem Zusammenhang besteht trotz gleichartiger Benennung keine Verbindung zu dem mit den Änderungen in § 123 AktG-E neu eingeführten Nachweisstichtag bei Namensaktien, siehe Begründung zu Nummer 10) – „Payment Date" (Fälligkeitstag der Dividendenzahlung, frühestens ein Geschäftstag nach dem „Record Date") (Market Standards for Corporate Actions Processing, 2012, S. 12, 14).

Damit ist abweichend von der geltenden Rechtslage vorgesehen, dass die Dividendenzahlung am dritten Geschäftstag nach der Hauptversammlung erfolgt und nicht wie bislang am Tag nach der Hauptversammlung. Nach § 174 Absatz 1, Absatz 2 Nummer 2 AktG beschließt die Hauptversammlung über die Verwendung des Bilanzgewinns und die Aktionäre haben gemäß § 58 Absatz 4 AktG Anspruch auf den Bilanzgewinn, soweit er nicht nach Gesetz oder Satzung, durch Hauptversammlungsbeschluss oder als zusätzlicher Aufwand auf Grund des Gewinnverwendungsbeschlusses von der Verteilung unter die Aktionäre ausgeschlossen ist. Der mit Wirksamwerden des Gewinnverwendungsbeschlusses entstehende Zahlungsanspruch auf die Dividende ist gemäß § 271 Absatz 1 BGB sofort fällig, es sei denn, die Satzung oder der Gewinnverwendungsbeschluss bestimmen etwas anderes. Grundsätzlich müsste daher zur Befolgung der Marktstandards von den betroffenen Aktiengesellschaften entweder mit einfacher Mehrheit im Gewinnverwendungsbeschluss (§ 133 AktG) oder mit qualifizierter Mehrheit im Wege einer Satzungsänderung (§ 179 AktG) eine von der Regelung in § 271 Absatz 1 BGB abweichende Fälligkeit bestimmt werden. Um keine Unsicherheiten darüber entstehen zu lassen, ob die erforderlichen Mehrheiten zustande kommen und um eine einheitliche Praxis für alle deutschen Publikumsgesellschaften zu gewährleisten, soll mit der Neuregelung die Fälligkeit des Zahlungsanspruchs auf den dritten Geschäftstag nach der Hauptversammlung festlegt werden. Dann könnte die Ausschüttung entsprechend des von den Marktstandards vorgegebenen Intervalls am Zahlbarkeitstag („Payment Date") stattfinden.

Die europaweite Umsetzung der Marktstandards durch die Marktteilnehmer mit einem einheitlichen Stichtag und Zahlbarkeitstag bringt Aktionären insbesondere folgende Vorteile: Die Ermittlung der dividendenberechtigten Aktionäre kann bei einem einheitlich auf den zweiten Geschäftstag nach der Hauptversammlung festgelegten Abwicklungsstichtag auf einer zuverlässigen Grundlage erfolgen und Fehlbuchungen und Korrekturen können somit reduziert werden. Gleichzeitig wird die Rechtslage durch die Vereinheitlichung der gesamten Prozesse klarer und verlässlicher, was grenzüberschreitende Aktieninvestments attraktiver macht – deutsche Aktionäre ausländischer Aktiengesellschaften profitieren entsprechend von den gleichartigen Abläufen in anderen europäischen Mitgliedstaaten. Die Emittenten werden auch unter der Neuregelung wie bisher erst am Fälligkeitstag die Gelder zur Verfügung stellen, sodass durch die spätere Dividendenausschüttung den beteiligten Banken keine Zinsvorteile entstehen.

Für den Begriff des „Geschäftstags" ist das den Regelungen in den §§ 675n, 675s und 675t BGB zugrunde liegende Verständnis maßgeblich und daher auf den Bankarbeitstag abzustellen. An den für die Anspruchsberechtigung und die Entstehung des Zahlungsanspruchs geltenden Grundsätzen im Zusammenhang mit Dividendenausschüttungen ändert sich durch die Neuregelung nichts.

Zu Nummer 6 (Änderung des § 67 AktG)
Zu Buchstabe a Doppelbuchstabe aa (Änderung des § 67 Absatz 1 Satz 1 AktG)
Die Änderung des § 67 Absatz 1 Satz 1 AktG dient der Klarstellung, dass die Pflicht zum Führen eines Aktienregisters auch bei fehlender Verbriefung der Anteile besteht. Die Klarstellung ist erforderlich,

weil nach einer zur bisherigen gesetzlichen Regelung vertretenen Ansicht die Pflicht zur Führung eines Aktienregisters die Verbriefung der Anteile in einer Sammelurkunde voraussetzt. Folgt man dieser Auffassung, droht die Transparenzregelung des § 67 AktG in vielen Fällen ins Leere zu gehen, wenn bei nichtbörsennotierten Gesellschaften auf die Verbriefung verzichtet wird. Das Aktienregister soll aber auch bei Namensaktiengesellschaften, die ihre Anteile nicht verbriefen, Klarheit darüber schaffen, welche Personen der Gesellschaft gegenüber als Mitglied berechtigt und verpflichtet sind (§ 67 Absatz 2 Satz 1 AktG). Der Begriff „Aktienregister" setzt physische Aktienurkunden nicht voraus. Indem an dieser Stelle vom „Aktionär" und nicht wie bisher vom „Inhaber" gesprochen wird, wird einer Verwechslung von Inhaber- und Namensaktie begegnet,

Zu Buchstabe a Doppelbuchstabe bb (Änderung des § 67 Absatz 1 Satz 2 AktG)

Wiederum wird einer Verwechslung von Inhaber- und Namensaktie begegnet, indem auch an dieser Stelle vom „Aktionär" und nicht mehr vom „Inhaber" gesprochen wird.

Zu Buchstabe b (Änderung des § 67 Absatz 2 Satz 1 AktG)

Es handelt sich um eine Folgeänderung, die durch die Einführung eines Nachweisstichtags für Namensaktien börsennotierter Gesellschaften in § 123 Absatz 5 und 6 AktG (vgl. Nummer 10 Buchstabe b) ausgelöst wird. Durch den Einschub in § 67 Absatz 2 AktG wird klargestellt, dass bei Namensaktien börsennotierter Gesellschaften im Hinblick auf die Teilnahme und Stimmrechtsausübung an der Hauptversammlung die Regelung des Nachweisstichtags in § 123 Absatz 6 AktG die allgemeine Regelung in § 67 Absatz 2 AktG ergänzt und modifiziert. Kommt es zwischen dem Nachweisstichtag und dem Tag der Durchführung der Hauptversammlung zu einem Wechsel im Aktienregister, so ist gleichwohl derjenige zur Teilnahme und Stimmrechtsausübung berechtigt, der zum Nachweisstichtag als Aktionär im Aktienregister eingetragen war. Der Nachweisstichtag ist also kein Umschreibestopp.

Zu Nummer 7 (Änderung des § 90 Absatz 5 Satz 3 AktG)

Es handelt sich um die Berichtigung eines Verweisungsfehlers.

Zu Nummer 8 (Änderung des § 121 AktG)

Zu Buchstabe a (Änderung des § 121 Absatz 3 AktG)

Es handelt sich um eine Folgeänderung zur Neuregelung in § 123 Absatz 6 AktG-E (Nummer 10).

Zu Buchstabe b (Aufhebung des § 121 Absatz 4 Satz 3 AktG)

Die Verweisung auf die §§ 125 bis 127 AktG ist überflüssig, da diese Vorschriften im Rahmen ihres Anwendungsbereichs ohnehin unmittelbar gelten. Aufgrund der Neuregelung des Fristenregimes durch das ARUG kommt es bei der Berechnung der Fristen im Übrigen nicht mehr auf die Bekanntmachung der Einberufung an, sondern auf den Tag der Hauptversammlung, von dem die Fristen zurückzurechnen sind. Seit Inkrafttreten des ARUG hat § 121 Absatz 4 Satz 3 AktG jegliche Bedeutung für die Fristberechnung verloren und kann aufgehoben werden.

Zu Buchstabe c (Änderung des § 121 Absatz 4a AktG)

Es handelt sich um eine Klarstellung des nicht eindeutigen Wortlauts der Regelung in § 121 Absatz 4a AktG. Wegen der „und"-Verknüpfung der beiden Alternativen, in denen die Zuleitung zur europaweiten Veröffentlichung nicht erforderlich ist, kann bei der bislang geltenden Fassung der Eindruck entstehen, dass die Zuleitungsverpflichtung nur entfällt, wenn beide Merkmale kumulativ erfüllt sind. Das ist jedoch nicht die Absicht der Regelung.

Einer europaweiten Veröffentlichung bedarf es nicht, wenn alle Aktionäre bereits unmittelbar über die Einberufung informiert werden. Dies ist erstens der Fall, wenn die Gesellschaft ausschließlich Namensaktien ausgegeben hat, weil die Aktionäre dann gemäß § 125 Absatz 2 Satz 1 AktG zu informieren sind. Dies ist aber auch der Fall, wenn der Gesellschaft alle Aktionäre namentlich bekannt sind und die Hauptversammlung gemäß § 121 Absatz 4 Satz 2 AktG mit eingeschriebenem Brief einberufen wird.

Die Streichung der Angabe „und 3" ist eine Folgeänderung zu Buchstabe a (Streichung des § 121 Absatz 4 Satz 3 AktG).

Zu Nummer 9 (Änderung des § 122 AktG)

Die Änderung von § 122 AktG dient der Klärung von Zweifelsfragen bei der Berechnung der Vorbesitzzeit und der Haltefrist sowohl bei der Einberufung einer Hauptversammlung auf Verlangen einer Minderheit (§ 122 Absatz 1 AktG) als auch bei der Ergänzung der Tagesordnung auf Verlangen einer Min-

Anhang

derheit (§ 122 Absatz 2 AktG). Bei Ergänzungsverlangen nach § 122 Absatz 2 AktG hat sich die praktische Bedeutung dieser Fragen seit Inkrafttreten des ARUG erhöht, weil börsennotierte Gesellschaften gemäß § 121 Absatz 3 Satz 3 Nummer 3 AktG in der Einberufung nunmehr die Rechte der Aktionäre nach § 122 Absatz 2 AktG anzugeben haben.

Die Zweifelsfragen rühren aus der Regelung in § 122 Absatz 1 Satz 3 AktG her, wonach § 142 Absatz 2 Satz 2 AktG bei der Einberufung einer Hauptversammlung auf Verlangen einer Minderheit entsprechend gilt. Wegen des Wortlauts „In gleicher Weise" in § 122 Absatz 2 Satz 1 AktG gilt diese entsprechende Anwendung von § 142 Absatz 2 Satz 2 AktG auch für Ergänzungsverlangen nach § 122 Absatz 2 AktG. § 142 Absatz 2 Satz 2 AktG lautet: „Die Antragsteller haben nachzuweisen, dass sie seit mindestens drei Monaten vor dem Tag der Hauptversammlung Inhaber der Aktien sind und dass sie die Aktien bis zur Entscheidung über den Antrag halten."

Zu Buchstabe a (Änderung des § 122 Absatz 1 AktG)

Die bislang in § 122 Absatz 1 Satz 3 AktG angeordnete entsprechende Geltung von § 142 Absatz 2 Satz 2 AktG bezieht sich sowohl auf die Dauer der Vorbesitzzeit als auch auf die Haltefrist. Bei der Ermittlung der Vorbesitzzeit ist es nicht möglich, die Frist – wie in § 142 Absatz 2 Satz 2 AktG vorgesehen – vom Tag der Hauptversammlung an rückwärts zu rechnen, da mit dem Antrag der Minderheit eine Hauptversammlung gerade erst einberufen werden soll. Nach überwiegender Meinung ist daher auf den Zeitpunkt des Zugangs des Einberufungsverlangens bei der Gesellschaft abzustellen. Durch die Neufassung von § 122 Absatz 1 Satz 3 AktG-E wird dies nun ausdrücklich gesetzlich geregelt und so die Gesetzesklarheit erhöht.

Zudem wird die entsprechende Anwendung von § 121 Absatz 7 angeordnet und dadurch festgelegt, dass das durch das ARUG neu geregelte System der Fristberechnung auch für die Frist des § 122 Absatz 1 Satz 3 AktG-E gilt. Eine ausdrückliche Regelung ist erforderlich, da § 121 Absatz 7 AktG seinem Wortlaut nach nur Fristen und Termine erfasst, die von der Hauptversammlung zurückzurechnen sind. Durch die Anordnung der entsprechenden Geltung für den vom Tag des Zugangs des Einberufungsverlangens zurückzurechnenden Zeitraum wird ein einheitliches System der Fristen- und Terminberechnung bei der Einberufung der Hauptversammlung sichergestellt. Vor diesem Hintergrund wird auch die bisherige Frist von drei Monaten durch eine 90-Tage-Frist ersetzt.

Bezüglich der Haltefrist werden nach derzeitiger Rechtslage unterschiedliche Auffassungen vertreten, je nachdem, ob der Vorstand dem Antrag stattgibt oder ob er ihn ablehnt. Lehnt er ihn ab und leitet die Aktionärsminderheit daraufhin ein gerichtliches Verfahren nach § 122 Absatz 3 AktG ein, so müssen die für das Quorum erforderlichen Aktien nach herrschender Meinung bis zur endgültigen gerichtlichen Entscheidung gehalten werden. Gibt der Vorstand dem Einberufungsverlangen dagegen statt, so ist streitig, ob das Quorum bis zu dieser Entscheidung des Vorstands erfüllt sein muss. Während ein Teil der Literatur in diesem Fall auf eine Haltefrist verzichtet und es für ausreichend erachtet, dass das Quorum am Tag des Zugangs des Antrags bei der Gesellschaft erfüllt ist, halten es andere für erforderlich, dass das Quorum bis zur Entscheidung des Vorstands über den Antrag gehalten werden muss. Durch die Neuregelung erfolgt eine ausdrückliche Entscheidung im Sinne der letzteren Auffassung. Es erscheint konsequent, die Beibehaltung eines Quorums von der Antragstellung bis zur Entscheidung über den Antrag zu fordern.

Da die Regelung des § 122 Absatz 1 AktG – Einberufungsverlangen einer Aktionärsminderheit – „in gleicher Weise" für Verlangen einer Minderheit zur Ergänzung der Tagesordnung nach § 122 Absatz 2 AktG gilt, ist die Vorbesitzzeit nach der vorgesehenen Neuregelung auch hier vom Tag des Zugangs des Verlangens bei der Gesellschaft zu berechnen und müssen die Aktionäre das Quorum bis zur Entscheidung des Vorstands über das Ergänzungsverlangen erfüllen.

Zu Buchstabe b (Änderung des § 122 Absatz 3 AktG)

Lehnt der Vorstand ein Einberufungs- oder Ergänzungsverlangen ab, so können die Aktionäre, die das Verlangen gestellt hatten, sich vom Gericht zur Einberufung oder zur Bekanntmachung der Ergänzung der Tagesordnung ermächtigen lassen, § 122 Absatz 3 AktG. Nach überwiegender Auffassung ist nach bisheriger Rechtslage hierfür Voraussetzung, dass das Quorum bis zur letztinstanzlichen Entscheidung von den Aktionären erfüllt wird, die bereits ursprünglich die Einberufung bzw. Ergänzung verlangt hatten. Es erscheint sinnvoll, dies auch zukünftig für das gerichtliche Verfahren nach § 122 Absatz 3 AktG zu fordern. § 122 Absatz 3 Satz 5 AktG-E verlangt daher ausdrücklich, dass die Antragsteller die Aktien bis zur Entscheidung des Gerichts halten. Die Neuregelung sieht mithin für die gesamte Dauer des Verfahrens (einschließlich eines etwaigen Beschwerdeverfahrens) eine Haltefrist in Höhe des Quorums vor.

Zu Nummer 10 (Änderung des § 123 AktG)
Zu Buchstabe a (Änderung des § 123 Absatz 2 Satz 5 AktG)

Es handelt sich um eine Klarstellung der geltenden Rechtslage. § 123 Absatz 2 AktG wurde durch das ARUG neu gefasst: Sieht die Satzung einer Gesellschaft ein Anmeldeerfordernis vor, so muss die Anmeldung der Gesellschaft mindestens sechs Tage vor der Hauptversammlung zugehen, § 123 Absatz 2 Satz 2 AktG. Eine längere Anmeldefrist kann die Satzung nicht bestimmen. Die Sechs-Tage-Frist kann durch Satzungsregelung allerdings verkürzt werden, § 123 Absatz 2 Satz 3 AktG. In beiden Fällen soll sich die mindestens 30-tägige Einberufungsfrist des § 123 Absatz 1 AktG um die Anmeldefrist verlängern. Dies ist in § 123 Absatz 2 Satz 5 AktG geregelt, der lautet:

„Die Mindestfrist des Absatzes 1 verlängert sich um die Tage der Anmeldefrist des Satzes 2." Diese Formulierung ist insoweit missverständlich, als für die Verlängerung ausschließlich auf die Anmeldefrist des Satzes 2 verwiesen wird, so dass man annehmen könnte, die Einberufungsfrist verlängere sich auch dann um sechs Tage, wenn die Satzung im konkreten Fall nur eine kürzere Anmeldefrist bestimmt. Durch die Änderung wird klargestellt, dass sich die Einberufungsfrist jeweils um die konkrete Anmeldefrist verlängert, also entweder um die sechstägige Frist des Satzes 2 oder um eine kürzere Frist gemäß Satz 3.

Zu Buchstabe b (Änderung des § 123 Absatz 3 AktG)

Es handelt sich zum einen um eine Änderung, die dadurch veranlasst ist, dass nunmehr in § 123 Absatz 6 AktG ein einheitlicher Nachweisstichtag für Inhaber- und Namensaktien börsennotierter Gesellschaften eingeführt wird (vgl. Buchstabe b). Bisher sah § 123 Absatz 3 Satz 3 AktG nur einen Nachweisstichtag für Inhaberaktien vor.

Gleichzeitig wird durch die Neufassung des Absatzes 3 klargestellt, dass – wie bisher gemäß § 123 Absatz 3 Satz 1 AktG für Inhaberaktien ausgebende nicht börsennotierte Gesellschaften – auch für nicht börsennotierte Gesellschaften, die Namensaktien ausgeben, durch Satzungsregelung ein Nachweisstichtag festgelegt werden kann. Für nicht börsennotierte Gesellschaften würde es ansonsten bei der Regelung in § 67 Absatz 2 AktG verbleiben, wonach der am Tag der Hauptversammlung eingetragene Aktionär zur Teilnahme und Stimmrechtsausübung berechtigt ist. Auch wenn im Fall nicht börsennotierter Gesellschafen aufgrund regelmäßig geringerer Anteilseignerzahl nicht ein derart großes Bedürfnis für die Festlegung eines weiter vorverlagerten Stichtags besteht, soll auch nicht börsennotierten Namensaktiengesellschaften entsprechend der bisherigen für Inhaberaktien geltenden Rechtslage die Möglichkeit eröffnet werden, durch Satzungsbestimmung einen Nachweisstichtag einzuführen.

Zu Buchstabe b (Einfügung von § 123 Absatz 4 bis 6 AktG)

Bei Namensaktien bestimmt § 67 Absatz 2 AktG bisher, dass im Verhältnis zur Gesellschaft als Aktionär nur gilt, wer als solcher im Aktienregister eingetragen ist. Durch den Handel mit Aktien können sich diese Eintragungen täglich ändern, was in der Vergangenheit die Vorbereitung und Durchführung der Hauptversammlung erschwert hat. Durch die Einführung des § 123 Absatz 5 AktG wird zunächst klargestellt, dass der von § 67 Absatz 2 AktG aufgestellte Grundsatz bei börsennotierten Gesellschaften, die Namensaktien ausgegeben haben, auch für den Nachweis zur Berechtigung zur Hauptversammlungsteilnahme und die Stimmrechtsausübung gilt: Entscheidend ist grundsätzlich, wer im Aktienregister als Aktionär eingetragen ist.

Durch den neuen § 123 Absatz 6 AktG wird ein einheitlicher Nachweisstichtag („Record Date") für Namens- und Inhaberaktien börsennotierter Gesellschaften eingeführt, der in Übereinstimmung mit dem bisherigen § 123 Absatz 3 Satz 3 AktG auf den 21. Tag vor der Hauptversammlung festgelegt wird. Ob diese Frist bei zunehmendem Einsatz elektronischer Kommunikationssysteme auch im internationalen Verwahrverkehr in Zukunft gekürzt werden kann, wird zu beobachten sein. Bisher gab es einen solchen Nachweisstichtag für die Bestimmung und den Nachweis des in der Hauptversammlung stimmberechtigten Aktienbestands bei Namensaktien nicht. Die Praxis behalf sich bisher oftmals mit uneinheitlichen Fristen zur Ausübung des Stimmrechts und sogenannten Umschreibstopps, um genügend Zeit für die Sichtung des stimm- und teilnahmeberechtigten Bestandes zu haben, was allerdings gerade im Ausland zu Missverständnissen geführt hat. Durch die Einführung eines Nachweisstichtags für Namensaktien existiert in Zukunft ein einheitlich anwendbarer Stichtag in der gesamten Verwahrkette vom Fremdbesitzer bis hin zum wahren Aktionär. Der Nachweisstichtag bietet eine verlässliche, auch im Ausland gut nachvollziehbare und rechtssichere Grundlage für die Bestimmung des an der Hauptversammlung teilnahme- und stimmberechtigten Bestandes. Deutschland tritt damit mit

Anhang

einer den Kapitalmärkten leicht vermittelbaren einheitlichen Stichtagslösung an und sendet keine verwirrenden Signale aus. Ein (einheitlicher) Nachweisstichtag für Namensaktien entspricht auch dem internationalen Standard. Es steht zu erwarten, dass sich auf dieser Basis im internationalen Verwahrgeschäft eine einheitliche Marktpraxis für die Stimmrechtsausübung mit deutschen Namensaktien etabliert. In Zukunft wird bei Namensaktien der Anmeldeprozess zur Hauptversammlung auf den Bestand im Aktienregister am Nachweisstichtag aufsetzen und dem folgend in den Büchern der Verwahrbanken. Dies soll dazu beitragen, dass ausländische Investoren ihr Stimmrecht in Deutschland ausüben und dies nicht aus Verunsicherung über die Rechtslage und eine befürchtete, aber nicht-existente Aktiensperre ("share-blocking") unterlassen. Für Namens- und Inhaberaktien börsennotierter Gesellschaften wird es zukünftig mit dem 21. Tag vor der Hauptversammlung somit einen einheitlichen Nachweisstichtag geben. Dies entspricht auch den Vorgaben des Europarechts: Artikel 7 Absatz 3 Satz 1 der Richtlinie 2007/36/EG fordert die Mitgliedstaaten auf sicherzustellen, dass für alle Gesellschaften eine einheitliche Nachweisstichtagsregelung gilt. Bei Gesellschaften, die beide Aktienarten ausgeben, muss nach der Aktionärsrechterichtlinie im Übrigen ohnehin ein einheitlicher Stichtag gelten. Die Richtlinie lässt zudem einen Nachweisstichtag bis zu 30 Tage vor der Hauptversammlung zu (Artikel 7 Absatz 3 Satz 3 der Richtlinie 2007/36/EG).

Zu Nummer 11 (Änderung des § 124 Absatz 2 Satz 1 AktG)

Die Vorschrift vereinfacht eine Mitteilungspflicht der Gesellschaften. Gemäß § 124 Absatz 2 Satz 1 AktG ist in der Bekanntmachung der Einberufung der Hauptversammlung anzugeben, ob die Hauptversammlung an Wahlvorschläge gebunden ist, wenn die Wahl von Aufsichtsräten auf der Tagesordnung steht. An Wahlvorschläge ist die Hauptversammlung nur gemäß den §§ 6 und 8 des Montan-Mitbestimmungsgesetzes gebunden (§ 101 Absatz 1 Satz 2 AktG). Von den insgesamt ca. 17.000 deutschen Aktiengesellschaften sind hiervon nur ca. zwei Dutzend Gesellschaften betroffen. Nach einhelliger Auffassung müssen bei der Wahl von Aufsichtsräten jedoch auch die nicht betroffenen Aktiengesellschaften das Thema in der Einberufung erwähnen, also angeben, dass eine Bindung an Wahlvorschläge nicht besteht. Dieser völlig überflüssige Formalismus soll beendet werden.

Nach § 124 Absatz 2 Satz 1 AktG-E ist ein Hinweis auf die Bindung an Wahlvorschläge in der Einberufung künftig nur in den Fällen erforderlich, in denen die Hauptversammlung tatsächlich an Wahlvorschläge gebunden ist.

Nur dann, wenn bei der Europäischen Gesellschaft (SE) eine Bindung an Wahlvorschläge gemäß § 36 Absatz 4 des Gesetzes über die Beteiligung der Arbeitnehmer in einer Europäischen Gesellschaft (SEBG) besteht, ist nach der Neuregelung auch die SE künftig verpflichtet, dies bei Bekanntmachung der Tagesordnung anzugeben.

Eine Übergangsregelung für bei Inkrafttreten des Gesetzes bereits einberufene Hauptversammlungen ist nicht erforderlich, da die etwaige Angabe, dass die Hauptversammlung nicht an Wahlvorschläge gebunden ist, nach der vorgeschlagenen Neuregelung unschädlich ist.

Zu Nummer 12 (Änderung des § 125 Absatz 2 Satz 1 AktG)

Es handelt sich um eine Folgeänderung zu der Neuregelung in § 123 Absatz 6 AktG-E, mit der der maßgebliche Stichtag für die Berechtigung zur Teilnahme an der Hauptversammlung und Ausübung des Stimmrechts auf den Beginn des 21. Tages vor der Versammlung festgelegt wird. Ein Versand von Mitteilungen an Aktionäre, die zwar am 14. Tag vor der Hauptversammlung im Aktienregister eingetragen sind, jedoch nicht teilnahme- und stimmberechtigt sind, weil sie am 21. Tag vor der Hauptversammlung noch nicht eingetragen waren, wäre nicht sinnvoll.

Zu Nummer 13 (Änderung des § 127 Satz 3 AktG)

Es handelt sich um die Korrektur eines Redaktionsversehens bei Erlass des Gesetzes zur Modernisierung des Bilanzrechts vom 25. Mai 2009 (Bilanzrechtsmodernisierungsgesetz – BilMoG, BGBl. I S. 1102). Durch Artikel 5 Nummer 6 Buchstabe a des BilMoG wurde § 124 Absatz 3 Satz 2 AktG eingefügt, so dass der bisherige Satz 3 zu Satz 4 wurde. Diese Änderung wurde bei der Verweisung auf § 124 Absatz 3 in § 127 Satz 3 AktG nicht nachvollzogen.

Zu Nummer 14 (Änderung des § 130 Absatz 2 Satz 2 Nummer 2 AktG)

Es handelt sich um die Beseitigung einer durch das Gesetz zur Umsetzung der Aktionärsrechterichtlinie vom 30. Juli 2009 (ARUG, BGBl. I S. 2479) entstandenen Unklarheit.

Nummer 2 des durch Artikel 1 Nummer 19 Buchstabe a ARUG angefügten § 130 Absatz 2 Satz 2 AktG bestimmt, dass die Feststellung über die Beschlussfassung bei börsennotierten Gesellschaften für jeden Beschluss auch den Anteil des durch die gültigen Stimmen vertretenen Grundkapitals umfasst. Mit dieser Regelung wurde fast wörtlich Artikel 14 Absatz 1 Satz 1 der Richtlinie 2007/36/EG des Europäischen Parlaments und des Rats vom 11.7.2007 über die Ausübung bestimmter Rechte von Aktionären in börsennotierten Gesellschaften (Aktionärsrechterichtlinie, ABl. L 184 vom 14.7.2007, S. 17) umgesetzt. Dabei wurde nicht geregelt, ob sich der Anteil des durch die gültigen Stimmen vertretenen Grundkapitals auf das gesamte eingetragene Grundkapital bezieht oder auf das in der Hauptversammlung vertretene (stimmberechtigte) Grundkapital.

§ 130 Absatz 2 Satz 2 Nummer 2 AktG-E bestimmt nunmehr, dass sich der Anteil des durch die gültigen Stimmen vertretenen Grundkapitals auf das gesamte Grundkapital bezieht.

Diese Regelung erfolgt vor dem Hintergrund der Terminologie in den gesellschaftsrechtlichen EU-Richtlinien. Wenn dort das in einer Hauptversammlung vertretene Kapital gemeint ist, so wird dies ausdrücklich erwähnt, etwa in Artikel 40 Absatz 1 und 2 der Zweiten Richtlinie des Rates vom 13. Dezember 1976 zur Koordinierung der Schutzbestimmungen, die in den Mitgliedstaaten den Gesellschaften im Sinne des Artikels 58 Absatz 2 des Vertrages im Interesse der Gesellschafter sowie Dritter für die Gründung der Aktiengesellschaft sowie für die Erhaltung und Änderung ihres Kapitals vorgeschrieben sind, um diese Bestimmungen gleichwertig zu gestalten (Kapitalrichtlinie, ABl. L 26 vom 31.1.1977, S. 1), wo von einer Zweidrittelmehrheit des vertretenen gezeichneten Kapitals die Rede ist. In Artikel 14 Absatz 1 Satz 1 der Aktionärsrechterichtlinie ist nicht ausdrücklich erwähnt, dass der Anteil des durch die gültigen Stimmen vertretenen Aktienkapitals am in der Versammlung vertretenen Aktienkapital anzugeben ist. Zudem wäre der Informationsgehalt der Angaben des Anteils des durch die gültigen Stimmen vertretenen Aktienkapitals am in der Versammlung vertretenen Aktienkapital gering, weil sich daraus nur der Anteil der ungültigen Stimmen und der Enthaltungen ergäbe. Die Zahl der Enthaltungen ist jedoch gegebenenfalls bereits nach § 130 Absatz 2 Satz 2 Nummer 3 AktG anzugeben.

Zu Nummer 15 (Änderung des § 131 Absatz 1 Satz 3 AktG)

Es handelt sich um die Korrektur eines Redaktionsversehens bei Erlass des Bilanzrichtlinien-Gesetzes vom 19. Dezember 1985 (BiRiLiG, BGBl. I S. 2355).

Durch Artikel 2 Nummer 16 Buchstabe a BiRiLiG wurde § 131 Absatz 1 Satz 3 AktG angefügt, der unter anderem Erleichterungen nach § 266 Absatz 1 Satz 2 des Handelsgesetzbuchs (HGB) zum Gegenstand hat. Die angesprochenen Erleichterungen waren durch Artikel 1 Nummer 8 BiRiLiG jedoch als § 266 Absatz 1 Satz 3 in das HGB aufgenommen worden. Die Korrektur des seinerzeitigen Redaktionsversehens erscheint geboten, da die gängigen Gesetzesausgaben derzeit unterschiedliche Fassungen von § 131 Absatz 1 Satz 3 AktG enthalten. Vor diesem Hintergrund erfolgt die Korrektur nicht durch einen Ersetzungsbefehl, sondern in Form einer Neufassung von § 131 Absatz 1 Satz 3 AktG.

Zu Nummer 16 (Änderung des § 139 Absatz 1 AktG)

Bisher war die Ausgabe von Vorzugsaktien ohne Stimmrecht nur zulässig, wenn die Aktien mit einem nachzuzahlenden Vorzug bei der Verteilung des Gewinns ausgestattet wurden. Dabei hat man seit jeher den Begriff des „Vorzugs" als höhenmäßig objektiv bestimmbaren Vorrang der Vorzugsaktionäre gegenüber den Stammaktionären bei der Verteilung des Bilanzgewinns verstanden. Diese „Vorabdividende" musste nachzahlbar sein, d. h. eine mangels hinreichenden Bilanzgewinns ganz oder teilweise ausgefallene Dividende vorab musste in späteren Geschäftsjahren nachgezahlt werden, sobald und soweit der Bilanzgewinn dafür ausreichte.

Würde man für die Ausgabe von Vorzugsaktien ohne Stimmrecht an diesen Ausstattungsmerkmalen festhalten, wäre das insbesondere für Gesellschaften, die Kreditinstitute sind, nachteilig. Nach den Vorgaben der am 1. Januar 2014 in Kraft getretenen Verordnung (EU) Nr. 575/2013 des Europäischen Parlaments und des Rates vom 26. Juni 2013 über Aufsichtsanforderungen an Kreditinstitute und Wertpapierfirmen und zur Änderung der Verordnung (EU) Nr. 646/2012 (ABl. L 176 vom 27. Juni 2013, S. 1) können Vorzugsaktien mit den zuvor beschriebenen Ausstattungsmerkmalen nicht als regulatorisches Kernkapital anerkannt werden. Gemäß Artikel 28 Absatz 1 Buchstabe h Ziffer i der Verordnung (EU) Nr. 575/2013 dürfen Instrumente des „harten" Kernkapitals keine Vorzugsbehandlung in Bezug auf die Reihenfolge der Ausschüttungen vorsehen; eine Priorität bei der Verteilung des Bilanzgewinns steht mithin der Einordnung als hartes Kernkapital entgegen. Aber auch eine Anerkennung als „zusätzliches" Kernkapital kann nicht erfolgen. Denn dies setzt nach Artikel 52 Absatz 1 Buchstabe l Ziffer iii der Verordnung (EU) Nr. 575/2013 voraus, dass das Institut die Ausschüttungen jederzeit für unbefristete Zeit auf nicht kumulierter Basis ausfallen lassen kann, was bei einer mit Nachzahlungspflicht ausgestatteten Vorzugsaktie in Abrede gestellt wird.

Anhang

Um allgemein den Gesellschaften die Eigenkapitalausstattung und im Besonderen den Gesellschaften, die Kreditinstitute sind, die Erfüllung regulatorischer Vorgaben künftig zu erleichtern, wird die Ausgestaltung der Vorzugsaktie in zweifacher Weise flexibilisiert. Zunächst bewirkt die Streichung des Wortes „nachzuzahlenden" in Absatz 1 Satz 1, dass das Recht auf Nachzahlung des Vorzugs nicht mehr als zwingendes Ausstattungsmerkmal stimmrechtsloser Vorzugsaktien anzusehen ist. Absatz 1 Satz 3 ordnet (weiterhin) die Nachzahlung des in Form einer Vorabdividende gewährten Vorzugs an, lässt aber ausdrücklich eine abweichende Satzungsbestimmung zu. Nach der Neuregelung steht es Gesellschaften zukünftig frei, ob sie sich für Vorzugsaktien mit Nachzahlungsrecht oder für solche ohne Nachzahlungsrecht entscheiden. Es können auch beide Arten von Vorzugsaktien nebeneinander ausgegeben werden. Letztlich bleibt es der Marktbewertung überlassen, ob und zu welchem Preis Vorzugsaktien, die keine Nachzahlung gewähren, aufgenommen werden. Gründe des Aktionärsschutzes gebieten es jedenfalls nicht, an einem zwingend nachzuzahlenden Vorzug festzuhalten. Schon bislang war – da das Gesetz eine bestimmte Ausschüttungshöhe gerade nicht zusichert – die beabsichtigte Schutzfunktion im Grunde der Satzungsgestaltung und damit der Marktbewertung überlassen. Überdies ist ein nachzuzahlender Vorzug bei stimmrechtslosen Vorzugsaktien auch im Ausland nicht verbreitet.

Darüber hinaus stellt Absatz 1 Satz 2 klar, dass „Vorzug" nicht zwingend eine Vorabdividende („einen vorweg entfallenden Gewinnanteil") bedeuten muss, sondern auch eine Mehr- oder Zusatzdividende („einen erhöhten Gewinnanteil") der Vorzugsaktionäre gegenüber den Stammaktionären beinhalten kann. Denkbar ist auch eine Kombination aus Vorab- und Mehrdividende oder eine andere Gestaltung (vgl. „insbesondere"). Mit der Regelung in dem neuen Absatz 1 Satz 3 AktG-E steht den Gesellschaften damit auch zum Beispiel die Möglichkeit einer Gestaltung derart offen, dass Vorzugsaktionären sowohl eine Vorab- als auch eine Mehrdividende gewährt wird und lediglich die Vorabdividende nachzahlbar ist.

Die überkommene bisherige Lesart, wonach der Vorzug im Sinne des § 139 Absatz 1 AktG stets alleine in einem Vorrang bei der Verteilung des Bilanzgewinns besteht, ist jedenfalls in dem Begriff „Vorzug" nicht zwingend angelegt und auch aus Gründen des Schutzes der Aktionäre keineswegs geboten. Ein angemessener Ausgleich für den Stimmrechtsausschluss kann – anstelle einer Vorabbefriedigung – auch ein Mehr an Befriedigung sein. Solange es der Gesellschaft gut geht, dürfte eine Mehrdividende für den Aktionär sogar attraktiver sein; nur für den Fall, dass die Gesellschaft in Schwierigkeiten gerät und der Vorzugsaktionär die Aktie gleichwohl behält, kann eine Vorabdividende für ihn Vorteile bringen. Letztlich bleibt es auch hier der Marktbewertung überlassen, ob und zu welchem Preis Vorzugsaktien, die eine Mehrdividende gewähren, aufgenommen werden. Für Gesellschaften, die Kreditinstitute sind, eröffnet die Klarstellung in Absatz 1 Satz 2 jedenfalls angemessene Gestaltungsoptionen zur Erfüllung aufsichtsrechtlicher Anforderungen, da stimmrechtslose Vorzugsaktien, bei denen der Vorzug (nur) als Mehrdividende ausgestaltet ist, sogar als Instrumente des harten Kernkapitals anerkannt werden können (vgl. Artikel 28 Absatz 4 der Verordnung (EU) Nr. 575/2013).

Zu Nummer 17 (Änderung des § 140 AktG)

Zu Buchstabe a (Änderung des § 140 Absatz 2 AktG)

Bei den Änderungen in Absatz 2 handelt es sich um Folgeänderungen. Da der Vorzug nicht mehr zwingend nachzuzahlen ist (sondern die Satzung das Nachzahlungsrecht ausschließen kann), bedarf es hinsichtlich der Frage des Auflebens des Stimmrechts nunmehr einer differenzierten Regelung. Der neue Absatz 2 Satz 1 entspricht – redaktionell geringfügig überarbeitet – dem bisherigen Absatz 2 Satz 1 und betrifft den Fall, dass der Vorzug nachzuzahlen ist. Für den Vorzug in Form einer Vorabdividende gilt dies – in Übereinstimmung mit der überkommenen bisherigen Lesart des Begriffs „Vorzug" (vgl. Begründung zu Nummer 16) – der gesetzliche Regelfall. Ist der Vorzug nachzuzahlen, haben die Vorzugsaktionäre das Stimmrecht, wenn der Vorzugsbetrag in einem Jahr zumindest teilweise nicht gezahlt wurde und der Rückstand im nächsten Jahr nicht vollständig zurückgezahlt wird oder zwar vollständig zurückgezahlt wird, aber in diesem Jahr der volle Vorzug (wieder) nicht erbracht wird. Die Regelung in Absatz 2 Satz 2 betrifft den Fall, dass der Vorzug nicht nachzuzahlen ist. In diesem Fall haben die Vorzugsaktionäre das Stimmrecht bereits dann, wenn der Vorzugsbetrag in einem Jahr teilweise nicht gezahlt wird. Ohne Nachzahlungsrecht setzt das Stimmrecht also früher ein. Das erscheint fair und ausgewogen. Bei einer Kombination aus einem nachzahlbaren und einem nicht nachzahlbaren Vorzug (zum Beispiel nicht nachzahlbare Mehr- und nachzahlbare Vorabdividende) führt schon der erste teilweise Ausfall des nicht nachzahlbaren Teils zum Wiederaufleben des Stimmrechts. In diesem Fall erlischt das Stimmrecht allerdings in dem Jahr, in dem der nicht nachzahlbare Teil (zum

Beispiel die Mehrdividende) ohne Rücksicht auf bestehende „Rückstände" erstmals wieder gezahlt wird.

Nach Artikel 28 Absatz 4 der Verordnung (EU) Nr. 575/2013 darf ein Vorzug als Mehrdividende nur als Ausgleich für das Fehlen oder die Beschränkung des Stimmrechts gewährt werden. Solange der Vorzug gezahlt wird, muss die Gewährung des Stimmrechts ausgeschlossen sein, wenn das Kapitalinstrument bankaufsichtlich als hartes Kernkapital anrechenbar sein soll.

Zu Buchstabe b (Änderung des § 140 Absatz 3 AktG)

Die Änderung in Absatz 3 ist eine redaktionelle Klarstellung. Absatz 3 kann sich seinem Inhalt nach nur auf einen nachzuzahlenden Vorzugsbetrag beziehen.

Zu Nummer 18 (Änderung des § 142 Absatz 7)

Auf die Begründung zu Nummer 4 wird verwiesen.

Zu Nummer 19 (Änderung des § 175 Absatz 2 Satz 1 AktG)

Es handelt sich um die Korrektur eines Redaktionsversehens in Artikel 1 Nummer 22 Buchstabe a des Gesetzes zur Umsetzung der Aktionärsrechterichtlinie (ARUG) vom 30. Juli 2009 (BGBl. I S. 2479). Die Pflicht, einen erläuternden Bericht zu diversen Angaben der §§ 289 und 315 HGB auszulegen, sollte im Rahmen des ARUG aus § 175 Absatz 2 AktG herausgenommen werden, weil eine Regelung in § 176 Absatz 1 Satz 1 AktG beabsichtigt war, wo sie auch erfolgt ist. Der Änderungsbefehl des ARUG, in § 175 Absatz 2 Satz 1 AktG die Wörter „und bei börsennotierten Aktiengesellschaften ein erläuternder Bericht zu den Angaben nach § 289 Absatz 4, § 315 Absatz 4 des Handelsgesetzbuchs" zu streichen, war bei Inkrafttreten des ARUG am 1. September 2009 aber nicht ausführbar, weil § 175 Absatz 2 Satz 1 AktG bereits zuvor durch Artikel 5 Nummer 11 des am 29. Mai 2009 in Kraft getretenen BilMoG vom 25. Mai 2009 (Gesetz zur Modernisierung des Bilanzrechts, BGBl. I S. 1102) geändert worden war.

Bezüglich der seit Inkrafttreten des ARUG in § 176 Absatz 1 Satz 1 AktG geregelten Pflicht zum Zugänglichmachen eines erläuternden Berichts in der Hauptversammlung ist keine weitere Gesetzesänderung erforderlich. Eine Überprüfung hat ergeben, dass es nicht sinnvoll erscheint, die seinerzeit in Artikel 5 Nummer 11 BilMoG für § 175 Absatz 2 AktG vorgesehenen Änderungen nunmehr in § 176 Absatz 1 Satz 1 AktG zu übernehmen.

Zu Nummer 20 (Änderung des § 192 AktG)

Die Wandelschuldverschreibung (Wandelanleihe) nach bisherigem Verständnis gewährt dem Gläubiger ein Umtauschrecht. Dies kann für die Gesellschaft attraktiv sein, wenn der Markt aufgrund des Umtauschrechts und seiner Ausgestaltung geringere Zinsen als die sonst marktüblichen zu akzeptieren bereit ist. Der umgekehrte Fall eines Umtauschrechts des Schuldners, also der Gesellschaft, ist bislang nicht ausdrücklich geregelt. Gleichwohl haben sich in der Praxis entsprechende Gestaltungsformen der Unternehmensfinanzierung herausgebildet; genannt seien etwa Anleihen mit Tilgungswahlrecht der Gesellschaft oder sogenannte „Pflichtwandelanleihen", bei denen der Gläubiger am Ende der Laufzeit zur Wandlung verpflichtet ist. Allerdings war bislang umstritten, ob zur Bedienung solcher Anleihen auch bedingtes Kapital nach § 192 Absatz 1 Nummer 1 AktG genutzt werden kann. Nunmehr wird gesetzlich klargestellt, dass bedingtes Kapital auch für Wandelanleihen mit Umtauschrecht der Gesellschaft geschaffen werden kann, ohne dass damit eine Aussage über die Zulässigkeit oder Unzulässigkeit anderer, im Gesetz nicht genannter Gestaltungsformen getroffen wird.

Zu den konkreten Wandlungsbedingungen braucht das Gesetz nichts zu regeln. Dies kann der Vertragsgestaltung der Praxis überlassen bleiben, die einerseits marktgängige, andererseits bezüglich der Entstehung des Umtauschrechts sehr präzise Bedingungen formulieren sollte. Das Gesetz braucht nur die Möglichkeit der Schaffung eines bedingten Kapitals für Wandelanleihen mit Umtauschrecht der Gesellschaft vorzusehen. Der Vorteil einer solchen „umgekehrten" Wandelanleihe ist, dass eine Beteiligung der Gläubiger an der Gesellschaft (sogenannter „debt-to-equity-swap") für eine künftige Notsituation, also gleichsam „auf Vorrat", angelegt und bei Eintreten der Notsituation problemlos vollzogen werden kann. Besonders für Kredit- und Finanzdienstleistungsinstitute kann sich eine solche Konstruktion anbieten, da eine Insolvenz leichter abgewendet werden könnte und weniger Druck auf den Staat entstünde, mit Mitteln der Steuerzahler zu rekapitalisieren. Das Umtauschrecht muss aber nicht auf den Fall einer Notsituation beschränkt sein, auch wenn dies der praktischste Anwendungsfall sein dürfte. Die Anleihebedingungen können vielmehr – im Rahmen des schuldrechtlich Mögli-

Anhang

chen – ein beliebiges „Wandlungsereignis" vorsehen. Denkbar ist auch, dass Wandelanleihen nach beiden Seiten ein Wandlungsrecht vorsehen, also sowohl für den Schuldner als auch für die Gläubiger.

Kredit- und Finanzdienstleistungsinstitute können außerdem die für die aufsichtsrechtliche Anerkennung als zusätzliches Kernkapital erforderliche Ausstattung der Wandelanleihe sicherstellen (vgl. Artikel 52 Absatz 1 Buchstabe n) in Verbindung mit Artikel 54 der Verordnung (EU) Nr. 575/2013). Gemäß Artikel 52 Absatz 1 Buchstabe n der Verordnung (EU) Nr. 575/2013 zählen Kapitalinstrumente nur dann zu den Instrumenten des zusätzlichen Kernkapitals, wenn die Bedingungen dieser Instrumente bei Eintreten eines Auslöseereignisses eine Umwandlung in Instrumente des harten Kernkapitals vorsehen. Gemäß Artikel 54 Absatz 6 der Verordnung (EU) Nr. 575/2013 hat ein Institut sicherzustellen, dass sein genehmigtes Kapital jederzeit ausreicht, um sämtliche umwandelbaren Instrumente des zusätzlichen Kernkapitals bei Eintreten eines Auslöseereignisses in Aktien umzuwandeln. Dass dies möglich ist, wird nun klargestellt. Auch bedingtes Kapital ist als „genehmigtes" Kapital im Sinne von Artikel 54 Absatz 6 der Verordnung (EU) Nr. 575/2013 anzusehen. Diese Vorschrift will gewährleisten, dass es im Wandlungsfall keine Hindernisse für den Umtausch von Anleihen in Aktien gibt. Bedingtes Kapital ist „Vorratskapital", die Aktienausgabe bei Durchführung der Kapitalerhöhung ist einfach und effizient.

Die Möglichkeit, einen „debt-to-equity-swap" auf Vorrat anzulegen, steht nicht im Konflikt mit § 225a Absatz 2 der Insolvenzordnung (InsO), wonach im gestaltenden Teil eines Insolvenzplans vorgesehen werden kann, dass Forderungen von Gläubigern in Anteils- oder Mitgliedschaftsrechte am Schuldner umgewandelt werden. Während die Umwandlung von Schulden in Eigenkapital bei der umgekehrten Wandelanleihe von der Schuldnerin ausgelöst wird, sind es unter § 225a Absatz 2 InsO die Gläubiger, die eine entsprechende Umwandlung beschließen. Beide Regelungen haben in der Regel auch einen sich zeitlich nicht überschneidenden Anwendungsbereich: Mit der Eröffnung des Insolvenzverfahrens unterfallen Wandelanleihen nach § 192 Absatz 2 Nummer 1 AktG-E üblicherweise der zwingenden Regelung des § 104 InsO mit der Folge, dass das vertraglich vorgesehene Umtauschrecht der Gesellschaft entfällt und nur noch ein Barausgleich stattfindet. Eine kurz vor der Krise stehende Gesellschaft wird freilich alle ihr zustehenden Umtauschrechte ausüben. Greift § 104 InsO ausnahmsweise nicht ein, kann die Ausübung von bestehenden, aber noch nicht ausgeübten Wandlungsrechten gegebenenfalls im Insolvenzplan vorgesehen werden und besteht das Umtauschrecht damit neben den Möglichkeiten des § 225a InsO.

Auch zu den Regelungen des § 9 des Kreditinstitute-Reorganisationsgesetzes (KredReorgG), wonach ein „debt-to-equity-swap" im Reorganisationsplan vorgesehen werden kann, besteht kein Konflikt. Das Reorganisationsverfahren stellt die zweite Stufe nach Durchführung eines (erfolglosen) Sanierungsverfahrens dar oder findet statt, wenn ein Sanierungsverfahren von Anfang an für aussichtslos gehalten wird, § 7 Absatz 1 KredReorgG. § 104 InsO ist nicht anwendbar, so dass die Ausübung von bestehenden, aber noch nicht ausgeübten Umtauschrechten nach § 192 Absatz 2 AktG gegebenenfalls im Reorganisationsplan vorgesehen werden kann. Daneben kann im Reorganisationsplan vorgesehen werden, dass andere Gläubiger ihre Schulden in Eigenkapital umwandeln.

Zu Buchstabe a (Änderung des § 192 Absatz 1 AktG)

Die Änderung eröffnet die Möglichkeit, ein Umtauschrecht der Gesellschaft zu schaffen.

Zu Buchstabe b (Änderung des § 192 Absatz 2 AktG)

Durch § 192 Absatz 2 Nummer 1 AktG-E wird geregelt, dass eine bedingte Kapitalerhöhung auch zu dem Zweck beschlossen werden kann, Umtauschrechte an die Gesellschaft als Schuldnerin zu gewähren – dies kommt dadurch zum Ausdruck, dass die Beschränkung der Regelung auf Umtauschrechte der Gläubiger gestrichen wird. Dass der Gesellschaft keine Bezugsrechte, sondern Umtauschrechte gewährt werden, braucht nicht besonders ausgeführt zu werden. Wandelanleihen können nach dieser Öffnung des § 192 AktG künftig also sowohl den Gläubigern als auch der Gesellschaft Umtauschrechte einräumen.

Zu Buchstabe c (Änderung des § 192 Absatz 3 AktG)

Die Regelung in § 192 Absatz 3 Satz 3 AktG-E bewirkt, dass die Höchstgrenze von 50 Prozent des Nennbetrags des Grundkapitals nicht gilt, wenn die bedingte Kapitalerhöhung nur zu dem Zweck beschlossen wird, der Gesellschaft die Erfüllung eines Umtauschs zu ermöglichen, den die Gesellschaft aufgrund eines Umtauschrechts durchführt, das ihr für den Fall ihrer drohenden Zahlungsunfähigkeit zusteht oder zu dem sie zum Zweck der Abwendung einer Überschuldung berechtigt ist. Die Formulierung „zum Zweck der Abwendung" bedeutet, dass die Überschuldung noch nicht eingetreten oder festgestellt sein muss. Denn bei einem Umtauschrecht der Gesellschaft, das auf eine solche Notsituation beschränkt ist, wäre eine Höchstgrenze für das bedingte Kapital der Gesellschaft sanierungsfeindlich. Die umgekehrte Wandelanleihe kann und soll aber einer Gesellschaft in einer extremen Krise ein wirkungsvolles Mittel zur Sanierung sein und helfen, eine drohende Insolvenz abzuwenden. Bei einem Umtauschrecht der Gesellschaft für den Fall der drohenden Zahlungsunfähigkeit oder zum Zweck der Abwendung einer Überschuldung erscheint die Schwellenaufgabe daher im Interesse aller Beteiligten sachgerecht.

Für Kredit- und Finanzdienstleistungsinstitute sieht § 192 Absatz 3 Satz 4 AktG-E eine noch weitergehende Ausnahme von der Höchstgrenze des § 192 Absatz 3 Satz 1 AktG-E vor, um diesen Gesellschaften die Erfüllung der (neuen) bankaufsichtsrechtlichen Anforderungen zu erleichtern. Wie sich aus Artikel 92 Absatz 1 Buchstabe a und b der Verordnung (EU) Nr. 575/2013 ergibt, können Institute 1,5 Prozent ihrer Mindestkernkapitalquote mit zusätzlichem Kernkapital erfüllen. Dabei handelt es sich jedoch um die absolute Mindestquote, die nach Artikel 3 der Verordnung (EU) Nr. 575/2013 von den Instituten jederzeit überschritten werden darf. Von einem Überschreiten ist auch auszugehen, da die Institute schon aus Eigeninteresse mehr als die aufsichtlich geforderten Mindesteigenmittel vorhalten werden.

Zudem wird sich nach der nationalen Umsetzung der geplanten Richtlinie zur Festlegung eines Rahmens für die Sanierung und Abwicklung von Kreditinstituten und Wertpapierfirmen (sogenannte Banking Recovery and Resolution Directive – BRRD) noch größerer Bedarf an wandlungsfähigem Kapital ergeben. Dies folgt einerseits aus den Anforderungen für die Verpflichtung zur Abschreibung oder Umwandlung von Kapitalinstrumenten nach Artikel 51 dieser Richtlinie, der einen Wandlungsmechanismus für zusätzliches Kernkapital und Ergänzungskapital vorsieht, und andererseits aus den zusätzlichen Anforderungen nach Artikel 37 der geplanten Richtlinie für die verpflichtenden Bail-in-Instrumente. Je mehr wandlungsfähiges Kapital im Krisenfall zur Verfügung steht, desto unwahrscheinlicher wird zudem die Inanspruchnahme von Steuergeldern, da sich durch die wandlungsfähigen Kapitalinstrumente das Verlustabsorptionspotential der Kredit- und Finanzdienstleistungsinstitute erhöht. Dieser im Allgemeininteresse liegende Zweck rechtfertigt daher hier die Ausnahme von der Höchstgrenze des § 192 Absatz 3 Satz 1 AktG-E.

Für alle übrigen Fälle gilt – auch wenn die Gesellschaft ein Umtauschrecht hat – die Höchstgrenze von 50 Prozent. Dadurch wird eine übermäßige Verwässerung der Kapitalanteile der Alteigentümer vermieden.

Durch die Regelung in § 192 Absatz 3 Satz 5 AktG-E wird klargestellt, dass bedingtes Kapital, das nach den neuen Sondertatbeständen (Sätze 3 und 4) privilegiert ist, auch nicht auf die Höchstgrenze des Satzes 1 anzurechnen ist. Die Schaffung bedingten Kapitals nach § 192 Absatz 3 Satz 3 oder Satz 4 AktG begrenzt bzw. sperrt also nicht die Schaffung sonstigen bedingten Kapitals, für das die Grenze des § 192 Absatz 3 Satz 1 AktG gilt. Das liegt daran, dass das Umtauschrecht bei der umgekehrten Wandelanleihe in der Regel ein Krisenmechanismus sein wird.

Eine besondere gesetzliche Regelung eines Bezugsrechtsausschlusses für die Fälle umgekehrter Wandelschuldverschreibungen ist nicht erforderlich. Gemäß § 221 Absatz 4 Satz 2 AktG gilt § 186 sinngemäß für das Bezugsrecht der Aktionäre auf die Anleihe. Für den Bezugsrechtsausschluss sind über die Regelung in § 186 Absatz 3 Satz 4 hinaus weiterhin die in Rechtsprechung und Literatur entwickelten allgemeinen Grundsätze heranzuziehen. Gerade in den von den neuen Sondertatbeständen des § 192 Absatz 3 Sätze 3 und 4 AktG-E erfassten Fällen wird eine sachliche Rechtfertigung in der Regel gegeben sein.

Zu Nummer 21 (Änderung des § 194 Absatz 1 Satz 2 AktG)

Es handelt sich um eine Folgeänderung zur Änderung des § 192 AktG (Nummer 20). Die Änderung des § 194 Absatz 1 Satz 2 AktG macht klar, dass die Vorschriften über Sacheinlagen auch dann nicht anwendbar sind, wenn die Gesellschaft im Rahmen einer umgekehrten Wandelanleihe von ihrer Ersetzungsbefugnis Gebrauch macht. Auch in diesem Fall gilt die ursprüngliche Barzahlung des Anleihegläubigers als Einlage. Es kommt nicht darauf an, ob die bisherige Geldforderung noch werthaltig ist. Damit wird die Rechtslage bei einfachen Wandelanleihen auch auf umgekehrte Wandelanleihen erstreckt. Das ist konsequent. Nach wie vor gilt § 194 Absatz 1 Satz 2 AktG jedoch nur dann, wenn Bezugsaktien im Sinne des § 192 Absatz 2 Nummer 1 AktG ausgegeben werden, wenn also aufgrund einer Ersetzungsbefugnis das Schuldverhältnis rückwirkend umgestaltet wird. Ansonsten bleibt es dabei, dass Forderungen als Sacheinlagen einzubringen sind.

Anhang

Zu Nummer 22 (Änderung des § 195 Absatz 1 Satz 2 AktG)

Es handelt sich um die Korrektur eines Redaktionsversehens in Artikel 1 Nummer 31 Buchstabe a des Gesetzes zur Umsetzung der Aktionärsrechterichtlinie vom 30. Juli 2009 (ARUG, BGBl. I S. 2479).

Zu Nummer 23 (Änderung des § 201 Absatz 1 AktG)

§ 201 Absatz 1 AktG weicht in seiner geltenden Fassung von dem Grundsatz des Handelsregisters, mittels Registerzwangs und Anmeldepflichten die aktuellen Verhältnisse der Gesellschaft offenzulegen, im Interesse der Kostenersparnis der Gesellschaft ab und sieht daher vor, dass die Anmeldung der Ausgabe von Bezugsaktien nur einmal jährlich für das abgelaufene Geschäftsjahr erfolgt. Angesichts der Bedeutung des bedingten Kapitals und der in dem Zusammenhang zum Beispiel möglichen unterjährigen Ausübung von Mitarbeiteroptionen sowie auch vor dem Hintergrund der durch die Neuregelung in § 192 und § 221 AktG-E vorgesehenen umgekehrten Wandelschuldverschreibung mit der Möglichkeit eines „debt-to-equity-swaps" ist dies nicht sachgerecht. Denn so kann das aus dem Handelsregister ersichtliche eingetragene Grundkapital von der tatsächlichen Lage für eine relativ lange Zeit abweichen. Andererseits geht aber aus § 124a Absatz 1 Nummer 4 AktG und aus § 130 Absatz 2 Satz 2 AktG hervor, dass diese Vorschriften eine Übereinstimmung der Handelsregisterlage mit der tatsächlichen Lage zugrunde legen. Deswegen wird mit der Neufassung klargestellt, dass die entsprechenden Anmeldungen nicht nur einmalig innerhalb des in § 201 Absatz 1 AktG genannten Zeitraums, sondern auch unterjährig zu weiteren Zeitpunkten zulässig sind, jedenfalls aber einmal jährlich die Anmeldung erfolgen muss. Mit der Formulierung „die ausgegebenen Bezugsaktien" wird klargestellt, dass sämtliche ausgegebenen Bezugsaktien anzumelden sind und damit ein der bisherigen Formulierung „in welchem Umfang im abgelaufenen Geschäftsjahr Bezugsaktien ausgegeben worden sind" entsprechendes Ergebnis erzielt.

Zu Nummer 24 (Änderung des § 221 Absatz 1 Satz 1 AktG)

Es handelt sich um eine Folgeänderung zur Änderung des § 192 AktG (Nummer 20).

Zu Nummer 25 (Änderung des § 246 Absatz 4 Satz 1 AktG)

Die geltende Vorschrift bereitet in der Praxis Schwierigkeiten, weil weder klar ist, ob der frühe erste Termin oder der Haupttermin gemeint ist, noch aus dem Gesetz hervorgeht, wie bei Anordnung eines schriftlichen Vorverfahrens zu verfahren ist. Da die Bekanntmachung des Termins zur mündlichen Verhandlung im Bundesanzeiger keine erkennbare praktische Bedeutung für die Beteiligten hat, kann die Regelung gestrichen werden.

Zu Nummer 26 (Änderung des § 249 Absatz 2 AktG)

Die Vorschrift unterstellt bestimmte Nichtigkeitsklagen einer „relativen" Befristung. Wird gegen einen Hauptversammlungsbeschluss Klage erhoben (hier: „Ausgangsklage" oder „Ausgangsverfahren"), so können Aktionäre Nichtigkeitsklage gegen diesen Beschluss nur innerhalb eines Monats erheben, nachdem die Erhebung der Ausgangsklage nach § 246 Absatz 4 Satz 1 AktG in den Gesellschaftsblättern bekanntgemacht wurde.

Die Regelung soll sogenannten „missbräuchlich nachgeschobenen Nichtigkeitsklagen" begegnen. Dabei geht es um Fälle, in denen die Erhebung einer Nichtigkeitsklage bewusst zweckwidrig hinausgezögert wird, um sich so einen ungerechtfertigten Vorteil zu verschaffen. Auf diese Weise kann ein Beschlussmängelverfahren in die Länge gezogen und sein Lästigkeitswert erhöht werden. Dies betrifft zunächst Fälle, in denen die Gesellschaft mit ihrem Freigabeantrag Erfolg hat. Wird etwa nach durchlaufenem Freigabeverfahren gemäß § 246a AktG, aber noch vor Eintragung des Hauptversammlungsbeschlusses eine neue Nichtigkeitsklage erhoben, so kann dies zu einer weiteren Verzögerung des Registerverfahrens führen und ein erneutes Freigabeverfahren erforderlich machen. Problematisch kann aber auch der umgekehrte Fall sein, in dem sich abzeichnet, dass eine Klage Erfolg haben wird. Aus der Praxis wird berichtet, dass in laufenden Beschlussmängelverfahren Nichtigkeitsklagen in einem späten Verfahrensstadium nachgeschoben werden, um so mit unverhältnismäßig niedrigem prozessualen Risiko und Aufwand zu einem Kostenerstattungsanspruch zu gelangen. Hat etwa das Gericht bereits zu erkennen gegeben, dass es eine Nichtigkeitsklage für begründet hält, und erhebt nun ein weiterer Aktionär eine Nichtigkeitsklage, so profitiert er nicht nur als notwendiger Streitgenosse von den bisherigen Prozessergebnissen, sondern hat auch die Chance, mit unverhältnismäßig niedrigem prozessualem Risiko an einen Kostenerstattungsanspruch zu gelangen.

Vor diesem Hintergrund hat der Bundesrat die Bundesregierung in seiner Stellungnahme zu dem Entwurf eines Gesetzes zur Umsetzung der Aktionärsrechterichtlinie (ARUG) unter anderem gebeten zu prüfen, „ob eine Einschränkung missbräuchlicher Aktionärsklagen dadurch erfolgen kann, dass auch Nichtigkeitsklagen gegen Hauptversammlungsbeschlüsse einer Klagefrist unterworfen werden. […] Dem häufig auftretenden Phänomen [der nachgeschobenen Nichtigkeitsklage] könnte man dadurch begegnen, dass man für die Nichtigkeitsklage ähnlich der Anfechtungsklage (dort § 246 Absatz 1 AktG) eine Klagefrist von einem Monat einräumt." (BT-Drs. 16/11642, S. 55).

Die Prüfbitte des Bundesrates weist zutreffend auf Regelungsbedarf im Hinblick auf missbräuchlich nachgeschobene Nichtigkeitsklagen hin. Eine generelle Befristung der aktienrechtlichen Nichtigkeitsklage würde allerdings die Klagebefugnis der Aktionäre und die prozessuale Beschlussmängelkontrolle in einem Umfang einschränken, der sachlich nicht gerechtfertigt wäre. Zwar sieht auch das Umwandlungsrecht in § 14 Absatz 1 und § 195 Absatz 1 des UmwG eine Befristung von Beschlussmängelklagen vor, ohne danach zu differenzieren, ob Anfechtungs- oder Nichtigkeitsgründe geltend gemacht werden sollen. Diese Regelung taugt jedoch nicht zum Vorbild für das allgemeine aktienrechtliche Beschlussmängelrecht. Denn zum einen erfassen die genannten Vorschriften auch Umwandlungen unter Beteiligung von Personenhandelsgesellschaften (§ 3 Absatz 1 Nummer 1 und § 191 Absatz 1 Nummer 1 UmwG), bei deren Beschlüssen grundsätzlich nicht zwischen Nichtigkeit und Anfechtbarkeit unterschieden wird. Zum anderen betreffen die Regelungen des UmwG tiefgreifende Strukturmaßnahmen, die in der Regel unmittelbare wesentliche Auswirkungen auf die Rechtsverhältnisse der beteiligten Rechtsträger, deren Anteilsinhaber und auch Dritter haben. Daher besteht dort typischerweise ein besonderes Interesse, schnell Klarheit über die Wirksamkeit der zugrundeliegenden Beschlüsse zu haben. Diese Begründung trägt jedoch bei der allgemeinen aktienrechtlichen Nichtigkeitsklage so nicht ohne Weiteres. Denn diese Klage betrifft alle und nicht nur besonders „eilbedürftige" Hauptversammlungsbeschlüsse.

Aus den genannten Gründen sieht die Neuregelung in § 249 Absatz 2 Satz 3 AktG-E keine generelle Befristung der allgemeinen aktienrechtlichen Nichtigkeitsklage vor. Nach wie vor kann eine solche Klage grundsätzlich ohne zeitliche Einschränkung erhoben werden. Lediglich in den Fällen, in denen ein bestimmter Hauptversammlungsbeschluss ohnehin mit einer Ausgangsklage angegriffen und diese Klage gemäß § 246 Absatz 4 Satz 1 AktG bekannt gemacht wird, soll dies eine Frist zur Erhebung einer Nichtigkeitsklage in Lauf setzen. Diese „relative" Befristung wirkt einerseits dem Phänomen der missbräuchlich nach-geschobenen Nichtigkeitsklage wirksam entgegen, ohne aber andererseits die Klagebefugnis der Aktionäre und die prozessuale Beschlussmängelkontrolle unangemessen einzuschränken.

Die Erhebung der Ausgangsklage muss nach § 246 Absatz 4 Satz 1 AktG „unverzüglich" bekannt gemacht werden. An diese Bekanntmachung knüpft die Neuregelung in § 249 Absatz 2 Satz 3 AktG-E den Beginn einer einmonatigen Klagefrist. Demgegenüber sieht § 246a Absatz 3 Satz 6 Halbsatz 1 AktG vor, dass ein Freigabebeschluss spätestens drei Monate nach Antragstellung ergehen soll. Mit einer rechtzeitigen Bekanntgabe der Erhebung der Ausgangsklage nach § 246 Absatz 4 Satz 1 AktG kann der Vorstand also praktisch sicherstellen, dass bis zu einem etwaigen Erlass des Freigabebeschlusses die Nichtigkeitsklagefrist für die Aktionäre abgelaufen ist. Zwar ist es theoretisch denkbar, dass dann trotz Fristablaufs noch eine Nichtigkeitsklage nachgeschoben wird. Dies würde jedoch nicht mehr zu einer (faktischen) Registersperre führen. Denn die Verfristung wäre ohne weiteres feststellbar, so dass das Registergericht das Eintragungsverfahren deswegen nicht gemäß § 21 Absatz 1 Satz 1 FamFG aussetzen würde. Dies entspricht im Ergebnis der Rechtslage bei der Umwandlung und der Eingliederung (§ 16 Absatz 2 Satz 1 UmwG; § 319 Absatz 5 Satz 1 AktG), wo eine verfristete Beschlussmängelklage ebenfalls keine Registersperre auslöst.

Der Vorstand hat es also in der Hand, durch Bekanntmachung einer Ausgangsklage die relative Nichtigkeitsklagefrist aus § 249 Absatz 2 Satz 3 AktG-E in Lauf zu setzen. Dies stellt einen erheblichen Anreiz dar, der Bekanntmachungspflicht aus § 246 Absatz 4 Satz 1 AktG zukünftig tatsächlich nachzukommen. In der Praxis wurde diese Pflicht bislang nur zögerlich erfüllt.

Die vorgesehene relative Befristung gemäß § 249 Absatz 2 Satz 3 AktG-E betrifft allerdings nicht nur freigabefähige (§ 246a AktG) oder eintragungsbedürftige, sondern alle Hauptversammlungsbeschlüsse, die tauglicher Gegenstand einer Nichtigkeitsklage sein können. Dies beruht auf der vorstehend dargestellten Erwägung, dass missbräuchlich nachgeschobene Nichtigkeitsklagen nicht nur dazu eingesetzt werden, um eintragungsbedürftige Beschlüsse zu blockieren, sondern auch, um mit unverhältnismäßig niedrigem prozessualem Risiko und Aufwand an einen Kostenerstattungsanspruch zu gelangen; in diesem Fall spielen weder die Freigabefähigkeit noch die Eintragungsbedürftigkeit des angegriffenen Beschlusses eine Rolle.

Der Beginn der Nichtigkeitsklagefrist gemäß § 249 Absatz 2 Satz 3 AktG-E knüpft an die Bekanntmachung der Erhebung einer Ausgangsklage an. Dadurch haben die betroffenen Aktionäre auch in den

Anhang

Fällen eine Chance, von ihrer Klagebefugnis Gebrauch zu machen, in denen sie wegen Einberufungsfehlern im Sinne des § 241 Nummer 1 AktG über die bevorstehende Beschlussfassung nicht angemessen informiert worden sind. Insbesondere bei der vorsätzlichen Verletzung von Einberufungsvorschriften mit dem Ziel, einzelne Aktionäre von der Teilnahme an der Hauptversammlung abzuhalten, kommen daneben selbstverständlich auch Schadensersatzansprüche in Betracht, die nicht der Befristung unterliegen.

Prozessual bleibt eine umfassende inhaltliche Beschlussmängelkontrolle trotz der Befristung gemäß § 249 Absatz 2 Satz 3 AktG erhalten. Denn der Lauf der relativen Nichtigkeitsklagefrist beginnt nur dann, wenn ein Hauptversammlungsbeschluss ohnehin mit einer Ausgangsklage angegriffen worden ist. Jede Beschlussmängelklage hat den angegriffenen Hauptversammlungsbeschluss bestimmt zu bezeichnen. Damit wird der Inhalt des angegriffenen Beschlusses praktisch notwendig zum Prozessstoff des Ausgangsverfahrens. Unabhängig von den erhobenen Rügen wird der Hauptversammlungsbeschluss damit einer Prüfung durch das Gericht unterzogen, ob er an Inhaltsmängeln der in § 241 Nummer 3 und 4 AktG genannten Art leidet. Das gilt auch dann, wenn Ausgangsklage eine Anfechtungs- und keine Nichtigkeitsklage ist. Denn Anfechtungs- und Nichtigkeitsklage verfolgen dasselbe materielle Ziel (BGH NJW 2004, 3561, 3562), so dass auch im Rahmen eines Anfechtungsantrags Nichtigkeitsgründe geprüft werden.

In Fällen, in denen das Ausgangsverfahren in anderer Weise als durch Endurteil beendet wird, findet zwar keine Inhaltskontrolle durch das Prozessgericht statt, gleichwohl läuft nach der vorgesehenen Neuregelung die einmal in Gang gesetzte relative Nichtigkeitsklagefrist hiervon unbeeinflusst weiter. Das ist eine notwendige Folge der zivilprozessualen Dispositionsmaxime sowie der Freiheit der Beteiligten, selbst darüber zu bestimmen, ob sie eine Beschlussmängelkontrolle durch das Prozessgericht wünschen oder nicht. Zu unerwünschten Lücken bei der Beschlussmängelkontrolle führt diese Regelung nicht. Bei eintragungsbedürftigen, also in der Regel bedeutsameren Beschlüssen findet ohnehin eine Beschlussmängelkontrolle durch das Registergericht statt. Eine etwaige Disposition der Beteiligten über ein streitiges Beschlussmängelverfahren ist hierauf ohne Einfluss.

Die Formulierung „[Bekanntmachung der Erhebung] einer Klage" bringt zum Ausdruck, dass sowohl die Bekanntmachung der Erhebung einer Anfechtungsklage (§ 246 Absatz 4 Satz 1 AktG im unmittelbaren Anwendungsbereich) als auch einer Nichtigkeitsklage (§ 246 Absatz 4 Satz 1 in Verbindung mit § 249 Absatz 1 Satz 1 AktG) die Nichtigkeitsklagefrist in Lauf setzt.

Nach § 249 Absatz 2 Satz 3 AktG-E beginnt die Frist nur dann zu laufen, wenn die Bekanntmachung in Übereinstimmung mit den Vorgaben des § 246 Absatz 4 Satz 1 AktG erfolgt ist. Dies setzt insbesondere voraus, dass der mit der Ausgangsklage angegriffene Hauptversammlungsbeschluss in der Bekanntmachung eindeutig bezeichnet ist. Auch im Übrigen bringt der Wortlaut der Vorschrift zum Ausdruck, dass die relative Nichtigkeitsklagefrist beschluss- und nicht etwa hauptversammlungsbezogen ist. Das schließt nicht aus, dass auch eine Nichtigkeitsklagefrist bezüglich sämtlicher auf einer Hauptversammlung gefasster Beschlüsse in Lauf gesetzt wird. Voraussetzung hierfür ist jedoch, dass sämtliche Beschlüsse mit einer Ausgangsklage angegriffen und in der Bekanntmachung gemäß § 246 Absatz 4 Satz 1 AktG eindeutig bezeichnet sind.

Befristet wird lediglich die Nichtigkeitsklage der Aktionäre. Die Nichtigkeitsklage von Organen oder Organmitgliedern gemäß § 249 Absatz 1 Satz 1 AktG bleibt von der Befristung unberührt. Eine Befristung ist in diesen Fällen nicht erforderlich, weil missbräuchlich nachgeschobene Nichtigkeitsklagen seitens dieser Klageberechtigten in der Praxis nicht zu beobachten sind. Die personelle Beschränkung der Nichtigkeitsklagefrist gewährleistet zugleich eine erweiterte prozessuale Beschlussmängelkontrolle. Wird ein Nichtigkeitsprozess durch Parteidisposition ohne Endurteil abgeschlossen, so hat dies keinen Einfluss auf den Ablauf der einmal in Gang gesetzten Nichtigkeitsklagefrist für die Aktionäre (vgl. oben). Hat in diesem Fall kein Aktionär fristgerecht eine Nichtigkeitsklage erhoben, obwohl tatsächlich ein Nichtigkeitsgrund vorliegt, so können die in § 249 Absatz 1 Satz 1 AktG genannten Organe und Organmitglieder dennoch den Beschlussmangel noch mit der Wirkung gemäß § 248 Absatz 1 Satz 1, § 249 Absatz 1 Satz 1 AktG feststellen lassen.

In persönlicher Hinsicht gilt die relative Befristung zwar nur für Nichtigkeitsklagen von Aktionären. Aber für den Fristablauf ist es unerheblich, wer die Ausgangsklage erhoben hat. Daher setzt auch die Bekanntmachung der Erhebung einer Beschlussmängelklage des Vorstands die relative Nichtigkeitsklagefrist zu Lasten der Aktionäre in Gang. Da solche Klagen nur sehr selten sind, erscheint eine Ausnahmeregelung für derartige Fälle nicht erforderlich. § 249 Absatz 2 Satz 3 AktG-E befristet die Erhebung der Nichtigkeitsklage. Nach Ablauf der Frist ist nicht nur die Erhebung einer selbständigen Nichtigkeitsklage, sondern auch das Nachschieben von Nichtigkeitsgründen im Rahmen eines laufenden Beschlussmängelverfahrens ausgeschlossen. Insoweit gelten die gleichen Regeln wie beim Nachschieben von Anfechtungsgründen im Rahmen von § 246 Absatz 1 AktG.

Der Ablauf der relativen Nichtigkeitsklagefrist führt nicht zur Heilung der Nichtigkeit des Beschlusses. Das entspricht der Rechtslage bei § 14 Absatz 1 UmwG. Ist also ein Beschluss nichtig und wird er mit einer Ausgangsklage angegriffen, wird das Ausgangsverfahren aber in anderer Weise beendet als durch Nichtigkeitsfeststellung in einem Endurteil, so führt dies nicht zum Wirksamwerden des Beschlusses. Der Ablauf der Nichtigkeitsklagefrist lässt auch die Kontrolle des Beschlusses durch das Registergericht unberührt. Wird der Beschluss eingetragen, kann er trotz Fristablaufs noch nach Maßgabe von § 398 FamFG von Amts wegen gelöscht werden, es sei denn, er hat aufgrund eines vorangegangenen Freigabeverfahrens die erweiterte Bestandskraft gemäß § 242 Absatz 2 Satz 5 Halbsatz 2 AktG erlangt. Selbstverständlich kommt auch eine Heilung des eingetragenen Beschlusses gemäß § 242 AktG in Betracht.

§ 249 AktG betrifft die Feststellung der Nichtigkeit von Hauptversammlungsbeschlüssen. Demgegenüber gilt die Vorschrift nach herrschender Meinung für die Feststellung von Unwirksamkeitsgründen nur dann, wenn das Gesetz die Unwirksamkeitsgründe ausdrücklich wie Nichtigkeitsgründe behandelt (siehe etwa die §§ 241, 217 Absatz 2 Satz 4 AktG). Legt man das zugrunde, gilt also auch die relative Befristung gemäß § 249 Absatz 2 Satz 3 AktG-E grundsätzlich nicht bei der Feststellung von Unwirksamkeitsgründen. Stimmt beispielsweise ein Aktionär einem Beschluss nicht zu, der ihm Nebenleistungspflichten auferlegt, so kann er die Unwirksamkeit gemäß § 180 Absatz 1 AktG unbefristet mit der allgemeinen Feststellungsklage geltend machen.

Für Nichtigkeitsklagen in Bezug auf Umwandlungsbeschlüsse von Aktiengesellschaften bleiben die Regelungen im UmwG vorrangig.

Zu Nummer 27 (Änderung des § 256 Absatz 7 Satz 2 und § 261a AktG)

Auf die Begründung zu Nummer 4 wird verwiesen.

Zu Nummer 28 (Änderung des § 394 AktG)

§ 394 AktG regelt das Verhältnis einer bestehenden Berichtspflicht eines auf Veranlassung einer Gebietskörperschaft in einen Aufsichtsrat gewählten oder entsandten Aufsichtsratsmitglieds zur grundsätzlichen Verschwiegenheitspflicht nach § 93 Absatz 1 Satz 2 und § 116 AktG. § 394 AktG begründet jedoch nicht selbst eine Berichtspflicht. Der neue § 394 Satz 3 AktG-E dient der Klarstellung, dass eine Berichtspflicht eines solchen Aufsichtsratsmitglieds gegenüber der Gebietskörperschaft (deshalb die Bezugnahme auf Satz 1) auf Gesetz, Rechtsverordnung, Gesellschaftssatzung, aber auch auf einem Rechtsgeschäft beruhen kann. Eine Berichtspflicht kann also auch im Rahmen einer vertraglichen Vereinbarung, eines Auftrags oder einer Nebenabrede mit der Gebietskörperschaft begründet werden. Der neue § 394 Satz 3 AktG-E spricht ganz allgemein von „Rechtsgeschäft", um alle denkbaren Varianten abzudecken.

Zu Nummer 29 (Änderung des § 399 Absatz 1 AktG)

Durch die Änderung wird ein Redaktionsversehen behoben. Wird bei der Nachgründung auf eine externe Gründungsprüfung verzichtet, muss in der Anmeldung eine Versicherung gemäß § 37a Absatz 2 in Verbindung mit § 52 Absatz 6 Satz 2 AktG abgegeben werden. Diese Versicherung erfolgt jedoch nicht „zum Zweck der Eintragung der Gesellschaft" und ist daher bislang nicht nach § 399 Absatz 1 Nummer 1 AktG strafbewehrt. Es gibt aber keinen sachlichen Grund, eine falsche Versicherung gemäß § 37a Absatz 2 bei der Gründung anders zu sanktionieren als bei der Nachgründung. Das ARUG hat versehentlich die Formulierung des § 399 Absatz 1 Nummer 1 AktG nicht an die neue Nachgründung ohne externe Gründungsprüfung angepasst. Das wird nunmehr nachgeholt.

Zu Artikel 2 (Änderung des Einführungsgesetzes zum Aktiengesetz)

Zu Absatz 1 (Übergangsregelung zur Änderung des § 10 Absatz 1 AktG)

Zur Neuregelung der Zulässigkeit von Inhaberaktien (Artikel 1 Nummer 1 Buchstabe a) wird eine Übergangsregelung eingeführt. Danach sind Gesellschaften, die Inhaberaktien ausgeben und deren Gründung vor dem Tag des Inkrafttretens der Gesetzesänderung vereinbart wurde, von der Neuregelung nicht betroffen. Maßgeblich ist die Feststellung der Satzung durch notarielle Beurkundung (§ 23 Absatz 1 Satz 1 AktG). Erfolgt diese spätestens vor dem Tag des Inkrafttretens, gilt für die Gesellschaft die bisherige gesetzliche Regelung weiter. In diesem Fall kann die Gesellschaft Inhaberaktien auch dann ausgeben beziehungsweise bereits ausgestellte Inhaberaktien auch dann behalten, wenn sie weder börsennotiert ist noch die Voraussetzungen des § 10 Absatz 1 Satz 2 Nummer 2 AktG-E vorliegen.

Anhang

Absatz 1 Satz 2 der Übergangsregelung ordnet für diese Gesellschaften ausdrücklich die Fortgeltung der bis zum Inkrafttreten der Aktienrechtsnovelle 2014 geltenden Rechtslage an.

Zu Absatz 2 (Übergangsregelung zur Aufhebung des § 24 AktG)
Bisher ließ § 24 AktG Satzungsregelungen zu, wonach auf Verlangen eines Aktionärs seine Inhaberaktie in eine Namensaktie oder seine Namensaktie in eine Inhaberaktie umzuwandeln ist. Diese Regelung wird ersatzlos aufgehoben. Nach Inkrafttreten der Neuregelung können solche satzungsmäßigen Umwandlungsansprüche also nicht mehr begründet werden. Absatz 2 der Übergangsregelung stellt jedoch klar, dass entsprechende satzungsmäßige Umwandlungsansprüche in selten vorkommenden Altfällen wirksam bleiben. Sie können unbefristet beibehalten werden. Eine Satzungsanpassung ist nicht erforderlich.

Zu Absatz 3 (Übergangsregelung zur Aufhebung des § 25 Satz 2 AktG)
Absatz 3 enthält eine Übergangsvorschrift zur Neuregelung der Gesellschaftsbekanntmachungen in den Gesellschaftsblättern (Streichung vom § 25 Satz 2 AktG, Artikel 1 Nummer 3).

Satz 1 regelt, dass bei Inkrafttreten der Gesetzesänderung bestehende Satzungsregelungen im Sinne des § 25 Satz 2 AktG auch nach dessen Streichung wirksam bleiben. Maßgeblich ist die Satzung in der Fassung, wie sie sich aus den am Tag vor dem Inkrafttreten des Gesetzes in das Handelsregister eingetragenen Beschlüssen ergibt. Eine Anpassung der Satzung an die neue Rechtslage ist nicht erforderlich. Eine Gesellschaft mit einer entsprechenden Satzungsregelung muss Pflichtbekanntmachungen also auch künftig in den in der Satzung vorgesehenen Medien veröffentlichen. An die Veröffentlichung werden allerdings nach Ablauf einer kurzen Übergangsfrist keine Rechtsfolgen mehr geknüpft. Durch die Festsetzung der Übergangsfrist wird sichergestellt, dass bei Inkrafttreten der Gesetzesänderung nicht Aktionären die Einhaltung von Fristen erschwert wird (etwa Nebenintervention, § 246 Absatz 4 Satz 2 AktG), die mit der bislang herrschenden Meinung davon ausgegangen waren, es komme auf die letzte Veröffentlichung in einem Gesellschaftsblatt an.

Zu Absatz 4 (Übergangsregelung zur Änderung des § 122 AktG)
Absatz 4 enthält eine Übergangsvorschrift zur Änderung von § 122 AktG (Artikel 1 Nummer 9). Im Hinblick auf die vorgesehene Änderung der Vorbesitzzeit von drei Monaten auf 90 Tage wird dadurch sichergestellt, dass alle Minderheitenverlangen nur entweder nach alter oder nach neuer Rechtslage zu beurteilen sind. Für Verlangen auf Ergänzung der Tagesordnung wird zudem verhindert, dass Angaben zu den Rechten der Aktionäre nach § 122 Absatz 2 AktG, die börsennotierter Gesellschaften gemäß § 121 Absatz 3 Satz 3 Nummer 3 AktG in der Einberufung ihrer Hauptversammlung gemacht haben, durch das Inkrafttreten der Aktienrechtsnovelle 2014 unrichtig werden.

Zu Absatz 5 (Übergangsregelung zur Einfügung von § 123 Absatz 4 bis 6 AktG)
Die Übergangsvorschrift stellt sicher, dass den Gesellschaften für die Umstellung ihrer Hauptversammlungspraxis im Hinblick auf die neuen Anforderungen zum einheitlichen Nachweisstichtag für Inhaber- und Namensaktien börsennotierter Gesellschaften (Artikel 1 Nummer 10 Buchstabe b in Verbindung mit Nummer 6 Buchstabe b) eine angemessene Frist verbleibt.

Zu Artikel 3 (Änderung des Handelsgesetzbuchs – HGB)
Zu Nummer 1 (Änderung des § 13f Absatz 2 HGB)
Es handelt sich um eine Folgeänderung zu Artikel 1 Nummer 2 und Nummer 3 (Aufhebung von § 24 und § 25 Satz 2 AktG).

Zu Nummer 2 (Änderung des § 108 HGB)
§ 108 HGB schreibt eine Anmeldung durch sämtliche Gesellschafter für die registermäßige Verlautbarung grundlegender Vorgänge vor (Gründung und Strukturänderungen).

Durch das Gesetz zur Modernisierung des GmbH-Rechts und zur Bekämpfung von Missbräuchen (MoMiG) vom 23. Oktober 2008 (BGBl. I S. 2026) wurde die Anmeldepflicht bei Änderungen der inländischen Geschäftsanschrift in den § 107 HGB eingefügt. Dabei wurde übersehen, dass § 108 HGB für die Anmeldungen nach § 107 HGB gilt. Für die Änderung der inländischen Geschäftsanschrift ist die Anmeldung durch alle Gesellschafter aber unangemessen. Dieses Versehen wird nun behoben.

Nach der Neuregelung ist in diesem Fall keine Anmeldung durch sämtliche Gesellschafter mehr erforderlich. Vielmehr ist nach allgemeiner Regel eine Anmeldung durch die vertretungsberechtigten Gesellschafter oder Liquidatoren in jeweils vertretungsberechtigter Zahl ausreichend.

Die Neuregelung gilt über § 161 Absatz 2 HGB auch für die Kommanditgesellschaft.

Zu Nummer 3 (Änderung des § 130a Absatz 2 HGB)

Mit der Änderung in Nummer 3 (§ 130a Absatz 2 HGB) wird ein Redaktionsversehen des Gesetzes zur Modernisierung des GmbH-Rechts und zur Bekämpfung von Missbräuchen (MoMiG) vom 23. Oktober 2008 (BGBl. I S. 2026) behoben. Der Verweis in Absatz 2 bezieht sich auf den Absatz 1 derselben Vorschrift (vgl. Artikel 3 Nummer 12 MoMiG).

Zu Artikel 4 (Änderung des GmbH-Gesetzes – GmbHG)

Soweit für eine Gesellschaft mit beschränkter Haftung nach dem Gesellschaftsvertrag ein Aufsichtsrat zu bestellen ist, besteht hinsichtlich der Aufsichtsratsmitglieder, die auf Veranlassung einer Gebietskörperschaft in den Aufsichtsrat gewählt oder entsandt worden sind, das Bedürfnis, das Verhältnis der Berichtspflicht gegenüber der Gebietskörperschaft zur gesellschaftsrechtlichen Verschwiegenheitspflicht analog der für die Aktiengesellschaft geltenden Regelung in § 394 und § 395 AktG zu regeln. Auch hier besteht ansonsten für Mandatsträger der öffentlichen Hand das Risiko einer Strafbarkeit gemäß § 85 GmbHG wegen Verstoßes gegen die GmbH-rechtliche Verschwiegenheitspflicht. Weil mit der Lockerung der Verschwiegenheitspflicht in § 394 AktG ihre Erstreckung auf die in § 395 AktG genannten Personen einhergeht, ist in der Ergänzung von § 52 Absatz 1 GmbHG auf beide Vorschriften Bezug zu nehmen.

Zu Artikel 5 (Änderung des Partnerschaftsgesellschaftsgesetzes –-PartGG)

Es handelt sich um eine redaktionelle Folgeänderung zur Änderung des § 108 HGB. Gemäß § 5 Absatz 2 zweiter Halbsatz PartGG muss bei der Partnerschaftsgesellschaft keine inländische Geschäftsanschrift zur Eintragung in das Partnerschaftsregister angemeldet werden. Deswegen spielt § 108 Satz 2 HGB für die Partnerschaftsgesellschaft keine Rolle. Die Vorschrift ist also von der Verweisung in § 4 Absatz 1 Satz 1 PartGG auszunehmen.

Zu Artikel 6 (Änderung des Finanzmarktstabilisierungsbeschleunigungsgesetzes – FMStBG)

Es handelt sich um eine Folgeänderung zu Artikel 1 Nummer 10 (Änderung des § 123 AktG).

Zu Artikel 7 (Änderung des Kreditinstitute-Reorganisationsgesetzes – KredReorgG)

Es handelt sich um eine Folgeänderung zu Artikel 1 Nummer 10 (Änderung des § 123 AktG).

Zu Artikel 8 (Inkrafttreten)

Die Vorschrift regelt das Inkrafttreten des Gesetzes. Um eine einheitliche Abwicklung der Dividendentermine durch die die Aktien verwahrenden Kreditinstitute zu gewährleisten, wird für die Neuregelung der Dividendenfälligkeit in Artikel 1 Nummer 5 AktG-E ein Inkrafttreten am 1. Januar 2016 bestimmt. So kann die Dividendensaison 2015 noch gänzlich nach bestehender Rechtslage abgewickelt und die Neuregelung einheitlich auf die Dividendensaison 2016 angewendet werden. Im Übrigen tritt das Gesetz am Tag nach der Verkündung in Kraft.

Anhang

Anlage 2

Stellungnahme des Nationalen Normenkontrollrates gem. § 6 Abs. 1 NKRG:
Gesetz zur Änderung des Aktiengesetzes (NKR-Nr. 2894)

Der Nationale Normenkontrollrat hat den oben genannten Entwurf geprüft.

1) Zusammenfassung

Bürgerinnen und Bürger	Keine Auswirkungen
Wirtschaft: jährlicher Erfüllungsaufwand: davon Bürokratiekosten:	rund – 240.000 Euro rund – 35.000 Euro
Verwaltung	Keine Auswirkungen
Sonstige Kosten	Keine
Der Nationale Normenkontrollrat macht im Rahmen seines gesetzlichen Prüfauftrages keine Einwände gegen die Darstellung der Gesetzesfolgen im vorliegenden Regelungsvorhaben geltend.	

2) Im Einzelnen

a. Regelungsinhalt

Mit dem Gesetzentwurf wird unterschiedlichem Änderungsbedarf Rechnung getragen, der sich im Aktienrecht in den letzten Jahren ergeben hat.

<u>Erleichterungen betreffend die Finanzierung von Gesellschaften</u>

Soweit der Entwurf Aktiengesellschaften künftig die Finanzierung erleichtert, ergibt sich kein Erfüllungsaufwand: Stimmrechtslose Vorzugsaktien können künftig grundsätzlich als Kernkapital anerkannt werden, wenn die bislang bestehende Pflicht zur Nachzahlung der Vorzugsdividende ausgeschlossen wird. Ferner können bei Wandelanleihen künftig auch die Gesellschaften ein Umtauschrecht vorsehen, um in finanziellen Problemsituationen flexiblere Handlungsmöglichkeiten zu besitzen.

<u>Verbesserung der Transparenz bezüglich der Beteiligungsstrukturen bei Inhaberaktien</u>

Der Gesetzentwurf verstärkt die Transparenz über die Beteiligungsstrukturen von Aktiengesellschaften, indem künftig bei Inhaberaktien die Identität der Aktionäre besser festgestellt werden kann (§ 10 AktG-E). Diese Änderung trägt einer Rüge der Financial Action Task Force (FATF)[*] Rechnung. Die FATF bemängelt, dass im deutschen Recht die Möglichkeit zur Feststellung der Identität im Bereich von Inhaberaktien nicht ausreichend gewährleistet ist.

Künftig können Inhaberaktien nur noch ausgestellt werden, wenn entweder

– die Gesellschaften börsennotiert sind: Transparenz wird hier für Beteiligungsrechte über drei Prozent durch das ab dieser Grenze geltende Erfordernis der kapitalmarktrechtlichen Beteiligungspublizität (§ 21 Abs. 1 S. 1 WpHG) erzielt. Für Beteiligungsrechte unter drei Prozent kann die Identität der Anteilseigner ermittelt werden, weil die Aktien - wie in aller Regel praktiziert - entweder einer Wertpapiersammelbank oder einem vergleichbaren ausländischen Verwahrer anvertraut sind.

– Oder der Anspruch auf Einzelverbriefung ausgeschlossen wird: Dann werden die Inhaberaktien in einer Sammelurkunde verbrieft, die bei einem Wertpapiersammler oder einem vergleichbaren ausländischen Verwahrer hinterlegt werden. Über die Verbriefung in einer Sammelurkunde und ihre Hinterlegung wird die Ermittlung der Identität der Anteilseigner möglich. Bis zur Hinterlegung der Sammelurkunde sind die Inhaberaktionäre künftig in das Aktienregister einzutra-

---

[*] Die FATF ist eine Expertengruppe der OECD, welche die Methoden der Geldwäsche und der Finanzierung des Terrorismus analysiert und Maßnahmen zu deren Bekämpfung entwickelt. Ziel der FATF ist es, weltweit einheitliche Standards in der Bekämpfung der Geldwäsche und der Terrorismusfinanzierung zu erarbeiten.

gen (§ 10 Abs. 1 S. 2 AktG-E iVm § 67 AktG), was für die Übergangszeit die erforderliche Transparenz gewährleistet.
– Oder die Gesellschaft nach dem Verlust der Börsenzulassung eine Dauersammelurkunde in die Girosammelverwahrung gibt und durch die Verbriefung in der Sammelurkunde die erforderliche Transparenz hergestellt.

Alternativ bleibt es einer Gesellschaft unbenommen, auf die Ausgabe von Namensaktien umzustellen.

<u>Vereinfachung der Mitteilung zur Einberufung der Hauptversammlung</u>

Der Gesetzentwurf vereinfacht die Pflichten der Gesellschaften bei Mitteilung zur Einberufung von Hauptversammlungen (§ 124 Abs. 2 AktG-E). Bislang ist mitzuteilen, ob die Hauptversammlung an Wahlvorschläge gebunden ist, wenn eine Aufsichtsratswahl ansteht. Praktisch besteht eine Bindung an Wahlvorschläge jedoch lediglich für sehr wenige Aufsichtsräte in Deutschland, nämlich solche, die dem Montanmitbestimmungsgesetz unterliegen. Mit der Neuregelung wird diese Hinweispflicht auf die tatsächlich betroffenen Gesellschaften beschränkt.

<u>Vereinfachung der Anmeldung einer offenen Handelsgesellschaft</u>

Der Gesetzentwurf sieht die Vereinfachung der Anmeldung einer offenen Handelsgesellschaft vor (§ 108 HGB-E). Die geltende Regelung verlangt, dass eine Anmeldung durch sämtliche Gesellschafter zu erfolgen hat. Künftig soll eine Anmeldung durch die vertretungsberechtigten Gesellschafter oder Liquidatoren ausreichen.

b. Erfüllungsaufwand

<u>Verbesserung der Transparenz über Beteiligungsstrukturen bei Inhaberaktien</u>

Der Gesetzentwurf reglementiert unter anderem die Ausgabe und den Handel mit Inhaberaktien. Da Inhaberaktien als Inhaberpapiere nicht den Namen eines Begünstigten enthalten, wird für nicht börsennotierte Gesellschaften vorgeschrieben, dass dafür jeweils eine Sammelurkunde zu erstellen und zu hinterlegen ist. Das verursacht zusätzlichen Aufwand für die Gesellschaft und die Anteilseigner. Aufgrund einer vorgesehenen Bestandsschutzregelung werden lediglich Gesellschaften betroffen, die nach dem Beschluss des Gesetzentwurfs durch das Bundeskabinett gegründet werden. Für bestehende Gesellschaften fällt daher kein einmaliger Umstellungsaufwand an.

Das Ressort geht – nachvollziehbar - davon aus, dass jährlich rund 600 Gesellschaften neu gegründet werden. Derzeit sind Aktiengesellschaften in Deutschland zu 70 % Namensaktien- und zu 30 % Inhaberaktien-Gesellschaften. Damit sind voraussichtlich rund 180 Gesellschaften von dem Erfordernis der Ausstellung von Sammelurkunden betroffen. Nach Angabe des Ressorts stellen bestehende Gesellschaften nur selten von Namens- auf Inhaberaktien um, schätzungsweise jährlich in etwa 60 Fällen. Insgesamt werden ca. 240 Gesellschaften jährlich betroffen sein. Davon sind die Gesellschaften abzuziehen, die nach den bisherigen Erfahrungen ihre Inhaberaktien über Sammelurkunden verbriefen. Das Ressort geht insoweit von rund 20 Gesellschaften aus, so dass insgesamt voraussichtlich rund 220 Gesellschaften von der Neuregelung betroffen sind.

Die anlassbezogenen Sachaufwendungen für die Herstellung der Sammelurkunde bringt das Ressort mit 10 Euro pro Gesellschaft, insgesamt 2.200 Euro, in Ansatz. Hinzu kommt ein Personalaufwand von insgesamt rund 9.500 Euro, wobei etwa 60 Minuten Arbeitsaufwand pro Gesellschaft in Ansatz gebracht werden.

Der zusätzliche Aufwand, der durch die Ausstellung von Sammelurkunden entsteht, wird teilweise von Entlastungen durch die verminderte Anzahl von Einzelverbriefungen ausgeglichen. Da über die Zahl der Gesellschaften, die Einzelurkunden ausstellen, keine Angaben verfügbar sind, können hierzu keine belastbaren Aussagen getroffen werden.

Die betroffenen Gesellschaften (Fallzahl 220) sind nicht nur zur Ausstellung, sondern auch zur Hinterlegung der Sammelurkunden verpflichtet, was zusätzlichen Personalaufwand und Depotkosten verursacht. Für den Personalaufwand nimmt das Ressort 60 Minuten Arbeitsaufwand pro Gesellschaft an. Zur Berechnung der Depotkosten geht das Ressort mit der Praxis von Depotgebühren nach einem Prozentsatz des Kurswertes aus und zwar durchschnittlich von 1 Prozent des Kurswertes. Zur Berechnung des Kurswertes ist bei nicht-börsennotierten Gesellschaften auf den Nennbetrag abzustellen. Bei den betroffenen nicht börsennotierten Gesellschaften handelt es sich eher um kleine Gesellschaften (strukturell vergleichbar mit einer GmbH), mit wenigen Anteilseignern. Das Ressort nimmt deshalb für diese nicht-börsennotierten Gesellschaften durch-

Anhang

schnittlich den (Mindest-) Nennbetrag von 50.000 Euro sowie vier Aktionäre an. Daraus ergeben sich durchschnittlich jährlich 125 Euro Depotgebühren je Aktionär (1 Prozent von 50.000 Euro verteilt auf vier Aktionäre) und insgesamt jährlich 110.000 Euro Depotgebühren (125 Euro à 880 Aktionäre (4 x 220)).

Die Annahmen des Ressorts sind nach Ansicht des NKR nachvollziehbar und plausibel.

<u>Vereinfachung der Mitteilungen zu den Hauptversammlungen</u>

Derzeit müssen die rund 17.000 Aktiengesellschaften in Deutschland in der Bekanntmachung der Tagesordnung der Hauptversammlung angeben, ob die Hauptversammlung bei der Wahl von Aufsichtsratsmitgliedern an Wahlvorschläge gebunden ist. Diese Verpflichtung wird künftig auf die rund 30 Gesellschaften, die dem Montan-Mitbestimmungsgesetz unterliegen, reduziert.

Da Wahlen zu den Aufsichtsräten grundsätzlich alle zwei Jahre stattfinden, geht das Ressort von einer befreienden Wirkung für rund 8.500 Gesellschaften jährlich aus. Das ergibt eine Entlastung von rund 370.000 Euro. Davon sind 350.000 Euro Personalkosten in Höhe von 350.000 Euro, weil der Wegfall der Mitteilungspflicht pro Gesellschaft jährlich ca. 60 Minuten Arbeitsaufwand erspart, was angesichts der Komplexität der Materie „Recht der Hauptversammlungen" angemessen erscheint. Das Ressort bringt weiter eine Sachkostenersparnis von 20.000 Euro jährlich in Ansatz. Die Gesamtentlastung aller Gesellschaften in Höhe von 370.000 Euro jährlich umfasst auch die Entlastung börsennotierter Gesellschaften von Bürokratiekosten in Höhe von 35.000 Euro, weil es sich in dieser Konstellation um eine Informationspflicht gegenüber Dritten, den Aktionäre der Gesellschaft, handelt. Bei nicht börsennotierten Gesellschaften umfasst der Kreis der Anteilseigner dagegen in der Regel nur wenige unter einander bekannte Personen, so dass keine Kommunikation mit „Dritten" zu führen ist.

Der NKR erachtet die Annahmen des Ressorts für nachvollziehbar und plausibel.

<u>Vereinfachte Anmeldung von OHGs</u>

Der Entwurf vereinfacht eine Informationspflicht, die versehentlich durch das Gesetz zur Modernisierung des GmbH-Rechts und zur Bekämpfung von Missbräuchen vom 23. Oktober 2008 entstanden war: Es wird der frühere Zustand wieder hergestellt, nach der eine Anmeldung durch die vertretungsberechtigten Gesellschafter oder Liquidatoren ausreichend war. Das führt zu einer geringfügigen, nicht quantifizierbaren Entlastung für OHGs.

Dr. Ludewig
Vorsitzender

Hahlen
Berichterstatter

Anlage 3

Stellungnahme des Bundesrates

Der Bundesrat hat in seiner 931. Sitzung am 6. März 2015 beschlossen, zu dem Gesetzentwurf gemäß Artikel 76 Absatz 2 des Grundgesetzes wie folgt Stellung zu nehmen:

1. Zu Artikel 1 Nummer 10 Buchstabe b (§ 123 Absatz 6 AktG)

    Der Bundesrat bittet zu prüfen, ob den Besonderheiten der Namensaktie durch die Festlegung eines eigenen Bestandsstichtages Rechnung getragen werden kann.

    Begründung:

    Der Gesetzentwurf sieht vor, für Inhaber- und Namensaktien einen einheitlichen Bestandsstichtag für die Ausübung der Aktionärsrechte in der Hauptversammlung auf den Beginn des 21. Tages vor der Hauptversammlung festzulegen. Diese Regelung wird den Besonderheiten der Namensaktie nicht gerecht.

    Für Inhaberaktien eignet sich der gewählte Bestandsstichtag durchaus. Inhaberaktionäre werden von ihren Depotbanken über die Hauptversammlung informiert und erhalten mit gleicher Post die Bestandsbestätigung, so dass die Depotbanken nur einmal versenden müssen. Bei Namensaktien ist die Ausgangslage anders. Hier ist weder eine Bestandsbestätigung noch eine Mitwirkung der Depotbank erforderlich. Da sich die Aktionärseigenschaft unmittelbar aus der Eintragung im Aktienregister ergibt, werden Namensaktionäre regelmäßig von der Gesellschaft selbst angeschrieben. Folglich besteht keine Notwendigkeit, die Feststellung der Teilnahme- und Stimmberechtigung durch Einführung eines weit vor der Hauptversammlung liegenden Bestandsstichtags von der Registereintragung künstlich abzukoppeln. Vielmehr sollte es dabei bleiben, dass die Aktionärseigenschaft anhand der Eintragung im Aktienregister am Tag der Hauptversammlung geprüft wird. Aus technischen Abwicklungsgründen ist dies meist auch der Bestand am Tag des Anmeldeschlusses, der in der Regel zwischen dem siebten und dem dritten Tag vor der Hauptversammlung liegt.

    Ausländische Investoren sind häufig nicht selbst im Aktienregister eingetragen, sondern halten ihre Aktien über eine oder mehrere Depotbanken. Meist ist für sie eine deutsche Depotbank oder ein sogenannter Globalverwahrer im Aktienregister als „Fremdbesitzer" eingetragen. Um die Transparenz bei Namensaktien weiter zu erhöhen, sollte in Fällen des Fremdbesitzes die Registereintragung des wahren Aktionärs erleichtert, nicht erschwert werden. Würde man den Bestandsstichtag auf den 21. Tag vor der Hauptversammlung legen, würde dadurch das für eine Registereintragung der wahren Aktionäre verfügbare Zeitfenster stark schrumpfen, was vor allem zu Lasten ausländischer Aktionäre und deren Rechtswahrnehmung in der Hauptversammlung ginge.

    Eine Vergrößerung des zeitlichen Abstandes zwischen Bestandsstichtag und Hauptversammlung würde außerdem die weitere Zunahme von Wertpapier-Leihegeschäften im Umfeld der Hauptversammlung bei Dividendentiteln provozieren. Solche Aktienleihen werden vereinbart, um internationale Unterschiede in der Dividendenbesteuerung zur Steuervermeidung zu nutzen. Diese Geschäfte sind fiskalisch unerwünscht und stehen dem Gebot gleichmäßiger Besteuerung ausgeschütteter Gewinne entgegen. Zudem wird ein Investor, dessen Aktien am Hauptversammlungstag verliehen sind, erfahrungsgemäß sein Stimmrecht oft nicht ausüben.

    Beide Aspekte gefährden im Ergebnis eine sachgerechte Ausübung der Stimmrechte in der Hauptversammlung. Die Einführung eines frühen Bestandsstichtages könnte zu einer weiteren Präsenzminderung in Hauptversammlungen von Namensaktiengesellschaften führen und damit die Gefahr von Zufallsmehrheiten erhöhen.

    Die Begründung des Gesetzentwurfs setzt sich mit diesen Problemen nicht auseinander. Zudem können die dort angeführten Argumente für einen einheitlichen Bestandsstichtag nicht überzeugen. Artikel 7 Absatz 3 der Aktionärsrechterichtlinie erlaubt aus gutem Grund unterschiedliche Stichtage für Inhaberaktien und Namensaktien, sofern nicht eine Gesellschaft beide Aktiengattungen ausgegeben hat.

    Unterschiedliche Bestandsstichtage haben in der Vergangenheit auch nicht zu „verwirrenden Signalen" an den Kapitalmärkten geführt. Maßgeblich ist die jeweilige Veröffentlichung in der Einladung zur Hauptversammlung mit den darin bekanntgegebenen Terminen. Dort werden die rele-

Anhang

vanten Stichtage jeweils klar kommuniziert. Tatsächlich zeigen große internationale Kapitalmärkte wie z. B. in den USA, dass ein einheitlicher Bestandsstichtag nicht notwendig ist.

Was die Festlegung des Stichtags betrifft, wäre bei Namensaktien ein Stichtag „21 Tage vor der Hauptversammlung" im europäischen Vergleich auch sehr ungewöhnlich; auf allen großen europäischen Kapitalmärkten gelten Stichtage zwischen null und sieben Tagen. Schließlich würde auch die Gefahr des „share blocking" durch eine längere Abwicklungszeit zwischen Bestandsstichtag und Anmeldeschlusstag eher vergrößert.

Als Folge sollte Artikel 1 Nummer 6 Buchstabe b gestrichen werden.

2. Zu Artikel 1   Nummer 16 Buchstabe a (§ 139 Absatz 1 Satz 1),
                   Nummer 17 Buchstabe a (§ 140 Absatz 2 Satz 2 AktG)

Der Bundesrat hält es für erforderlich, die Schaffung von dauerhaft stimmrechtslosen Vorzugsaktien ohne Recht auf Nachzahlung - insbesondere für Kreditinstitute im Sinne des § 1 KWG - zu ermöglichen.

Begründung:

Der Gesetzentwurf sieht in Artikel 1 Nummer 16 Buchstabe a (§ 139 Absatz 1 Satz 1 AktG) vor, dass das Recht auf Nachzahlung des Vorzugs nicht mehr als zwingendes Ausstattungsmerkmal stimmrechtsloser Vorzugsaktien anzusehen ist. Damit steht es den Gesellschaften zukünftig frei, sowohl Vorzugsaktien mit als auch ohne Nachzahlungsrecht auszugeben. Sofern sie von der zuletzt genannten Möglichkeit Gebrauch machen, sollen die Vorzugsaktionäre das Stimmrecht bereits dann erlangen, wenn der Vorzugsbetrag in einem Jahr teilweise nicht gezahlt wird, Artikel 1 Nummer 17 Buchstabe a (§ 140 Absatz 2 Satz 2 AktG).

Die Möglichkeit, Vorzugsaktien ohne Nachzahlungsrecht auszugeben, ist für Kreditinstitute grundsätzlich zu begrüßen, da dieses Instrument auch als Kernkapital anerkannt ist. Dies gilt insbesondere vor dem Hintergrund der steigenden Kapitalanforderungen sowie des Wegfalls von stillen Einlagen und Genussscheinen in der bisherigen Form als Kernkapital. Das Aufleben des Stimmrechts könnte allerdings bei Kreditinstituten mit geschlossenem Aktionärskreis dazu führen, dass das mit der Flexibilisierung der Vorzugsaktie verfolgte Ziel, die Erfüllung regulatorischer Vorgaben zu erleichtern, nicht erreicht wird. Der Nutzung des Instruments der Vorzugsaktie ohne Nachzahlungsrecht durch Kreditinstitute mit geschlossenem Aktionärskreis könnte entgegenstehen, dass diese Institute nachvollziehbar kein Interesse an einer möglichen Einflussnahme durch Dritte haben. Damit wird für diese Kreditinstitute dieses weitere Kernkapitalinstrument unattraktiv.

Ein dauerhafter Stimmrechtsausschluss stünde auch nicht im Widerspruch zu den Empfehlungen des Basler Ausschusses für Bankenaufsicht (Basel III) und den Vorgaben der Verordnung (EU) Nr. 575/2013 über Aufsichtsanforderungen an Kreditinstitute und Wertpapierfirmen (CRR), da sie nicht vorgeben, Vorzugsaktionären im Fall der Nichtgewährung eines Vorzugs ein Stimmrecht einzuräumen.

Im Übrigen sind permanent stimmrechtslose Vorzugsaktien in einigen anderen europäischen Rechtsordnungen anerkannt (zB Frankreich und Großbritannien). Für deutsche Kreditinstitute in der Rechtsform einer Aktiengesellschaft bestünde damit bei der Kapitalbeschaffung ein erheblicher Wettbewerbsnachteil.

3. Zu Artikel 1 Nummer 28 (§ 394 Satz 4 – neu – AktG)

Artikel 1 Nummer 28 ist wie folgt zu fassen:

‚28. Dem § 394 werden folgende Sätze angefügt:

„Die Berichtspflicht < ... wie Vorlage >. Dies gilt auch für Aufsichtsratsmitglieder, die auf Veranlassung einer der Rechtsaufsicht einer Gebietskörperschaft unterstehenden rechtsfähigen Körperschaft, Anstalt oder Stiftung des öffentlichen Rechts in den Aufsichtsrat gewählt oder entsandt worden sind." '.

Begründung:

Bisher regelt § 394 AktG nur das Verhältnis einer bestehenden Berichtspflicht eines auf Veranlassung einer Gebietskörperschaft in den Aufsichtsrat gewählten oder entsandten Aufsichtsratsmitglieds zur grundsätzlichen Verschwiegenheitspflicht gemäß § 93 Absatz 1 Satz 3 und § 116 AktG. Das Fehlen einer Regelung über die Begründung der Berichtspflicht ist angesichts der Strafbarkeit gemäß § 404 AktG bei einem Verstoß gegen die aktienrechtliche Verschwiegenheitspflicht ein latentes Problem für Mandatsträger der öffentlichen Hand. Es ist daher zu begrüßen, dass im Gesetzentwurf eine klarstellende Regelung zur Begründung der Berichtspflicht für auf Veranlassung einer Gebietskörperschaft in den Aufsichtsrat gewählte oder entsandte Aufsichtsratsmitglieder aufgenommen worden ist.

Regelungsbedarf besteht über die im Gesetzentwurf vorgesehene Regelung hinaus, wenn Aufsichtsratsmitglieder auf Veranlassung einer der Rechtsaufsicht einer Gebietskörperschaft unterstehenden rechtsfähigen Körperschaft, Anstalt oder Stiftung des öffentlichen Rechts in den Aufsichtsrat gewählt oder entsandt worden sind. Beispiele aus den Bereichen der Länder und Kommunen sind die Tochtergesellschaften von Universitäten, Universitätskliniken, öffentlich-rechtlichen Banken und Sparkassen. Diese Beteiligungen werden ebenfalls von einem öffentlichen Zweck getragen, daher besteht hier dasselbe Regelungsbedürfnis wie für Gebietskörperschaften.

GmbH-Beteiligungen von Anstalten etc. (zB Universitäten und Unikliniken, Banken etc.) sind sehr häufig. Der Gesetzentwurf der Bundesregierung nimmt mit § 394 AktG über § 52 GmbHG zu Recht auch GmbHs in Bezug. Deren Aufsichtsratsmandatsträger unterliegen einer vergleichbaren Verschwiegenheitsproblematik. Da die Thematik nicht selbständig im GmbHG, sondern rechtstechnisch über einen Verweis auf § 394 AktG geregelt wird, ist dort eine Erweiterung des Kreises der juristischen Personen des öffentlichen Rechts erforderlich.

Der Hinweis der Gegenäußerung der Bundesregierung zur Aktienrechtsnovelle 2012/VorstKoG (BT-Drucksache 17/8989, Seite 27) auf Beherrschungsverträge etc. deckt die Vielgestaltigkeit der Beteiligungserfordernisse nicht ab. In vielen Fällen geht es gerade darum, mit Dritten eine gemeinsame Beteiligung einzugehen, die keine dominierende Rolle der öffentlichen Hand beabsichtigt. Außerdem wirken diese Instrumente primär nicht auf der Ebene der Mandatsträger im Aufsichtsrat, sondern zwischen Gesellschafter und GmbH-Geschäftsführung beziehungsweise AG-Vorstand. Die Bezugnahme der Änderung auf die Rechtsaufsicht über die juristischen Personen des öffentlichen Rechts dient der Einbeziehung der mittelbaren Staats- und Kommunalverwaltung, für die die öffentliche Interessenlage und grundsätzliche verfassungsrechtliche Ausrichtung an einer demokratischen Legitimation vergleichbar der der Gebietskörperschaften ist. Daher ist der bisherige § 394 AktG unzureichend.

Außerdem wird klargestellt, dass das eine Berichtspflicht begründende Rechtsgeschäft zwischen Gebietskörperschaft und Mandatsträger abgeschlossen wird.

Die Begründung des Gesetzentwurfs enthält zudem nicht mehr die Passage „Eine gesetzliche Berichtspflicht kann unter anderem als Nebenpflicht aus einem Beamtenverhältnis resultieren. Auch hier kann es sich anbieten, diese Nebenpflicht gegebenenfalls schriftlich zu verdeutlichen und zu konkretisieren." (vgl. Begründung, B. Besonderer Teil, zu Nummer 21, letzter Absatz in BT-Drucksache 17/8989, Seite 21 der der Diskontinuität unterfallenen Aktienrechtsnovelle 2012/VorstKoG). Diese Erläuterung gilt nach wie vor; sie gibt den ein Aufsichtsratsmandat wahrnehmenden Beamten Rechtssicherheit.

Da der Gesetzentwurf der Schaffung von Rechtsklarheit dient, wird auch auf die Gegenäußerung der Bundesregierung (BT-Drucksache 17/8989, Seite 27) Bezug genommen, wonach das Kriterium „auf Veranlassung einer Gebietskörperschaft gewählt oder entsandt" auch dann erfüllt ist, wenn die Gebietskörperschaft lediglich mittelbar an der Aktiengesellschaft (Enkelgesellschaft) beteiligt ist, ohne dass eine Mindesthöhe der Beteiligung oder eine Mehrheitsbeteiligung an einem zwischengeschalteten Unternehmen (Tochtergesellschaft) erforderlich ist.

Es wird darauf hingewiesen, dass im Vorblatt und in der allgemeinen Begründung des Gesetzentwurfs wohl auf Grund eines Redaktionsversehens nur die entsandten und nicht die auf Veranlassung einer Gebietskörperschaft gewählten Aufsichtsratsmitglieder genannt werden (vgl. Vorblatt Abschnitt A Absatz 6; Allgemeine Begründung Teil I Absatz 6).

4. Zu Artikel 5a – neu – (§ 94 Absatz 1 und Absatz 2 – neu –, § 96 Absatz 1 GVG)

Nach Artikel 5 ist folgender Artikel 5a einzufügen:

‚Artikel 5a

Änderung des Gerichtsverfassungsgesetzes

Das Gerichtsverfassungsgesetz in der Fassung der Bekanntmachung vom 9. Mai 1975 (BGBl. I S. 1077), das zuletzt durch … geändert worden ist, wird wie folgt geändert:

1. § 94 wird wie folgt gefasst:

Anhang

„§ 94

(1) Ist bei einem Landgericht eine Kammer für Handelssachen gebildet, so entscheidet diese in den Fällen des § 95 Absatz 2 anstelle der Zivilkammern, soweit nicht die Zuständigkeit des Vorsitzenden der Kammer für Handelssachen begründet ist.

(2) In den Fällen des § 95 Absatz 1 tritt die Kammer für Handelssachen an die Stelle der Zivilkammern nach Maßgabe der folgenden Vorschriften."

2. In § 96 Absatz 1 werden die Wörter „Der Rechtsstreit wird" durch die Wörter „Liegt kein Fall des § 95 Absatz 2 vor, so wird der Rechtsstreit" ersetzt.'

Begründung:

Das am 1. September 2009 in Kraft getretene FGG-Reformgesetz (FGG-RG) vom 17. Dezember 2008 (BGBl. I S. 2586) hat einerseits den Begriff der Handelssachen nach § 95 GVG erweitert (vgl. Artikel 22 Nummer 11 und 13 FGG-RG), andererseits bestimmte gesetzlich angeordnete Zuständigkeiten der Kammer für Handelssachen, die unabhängig von entsprechenden Parteianträgen (§§ 96, 98 GVG) galten, aufgehoben. Dabei handelte es sich um folgende Vorschriften:

- § 2 Absatz 2 SpruchG (Artikel 42 Nummer 1 Buchstabe b FGG-RG), der alle Fälle des § 1 SpruchG betrifft;
- § 98 Absatz 1 Satz 1 AktG (Artikel 74 Nummer 6 FGG-RG);
- § 142 Absatz 5 AktG (Artikel 74 Nummer 12 Buchstabe a FGG-RG);
- § 145 Absatz 5 AktG (Artikel 74 Nummer 13 FGG-RG);
- § 132 Absatz 1 Satz 2 bis 4 (Artikel 74 Nummer 11 Buchstabe a FGG-RG).

Die Streichungen haben dazu geführt, dass einschlägige Sachen - sofern die Parteien keine Anträge nach §§ 96, 98 GVG stellen - vor die allgemeinen Zivilkammern gelangen und auch nicht mehr von Amts wegen an die Kammern für Handelssachen abgegeben werden können. Seit Inkrafttreten des FGG-Reformgesetzes ist daher nicht mehr sichergestellt, dass die betreffenden Materien bei Spruchkörpern behandelt werden, die über das erforderliche Spezialwissen und oft langjährige Erfahrung mit diesen Materien verfügen.

Diese Rechtslage stellt - worauf der Bundesrat seit Jahren hinweist - die Gerichte vor erhebliche Probleme. Denn in der Praxis ist eine Antragstellung nach §§ 96 ff. GVG im Einzelfall nicht zuverlässig zu erreichen; andererseits sind die Materien des § 95 Absatz 2 GVG nur mit Spezialwissen sachgerecht zu bewältigen. Bei der Verteilung im allgemeinen Zivilturnus besteht zudem die Gefahr, dass wichtige und aufwändige Verfahrensschritte - etwa Unternehmensbewertungen - mehrfach durchgeführt werden müssen, dass zugleich aber unterschiedliche Spruchkörper bezogen auf identische Sachverhalte zu divergierenden Ergebnissen gelangen. Dies wiegt umso schwerer, als die gerichtlichen Entscheidungen in den genannten Fällen zum Teil nicht nur gegenüber den Beteiligten, sondern gegenüber jedermann wirken (vgl. zB für die in § 98 AktG geregelte gerichtliche Entscheidung über die Zusammensetzung des Aufsichtsrats § 99 Absatz 5 Satz 2 AktG).

Diese Schwierigkeiten lassen sich beheben, indem für bestimmte Spezialmaterien eine antragsunabhängige Zuständigkeit der Kammern für Handelssachen begründet wird. Im Interesse einer übersichtlichen Regelung verweist § 94 Absatz 1 GVG-E wegen dieser Zuständigkeiten insgesamt auf § 95 Absatz 2 GVG. Bei den dort aufgeführten Spezialmaterien ist die parallele Zuständigkeit der allgemeinen Zivilkammern und der Kammern für Handelssachen typischerweise nicht sinnvoll, vielmehr eine gesetzliche Zuständigkeitszuweisung an die Kammer für Handelssachen sachangemessen.

Als Folge ist § 246 Absatz 3 Satz 2 AktG aufzuheben.

5. Zum Gesetzentwurf allgemein

Der Bundesrat bittet, im weiteren Gesetzgebungsverfahren zu prüfen, durch welche zivilrechtliche Regelung sichergestellt werden kann, dass die wirtschaftlichen Interessen von Minderheitsaktionären von Aktiengesellschaften, deren Aktien zum Handel an einer Börse zugelassen sind, im Falle eines Rückzuges der Gesellschaft von der Börse ausreichend geschützt werden.

Begründung:

In einer richtungsweisenden Entscheidung hat der Bundesgerichtshof (BGH) im Jahr 2002 zunächst festgelegt, dass für das Delisting einer Aktiengesellschaft von der Börse ein Hauptversammlungsbeschluss notwendig sei und die Aktiengesellschaft den Aktionären ein Abfindungsangebot für die Aktien machen müsse (Macrotron-Urteil).

Das Bundesverfassungsgericht (BVerfG) entschied im Jahr 2012, dass ein Delisting grundsätzlich nicht den Schutzbereich des Eigentumsrechts eines Aktionärs (Artikel 14 Absatz 1 des Grundgesetzes) berühre. Diese Rechtsprechung des BVerfG nahm der BGH nun auf und stellte fest, dass der Grundrechtsschutz nicht mehr als Argument für die Erfordernisse einer Hauptversammlungsentscheidung sowie eines Abfindungsangebots angeführt werden könne. Auch andere Vorschriften, insbesondere das Aktiengesetz selbst, könnten nicht als Rechtsgrundlage für die Notwendigkeit eines Hauptversammlungsbeschlusses dienen.

Durch diesen Wandel in der höchstrichterlichen Rechtsprechung verlieren die Aktionäre von an der Börse zum Handel zugelassenen Aktiengesellschaften den Schutz, den die richterliche Rechtsfortbildung jahrelang gewährleistet hat. Ferner wird durch die Meinungsänderung der obersten Gerichte deutlich, dass die Abwägung der Eigentumsrechte der Aktionäre gegen die Interessen der Aktiengesellschaften sich in einem engen Grenzbereich bewegt. Minderheitsaktionäre laufen im Falle eines Antrags auf Widerruf der Zulassung der von ihnen gehaltenen Aktien allerdings Gefahr, ab Zeitpunkt der Antragstellung den Börsenwert ihrer Stimmrechte nahezu gänzlich zu verlieren. Denn die Nachfrage nach Aktien, die in Kürze nicht mehr börslich handelbar sind, wird regelmäßig einbrechen. Vor Änderung der Rechtsprechung des BGH geschah dies zwar nicht, dies beruhte aber auf dem Umstand, dass in der Vergangenheit den Minderheitsaktionären ein Abfindungsangebot zu machen war.

Zwar darf nach § 39 Absatz 2 BörsG der Widerruf der Zulassung eines Wertpapiers auf Antrag des Emittenten nicht dem Schutz der Anleger widersprechen, wobei das Nähere durch die Börsenordnung der jeweiligen Börse zu regeln ist. Dies stellt jedoch keine hinreichende Alternative zu einer zivilrechtlichen Regelung zB im Aktiengesetz oder im Umwandlungsgesetz dar. Denn zum einen liegt die Ausgestaltung in der Börsenordnung grundsätzlich in der Entscheidungszuständigkeit des Börsenrates der jeweiligen Börse, so dass ein bundeseinheitlicher Schutz der Interessen von Minderheitsaktionären hierüber nicht zu gewährleisten ist. Im Übrigen betreffen das eventuelle Erfordernis eines Hauptversammlungs-Beschlusses sowie eventuelle Entschädigungsregelungen die internen Vorgänge innerhalb einer Aktiengesellschaft beziehungsweise das Verhältnis der Aktionäre zu der Gesellschaft. Diese sind umfassend zivilrechtlich ausgestaltet. Durch eine börsenrechtliche Bestimmung würden diese öffentlich-rechtlich ausgestaltet und damit systemwidrig gegebenenfalls der Überprüfung durch die Verwaltungsgerichte unterworfen.

Die Entscheidung, wie weit der Schutz der Aktionäre im Fall eines Delistings geht, sollte daher vom Gesetzgeber zivilrechtlich zB im Aktiengesetz oder im Umwandlungsgesetz getroffen werden.

Anhang

Anlage 4

Gegenäußerung der Bundesregierung zu der Stellungnahme des Bundesrates

Zu Nummer 1 (Artikel 1 Nummer 10 Buchstabe b – § 123 Absatz 6 des Aktiengesetzes [AktG])

Die Bundesregierung hat diese Frage bereits geprüft und ist der Auffassung, dass im Interesse der Anleger, insbesondere für ausländische Investoren, ein einheitlicher Nachweisstichtag für Inhaber- wie für Namensaktien vor- zusehen ist.

Zwar erlaubt Artikel 7 Absatz 3 der Richtlinie 2007/36/EG (Aktionärsrechte-Richtlinie) die Festlegung gesonderter Stichtage für Inhaber- und Namensaktien. Die Regelung gibt jedoch auch vor, dass für Aktiengesellschaften, die beide Aktienarten ausgeben, ein einheitlicher Stichtag gelten muss. Mindestens für diesen Fall ist eine einheitliche Regelung vorzusehen, auch wenn man im Übrigen unterschiedliche Stichtage zulässt. Das hätte aber eine, insbesondere ausländischen Anlegern nur sehr schwer vermittelbare, unnötig komplizierte Regelung erforderlich gemacht.

Die angeführten strukturellen Unterschiede bei Inhaber- und Namensaktien (einerseits Informationsübermittlung zwischen Gesellschaft und Aktionär sowie Bestandsnachweis entlang der Verwahrkette der die Aktien verwahrenden Depotbanken, andererseits direkte Kommunikation der Gesellschaft mit dem aus dem Aktienregister ersichtlichen, dort eingetragenen Aktionär) zwingen nicht zur Festlegung unterschiedlicher Stichtage:

Hinsichtlich Namensaktien ist dabei zu berücksichtigen, dass die Praxis auch schon bisher nicht termingenau die Eintragung im Aktienregister direkt am Tag der Hauptversammlung als maßgeblich für die Berechtigung der Aktionäre zur Teilnahme und Ausübung des Stimmrechts behandelt hat, sondern die Eintragung etwa am siebenten Tag vor der Hauptversammlung. Ab diesem Zeitpunkt galt seitens der Praxis ein Umschreibestopp, dh Namensaktientransaktionen wurden nicht mehr in das Aktienregister eingetragen. Dieser Umschreibestopp barg jedoch die Gefahr, dass insbesondere ausländische Investoren den Eindruck erhielten, es bestehe in Deutschland ein zeitweiliges Handelsverbot und sie könnten daher ihre Namensaktien im Zeitraum vom Umschreibestopp bis zur Hauptversammlung nicht mehr veräußern („share blocking"). Der Gesetzentwurf der Bundesregierung räumt diese Gefahr mit der Einführung eines Stichtags, der eindeutig als Nachweisstichtag ausgestaltet ist, aus und erleichtert die Verfahrensabläufe vor der Hauptversammlung. Durch die gegenüber der heutigen Praxis kürzere Zeitspanne zwischen der Einberufung einer Hauptversammlung (30 Tage vor der Hauptversammlung – § 123 Absatz 1 AktG) und Nachweisstichtag (21. Tag vor der Hauptversammlung – neuer § 123 Absatz 6 AktG-E) wird auch die Eintragung der wahren Aktionäre anstelle der in der Praxis häufig für sie als „Legitimationsaktionäre" eingetragenen Depotbanken nicht derart erschwert, dass sinkende Hauptversammlungspräsenzen zu befürchten wären. Denn Hauptversammlungen werden praktisch bereits sehr lange vor der eigentlichen Einberufung terminiert (zum Teil über ein Jahr zuvor), so dass den Aktionären, die an einer Stimmrechtsausübung interessiert sind, auch weiterhin ausreichend Zeit verbleibt, ihre Eintragung im Aktienregister sicherzustellen.

Für Inhaberaktien kommt schließlich ein näher an der Hauptversammlung liegender Bestandsstichtag angesichts des wegen der Einschaltung der Depotbanken erforderlichen Vorlaufs nicht in Betracht.

Zu Nummer 2 (Artikel 1 Nummer 16 Buchstabe a – § 139 Absatz 1 Satz 1 AktG; Nummer 17 Buchstabe a – § 140 Absatz 2 Satz 2 AktG)

Die Bundesregierung lehnt den Vorschlag des Bundesrates im Ergebnis ab.

Der vorgeschlagene vollständige Ausschluss des Stimmrechts würde einen Bruch mit dem bisherigen System des Aktienrechts bedeuten, nach dem traditionell der Aktionär einer Aktiengesellschaft mit der Aktie auch das Stimmrecht erwirbt.

Die im Gesetzentwurf der Bundesregierung vorgesehene Neuregelung, mit der zum einen der Begriff des Vorzugs flexibilisiert wird (künftig wird auch die Mehrdividende von dem Begriff des „Vorzugs" erfasst) und zum anderen eine Nachzahlung des Vorzugs nicht mehr zwingend erfolgen muss (eine abweichende Satzungsbestimmung ist zulässig), soll keinen solchen Systembruch einführen und das Stimmrecht aufgeben, sondern lediglich eine enge Ausnahmemöglichkeit für den Krisenfall von Kreditinstituten schaffen. Denn mit einer derartigen Ausgestaltung von Vorzugsaktien (Vorzug in Form einer Mehrdividende und keine Nachzahlungspflicht) können Kreditinstitute die Anerkennung dieser Aktien als hartes Kernkapital nach den Vorgaben der Verordnung (EU) Nr. 575/2013 des europäischen

Parlaments und des Rates vom 26. Juni 2013 über Aufsichtsanforderungen an Kreditinstitute und Wertpapierfirmen und zur Änderung der Verordnung (EU) Nr. 646/2012 erreichen. Der durch den vom Bundesrat angestrebten vollständigen Ausschluss des Stimmrechts bedingte Bruch mit der seit den 90er Jahren des letzten Jahrhunderts im Aktienrecht verfolgten Politik des „one-share-one-vote" würde dagegen zu einem nicht durch entsprechend gewichtige Gründe gerechtfertigten Auseinanderfallen von Kapital und Einfluss führen.

Die deutsche stimmrechtslose Vorzugsaktie ist zudem stark der Stellung der Stammaktien angenähert, während ausländische stimmrechtslose Aktien zum Teil mehr obligationenähnlich ausgestaltet sind. Bei letzteren bedarf es dann konsequenterweise eines Auflebens des Stimmrechts auch nicht.

Mit einer vollständig stimmrechtslosen Vorzugsaktie würde schließlich eine gänzlich neue Variante dieser Aktiengattung eingeführt, was dem Bedürfnis des Kapitalmarkts nach Standardisierung zuwiderlaufen würde.

Zu Nummer 3 (Zu Artikel 1 Nummer 28 – § 394 Satz 4 –neu- AktG)

Die Bundesregierung lehnt den Vorschlag aus den weiter zutreffenden Erwägungen der Gegenäußerung der Bundesregierung zu der Stellungnahme des Bundesrates zu dem Entwurf eines Gesetzes zur Änderung des Aktiengesetzes (Aktienrechtsnovelle 2012) ab (Bundestagsdrucksache 17/8989, S. 27). Insbesondere werden die genannten selbstständigen juristischen Personen des öffentlichen Rechts durch die Rechtsaufsicht der Gebietskörperschaft nicht in die Gebietskörperschaft inkorporiert. Die Rechtsaufsicht der Gebietskörperschaft über die öffentlich-rechtliche Anstalt ist nicht vergleichbar mit den unternehmerischen Kontrollrechten einer öffentlich-rechtlichen Gebietskörperschaft, wie sie bestehen, wenn die Gebietskörperschaft selbst an einer privatrechtlichen Gesellschaft beteiligt ist. Die mit dem Vorschlag angestrebte Einbeziehung der mittelbaren Staatsverwaltung ist mangels Vergleichbarkeit daher nicht angezeigt.

Zu Nummer 4 (Artikel 5a -neu – § 94 Absatz 1 und 2 – neu –,
§ 96 Absatz 1 des Gerichtsverfassungsgesetzes [GVG])

Dem Vorschlag des Bundesrates soll nicht gefolgt werden. Gegen die obligatorische Zuständigkeit der Kammer für Handelssachen (KfH) spricht nach wie vor, dass die derzeitige Regelung dem Willen der Parteien Raum lässt und diese entweder die KfH oder die allgemeine Zivilkammer wählen können sollen. Die Zivilkammern können den Beklagten mit der Zustellung der Klage darauf hinweisen, dass der Rechtsstreit gemäß § 98 GVG auf seinen Antrag an die KfH zu verweisen ist.

Gegen eine zwingende Zuständigkeit der KfH insbesondere für Verfahren nach § 98 AktG (gerichtliche Entscheidung über die Zusammensetzung des Aufsichtsrats) spricht auch, dass bereits im Zusammenhang mit der Einführung des UMAG und vor dem FGG-Reformgesetz Bedenken gegen eine entsprechende Zuständigkeit unter dem Gesichtspunkt einer Parteilichkeit der arbeitgeberseitig benannten Beisitzer geäußert wurden.

Die Erwägungen, dass durch eine gesetzliche Zuständigkeit der KfH besondere praktische Erfahrungen der Handelsrichter nutzbar gemacht werden und diese in einzelnen Bereichen über eine höhere Sachkunde verfügen als allgemeine Zivilkammern, sind demgegenüber nicht zwingend. Durch eine – dem Landesgesetzgeber mögliche – Konzentration der Zuständigkeiten nach § 71 Absatz 2 Nummer 4 GVG bei einem Gericht für mehrere Gerichte sowie die zusätzliche Spezialisierung einer Zivilkammer im Rahmen der richterlichen Geschäftsverteilung ließen sich Spezialkenntnisse gegebenenfalls effizienter erwerben und nutzbar machen. Eine entsprechende Lösung entspricht zudem in stärkerem Maße der richterlichen Selbstverwaltung.

Abschließend lässt sich die Gefahr divergierender Entscheidungen verschiedener Spruchkörper innerhalb eines Landgerichts auch durch eine obligatorische Zuständigkeit der KfH nicht zwingend vermeiden, insbesondere wenn mehrere solcher Spruchkörper bei einem Landgericht gebildet wurden.

Zu Nummer 5 (Prüfung, durch welche zivilrechtliche Regelung sichergestellt werden kann, dass die wirtschaftlichen Interessen von Minderheitsaktionären von börsennotierten Aktiengesellschaften im Falle eines Rückzugs von der Börse ausreichend geschützt werden)

Die Bundesregierung wird der Prüfbitte des Bundesrates im weiteren Gesetzgebungsverfahren nachkommen.

3. Beschlussempfehlung des Rechtsausschusses v. 11.11.2015 (BT-Drs. 18/6681)

Beschlussempfehlung und Bericht
des Ausschusses für Recht und Verbraucherschutz (6. Ausschuss)

zu dem Gesetzentwurf der Bundesregierung
– Drucksache 18/4349 –

Entwurf eines Gesetzes zur Änderung des Aktiengesetzes (Aktienrechtsnovelle 2014)

A. Problem

Ziel des Gesetzentwurfs ist die punktuelle Weiterentwicklung des Aktienrechts.

Zum einen soll die Finanzierung der Aktiengesellschaft in zweierlei Hinsicht flexibilisiert werden: Erstens könne nach jetziger Rechtslage kein regulatorisches Kernkapital gebildet werden, indem die Gesellschaft stimmrechtslose Vorzugsaktien ausgibt. Den Gesellschaften soll deswegen aktienrechtlich eine Gestaltungsmöglichkeit eröffnet werden, mit der sie Kernkapital durch die Ausgabe stimmrechtsloser Vorzugsaktien bilden können. Zweitens sähen die aktienrechtlichen Bestimmungen bei Wandelschuldverschreibungen bisher nur ein Umtauschrecht des Gläubigers vor, nicht aber auch ein solches der Gesellschaft als Schuldnerin. Ein Umtauschrecht der Gesellschaft, mit dem diese die Anleihen gegen Gewährung von Anteilen in Grundkapital umwandelt, könne jedoch ein sinnvolles Instrument sein, um eine Unternehmenskrise zu verhindern oder zu bewältigen. Dafür sollen rechtliche Rahmenbedingungen geschaffen werden.

Ferner sollen die Beteiligungsverhältnisse bei nichtbörsennotierten Aktiengesellschaften transparenter gemacht werden. Geben solche Gesellschaften Inhaberaktien aus, sei es bisher möglich, dass Änderungen im Gesellschafterbestand, die sich unterhalb der Schwellen der Mitteilungspflichten (§§ 20 und 21 des Aktiengesetzes – AktG) bewegen, verborgen bleiben. Dem soll mit einem einheitlichen Nachweisstichtag entgegengewirkt werden.

Weiterhin soll auch das Beschlussmängelrecht der Aktiengesellschaft in einem Punkt fortentwickelt werden. Die Gesetze zur Unternehmensintegrität und Modernisierung des Anfechtungsrechts sowie zur Umsetzung der Aktionärsrechterichtlinie enthielten eine Reihe von Maßnahmen, um zu verhindern, dass Aktionäre ihr Klagerecht missbrauchen. Nicht befriedigend sei nach dem Votum der Praxis die Rechtslage im Hinblick auf das Phänomen der zweckwidrigen nachgeschobenen Nichtigkeitsklagen. Solchen Fällen soll entgegengewirkt werden, ohne das Klagerecht der überwiegenden Mehrheit nicht missbräuchlich agierender Aktionäre unangemessen einzuschränken.

Außerdem soll geklärt werden, wie die Berichtspflicht von Aufsichtsräten, die von Gebietskörperschaften entsandt werden (§ 394 AktG), rechtlich begründet werden kann.

Schließlich sollen einige in der Praxis aufgetretene Zweifelsfragen ausgeräumt und Redaktionsversehen früherer Gesetzgebungsverfahren behoben werden.

B. Lösung

Buchstabe a

Annahme des Gesetzentwurfs in geänderter Fassung. Die Änderungen betreffen im Wesentlichen die Zahl der Aufsichtsratsmitglieder bei sog. kleinen Aktiengesellschaften. Darüber hinaus wird auf die Regelung eines Nachweisstichtags bei Namensaktien verzichtet und die bisherige Rechtslage beibehalten. Ferner wird auf die relative Befristung von Nichtigkeitsklagen verzichtet. Auch wird die bisherige gesetzliche Definition des gezeichneten Kapitals gestrichen.

Annahme des Gesetzentwurfs in geänderter Fassung mit den Stimmen der Fraktionen der CDU/CSU und SPD gegen die Stimmen der Fraktion DIE LINKE. bei Stimmenthaltung der Fraktion BÜNDNIS 90/DIE GRÜNEN.

Anhang

Buchstabe b
Einstimmige Annahme einer Entschließung.

C. Alternativen
Keine.

D. Kosten
Wurden im Ausschuss nicht erörtert.

3. Beschlussempfehlung v. 11.11.2015

Beschlussempfehlung

Der Bundestag wolle beschließen,

a) den Gesetzentwurf auf Drucksache 18/4349 mit folgenden Maßgaben, im Übrigen unverändert anzunehmen:

1. Die Kurzbezeichnung wird wie folgt gefasst:

    „(Aktienrechtsnovelle 2016)".

2. Artikel 1 wird wie folgt geändert:

    a) Nummer 6 wird folgt gefasst:

    ‚6. § 67 Absatz 1 wird wie folgt geändert:

    a) In Satz 1 werden nach dem Wort „sind" die Wörter „unabhängig von einer Verbriefung" eingefügt und werden die Wörter „des Inhabers" durch die Wörter „des Aktionärs" ersetzt.

    b) In Satz 2 werden die Wörter „Der Inhaber" durch die Wörter „Der Aktionär" ersetzt.'

    b) Nach Nummer 7 wird folgende Nummer 8 eingefügt:

    ‚8. In § 95 Satz 3 werden nach dem Wort „sein" ein Komma und die Wörter „wenn dies zur Erfüllung mitbestimmungsrechtlicher Vorgaben erforderlich ist" eingefügt.'

    c) Die bisherigen Nummern 8 und 9 werden die Nummern 9 und 10 und die neue Nummer 9 Buchstabe a wird wie folgt gefasst:

    ‚a) In Absatz 3 Satz 3 Nummer 1 wird die Angabe „Abs. 3 Satz 3" durch die Angabe „Absatz 4 Satz 2" ersetzt.'

    d) Die bisherige Nummer 10 wird Nummer 11 und Buchstabe b wird wie folgt gefasst:

    ‚b) Absatz 3 wird durch die folgenden Absätze 3 bis 5 ersetzt:

    „(3) Die Satzung kann bestimmen, wie die Berechtigung zur Teilnahme an der Versammlung oder zur Ausübung des Stimmrechts nachzuweisen ist; Absatz 2 Satz 5 gilt in diesem Fall entsprechend.

    (4) Bei Inhaberaktien börsennotierter Gesellschaften reicht ein durch das depotführende Institut in Textform erstellter besonderer Nachweis des Anteilsbesitzes aus. Der Nachweis hat sich bei börsennotierten Gesellschaften auf den Beginn des 21. Tages vor der Versammlung zu beziehen und muss der Gesellschaft unter der in der Einberufung hierfür mitgeteilten Adresse mindestens sechs Tage vor der Versammlung zugehen. In der Satzung oder in der Einberufung auf Grund einer Ermächtigung durch die Satzung kann eine kürzere, in Tagen zu bemessende Frist vorgesehen werden. Der Tag des Zugangs ist nicht mitzurechnen. Im Verhältnis zur Gesellschaft gilt für die Teilnahme an der Versammlung oder für die Ausübung des Stimmrechts als Aktionär nur, wer den Nachweis erbracht hat.

    (5) Bei Namensaktien börsennotierter Gesellschaften folgt die Berechtigung zur Teilnahme an der Versammlung oder zur Ausübung des Stimmrechts gemäß § 67 Absatz 2 Satz 1 aus der Eintragung im Aktienregister." '

    e) Die bisherige Nummer 11 wird Nummer 12 und nach dem Wort „Komma" wird das Wort „und" eingefügt.

    f) Die bisherige Nummer 12 wird aufgehoben.

    g) Die bisherige Nummer 26 wird aufgehoben.

    h) Die bisherige Nummer 27 wird Nummer 26.

    i) Die bisherige Nummer 28 wird Nummer 27 und nach den Wörtern „oder auf" werden die Wörter „dem Aufsichtsrat in Textform mitgeteiltem" eingefügt.

    j) Die bisherige Nummer 29 wird Nummer 28.

3. Artikel 2 wird wie folgt gefasst:

‚Artikel 2
Änderung des Einführungsgesetzes zum Aktiengesetz

Vor dem Zweiten Abschnitt des Einführungsgesetzes zum Aktiengesetz vom 6. September 1965 (BGBl. I S. 1185), das zuletzt durch Artikel 5 des Gesetzes vom 17. Juli 2015 (BGBl. I

Anhang

S. 1245) geändert worden ist, wird folgender § 26... [einsetzen: bei der Verkündung nächster freier Buchstabenzusatz] eingefügt:

„§ 26... [einsetzen: bei der Verkündung nächster freier Buchstabenzusatz]
Übergangsvorschrift zur Aktienrechtsnovelle 2016

(1) § 10 Absatz 1 des Aktiengesetzes in der seit dem ... [einsetzen: Datum des Inkrafttretens nach Artikel 10 Absatz 2 dieses Gesetzes] geltenden Fassung ist nicht auf Gesellschaften anzuwenden, deren Satzung vor dem ... [einsetzen: Datum des Inkrafttretens nach Artikel 10 Absatz 2 dieses Gesetzes] durch notarielle Beurkundung festgestellt wurde und deren Aktien auf Inhaber lauten. Für diese Gesellschaften ist § 10 Absatz 1 des Aktiengesetzes in der am ... [einsetzen: Datum des Tages vor dem Inkrafttreten nach Artikel 10 Absatz 2 dieses Gesetzes] geltenden Fassung weiter anzuwenden.

(2) Sieht die Satzung einer Gesellschaft einen Umwandlungsanspruch gemäß § 24 des Aktiengesetzes in der bis zum ... [einsetzen: Datum des Tages vor dem Inkrafttreten nach Artikel 10 Absatz 2 dieses Gesetzes] geltenden Fassung vor, so bleibt diese Satzungsbestimmung wirksam.

(3) Bezeichnet die Satzung gemäß § 25 Satz 2 des Aktiengesetzes in der bis zum ... [einsetzen: Datum des Tages vor dem Inkrafttreten nach Artikel 10 Absatz 2 dieses Gesetzes] geltenden Fassung neben dem Bundesanzeiger andere Informationsmedien als Gesellschaftsblätter, so bleibt diese Satzungsbestimmung auch ab dem ... [einsetzen: Datum des Inkrafttretens nach Artikel 10 Absatz 2 dieses Gesetzes] wirksam. Für einen Fristbeginn oder das sonstige Eintreten von Rechtsfolgen ist ab dem ... [einsetzen: Datum des ersten Tages des zweiten auf die Verkündung folgenden Kalendermonats] ausschließlich die Bekanntmachung im Bundesanzeiger maßgeblich.

(4) § 122 des Aktiengesetzes in der Fassung der Aktienrechtsnovelle 2016 vom ... [einsetzen: Ausfertigungsdatum und Fundstelle dieses Gesetzes] ist erstmals auf Einberufungs- und Ergänzungsverlangen anzuwenden, die der Gesellschaft am ... [einsetzen: Datum des ersten Tages des sechsten auf das Inkrafttreten nach Artikel 10 Absatz 2 dieses Gesetzes folgenden Kalendermonats] zugehen. Auf Ergänzungsverlangen, die der Gesellschaft vor dem ... [einsetzen: Datum des ersten Tages des sechsten auf das Inkrafttreten nach Artikel 10 Absatz 2 dieses Gesetzes folgenden Kalendermonats] zugehen, ist § 122 in der bis zum ... [einsetzen: Datum des Tages vor dem Inkrafttreten nach Artikel 10 Absatz 2 dieses Gesetzes] geltenden Fassung weiter anzuwenden." '

4. Dem Artikel 3 wird folgende Nummer 4 angefügt:
,4. § 272 Absatz 1 wird wie folgt geändert:
   a) Satz 1 wird wie folgt gefasst:
      „Gezeichnetes Kapital ist mit dem Nennbetrag anzusetzen."
   b) Satz 2 wird aufgehoben.'

5. Nach Artikel 3 wird folgender Artikel 4 eingefügt:

,Artikel 4
Änderung des Vermögensanlagengesetzes

§ 32 des Vermögensanlagengesetz vom 6. Dezember 2011 (BGBl. I S. 2481), das zuletzt durch Artikel 8 Absatz 10 des Gesetzes vom 17. Juli 2015 (BGBl. I S. 1245) geändert worden ist, wird wie folgt geändert:

1. In Absatz 1a Satz 1 werden nach den Wörtern „weiter öffentlich angeboten werden, ist" die Wörter „vorbehaltlich der Absätze 11 und 13" eingefügt.

2. Absatz 10 (in der Fassung des Artikels 8 Absatz 10 Nummer 5 des Bilanzrichtlinie-Umsetzungsgesetzes vom 17. Juli 2015) wird Absatz 13 und wie folgt gefasst:

„(13) Die §§ 23, 26, 30 und 31 in der Fassung des Bilanzrichtlinie-Umsetzungsgesetzes vom 17. Juli 2015 (BGBl. I S. 1245) sind erstmals auf Jahresabschlüsse und Lageberichte für nach dem 31. Dezember 2015 beginnende Geschäftsjahre anzuwenden. Auf Jahresabschlüsse und Lageberichte für vor dem 1. Januar 2015 beginnende Geschäftsjahre bleiben die §§ 23, 26, 30 und 31 in der bis zum 9. Juli 2015 geltenden Fassung anwendbar. Auf Jahresabschlüsse und Lageberichte für nach dem 31. Dezember 2014 und vor dem 1. Januar 2016 beginnende Geschäftsjahre bleiben die §§ 23, 26 und 30 in der bis zum 9. Juli 2015 geltenden Fassung und § 31 in der bis zum 22. Juli 2015 geltenden Fassung anwendbar." '

6. Der bisherige Artikel 4 wird Artikel 5.
7. Nach Artikel 5 wird folgender Artikel 6 eingefügt:

,Artikel 6
Änderung des GmbHG-Einführungsgesetzes

§ 5 des GmbHG-Einführungsgesetzes vom 23. Oktober 2008 (BGBl. I S. 2026, 2031), das zuletzt durch Artikel 7 des Gesetzes vom 17. Juli 2015 (BGBl. I S. 1245) geändert worden ist, wird wie folgt geändert:

1. In Satz 1 werden die Wörter „§ 52 Absatz 2 Satz 1 und 3" durch die Wörter „§ 52 Absatz 2 Satz 1, 2 und 4" ersetzt.
2. In Satz 2 werden die Wörter „§ 52 Absatz 2 Satz 3" durch die Wörter „§ 52 Absatz 2 Satz 4" ersetzt.'

8. Die bisherigen Artikel 5 bis 7 werden die Artikel 7 bis 9.
9. Der bisherige Artikel 8 wird Artikel 10 und in Absatz 1 wird die Angabe „2016" durch die Angabe „2017" ersetzt.;

b) folgende Entschließung anzunehmen:

„I. Der Deutsche Bundestag stellt fest:

1. Der Entwurf eines Gesetzes zur Änderung des Aktiengesetzes (Aktienrechtsnovelle 2014) sieht vor, einen einheitlichen Stichtag für Inhaber- und Namensaktien einzuführen und diesen auf den 21. Tag vor der Hauptversammlung festzusetzen. Dabei handelt es sich um den Stichtag (Record Date), der darüber entscheidet, welche Aktionäre an der Hauptversammlung teilnehmen und dort ihre Stimmen ausüben können. Während ein einheitlicher Record Date im Interesse einer Klarheit insbesondere für ausländische Aktionäre und einer Vereinfachung des Legitimationsverfahrens begrüßt wurde, gab es Bedenken seitens der Namensaktien-Emittenten, die eine kürzere Frist als die bereits heute für Inhaberaktien geltende 21-Tage-Frist als Vorteil der Namensaktie begreifen.

2. Das Ziel, durch verbesserte rechtliche Rahmenbedingungen erhöhte Hauptversammlungspräsenzen zu erreichen und die Attraktivität des europäischen Kapitalmarktes zu verbessern, ist zu begrüßen. Diese Zielsetzung entspricht auch dem von der Europäischen Kommission am 2. Oktober 2015 vorgelegten Aktionsplan zur Schaffung einer Kapitalmarktunion, im Rahmen dessen gleichfalls Hindernisse des grenzüberschreitenden Kapitalflusses identifiziert und beseitigt werden sollen.

3. Die Verpflichtung der Mitgliedstaaten aus Artikel 7 Absatz 2 und 3 der Richtlinie 2007/36/EG des Europäischen Parlaments und des Rates vom 11. Juli 2007, für Inhaberaktien zwingend einen Nachweisstichtag einzuführen, hat für den grenzüberschreitenden Aktienhandel ein stichtagsbezogenes System eingeführt.

Wie sich aus der Übersicht der Kommission vom 21. Oktober 2010 zu den von den Mitgliedstaaten getroffenen Stichtagsregelungen zur Richtlinie 2007/36/EG des Europäischen Parlaments und des Rates vom 11. Juli 2007 über die Ausübung bestimmter Rechte von Aktionären in börsennotierten Gesellschaften (2010/C 285/01) entnehmen lässt, hat die Richtlinienumsetzung jedoch zu mindestens 26 verschiedenen Regelungsmodellen in den Mitgliedstaaten geführt. Die Bandbreite geht von zwei Tagen in Irland bzw. 48 Stunden in Großbritannien bis hin zu 30 Tagen in Malta. In Mitgliedstaaten, in denen es Namens- und Inhaberaktien gibt, gelten nicht selten nochmals unterschiedliche Stichtagsregelungen, so auch in Deutschland.

4. Vor diesem Hintergrund soll von einer rein nationalen Vereinheitlichung des Stichtages abgesehen werden. Denn bezogen auf den europäischen Kapitalmarkt würde eine Vielzahl von Stichtagsregelungen verbleiben, die sowohl für Anleger innerhalb der Union, aber genauso für internationale Anleger verwirrend und bürokratisch ist. Sie erhöht den Abwicklungs- und Informationsaufwand, erschwert die Stimmrechtsausübung und beeinträchtigt damit die Hauptversammlungspräsenzen und die Attraktivität des europäischen Kapitalmarktes als Ganzes. Es sollte daher ein einheitlicher Record Date in der Europäischen Union angestrebt werden,

Anhang

der unter Einbeziehung elektronischer Medien auch kürzer sein könnte als die derzeitigen 21 Tage für deutsche Inhaberaktien. Grundsätzlich ist es erstrebenswert, den zeitlichen Abstand zwischen dem Stichtag und dem Tag der Hauptversammlung so kurz wie im Hinblick auf die erforderlichen Abläufe möglich zu halten.

II. Der Deutsche Bundestag bittet die Europäische Kommission vor diesem Hintergrund, einen Gesetzgebungsvorschlag vorzulegen, mit dem ein europaweit einheitlicher Stichtag für den Nachweis der Aktionärsstellung geregelt wird. Der Deutsche Bundestag bittet seinen Präsidenten, diesen Beschluss der Kommission zu übermitteln.

III. Der Deutsche Bundestag fordert zudem die Bundesregierung auf, darauf hinzuwirken, dass auf europäischer Ebene ein einheitlicher Stichtag für den Nachweis der Aktionärsstellung geregelt wird."

Berlin, den 11. November 2015

Der Ausschuss für Recht und Verbraucherschutz

Renate Künast
Vorsitzende

| **Dr. Stephan Harbarth** | **Dr. Johannes Fechner** | **Harald Petzold (Havelland)** | **Katja Keul** |
| Berichterstatter | Berichterstatter | Berichterstatter | Berichterstatterin |

Bericht der Abgeordneten Dr. Stephan Harbarth, Dr. Johannes Fechner, Harald Petzold (Havelland) und Katja Keul

I. Überweisung

Der Deutsche Bundestag hat die Vorlage auf **Drucksache 18/4349** in seiner 97. Sitzung am 26. März 2015 beraten und an den Ausschuss für Recht und Verbraucherschutz zur federführenden Beratung sowie an den Finanzausschuss und den Ausschuss für Wirtschaft und Energie zur Mitberatung überwiesen.

II. Stellungnahmen der mitberatenden Ausschüsse

Der **Finanzausschuss** hat die Vorlage auf Drucksache 18/4349 in seiner 60. Sitzung am 11. November 2015 beraten und empfiehlt die Annahme mit den Stimmen der Fraktionen der CDU/CSU und SPD gegen die Stimmen der Fraktion DIE LINKE. bei Stimmenthaltung der Fraktion BÜNDNIS 90/DIE GRÜNEN.

Der **Ausschuss für Wirtschaft und Energie** hat die Vorlage auf Drucksache 18/4349 in seiner 55. Sitzung am 11. November 2015 beraten und empfiehlt die Annahme mit Änderungen mit den Stimmen der Fraktionen der CDU/CSU und SPD gegen die Stimmen der Fraktion DIE LINKE bei Stimmenthaltung der Fraktion BÜNDNIS 90/DIE GRÜNEN

Der **Parlamentarische Beirat für nachhaltige Entwicklung** hat sich mit der Vorlage auf Bundesratsdrucksache 22/15 (Bundestags-Drucksache 18/4349) in seiner 22. Sitzung am 25. Februar 2015 befasst und festgestellt, dass eine Nachhaltigkeitsrelevanz aufgrund des Bezuges zum Indikator (7) „Wirtschaftliche Zukunftsvorsorge – Gute Investitionsbedingungen schaffen und Wohlstand dauerhaft erhalten" gegeben sei. Die Darstellung der Nachhaltigkeitsprüfung sei plausibel und eine Prüfbitte nicht erforderlich.

III. Beratungsverlauf und Beratungsergebnisse im federführenden Ausschuss

Der Ausschuss für Recht und Verbraucherschutz hat die Vorlage auf Drucksache 18/4349 in seiner 48. Sitzung am 25. März 2015 anberaten und beschlossen, eine öffentliche Anhörung durchzuführen, die er in seiner 54. Sitzung am 6. Mai 2015 durchgeführt hat. An dieser Anhörung haben folgende Sachverständige teilgenommen:

Dr. Henning Bergmann	Deutsche Kreditwirtschaft Deutscher Sparkassen- und Giroverband e. V., Berlin Leiter Kapitalmarktrecht
Dr. Manfred Busch	Stadt Bochum Stadtkämmerer
Prof. Dr. Mathias Habersack	Ludwig-Maximilians-Universität München Juristische Fakultät Lehrstuhl für Bürgerliches Recht und Unternehmensrecht
Prof. Dr. Jens Koch	Rheinische Friedrich-Wilhelms-Universität Bonn Lehrstuhl für Bürgerliches Recht, Handels- und Gesellschaftsrecht Institut für Handels- und Wirtschaftsrecht
Prof. Dr. Ulrich Noack	Heinrich-Heine-Universität Düsseldorf Lehrstuhl für Bürgerliches Recht, Handels- und Wirtschaftsrecht
Dr. Winfried Wegmann	Rechtsanwalt, für Bundesverband der Deutschen Industrie e.V., Leiter Gesellschafts- und Kapitalmarktrecht der Deutschen Telekom AG

Hinsichtlich des Ergebnisses der Anhörung wird auf das Protokoll der 54. Sitzung vom 6. Mai 2015 mit den anliegenden Stellungnahmen der Sachverständigen verwiesen.

Weiterhin lag dem Ausschuss für Recht und Verbraucherschutz eine Petition vor.

Der **Ausschuss für Recht und Verbraucherschutz** hat die Vorlage auf Drucksache 18/4349 in seiner 75. Sitzung am 11. November 2015 abschließend beraten und empfiehlt die Annahme des Gesetzentwurfs in der aus der Beschlussempfehlung ersichtlichen Fassung mit den Stimmen der Fraktionen der CDU/CSU und SPD gegen die Stimmen der Fraktion DIE LINKE. bei Stimmenthaltung der Fraktion BÜNDNIS 90/DIE GRÜNEN. Die Änderungen entsprechen einem Änderungsantrag, den die Fraktionen der CDU/CSU und SPD in den Ausschuss für Recht und Verbraucherschutz eingebracht

Anhang

haben und der mit den Stimmen der Fraktionen CDU/CSU, SPD und BÜNDNIS 90/DIE GRÜNEN bei Stimmenthaltung der Fraktion DIE LINKE. angenommen wurde. Gleichzeitig empfiehlt er einstimmig die Annahme der aus der Beschlussempfehlung ersichtlichen Entschließung. Die Entschließung wurde von den Fraktionen der CDU/CSU und SPD in den Ausschuss für Recht und Verbraucherschutz eingebracht.

Zur abschließenden Beratung hatte die Fraktion BÜNDNIS 90/DIE GRÜNEN zwei Änderungsanträge in den Ausschuss für Recht und Verbraucherschutz mit folgendem Wortlaut eingebracht:

Der Ausschuss wolle beschließen:

1. In Artikel 1 wird nach Nummer 6 folgende Nummer 6a eingefügt:

‚6a In § 87 Absatz 1 wird nach Satz 1 folgender Satz eingefügt:

„Hierbei berücksichtigt der Aufsichtsrat das Verhältnis der Vorstandsvergütung zur Vergütung des oberen Führungskreises und der Belegschaft insgesamt auch in der zeitlichen Entwicklung, wobei der Aufsichtsrat für den Vergleich festlegt, wie der obere Führungskreis und die Belegschaft abzugrenzen sind."'

2. In Artikel 3 wird nach Nummer 3 folgende Nummer 4 angefügt:

‚4. Nach § 285 Nummer 9 wird folgende Nummer 9a eingefügt:

„9a. das Verhältnis der Vorstandsvergütung zur Vergütung des oberen Führungskreises und der Belegschaft insgesamt;"'

Begründung

Zu Nummer 1 (Artikel 1)

Die Vergütungen der Vorstände sind in den vergangenen Jahren nicht nur absolut, sondern auch in Relation zu den Vergütungen der Beschäftigten erheblich gestiegen. Viele Unternehmen zahlen ihren Vorstandsmitgliedern das Über-100fache des durchschnittlichen Lohns eines Facharbeiters. Zwar soll sich die „übliche Vergütung" im Sinne des § 87 Absatz 1 Satz 1 AktG bereits jetzt auch auf das Lohn- und Gehaltsgefüge im Unternehmen beziehen, es soll darauf geachtet werden, dass die Vergütungsstaffelung im Unternehmen beim Vorstand nicht Maß und Bezug zu den Vergütungsgepflogenheiten und dem Vergütungssystem im Unternehmen verliert (BT-Drs. 16/13433 S. 10). Dies wird jedoch vielfach von den Aufsichtsräten nicht oder zu wenig berücksichtigt. Es ist daher notwendig den Aufsichtsrat ausdrücklich dazu zu verpflichten, das Verhältnis der Vorstandsgehälter zum oberen Führungskreis und der gesamten Belegschaft in angemessener Weise zu berücksichtigen. Diese Vorgabe hat auch die Regierungskommission Deutscher Corporate Governance Kodex gemacht (4.2.2 Absatz 2 DCGK). Die Arbeitnehmer-Management-Einkommen-Relation sollte jedoch nicht nur im Rahmen eines Kode-xes, sondern gesetzlich verpflichtend für die Unternehmen gelten.

Zu Nummer 2 (Artikel 3)

Die Veröffentlichung des Verhältnisses der Vorstandsvergütung zur Vergütung des oberen Führungskreises und der Belegschaft erfolgt nach dem hier vorliegenden Regelungsentwurf im Anhang des Jahresabschlusses einer Kapitalgesellschaft. Ein erster wichtiger Schritt zur Wiederherstellung des Verhältnisses zwischen Vergütung und persönlicher Leistung ist Transparenz. Es ist daher notwendig, nicht nur die Vorstandsgehälter transparent zu machen, sondern auch das Verhältnis der Vorstands-gehälter zum oberen Führungskreis der gesamten Belegschaft.

und

Der Ausschuss wolle beschließen:

1. Nach Artikel 7 wird folgender Artikel 8 eingefügt:

‚Artikel 8

Änderung des Einkommensteuergesetzes

„§ 4 Absatz 5 des Einkommensteuergesetzes in der Fassung der Bekanntmachung vom 8. Oktober 2009 (BGBl. I S. 3366, 3862), das zuletzt durch Artikel 2 Absatz 7 des Gesetzes vom 1. April 2015 (BGBl. I S. 434) geändert worden ist, wird wie folgt geändert:

a) In Nummer 13 wird der Punkt am Ende durch ein Semikolon ersetzt.

b) Folgende Nummer 14 wird angefügt:

„14. Abfindungszahlungen von mehr als einer Million Euro je Mitarbeiter einschließlich Übergangsgelder oder Aktienoptionen, sowie Gehaltszahlungen von mehr als 500.000 Euro jährlich je Mitarbeiter einschließlich aller fixen und variablen Gehaltsbestandteile."'

2. Der bisherige Artikel 8 wird Artikel 9. Begründung

3. Beschlussempfehlung v. 11.11.2015 **Anhang**

Zu Nummer 1

Unverhältnismäßig hohe und nur auf den kurzfristigen Erfolg ausgerichtete Vergütungen von Managern sind eine Ursache für die Wirtschafts- und Finanzkrisen der Vergangenheit. Die Selbstverpflichtungen und bestehenden Regelungen zur Angemessenheit von Vorstandsvergütungen haben keine Verhaltensänderung bei Unternehmenslenkern und hoch bezahlten Investmentbankern ausgelöst. Vergütungen steigen weiter an. Das bisherige Steuerrecht erlaubt zudem, dass Gehälter und Abfindungen unbegrenzt als Betriebsausgaben abzugsfähig sind.

Es ist deshalb überfällig, überhöhte Gehälter und „Phantasieabfindungen" wirksam zu begrenzen: Eine Beschränkung der steuerlichen Abzugsfähigkeit von überhöhten Abfindungen und Gehältern ist dafür ein entscheidender Schritt. Es ist die Aufgabe der Politik festzulegen, in welchem Ausmaß die Allgemeinheit Managergehälter und -abfindungen über die steuerliche Anrechnung mitfinanzieren muss. Eine Einschränkung der Abzugsfähigkeit der betrieblich veranlassten Aufwendungen ist dabei kein Novum und widerspricht nicht dem objektiven Nettoprinzip. Es bestehen im deutschen Steuerrecht zahlreiche Beispiele für nichtabziehbare Betriebsausgaben z.B. Geschenke an Personen, Aufwendungen für die Jagd, für Segeljachten und Motorjachten, Straf- und Ordnungsgelder, die Hälfte der Aufsichtsratsvergütungen oder die Gewerbesteuer. Einschränkungen sind aufgrund von übergeordneten Zielen zulässig. So hat das Bundesverfassungsgericht z.B. auch bei der Entfernungspauschale bereits entschieden, dass das Ziel des Umweltschutzes eine Verletzung des Nettoprinzips rechtfertigen kann. Andere Länder gehen in den Abzugsbeschränkungen deutlich weiter als Deutschland: Verschiedentlich wird festgelegt, was als angemessener Aufwand zu sehen ist und darüber hinaus gehenden Beträgen wird der Abzug versagt.

Nach § 120 Absatz 4 AktG kann die Hauptversammlung über die Billigung des Systems zur Vergütung der Vorstandsmitglieder beschließen. Ein solcher Beschluss ist weder obligatorisch noch rechtlich verbindlich. Zudem wird die Hauptversammlung einem Deal mit hohen Gehältern und Boni eher zustimmen, da sie allein die Investoren im Blick hat. Die Beschäftigten und die Gesellschaft sind in der Hauptversammlung nicht vertreten – im Aufsichtsrat hingegen sind die Beschäftigten durch die Gewerkschaften mit am Tisch.

Zu Nummer 2

Redaktionelle Folgeänderung.

Die Änderungsanträge der Fraktion BÜNDNIS 90/DIE GRÜNEN wurden mit den Stimmen der Fraktionen der CDU/CSU und SPD gegen die Stimmen der Fraktionen DIE LINKE. und BÜNDNIS 90/DIE GRÜNEN abgelehnt.

Die **Fraktion DIE LINKE.** war der Auffassung, bei dem Gesetzentwurf handele es sich um einen Rückschritt zu dem, was in der vergangenen Wahlperiode diskutiert worden sei, da er insbesondere keine Regelungen zur Vorstandsvergütung enthalte. Dies sei die einzig regelungswürdige Materie in diesem Bereich. Der Gesetzentwurf sei ansonsten überflüssig.

Die **Fraktion BÜNDNIS 90/DIE GRÜNEN** hielt den Gesetzentwurf für nicht zustimmungsfähig, solange er keine Regelungen zur Vorstandsvergütung enthalte. Nach dem Änderungsantrag der Fraktionen der CDU/CSU und SPD bleibe nur noch ein geringer Regelungsbereich übrig.

Die **Fraktion der CDU/CSU** begrüßte den Gesetzentwurf, da er das Aktienrecht an einer Reihe von Stellen fortentwickele, an denen Änderungsbedarf bestehe. Sie betonte, dass in der vergangenen Wahlperiode Regelungen zur Managervergütung beschlossen worden seien, die durch die Ablehnung des Bundesrates kurz vor Ende der 17. Wahlperiode der Diskontinuität unterfallen seien.

Die **Fraktion der SPD** hielt den Gesetzentwurf für gelungen. Das Delisting sei schon zuvor beschlossen worden. Auf eine Regelung zum Record Date würde verzichtet, da hier zunächst Bedarf für eine europäische Regelung bestehe. Durch die Regelungen zur Inhaberaktie würde den Hinweisen der Financial Action Task Force nachgegangen.

IV. Zur Begründung der Beschlussempfehlung

Zu Buchstabe a

Im Folgenden werden lediglich die vom Ausschuss für Recht und Verbraucherschutz empfohlenen Änderungen gegenüber der ursprünglichen Fassung des Gesetzentwurfs erläutert. Soweit der Ausschuss die unveränderte Annahme des Gesetzentwurfs empfiehlt, wird auf die jeweilige Begründung in Drucksache 18/4349 verwiesen.

Zu Nummer 1 (Änderung des Gesetzestitels)

Es handelt sich um eine Anpassung der Jahreszahl in der Kurzbezeichnung des Gesetzes an das Jahr, in dem das Gesetz in Kraft treten wird.

Anhang

Zu Nummer 2 (Änderung des Aktiengesetzes – AktG)

Zu Buchstabe a

Die Neufassung der bisherigen Nummer 6 ist eine Folgeänderung aus der Streichung des Buchstabens b. In Buchstabe b wurde eine Bezugnahme auf die Regelung in § 123 Absatz 6 AktG des Gesetzentwurfs der Bundesregierung vorgenommen, welche nunmehr weggefallen ist (Nummer 2 Buchstabe d).

Zu Buchstabe b (Änderung des § 95 AktG)

Der Anwendungsbereich des Grundsatzes der Dreiteilbarkeit der Aufsichtsratsmitglieder nach § 95 Satz 3 AktG in der alten Fassung wird auf Gesellschaften reduziert, welche die Dreiteilbarkeit der Aufsichtsratsmitglieder wegen mitbestimmungsrechtlicher Vorgaben zu beachten haben. Das sind nach der aktuellen Rechtslage Gesellschaften, die dem Anwendungsbereich des Drittelbeteiligungsgesetzes (DrittelbG) unterfallen, § 4 Absatz 1 DrittelbG. Der allgemein gültige Grundsatz der Dreiteilbarkeit hat seinen Ursprung im Betriebsverfassungsgesetz in der Fassung vom 11. Oktober 1952 (BGBl. I S. 681), das für den Aufsichtsrat jeder Aktiengesellschaft eine drittelparitätische Mitbestimmung der Arbeitnehmer anordnete und deshalb eine gesetzliche Regelung zur dementsprechenden Teilbarkeit erforderte. Da der Gesetzgeber jedoch mit dem Gesetz für kleine Aktiengesellschaften und zur Deregulierung des Aktienrechts vom 2. August 1994 (BGBl. I S. 1961) sowie mit dem DrittelbG die sogenannten kleinen Aktiengesellschaften von dieser Mitbestimmung wieder ausgenommen hat, ist es folgerichtig, diese auch vom Anwendungsbereich des Grundsatzes der Dreiteilbarkeit nach § 95 Satz 3 AktG in der alten Fassung auszunehmen. Das Leitbild einer börsennotierten bzw. mitbestimmten Aktiengesellschaft trifft gerade nicht auf jede kleine Aktiengesellschaft zu. Diese wachsen nicht zwingend in den Anwendungsbereich des DrittelbG hinein und es gibt daher keinen notwendigen Grund, für diese Gesellschaften die gleichen gesetzlichen Anforderungen vorzusehen, die an börsennotierte und mitbestimmte Gesellschaften gestellt werden. Bei Aktiengesellschaften, für die das DrittelbG gilt, bleibt die bisherige Rechtslage erhalten.

Die Zahl der Aufsichtsratsmitglieder kann daher künftig oberhalb der Mindestzahl von drei Mitgliedern frei durch die Satzung festgelegt werden, sofern nicht aus mitbestimmungsrechtlichen Vorschriften eine bestimmte Zahl vorgeschrieben ist oder zur Erfüllung mitbestimmungsrechtlicher Vorgaben eine Dreiteilbarkeit einzuhalten ist.

Zu Buchstabe c

Es handelt sich um eine Folgeänderung. Mit der Neufassung des § 123 Absatz 3 bis 5 AktG wird in Abänderung des Gesetzentwurfs der Bundesregierung auf die Regelung eines Nachweisstichtags für Namensaktien verzichtet (dazu Begründung zu Buchstabe d). Die Regelung zum Nachweisstichtag für Inhaberaktien befindet sich aufgrund der im Übrigen eingeführten neuen Strukturierung des § 123 AktG nun in Absatz 4 Satz 2 AktG-E, sodass der entsprechende Verweis in § 121 AktG nicht mehr den entfallenen § 123 Absatz 6 AktG-E, sondern § 123 Absatz 4 Satz 2 AktG-E in Bezug nimmt.

Zu Buchstabe d (§ 123 Absatz 3 bis 5 AktG)

Mit der Neufassung des § 123 Absatz 3 bis 5 AktG wird in Abänderung des Gesetzentwurfs der Bundesregierung auf die Regelung eines Nachweisstichtags für Namensaktien verzichtet und es insoweit bei der bisherigen Rechtslage belassen.

Der Gesetzentwurf der Bundesregierung hat in § 123 Absatz 6 AktG-E einen Nachweisstichtag (Record Date) für Inhaberaktien von 21 Tagen vor der Hauptversammlung wie bei Namensaktien vorgesehen. Auch wenn ein einheitlicher Nachweisstichtag für beide Aktienarten zugunsten einer einfacheren Handhabe insbesondere aus Sicht ausländischer Aktionäre zu begrüßen ist, konnte die Frage, welche Frist für einen einheitlichen Stichtag die richtige ist, auch nach der vom Ausschuss durchgeführten öffentlichen Anhörung nicht mit Sicherheit beantwortet werden. Während die Deutsche Kreditwirtschaft wegen der meist noch postalischen Information der Aktionäre die 21-Tage-Frist für zwingend hielt, haben sich die angehörten Beteiligten im Übrigen für eine kürzere Frist für Namensaktien, mehrheitlich für eine kürzere einheitliche Frist für Inhaber- und Namensaktien ausgesprochen.

Es wäre ohnehin vorzugswürdig, nicht eine Reform des Record Date nur für Deutschland anzustreben, sondern einen einheitlichen, dann aber möglichst kürzeren Record Date für ganz Europa festzulegen. Das wäre für die grenzüberschreitende Stimmrechtsausübung innerhalb Europas aber auch international die beste Lösung. Es wird daher angeregt, den Gedanken auf Europäischer Ebene über die Vereinheitlichung des Record Date in Europa zu fördern.

Die bessere Strukturierung des § 123 AktG und deutlichere Trennung zwischen Anmeldeerfordernissen und Nachweis der Stimmberechtigung kann aber aus dem Gesetzentwurf der Bundesregierung beibehalten werden. Inhaltliche Änderungen sind damit nicht verbunden.

Der bisherige § 123 Absatz 5 AktG-E wiederholt infolge von Änderungen des Gesetzentwurfs im Laufe des Gesetzgebungsverfahrens lediglich die Aussage des § 67 Absatz 2 Satz 1 AktG. Da er dennoch systematisch innerhalb des § 123 AktG sinnvoll ist, wird er kürzer gefasst und mit einem Verweis auf § 67 Absatz 2 Satz 1 AktG versehen.

Zu Buchstabe e
Es handelt sich um eine redaktionelle Korrektur des Änderungsbefehls.

Zu Buchstabe f (Streichung der Änderung des § 125 Absatz 2 Satz 1 AktG)
Die Änderung des § 125 Absatz 2 Satz 1 AktG war eine Folge aus der Regelung eines einheitlichen Nachweisstichtags für Namens- und Inhaberaktien börsennotierter Gesellschaften. Ohne die Regelung eines einheitlichen Nachweisstichtags ist eine Anpassung der Mitteilungsfrist nicht erforderlich.

Zu Artikel 1 Nummer 20 AktG-E (Änderung des § 192)
Im Hinblick auf § 192 Absatz 1, Absatz 2 Nummer 1, Absatz 3, § 221 Absatz 1 Satz 1 AktG-E regten einige Sachverständige in der öffentlichen Anhörung an, bereits als gängig bekannte und zulässig erachtete weitere in der Praxis der Unternehmensfinanzierung etablierte Gestaltungsformen ausdrücklich zu erwähnen. Dabei wurde eingeräumt, dass die Gesetzesbegründung bereits jetzt darauf hinweist, dass mit der partiellen Regelung von umgekehrten Wandelschuldverschreibungen keine Aussage über die Zulässigkeit oder Unzulässigkeit anderer, im Gesetz nicht genannter Gestaltungsformen getroffen wird. Auch können sich in der internationalen Kautelarpraxis der Unternehmensanleihen immer wieder neue Varianten entwickeln. Der Ausschuss unterstreicht nochmals, dass danach keine Zweifel bestehen, dass auch Gestaltungen zulässig sind, bei denen sowohl dem Emittenten als auch der Gesellschaft eine Umtausch- bzw. Bezugsberechtigung eingeräumt wird, bei denen eine der Seiten zur Ausübung des Umtausch- oder Bezugsrechts verpflichtet oder der Umtausch unmittelbar durch den Eintritt einer Bedingung oder des Ablaufs einer Frist – und damit ohne weitere Erklärung des Gläubigers oder der Gesellschaft – erfolgt. Diese Varianten alle im Gesetz erfassen zu wollen, erscheint hingegen ebenso wenig erforderlich wie gesetzliche Festlegungen zum Wandlungspreis.

Zu Buchstabe g (Streichung des § 249 Absatz 2 Satz 3 AktG-E)
§ 249 Absatz 2 Satz 3 AktG-E hat die relative Befristung von Nichtigkeitsklagen vorgesehen, auf deren Regelung nunmehr verzichtet wird. Das Beschlussmängelrecht samt Freigabeverfahren beinhaltet dogmatische Widersprüche und kann im Einzelfall zu Unbilligkeiten führen, so dass es einer Überprüfung bedarf. Zwar kann die Praxis aufgrund gesetzlicher Maßnahmen gegen erpresserische Klagen (Gesetz zur Unternehmensintegrität und Modernisierung des Anfechtungsrechts aus 2005 und Gesetz zur Umsetzung der Aktionärsrechterichtlinie aus 2009) mit der jetzigen Rechtslage im Ergebnis gut leben. Dennoch soll auf die Fortführung punktueller Änderungen verzichtet werden und ist eine geschlossene Überprüfung oder Reform des Beschlussmängelrechts vorzuziehen.

Zu Buchstabe h
Es handelt sich um eine Folgeänderung.

Zu Buchstabe i (Änderung des § 394 Satz 3 AktG-E)
Mit der Änderung wird die Formulierung des § 394 Satz 3 AktG-E aus dem Referentenentwurf wieder aufgenommen, weil vertragliche Absprachen für den Aufsichtsrat nicht ohne weiteres erkennbar sind. Künftig ist dem Aufsichtsrat im Fall einer rechtsgeschäftlichen Vereinbarung einer Berichtspflicht zwischen der Gebietskörperschaft und dem Aufsichtsrat von dem Aufsichtsratsmitglied in Textform mitzuteilen, dass eine auf Rechtsgeschäft beruhende Berichtspflicht besteht.

Zu Buchstabe j
Es handelt sich um eine Folgeänderung.

Zu Nummer 3 (Neufassung der Übergangsvorschrift)
Die Neufassung der Übergangsvorschrift beinhaltet zum einen redaktionelle Folgeänderungen in den Absätzen 1 bis 4: Wegen Nummer 1 wird der mehrfach zitierte Kurztitel von Aktienrechtsnovelle 2014 in Aktienrechtsnovelle 2016 geändert. Wegen der Einfügung der Artikel 4 und 6 ist das Inkrafttreten des Gesetzes nunmehr in Artikel 10 geregelt. Der mehrfach zitierte Artikel 8 wird in Artikel 10 geändert.

Anhang

Die Absätze 5 und 6 der Übergangsvorschrift werden gestrichen. Der Regelungsbedarf entfällt wegen der Streichung der in Bezug genommenen Regelungen.

Zu Nummer 4 (Änderung des § 272 des Handelsgesetzbuchs – HGB)

Mit der Neuregelung wird die bisherige gesetzliche Definition des gezeichneten Kapitals gestrichen, da diese zu Missverständnissen führen konnte.

Nach bisheriger Definition in § 272 Absatz 1 Satz 1 ist das gezeichnete Kapital dasjenige, „auf das die Haftung der Gesellschafter für Verbindlichkeiten der Kapitalgesellschaften gegenüber den Gläubigern beschränkt ist." Diese Formulierung wurde verschiedentlich so gelesen, als sei von einer unmittelbaren „Haftung der Gesellschafter" gegenüber den Gesellschaftsgläubigern die Rede, welche es aber regelmäßig gerade nicht gibt. Das „gezeichnete Kapital" entstammt der europarechtlichen Terminologie der Jahresabschlussrichtlinie 78/660/EWG und entspricht im nationalen Recht bei der Aktiengesellschaft, Kommanditgesellschaft auf Aktien und Europäischen Gesellschaft dem „Grundkapital" (§ 23 Absatz 2 und 3, §§ 152, 278 Absatz 1 AktG, § 10 Absatz 1 des SE-Ausführungsgesetzes) und bei der Gesellschaft mit beschränkter Haftung dem „Stammkapital" (§§ 5, 42 Absatz 1 des Gesetzes betreffend die Gesellschaften mit beschränkter Haftung – GmbHG). Als gezeichnet gilt das Kapital regelmäßig mit der Eintragung der Gesellschaftsgründung oder der Kapitalveränderung (Kapitalerhöhung, Kapitalherabsetzung) im Handelsregister; ausnahmsweise führt die Ausnutzung bedingten Kapitals auch ohne Handelsregistereintragung zur Erhöhung des gezeichneten Kapitals, § 200 AktG. Der Begriff des gezeichneten Kapitals ist eingeführt. Eine gesetzliche Definition ist nicht erforderlich, und schon gar nicht im Rahmen des § 272 HGB.

Zu Nummer 5 (Änderung des Vermögensanlagengesetzes)

Die Änderung dient zum einen der Bereinigung der auf einem Redaktionsversehen des Gesetzgebers des Bilanzrichtlinie-Umsetzungsgesetzes vom 3. Juli 2015 (BGBl. I S. 1245) beruhenden Verdoppelung des Absatzes 10 des § 32 des Vermögensanlagengesetzes, zum anderen der inhaltlichen Klarstellung des Verhältnisses der Übergangsbestimmungen des Kleinanlegerschutzgesetzes vom 3. Juli 2015 (BGBl. I S. 1114) zu denen des Bilanzrichtlinie-Umsetzungsgesetzes vom 17. Juli 2015 (BGBl. I S. 1245).

Hierzu wird zum einen durch Ergänzung des Absatzes 1a Satz 1 ausdrücklich klargestellt, dass die Übergangsvorschriften der Absätze 11 und 13 im Hinblick auf die dort genannten Vorschriften dem Absatz 1a Satz 1 vorgehen. Zum anderen wird der bisherige Absatz 10 in der Fassung des Bilanzrichtlinie-Umsetzungsgesetzes als Absatz 13 neu gefasst und im Wortlaut im Hinblick auf die Geltung der unterschiedlichen Fassungen der betroffenen §§ 23, 26, 30 und 31 näher konkretisiert.

Kein Vorbehalt zugunsten der Übergangsbestimmungen nach den Absätzen 11 und 13 wird demgegenüber in Absatz 1a Satz 2 aufgenommen. Der in Absatz 1a Satz 2 vorgesehene umfassende Bestandsschutz für beendete Emissionen wird mithin im Rahmen der gesetzlichen Klarstellung beibehalten. Sofern die damit weiterhin anzuwenden Vorschriften des Vermögensanlagengesetzes in der bis zum 9. Juli 2015 geltenden Fassung auf im Rahmen des Bilanzrichtlinie-Umsetzungsgesetzes geänderte Bestimmungen des Handelsgesetzbuchs verweisen, sind diese Vorschriften entsprechend anzuwenden.

Zu Nummer 6 (Umnummerierung des Artikels 4)

Es handelt sich um eine Folgeänderung.

Zu Nummer 7 (Änderung des GmbHG-Einführungsgesetzes)

Die Änderung dient der Korrektur von Normzitaten, welche aufgrund einer Anpassung des § 52 Absatz 2 GmbHG im Rahmen der Beschlussempfehlung des Ausschusses für Familie, Senioren. Frauen und Jugend des Deutschen Bundestages zum Entwurf eines Gesetzes für eine gleichberechtigte Teilhabe von Frauen und Männern an Führungspositionen in der Privatwirtschaft und im öffentlichen Dienst (Drucksachen 18/3784, 18/4053, 18/4227) unrichtig geworden sind. Die vom Gesetzgeber gewollte redaktionelle Folgeänderung des § 5 des GmbHG-Einführungsgesetzes wurde unrichtigerweise unterlassen und konnte im laufenden Gesetzgebungsvorhaben nicht mehr korrigiert werden.

Zu Nummer 8 (Umnummerierung der Artikel 5 bis 7)

Es handelt sich um eine Folgeänderung.

Zu Nummer 9 (Inkrafttreten)

Das Inkrafttreten der Neuregelung der Dividendenfälligkeit in Artikel 1 Nummer 5 AktG-E wird auf den 1. Januar 2017 geändert. Damit wird eine einheitliche Abwicklung der Dividendentermine durch die die Aktien verwahrenden Kreditinstitute gewährleistet. Die Dividendensaison 2016 kann damit noch gänzlich nach bestehender Rechtslage abgewickelt und die Neuregelung einheitlich auf die Dividendensaison 2017 angewendet werden.

Die Neuregelung der Fälligkeit des Dividendenanspruchs in § 58 Absatz 4 AktG am dritten auf den Hauptversammlungsbeschluss folgenden Geschäftstag hat im Rahmen der öffentlichen Anhörung zu der Frage geführt, ob eine klarstellende Regelung in § 130 AktG sinnvoll wäre, dass die Beurkundung der Hauptversammlung auf den Zeitpunkt der Beschlussfassung zurückwirkt. Eine solche gesetzliche Regelung ist nach Auffassung des Ausschusses jedoch nicht erforderlich. Denn die Problematik ist nicht neu, sondern besteht bereits nach geltendem Recht. Rechtsprechung und Literatur gehen einhellig davon aus, dass die Fertigstellung der Niederschrift ex tunc auf den Tag und Moment des Hauptversammlungsbeschlusses zurückwirkt. Die Praxis geht wie selbstverständlich davon aus, dass der Abschluss der Protokollierung, die zwar zeitnah, aber doch an einem anderen Tag nach der Hauptversammlung erfolgt, nicht entscheidend für die Frage sein kann, zu welchem Zeitpunkt der Hauptversammlungsbeschluss wirksam wird. Die Frage, ob bereits der Entwurf des Protokolls oder eine spätere Endfassung zur Beschlusswirksamkeit führt, würde vollends verwirren. Dies zeigen auch Auszahlungen der Dividende unmittelbar nach der Hauptversammlung und die Sitzung des neu gewählten Aufsichtsrats unmittelbar nach der Hauptversammlung, um seinen Vorsitzenden und dessen Stellvertreter zu wählen und die Ausschüsse des Aufsichtsrats zu besetzen.

Berlin, den 11. November 2015

Dr. Stephan Harbarth	Dr. Johannes Fechner	Harald Petzold (Havelland)	Katja Keul
Berichterstatter	Berichterstatter	Berichterstatter	Berichterstatterin

Sachverzeichnis

Die fetten Zahlen bezeichnen die Paragrafen, die mageren die Randnummern.

50%-Grenze **4** 22

Abfindung in Aktien 1 18
Abwendung einer Überschuldung 5 148 f.
Aktienform
– Wahl der ~ **4** 26
Aktienregister 4 37 f.; **5** 8, 17, 32 ff.
– Pflicht zur Führung des ~ **4** 30
Aktionär
– Auskunftsrecht **6** 103 f.
– Ersatzanspruch **2** 2
– Stimmrecht **4** 9
– Übernahmeerklärung **2** 28
Aktionärsminderheit
– Einberufung der Hauptversammlung durch ~ **6** 43 ff.
– Ergänzung der Tagesordnung durch ~ **6** 46
– gerichtliches Verfahren **6** 48
Aktionärsregister
– Eintragung in das ~ **6** 77
Aktionärsrichtlinie 6 38 f.
Aktionärsstellung
– Nachweis **6** 71 ff.
Androhung des Verkaufs
– Frist **6** 8
Anfechtungsklage 6 108 f.
Anmeldeerfordernis 6 78
Anmeldung
– zur Hauptversammlung **6** 65 ff.
Anmeldung der Ausgabe von Bezugsaktien 4 71
Anspruch
– auf den Bilanzgewinn **6** 18 ff.
Aufsichtsrat
– Erweiterung **5** 41
– Verkleinerung **5** 42
Aufsichtsratsmitglied
– Abberufung **5** 42
– Amtsniederlegung **5** 42
– Anzahl **5** 35 ff.
– Berichtspflicht **1** 63, 77; **3** 8; **4** 44 ff.
– Erlöschen des Amtes **5** 42
– Verschwiegenheitspflicht **1** 63; **3** 8; **4** 44 ff.
Aufsichtsratsmitglieder
– Bekanntmachung von Mitteilungen **6** 85 ff.
– Berichtspflicht **1** 63, 77; **3** 8; **4** 44 ff.
– Verschwiegenheitspflicht **1** 63; **3** 8; **4** 44 ff.
Aufsichtsratssitzung 4 48 ff.
Aufsichtsratsvorsitzender
– Doppelstimmrecht **5** 43

Auskunftsrecht
– des Aktionärs **6** 103 f.
Ausschüttung
– Bilanzgewinn **4** 58 f.
– „schädliche" **5** 20
Ausübung des Wandlungsrechts 5 161 f.

Bankarbeitstag 4 59
Barausgleich 1 18
Barriere Nummer 3 6 22
BDI *vgl. Bundesverband der Deutschen Industrie*
Bedingte Kapitalerhöhung
– Anmeldung des Hauptversammlungsbeschlusses **6** 98
Bedingte Kapitalerhöhung mit Sacheinlage 4 18
Bedingtes Kapital
– Anrechnung **5** 139
– Hauptversammlungsbeschluss **5** 142 ff.
– insolvenzrechtliche Maßnahmen **5** 141
– Obergrenze **5** 131 ff.
– Schaffung für den Krisenfall **5** 136 ff.
Beherrschungsvertrag 6 127
Bekanntgabe
– der Satzung **4** 55 f.
Bekanntmachung
– von Ergänzungsverlangen **6** 85 ff.
– von Klagen gegen Hauptversammlungsbeschlüsse **6** 108 f.
– von Mitteilungen für Aktionäre und Aufsichtsratsmitglieder **6** 85 ff.
– von Wahlvorschlägen von Aktionären **6** 85 ff.
Berichtspflicht
– von Aufsichtsratsmitgliedern **1** 63, 77; **3** 8; **4** 44 ff.
Beschlussmängelklage 6 112 ff.
Beschlussmängelrecht 6 132
Bestandsschutz 1 41; **4** 40; **5** 3
– börsennotierte Gesellschaften mit Inhaberaktien **5** 20, 28 ff.
Bestandsschutzklausel 1 12
Bestandsstichtag *vgl. Record Date*
Beteiligungspublizität
– kapitalmarktrechtliche ~ **5** 18
Beteiligungsvereinbarung 5 52 ff.
Beteiligungsverhältnisse
– Transparenz **3** 6
Bezugsaktien
– Anmeldung der Ausgabe **1** 47; **4** 71

217

Sachverzeichnis

Bezugsgröße
– Anforderungen der Beschlussfeststellung **6** 92 ff.
Bezugsrechtsausschluss 5 134
Bilanzgewinn
– Anspruch auf ~ **6** 18 ff.
– Ausschüttung **4** 58 f.
Bilanzgewinnanspruch 6 18 ff.
– Fälligkeit **6** 19
Bildung von Rücklagen 6 19
Bundesverband der Deutschen Industrie 1 11
Business-Judgment-Rule 2 2

Cooling-off- Periode 1 3, 51, 66

Dauerglobalurkunde vgl. Globalaktienurkunde
Debt-Equity-Swap 1 7; **4** 24; **5** 124, 133 f., 141, 161, 164
Delegationsverbot 1 67
Delisting 1 54, 56 f., 65, 70
– börsennotierte Gesellschaften mit Inhaberaktien **5** 19 f.
Depotbank 1 40
Dividendenanspruch
– Entstehung **5** 62 ff.
– Fälligkeit **5** 57 ff., 62 ff.
Dividendenausschüttung
– zeitliche Abfolge **6** 23
Dividendenberechtigung
– Stichtag **5** 65
Dividendentermin 6 18
Dividendenzahlung 4 58 f.
– Fälligkeit **1** 42, 74; **4** 58 f.; **6** 23 f.
– Fristberechnung **5** 68
– Gutschrift **5** 64
Doppelstimmrecht
– des Aufsichtsratsvorsitzenden **5** 43
Downlisting 1 56
– börsennotierte Gesellschaften mit Inhaberaktien **5** 20
Dreiteilbarkeitsregel 1 69, 72; **5** 37 f.
– für die mitbestimmte SE **5** 50 f.
– für die mitbestimmungsfreie SE **5** 49
Dreiteilbarkeitsregelung 4 52 f.
Drittelmitbestimmung
– der Aktiengesellschaft **1** 69
Drittlandverwahrer 5 23
Drohende Zahlungsunfähigkeit 5 147
– Kriterien zur Ermittlung **5** 149 f.

Eigenmittelanforderungen der CRR 5 151
Einberufung
– Bekanntmachung der ~ der Hauptversammlung **4** 60 f.
– Frist **6** 8
– der Hauptversammlung **4** 63; **6** 1, 26 ff., 105 ff.

– der Hauptversammlung durch Aktionärsminderheit **6** 43 ff.
– der Hauptversammlung – Rücknahme **6** 49 f.
– der Hauptversammlung – Zuständigkeit **6** 46
– Pflicht der europaweiten Verbreitung **6** 27, 30 ff.
Einberufungsfrist 4 67
Einberufungspflicht 4 69
Einberufungsverlangen 4 63, 66
Einbringung zum Nennwert 4 24
Eintragung der Gesellschaft 4 28; **5** 22
Einzelverbriefung
– Anspruch auf ~ **5** 21
– Ausschluss **5** 22 f.
Elektronischer Bundesanzeiger 6 4, 10, 13, 15, 31 f.
Entsenderecht 4 29
Ergänzungsverlangen 4 63, 66
– Bekanntmachung **6** 85 ff.
Ersatzanspruch
– der Aktionäre **2** 2
Ertragswert 1 24
Ex-Tag 5 59; **6** 23

Fälligkeit
– des Dividendenanspruchs **5** 57 ff.
Frauen
– im Aufsichtsrat **5** 44 ff.
– in Vorständen **1** 4
Freigabebeschluss 6 118, 123
Freigabeverfahren 1 17; **2** 2, 4; **6** 118 f., 123, 128, 132
Freiverkehr
– Aktien im ~ **5** 19

Geldwäsche 1 5; **4** 31, 36; **5** 10, 15, 22
– Aktionsplan zur Bekämpfung von ~ **4** 42
Geschäftstag 4 59
Gewinnabführungsvertrag 6 127
Gewinnschuldverschreibung 4 14
Gewinnverteilung 6 18 ff.
Gewinnverteilungsbeschluss 6 18
Gewinnverwendungsbeschluss 5 62 ff., 94, 96; **6** 20
– Wirksamkeit **5** 73 f.
Gewinnverwendungsvorschlag 5 70 ff.
Gewinnvorzug
– Rechtsfolgen bei Ausfall **5** 112
Gezeichnetes Kapital 1 78
Giovannini Gruppe 6 22
Globalaktienurkunde 4 28; **5** 4, 18, 23 f.

Haltefrist 4 63 f.; **6** 51, 56, 58 ff.
– Berechnung **6** 60
Handelsrechtsausschuss des DAV 1 11, 16, 18, 21; **5** 90, 104
Harmonisierung
– der Wertpapierabwicklung in Europa **5** 58 ff.

Sachverzeichnis

Hauptversammlung 6 1 ff.
- Bekanntmachung der Einberufung **4** 60 f.
- Beschluss zum bedingten Kapital **5** 142 ff.
- Durchführung **2** 2, 4; **6** 1
- Einberufung **4** 63; **6** 1, 26 ff., 105 ff.
- Einberufung durch Aktionärsminderheit **6** 43 ff.
- Ergänzung der Tagesordnung durch Aktionärsminderheit **6** 46
- Frist zur Einberufung **6** 8
- Rücknahme der Einberufung **6** 49 f.
- Versammlungsleiter **5** 96
- vorherige Anmeldung zur ~ **6** 65 ff.
- Zuständigkeit für die Einberufung **6** 46

Hauptversammlungsbeschluss
- Anfechtbarkeit **6** 42
- Nichtigkeit **6** 42
- Niederschrift **4** 70
- notarielle Beurkundung **6** 92

Hinterlegung
- von Namensaktien **4** 36 f.
- der Sammelurkunde **5** 26 f.

Informationspflicht 6 8
Inhaberaktie 2 7; **4** 29
- Abschaffung **4** 34
- Aktienregister **5** 8
- Bestandsstichtag **1** 45 f., 59; **3** 10, 13
- für börsennotierte Gesellschaften **5** 18 ff.
- Festlegung in der Satzung **5** 4
- nichtbörsennotierter Aktiengesellschaften **1** 9, 12, 41, 58; **3** 6
- Umwandlung in Namensaktie **4** 34
- Wahlrecht **5** 1, 6, 14

Interpretative Notes 4 31 f.

Jahresüberschuss
- Verwendung **6** 18 ff.

Kapitalaufbringung
- durch Sacheinlagen **2** 4

Kapitalmarktrechtliche Beteiligungspublizität 5 18
Klagezulassungsverfahren 2 2
Kommunale Aktiengesellschaften 1 8, 10, 12, 49; **4** 48 ff.
Konzernausgliederung 1 24
Konzernverschmelzung 6 8
Kraftloserklärung 6 8
- von Inhaberaktien **5** 19

Kreationstheorie 4 21

Liquidationsvorzug 5 108

Market Standards for Corporate Actions Processing 6 22 ff.
Mehrdividende 4 7, 13; **5** 78 f., 88 f.
- Gestaltungsmöglichkeiten **5** 101 ff.

Meldepflicht
- des im Aktienregister Eingetragenen **1** 40
- von Vorzugs- und Stammaktionären **5** 95

Mindestfrist
- zwischen Einberufung und Beginn der Hauptversammlung **6** 64 ff.

Mindestmitgliederzahl 1 69
Mindestwartefrist
- für ehemalige Vorstandsvorsitzende **1** 3, 51

Mitgliedschaft
- in der Aktiengesellschaft **4** 27
- Entstehung **5** 4

Mittbestimmte SE 5 50 f.
Mittbestimmungsfreie SE 5 48 ff.
Mitteilungen für Aktionäre und Aufsichtsratsmitglieder
- Bekanntmachung **6** 85 ff.

Mitteilungspflicht
- der Aktiengesellschaft **6** 87
- keine Anpassung **6** 88
- des Legitimationsaktionärs **1** 40

Nachgeschobene Nichtigkeitsklage 1 6, 12, 35, 54, 76; **2** 7; **3** 7, 10 f.; **6** 112 ff.

Nachweis
- der Aktionärsstellung **6** 71 ff.

Nachweisstichtag 6 88
- für Namensaktien **6** 79 ff.

Nachzahlbarer Vorzug 3 4; **4** 8 ff.; **5** 87
Nachzahlungspflicht
- Aufhebung **5** 108 f.
- Ausgestaltung **5** 106 f.
- nachträgliche Schaffung einer ~ **5** 110 f.

Namensaktie 1 9; **4** 29
- Aktienregister **5** 8
- besondere Bedingungen für die Ausgabe **4** 36
- Bestandsstichtag **1** 45 f., 52, 59, 73; **3** 10, 13
- Eintragung in das Aktienregister **5** 33
- faktischer Zwang zur ~ **5** 6
- Festlegung in der Satzung **5** 4
- Hinterlegung **4** 36 f.
- Nachweisstichtag **6** 79 ff.
- nichtbörsennotierter Aktiengesellschaften **1** 5
- Regelfall **5** 7
- Stimmrechtsausübung **6** 78
- Teilnahmeberechtigung an der Hauptversammlung **6** 78
- Wahlrecht **5** 1, 6, 14
- Zwang zur ~ **5** 13

Nennbetrag 4 18
Nichtigkeitsklage 1 48; **5** 22
- absolute Befristung **6** 126 ff.
- Bindung an eine Veröffentlichung **6** 11
- nachgeschobene **1** 6, 12, 35, 54, 76; **2** 7; **3** 7, 10 f.; **6** 112 ff.
- relative Befristung **1** 62; **6** 1, 11, 110 f., 121 ff.

Sachverzeichnis

Niederschrift 6 91 ff.
– des Beschlusses der Hauptversammlung 4 70

Obergrenze
– für bedingtes Kapital 5 131 ff.
Öffnungsklausel 6 25
Optionsrechte
– selbständige 5 130

Payment Date 5 59 f.; 6 23 f.
Pensionsrückstellung 1 79
Pflichtanleihe 4 15
Pflichtgesellschaftsblatt 6 4
Pflichtwandelanleihe 5 125 f.
Plenumsvorbehalt 1 67
preffered shares 4 11

Quotengesetz 1 4

Record Date 1 45 f., 52, 59, 73, 81; 3 10, 13; 5 59; 6 23, 63, 76
Registersperre
– für eintragungsbedürftige Hauptversammlungsbeschlüsse 6 114 ff.
Regulatorisches Kernkapital nach CRR 5 113 ff.
Restrukturierungsplan 5 151

Sacheinlage
– bedingte Kapitalerhöhung mit ~ 4 18
– zur Kapitalaufbringung 2 4
– keine ~ bei Wandlung 5 163 ff.
Sammelurkunde 5 1
– Hinterlegung 1 41
Sanierungsanleihe 5 156 f.
Say-on-Pay 1 4, 28, 31 f., 35 f., 39
Schadensersatzanspruch 6 13
„Schädliche" Ausschüttungen 5 120
Schwellenwert 1 24
Spruchverfahren 1 15, 17 f., 20 ff.
Squeeze out 6 127
Stimmrecht
– der Aktionäre 4 9
– Mitteilungspflichten bei Aufleben und Erlöschen 5 95
– bei Vorzugsaktien mit nachzahlbarem Vorzug 5 92 ff., 97
– bei Vorzugsaktien mit teilweise nachzahlbarem Vorzug 5 99
Stimmrechtsausübung 6 78
– grenzüberschreitende 2 4
Stimmrechtszurechnung 1 40

Technical Standards
– zum harten Kernkapital 5 117 ff.
Totaldelisting 1 56
Transparenz
– der Beteiligungsverhältnisse 3 6

Übernahmeerklärung
– des Aktionärs 4 28
Überschuldung 4 23
– Abwendung einer ~ 5 148 f.
Umschreibestopp 6 79 f.
Umwandlungsverhältnis
– von Wandelanleihen 5 152 ff.
Unternehmerische Handlungsfreiheit 1 9

Verbot des Aufrückens in den Aufsichtsrat 1 4
Verbriefung der Mitgliedschaft 4 28
Vergütungsregelung 1 33, 37
Veröffentlichung
– von Tatsachen und Verhältnissen der Aktiengesellschaft 6 4 ff.
Verschwiegenheitspflicht
– von Aufsichtsratsmitgliedern 1 63; 3 8; 4 44 ff.
Verteilung des Vermögens
– im Rahmen der Auflösung 6 8
Vertragspartner
– der Wandelanleihe 4 20 ff.
– der Wandelschuldverschreibung 4 20 ff.
Vinkulierung 4 29
Vorabdividende 4 5; 5 77 f., 121
– Gestaltungsmöglichkeiten 5 101 ff.
Vorbesitzzeit 4 63; 6 51 ff., 58
Vorstand
– Einberufung der Hauptversammlung 6 46
Vorstandsvergütungsangemessenheitsgesetz 1 4
Vorzug
– Erweiterung 5 110
– Priorität 5 88 f.
Vorzugsaktie 1 7, 12; 2 7
– Aufleben des Stimmrechts 5 91 ff., 112
– nachzahlbarer Vorzug 3 4; 4 1 ff.
– mit Nachzahlungsrecht 4 6
– ohne Nachzahlungsrecht 4 6; 5 75 ff.
– nichtkumulative 4 3
– ohne Stimmrecht 5 75 ff.
– stimmrechtslose 1 60; 3 4; 4 1 ff.

Wahlrecht
– zwischen Inhaber- und Namensaktie 5 1, 6, 14
Wahlvorschläge von Aktionären 6 89 f.
– Bekanntmachung 6 85 ff.
– Bindung an die ~ 6 86
Wandelanleihe 1 7, 12, 75; 2 7
– umgekehrte 1 61; 4 14 ff., 71; 5 123 ff.
– Umtauschrecht 3 5
– mit Umtauschrecht 5 123, 128 f.
– Vertragspartner 4 20 ff.
Wandelschuldverschreibung 1 7, 12, 75; 2 7
– umgekehrte 1 61; 4 14 ff., 71; 5 123 ff.
– Umtauschrecht 3 5
– mit Umtauschrecht 5 123, 128 f.
– Vertragspartner 4 20 ff.

Sachverzeichnis

Wandelungsrecht der Gesellschaft
– als Schuldnerin **4** 17
Wandlungsauslösendes Ereignis 5 154
Wertpapiersammelbank 1 41

Zentralverwahrer 5 23
Zusatzdividende 4 7; **5** 89
Zwangsauflösungsverfahren
 5 22